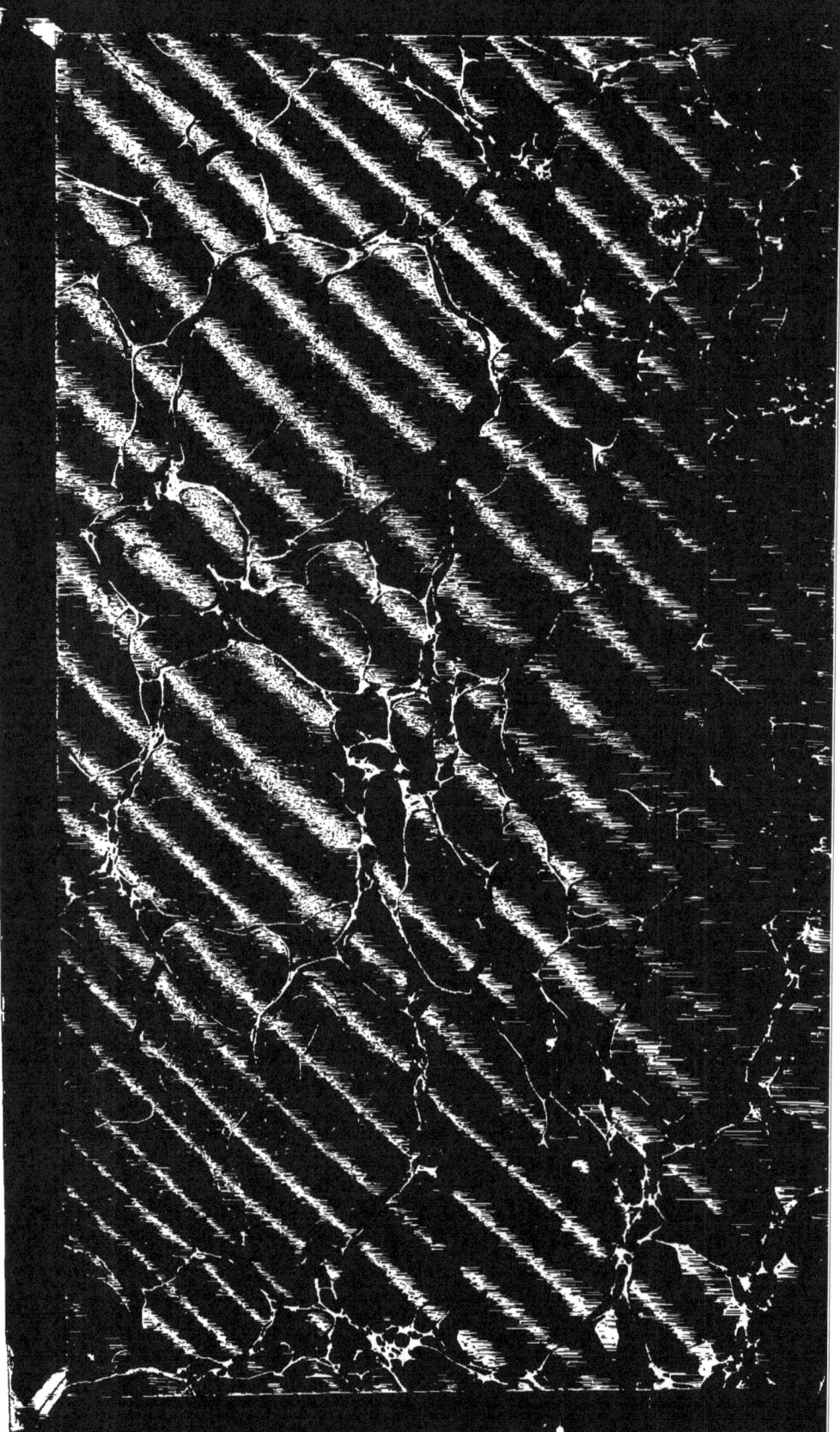

RECHERCHES

HISTORIQUES

SUR LA VILLE DE BESANÇON.

FONTAINES PUBLIQUES.

RECHERCHES

HISTORIQUES

SUR LA VILLE DE BESANÇON.

FONTAINES PUBLIQUES.

PAR S. DROZ.

BESANÇON,

CHEZ TURBERGUE, ÉDITEUR,

RUE SAINT-VINCENT, 17.

1856.

PRÉFACE.

Dans l'histoire d'une ville, il y a des détails qui se perdent sous l'ensemble; leur ténuité relative les dérobe à nos yeux. Vus isolément, ils reprennent des proportions qui permettent d'en apprécier l'étendue et la valeur. Alors c'est un tout dont le périmètre se circonscrit et se dégage, sans cesser d'appartenir au milieu qui l'environne et auquel il touche par tous ses points : telle est l'idée qui a déterminé le titre de ce livre.

Maintenant si je fais remarquer au lecteur que ce travail a nécessité de vastes recherches, c'est pour m'excuser de n'avoir pas toujours indiqué les sources de mes renseignements. J'ai donné la place de ces indications, devenues trop nombreuses, à des notes d'histoire locale ou à des remarques particulières qui, pour bien des lecteurs, je le crois, ne seront pas des hors-d'œuvre. Néanmoins, pour rendre à mon récit toute l'authenticité nécessaire, j'ai multiplié les citations ; elles laissent suffisamment apercevoir que j'ai puisé à la Bibliothèque, aux archives de la Ville et à celles de la Préfecture où se trouvent non-seulement les papiers de l'Intendance, mais encore ceux des Chapitres et des Maisons religieuses. Révéler l'origine de mes découvertes, c'est implicitement signaler les hommes bienveillants dont les bons offices m'imposent un sentiment profond de gratitude.

D'ailleurs, comme repère de vérification, j'ai donné les noms des gouverneurs et des vicomtes maires qui ont présidé les délibérations les plus importantes du conseil de l'Hôtel-de-Ville, dans toute question relative aux fontaines.

Ce livre devait être accompagné d'un atlas renfermant, en gravures, tout ce qui concerne le canal d'Arcier et les anciennes fontaines. L'absence de cette publication tient à l'impossibilité de découvrir un dessin représentant le groupe de la fontaine de l'Hôtel-de-Ville. C'est un mécompte fort explicable; car si, comme on l'a dit fort judicieusement, les livres se perdent, quelle atteinte n'ont pas portée à tous les genres de documents historiques le larcin et la destruction? Sous ce dernier rapport, le vandalisme officiel a surtout contribué à multiplier les lacunes dans les collections de papiers publics. On peut en juger par le fait suivant : Le 22 Vendémiaire, an VII, un arrêté de la commune de Besançon prescrit de livrer les vieux parchemins de la Bibliothèque pour réparer les caisses de tambour de la garde nationale.

RECTIFICATIONS.

Pages 8, ligne 23, *supprimez l's* d'auxiliaires.
— 15, 16, 91, 92, 269, 425, 490, *passim* : fr., *lisez* liv.
— 37, — 9, 11, 14, *substituez* oi *à* ai *aux imparfaits*.
— 47, — *mettre un guillemet en tête de la note.*
— 103, — 14, et qui en rappelle, *lisez* qui en rappelle
— 104, — 8, jugée nécessaire, *lisez* jugée, en dernier lieu, nécessaire
— 105, — 11, 29 octobre 1838, *lisez* 29 octobre,
— 134, — 22, découvert dans ce territoire, *lisez* découvert, dans ce territoire,
— 136, — 9, pont, *lisez* dont
— 155, — 12, mais le 9 mai 1543, *lisez* mais, le 9 mai 1543,
— 156, — note (1), page 150, *lisez* page 149.
— 166.218 *titres où il faut changer* ais, ait, *etc.*, *en* ois, oit, *etc.*
— 181, — note (1), cette foule, *lisez* cette *foule*
— 195, — 15, foule à drap, *lisez* foulerie,
— 213, — note (1), 1278, *lisez* 1728,
— 215, — 14, que l'on veut venir, *lisez* que l'on veut faire venir
— 226, — 21, de la deuxième, *lisez* de la seconde,
— 240, — 3, qu'elles étaient, *lisez* qu'elles devenaient
— 257, — 18, hôtel de l'Intendance, *lisez* à l'hôtel de l'Intendance
— 271, — 7, impost, *lisez* imposte
— 272, — 7, permît, *lisez* permit
— 291, — 24, *terminer la ligne par un guillemet.*

VI

Pages 292, ligne *Ajoutez à la note* (2) : Ce projet était ancien : Le 15 décembre 1569, on délibère pour la première fois de faire monter l'eau à Saint-Quentin. En la portant au centre où elle était réclamée, on dégageait en même temps l'entrée de la bannière. La Grande-rue, resserrée entre une maison appartenant au Chapitre et la Tour de Saint-Quentin, n'offrait qu'un étroit passage, et c'est dans ce col incommode, sinon dangereux, qu'était élevée la fontaine de la *Rousse*.

— 293, — note (2), plan de Longin et de Nicolle, *lisez* plans de Longin et de Nicolle.

— 294, — 8 (page 111), *lisez* (page 295).

— 296, — 8, il fallait construire, *lisez* il s'agissait de reconstruire

— 298, — 13, aile gauche, *lisez* aile droite

— 299, — 21 (page 35), *lisez* (page 235).

— 347, — note (1), en leurs lieu et place, *lisez* sur leur emplacement

— 363, — 13, se perdent dans, *lisez* se perdent par

— 366, — 21, on consulta, *lisez* on consulte

— 370, — 14, dans les années, *lisez* notamment dans les années 1610,

— 380, — 6, *intra muros*; mais circonscrite, *lisez intra muros*. Circonscrite

— 383, — *Ajoutez en note au dernier alinéa* : La nouvelle appropriation et l'agrandissement de ses dépendances datent de 1844.

— 433, — 9, le 14, *lisez* le 24

— 438, — note (1), intercepte *lisez* respecte

— 443, — 18, *Ajoutez, en note, à la fin de la phrase*: L'institution des fontainiers prend date 117 ans après l'établissement des fontaines. Jusquelà, le *maître des fontaines* n'était qu'un commis à gages, surveillant les réparations du système hydraulique et l'aménagement des eaux ; mais, le 27 décembre 1574, le conseil délibère sur les moyens de diminuer la dépense excessive de l'entretien des fontaines, et, à cet effet, *on conclut d'en confier le soin à des particuliers.* Cette résolution était publiée le lendemain au prône des églises.

Pages 448, ligne 10, 1823, *lisez* 1723.
— 453, — 17, reporter (2) à la fin de la phrase précédente.
— 455, — 22, j'ajoute à ce sujet, *lisez* j'ajoute, à ce sujet,
— 468, — 23, De tous temps, *lisez* De tout temps,
— 474, — note (2), Elle rappellent, *lisez* Elles rappellent
— 489, — 10, remplacer le point final par ?
— 505, — *après la 7ᵉ ligne ajoutez :* Valence, Bordeaux, etc., agitent la même question.
— 526, — 23, *après le mot* travaux, *intercalez la phrase :* L'entreprise était départementale avant d'être communale.

Passim, *lisez* pilori *pour* pilory, Battant *pour* Baptant, (quand ces mots ne sont pas dans des titres anciens.)
— *lisez* trop-plein *pour* trop plein.
— *lisez* Génie *pour* génie (corps d'ingénieurs militaires).
— *lisez* Chiflet *pour* Chifflet.
— *lisez* poudrière *pour* poudrerie (les citations exceptées).

Besançon, Imprimerie d'Outhenin-Chalandre fils.

INTRODUCTION.

Besançon, 8 octobre 1852.

Depuis deux ans, tout le monde a parcouru cette route qui, greffée sur un déchirement de l'ancienne rampe Saint-Léonard, dessine et borne à l'est la vallée du Doubs. Cette route, qui n'a d'issues que ses points extrêmes, court anfractueuse sous des pentes abruptes où la rivière la suit et en presse les contours. Son isolement, sa distance de la ville et les limites de ses horizons en avaient de tout temps écarté les promeneurs ; mais voici que tout à coup ses bermes sont inondées d'une foule avide et compacte. Les groupes se renouvellent, toujours nombreux, animés de la même pensée, ayant en perspective le même but : on vient voir les travaux de l'aqueduc d'Arcier. Or, quels renseignements, quelle satisfaction donne aux visiteurs le théâtre de cette vaste construction? Quelques tranchées à peine abordables, des embouchures de galeries, des puits d'extraction, des déblais semés ou vomis sur le passage, de fréquentes détonations souterraines : voilà les ressources dont s'alimente la curiosité. Ces préliminaires, par ce qu'ils ont d'extérieur, présentent une constance de faits, une invariabilité de forme peu significatives : s'ils accusent l'existence de l'entreprise, et, jusqu'à un certain point, son progrès, ils n'en révèlent ni les dispositions ni le mérite. C'est égal, les pérégrinations continuent, et préjugeant de la grandeur des moyens par la grandeur du but, on s'inspire de je ne sais quel entraînement sur le lieu du travail; puis, en face de ces roches muettes et ébranlées, on discute l'origine, les péripéties et par-dessus tout les conséquences de l'objet. De là ces appréciations ardentes et prématurées qui agitent en ce moment la population bisontine.

Malgré le bruit des controverses, pourquoi ces conséquences n'assimileraient-elles pas toutes les dispositions des esprits? Les résultats attendus n'auront pas le caractère de ces mesures d'intérêt public qui, aveuglément négligées ou méconnues, demeurent sous le poids de l'indifférence ou de l'opposition. Ici, tout en ralliant les convictions, au point de vue du système et de sa mise en œuvre, le monument hydraulique en voie d'exécution ne laissera rien à désirer quant à ses effets : il comblera ce besoin qui a défié les efforts de tant de siècles, et qui ne devait se laisser conjurer que par des moyens proportionnés à sa rigueur et à son étendue. Une satisfaction si complète et si salutaire obvie, par sa nature, à tant de nécessités, permet tant de jouissances, que, vaincues par ses bienfaits, les opinions, aujourd'hui divisées, se rencontreront dans un même sentiment d'admiration et de justice. Et puis, les grandes entreprises portent avec elles-mêmes leur excuse, quand le but répond à la magnificence : alors ce n'est pas la dépense qu'il faut calculer, mais l'utilité ; car l'utilité en efface le côté vénal. Tout le monde ne serait peut-être pas d'accord sur la salle de George-Hall, à Liverpool, si l'on mettait en regard de sa destination les sommes consacrées à ce gigantesque édifice ; mais quand une chose intéresse à un si haut degré toute une population, qui pourra méconnaître la convenance de cette chose et nier l'autorité des faits qui la rendent nécessaire ?

Quoi qu'il en soit, l'aqueduc d'Arcier fera certainement époque dans les annales bisontines : comme acte d'édilité, c'est le plus considérable de nos temps modernes ; comme affaire d'art, cette création eût fait honneur au génie des Romains, car les Romains seront surpassés ; sous le rapport de la grandeur et de la perpétuité, aucun monument ne l'effacera ici, pas même ces savantes et fortes murailles de Vauban, qui n'auront peut-être d'éternel que le nom de leur auteur. Quant à l'opportunité de l'œuvre, elle se justifie par l'histoire et surtout par ces exigences qui, bienfaits matériels de la civilisation, s'accroissent chaque jour du progrès accompli dans le bien-être humain.

De tout temps, les eaux figurent en première ligne parmi les moyens d'hygiène publique. Certains législateurs, pour consacrer leurs divers emplois par un usage quotidien, méthodique, abondant, en firent une prescription religieuse. Chez les Égyptiens, les Juifs et les Indiens, cette partie de l'hygiène se mêlait à une foule de pratiques extérieures qui étaient autant d'expressions de leur culte. Après qu'Hippocrate eut séparé l'hygiène de la religion, pour en faire une doctrine purement humaine, l'usage multiplié des eaux demeura dans les mœurs publiques sous l'empire d'un besoin consacré par l'habitude, la santé et le plaisir. Frappés de ces avantages, les Romains concilièrent le principe avec l'agrément, l'obligation avec la facilité des moyens. D'abord nos maîtres et nos modèles dans l'espèce, ils ont appliqué les eaux, avec le luxe de la grandeur, aux usages domestiques, à la propreté et à l'embellissement de leurs villes : fontaines, égouts, bains, naumachies, étaient autant de monuments qui attestent encore aujourd'hui non-seulement leur puissance, mais encore le soin qu'ils apportaient à se procurer cet élément de salubrité publique. Rien ne les arrêtait, ni les frais, ni les distances, ni les obstacles : partout où ils ont laissé une trace de leur passage, on voit qu'ils comptaient les eaux vives au nombre des premiers besoins de l'homme, et on juge de l'importance qu'ils attachaient à leur possession par les travaux surhumains qu'ils ont entrepris. Aussi, après l'énumération des travaux qu'avaient nécessités ces perforations de montagnes, ces comblements de vallées, ces aqueducs aériens reliant entre eux des sommets escarpés et distants, Pline ajoute : *Fatebitur nihil magis mirandum fuisse in toto orbe terrarum.*

Si j'en cite quelques exemples, c'est afin de mettre en regard les merveilles qu'a enfantées le génie moderne ; et, dans ce parallèle, elles n'auront à souffrir d'infériorité ni par l'esprit qui en a réglé le but, ni par la science qui a présidé à leur création ; peut-être même l'emporteraient-elles sur leurs modèles, si on considère qu'elles ne doivent leur existence ni à l'orgueil, ni à d'inépuisables trésors, mais au patriotisme et à l'épargne laborieuse et persévérante. C'est pourquoi elles trouveront grâce devant la raison : l'esprit public est toujours disposé à respecter certaines hardiesses, à louer certains sacrifices, quand un progrès est le fruit de la nécessité.

Lyon avait quatre aqueducs, dont les restes excitent encore l'admiration. L'un avait sa prise d'eau au Mont-d'Or (16 à 18 kilom. de développement), et présentait cet exemple de siphon pratiqué aujourd'hui pour le nouveau canal d'Arcier. Un autre recueillait quelques sources au pied du mont Pilate, et aboutissait, après d'immenses difficultés, aux sommets les plus élevés de la ville, car alors elle s'étendait sur la colline de Fourvières. Dans un parcours de plus de 50 kilom., il renfermait en ponts, siphons et réservoirs, tout ce que les Romains avaient édifié de plus vaste ; d'ailleurs, c'était à leurs propres yeux leur chef-d'œuvre en fait de difficultés vaincues (1). Un troisième amenait les eaux de la Bre-

(1) On a retrouvé les tuyaux du siphon de Soucieux : ils ont environ 0^{m}220 de diamètre, et portent, dit-on, les noms *Tib. Claud Cæs.*

venne, et ne devait sa création qu'à l'insuffisance de l'aqueduc du Mont-d'Or. Par l'étendue (40 kilom.) et l'importance, il semblait un premier pas vers l'étonnante conception réalisée sous Claudius Néro, fils de Drusus (aqueduc du mont Pilate). Le dernier, longeant la rive droite du Rhône, abreuvait la population voisine des Terreaux. Lyon avait en outre plusieurs réservoirs de construction monumentale, et remarquables surtout par leurs dimensions, leur disposition et leur usage.

Relativement à l'abondance des eaux et aux moyens qui les en pourvoyaient, Vienne, Fréjus, Périgueux, Saintes, Évreux, Cahors, Metz, Coutances, Valogne, et beaucoup d'autres villes, n'avaient rien à envier à la capitale de la Gaule lyonnaise. Mais, de tous les monuments de ce genre, celui dont la conservation et la réputation ont survécu même à celles de l'aqueduc du mont Pilate, c'est le canal destiné à amener à Nîmes les eaux des sources d'Aure et d'Airan, qui coulent aujourd'hui dans la vallée d'Uzès. A l'aspect de ce monument, Rousseau s'écriait : « Ce que je vois et ce que j'éprouve est fort au-dessus de ce que je m'étais figuré! » — Il se développait sur une longueur de 41,000 mètres. Le segment, appelé vulgairement Pont-du-Gard, traverse un étroit défilé, au fond duquel coule le Gardon. Là, il a 49 mètres de haut, 6 et demi de largeur à la base, et se compose de trois rangs d'arches, élevées les unes au-dessus des autres, pour relier entre elles les deux montagnes qui forment le vallon où se perdaient jadis les eaux recueillies par la colonie de Nîmes. Après avoir été respecté par les Barbares, peut-être parce qu'il servait de pont, car le second étage, bâti en retraite sur le premier, laissait sur la cimaise un passage de 1^m,27, il faillit succomber sous la faux du vandalisme de la guerre, en 1600 (1). Réparé par les États du Languedoc, il a résisté ainsi au vandalisme du temps, jusqu'à ce qu'il l'amoncelle dans le vallon (2).

Voilà ce que faisaient les Romains pour une province conquise ou même pour une simple colonie. Leur capitale, qui devait être la première en toute chose, fut toujours, par un souvenir inspirateur, l'élément typique de ces nobles créations qu'ils naturalisaient au dehors. Toutefois, ils n'égalèrent nulle part les égouts de Tarquin, cette profusion d'aqueducs, ces cent trente réservoirs ou vastes bassins de distribution, ce réseau de treize mille six cents tubes de conduites, ces sept cents abreuvoirs, ces trois cents statues et ces quatre cents colonnes, ornements des fontaines publiques.

On conçoit l'abandon de certains monuments, soit parce qu'il est impossible de mettre leur utilité au niveau de leur conservation, soit parce que ce titre d'utilité a disparu avec leur époque; et dès lors, comme repères historiques, condition suprême des œuvres humaines,

(1) L'aqueduc de Chelva sert aujourd'hui de pont.
(2) C'est à M. Lamoignon de Baville que l'on doit la conservation du pont du Gard. Il fut consolidé et flanqué d'un pont, de 1743 à 1747. Déjà (1699) on avait réparé le dommage causé par le duc de Rohan qui avait fait échancrer les piles du second étage pour le passage de son artillerie.

ce sont d'obscures vanités, sujet d'embarras pour le savant et sans valeur comme sans signification pour le vulgaire. Mais on ne s'expliquerait pas le délaissement de ces appareils hydrauliques de l'antiquité, si on ne se rappelait qu'ils sont l'ouvrage d'un peuple qui a pris dans l'histoire le titre de roi, et que, portant l'empreinte d'un sentiment d'immensité, leur réfection a longtemps surpassé toute autre puissance que celle de leurs auteurs. Et qu'auraient pu, dites-moi, en face de pareil héritage, des populations morcelées, ruinées par les invasions et les guerres, quand il aurait fallu transformer encore des légions en travailleurs, et écumer de l'or chez toutes les nations du monde connu ? Ce n'est pas pourtant qu'on sentît moins vivement un besoin que la nature impose à tous les temps et à tous les lieux ; mais, vaincu par l'impuissance, il fallait le supporter ou limiter son mode de satisfaction, jusqu'à ce que les progrès de l'industrie et des arts vinssent suppléer à la puissance de la richesse et à la force des Égéons romains. Et, en effet, auxiliaires des temps modernes, la science a activé et rendu faciles ces travaux où les édiles et les préteurs ne semblaient avoir pour moyens que les bras des Titans, les siècles et les dépouilles des vaincus. On peut compter ce que ces constructions doivent à la science, quand naguère encore on a pu dire : « Dans l'état actuel de notre organisation sociale et administrative, peut-on songer à exécuter aux frais d'une ville ces immenses travaux que les Romains accomplissaient à grand renfort de bras, et peut-être moins dans le désir du bien-être des populations que pour arracher leurs légions à l'oisiveté et à l'insubordination des camps? » (1)

Pour comprendre ce progrès et en mesurer les accroissements, il suffit de jeter un regard sur nos cités modernes, et en particulier sur Paris qui, entre toutes, est l'expression la plus étendue de ce genre d'amélioration. Je sais bien que Paris est le foyer des grandes choses, et que nulle cité ne lui est assimilable; mais, dans la comparaison de cette cité avec elle-même, il est facile de constater le progrès qui résulte du temps, de l'état de l'industrie et des besoins d'une vaste population.

Avant Constance Chlore, les habitants de Lutèce s'abreuvaient de l'eau de Seine; ils faisaient en cela ce que font tous les peuples à leur origine, quand le hasard, l'intention ou la nécessité les fixe sur le bord des rivières : Rome puisa d'abord au Tibre. Cet état de choses, à Lutèce, ne devait pas se perpétuer sous le règne de ces conquérants qui avaient déjà doté de si belles eaux les villes principales de la Gaule (2). Aussi, au quatrième siècle, les Romains avaient construit l'aqueduc d'Arcueil pour conduire les eaux de Rungis au palais des Thermes. Deux cents ans plus tard, on voit s'élever les premières fontaines, en petit nombre sans doute, puisqu'au quinzième siècle on n'en comptait encore que seize, bien que

---

(1) M. Terme.
(2) On fait remonter à l'an 43 avant J.-C. la construction de l'aqueduc du Mont-d'Or, à Lyon. Celui de Metz date de l'an 70 avant J.-C.

les aqueducs de Belleville et de Saint-Gervais fussent construits depuis longtemps. A partir de cette époque, on voit s'écouler deux siècles d'essais et d'agitations qui n'amènent qu'un progrès lent et incertain. Sous Louis XIV, une augmentation de fontaines fut un effort illusoire, attendu le désordre de l'administration des eaux, le mauvais état du système hydraulique et, par suite, la stérilité de ces monuments, décoration oiseuse des places et des carrefours.

« Les fontaines existantes ne pouvaient plus être alimentées, dit Dulaure, et on en faisait construire de nouvelles. » C'est pourtant ce prince qui projeta d'amener l'Eure à Versailles, pour l'utilité et les embellissements de la résidence royale (1).

Paris offrait déjà un exemple d'une pareille dérivation : au treizième siècle, les moines de l'abbaye de

(1) L'aqueduc projeté par Louis XIV devait surpasser tout ce que les Romains avaient édifié dans ce genre. Du reste, on se proposa de mettre en pratique le même système de main-d'œuvre : l'armée devait être employée à ce travail. Elle le commença; mais la guerre fit abandonner l'entreprise. Plus tard, la machine de Marly satisfit à toutes les conditions du projet conçu d'abord. Considérée dans ses éléments, elle était fort simple; dans son ensemble, elle paraissait aussi compliquée qu'imposante. Aussi, quand elle fut jugée incapable de continuer son service et après divers essais de la science hydraulique, on substitua à ce colossal assemblage de pièces de bois une machine à vapeur de la force de 60 chevaux.

Ce monument avait quatorze roues sur la Seine. Soixante-quatre pompes, après avoir aspiré l'eau, la refoulaient à $51^m,84$ au-dessus du fond des coursiers, dans des puisards, à 200 mètres de la rivière, d'où soixante-dix-neuf autres pompes la portaient à un puisard supérieur, à $51^m,84$ au-dessus de ces dernières pompes et distant de 448 mètres

Saint-Victor avaient obtenu de détourner la Bièvre de son cours, et de la conduire dans l'enceinte de leur monastère pour faire tourner des moulins.

Napoléon ne fut pas moins splendide que Louis XIV; mais, avec l'avancement de son siècle, il fut plus heureux et plus utile, dans les œuvres de cette espèce. Par ses décrets du 19 mai 1802 et du 2 mai 1806, il organise sur une grande échelle le service des eaux de la ville de Paris, crée des fontaines et pourvoit au moyen de les alimenter. L'un de ces décrets porte : « Il sera ouvert un canal de dérivation de la rivière de l'Ourcq, qui amènera cette rivière dans un bassin près de la Villette. » L'autre prescrit la mise en activité des anciennes fontaines et leur en ajoute quinze nouvelles.

En effet, le canal de l'Ourcq, qui a 94 kilomètres de parcours, depuis Mareuil, lieu de la prise d'eau, jusqu'à

---

du réservoir à mi-côte. De là, conduite dans un récipient, elle était poussée par quatre-vingt-deux nouvelles pompes à 55 mètres plus haut et à 580 mètres plus loin, jusqu'à une tour qui la déversait dans un aqueduc ayant trente-six arcades et 645 mètres de longueur; deux tubes de $0^m,50$ de diamètre chacun la menaient aux réservoirs de Marly, distants de 682 mètres.

Ces trois ascensions, dirigées obliquement sur le plan incliné de la montagne, portaient l'eau à une hauteur verticale d'environ 200 mètres. La machine, fonctionnant jour et nuit, fournissait avec ses deux cent vingt-cinq pompes, 72,160 hectolitres en vingt-quatre heures quand la Seine était enflée, et moitié de ce volume dans les basses eaux.

Cet appareil, indispensable au temps de sa construction, avait les formes herculéennes des anciens monuments; il fallait une grande nécessité pour le commander et le siècle de Louis XIV pour l'accomplir.

la Villette, a été entrepris et terminé, et, depuis 1823, sous la direction d'une Compagnie concessionnaire, il fournit à la consommation de Paris une partie de ses eaux.

Ce canal donne, comme expression générale du matériel de la distribution des eaux, dans l'intérieur de la la ville (aqueducs, galeries d'eau et égouts), plus de 35,000 mètres de développement, et 173,134 mètres de conduites. En dehors de ce qu'il laisse à la navigation, il fournissait récemment aux fontaines de la capitale 75 millions de litres, qui vont s'élever bientôt à 115 millions. La distribution des eaux se fait par un aqueduc de ceinture de 4,085 mètres, lequel a des embranchements souterrains d'où partent des tuyaux secondaires, destinés aux fontaines publiques et aux concessions particulières.

Le canal de l'Ourcq entre pour un peu plus des quatre cinquièmes dans la fourniture générale des eaux de Paris. Le reste est donné par la Seine (machine hydraulique et pompes à feu), les sources d'Arcueil, de Belleville, des Prés-Saint-Gervais et par le puits de Grenelle (1).

Enfin, pour retracer par un dernier fait la marche

(1) Le puits de Grenelle a 548 mètres de profondeur. Créé pour l'abattoir voisin, après huit ans de travaux il commença son éruption le 26 février 1841. Le volume d'eau qu'il donne (90 pouces) n'est pas, suivant la science physico-géologique, susceptible d'être amoindri et de subir les variations des puits artésiens moins profonds, comme ceux de Saint-Denis, Saint-Ouen, Stains, etc.

progressive, je dirais presque l'accélération des efforts qui, à Paris, tendent à compléter et à universaliser ce bienfait, il me suffit d'ajouter que deux adjudications de fonte pour tuyaux et bornes-fontaines (1837-1839), présentent le poids de 7,500,000 kilogrammes, et que, de 1832 à 1837, il avait déjà été posé 95,660 mètres de conduites.

« L'administration municipale de la ville de Paris, dit M. Emmery (1), peut être fière de la part qui lui est réservée, pour les pensées éminemment libérales qui ont présidé toujours à la distribution des eaux de Paris. Car jamais il n'existera d'éloge plus populaire que la simple énumération de toutes les distributions municipales des 4,000 pouces d'eau de l'Ourcq, de toutes ces larges dotations gratuites accordées aux hôpitaux, aux écoles, aux salles d'asile, à ces maisons providentielles des Sœurs de charité, de ces nombreuses prises d'eau pour arrosements publics, de ces cent fontaines à écoulement perpétuel, de ces deux mille bornes-fontaines à écoulement torrentiel et quotidien, etc. »

Voilà des ouvrages qui certes ne manquent pas de grandeur; mais ils ont leur génie. Au moyen âge, les Arabes et les Maures rivalisèrent un instant avec les Romains ; les temps modernes devaient les égaler, sans cette débauche de puissance physique et cet entassement prodigieux de matériaux.

(1) Ingénieur en chef, directeur des eaux de Paris, 1840.

Au lieu de se laisser atterrer par une admiration stérile, l'industrie, mesurant sa force sur les calculs de la science, a senti se développer en elle le goût des grands travaux, et elle n'a pas reculé devant leur entreprise, toutes les fois que la grandeur a été leur condition d'existence et la mesure de leur utilité. La vue des anciens aqueducs et la perspective des services qu'ils pouvaient rendre, durent naturellement conduire à leur restauration : c'est pourquoi l'exemple partit de Rome, où tout semblait disposé pour l'inspirer. Et en effet, après quelques tentatives, depuis Adrien Ier jusqu'à Paul V, le seizième siècle et le dix-septième virent trois des vieux aqueducs restaurés verser à Rome 250,000 mètres cubes d'eau en vingt-quatre heures. Cette pensée si féconde à Rome s'éveilla naturellement dans notre province, en face du canal d'Arcier, et bien des fois elle fut à la veille d'être réalisée, comme nous le verrons plus tard.

L'aqueduc de Tarragone, bâti, selon Pline, au temps de Scipion, fut restauré en 1780 par l'archevêque de cette ville.

Vienne (Isère) a terminé, il y a peu d'années, une entreprise analogue : il est vrai que dans cette localité l'aqueduc romain offrait environ les $\frac{24}{25}$ de son parcours en état parfait de conservation.

A côté de ces entreprises où le succès n'était qu'une question de main-d'œuvre et de sacrifice, on peut placer ces autres entreprises, fruit de l'imitation sans doute, mais qui, par l'audace de l'exécution et le succès, s'élèvent à la hauteur de ces travaux accomplis par les édiles romains.

La première pierre de l'aqueduc d'Arcueil fut posée le 15 juillet 1613. Il fut terminé en 1624, par Coing, maître maçon, qui en prit l'adjudication pour 460,000 fr. Le canal lui-même a plus de 12,000 mètres, depuis le carré de Rungis à l'Observatoire, et fournit 75 pouces fontainiers.

L'aqueduc de Maintenon, attribué à Lahire parce qu'il en exécuta le nivellement, est, croit-on, l'œuvre de Vauban, et fut commencé en 1686. L'étendue du canal, depuis la prise d'eau jusqu'à Versailles, devait avoir près de 45,000 mètres. Quant à l'aqueduc lui-même, compris entre les deux collines de Maintenon, il se développait sur une ligne de 896 mètres, à 70 mètres du sol de la vallée, et était soutenu par quarante-huit arcades, dont trente-sept, aujourd'hui ruinées, offrent encore un imposant aspect. A l'heure où ce travail fut discontinué, il présentait déjà 22 millions de dépense.

Au commencement du dix-huitième siècle, Clément V dotait Carpentras d'un canal comparable à celui d'Arcier par l'étendue (environ 10 kilomètres) et le système de construction (les $\frac{12}{15}$ environ en souterrain). De 1720 à 1734, la ville, à peine relevée de ses ruines, car elle avait été brûlée pendant le conclave qui suivit la mort de Clément V, faisait construire à ses frais l'aqueduc proprement dit. Il a 850 mètres de long et comprend quarante-huit arches de hauteurs différentes, suivant les ondulations du terrain. Cette dépense fut de 400,000 fr., et la ville avait seulement neuf mille habitants.

Le projet d'amener les eaux des sources de Saint-Clément à Montpellier date du treizième siècle, et il ne fut exécuté qu'en 1753 et années suivantes. Saint-Clément est situé à $13^k,904$ du chef-lieu de l'Hérault. Le canal a, en souterrain, la même longueur, à très peu près, que l'aqueduc d'Arcier; sur un espace de 880 mèt. hors du sol, il est supporté par cinquante-trois arceaux, surmontés eux-mêmes d'un rang de cent quatre-vingt-trois autres arceaux, depuis le réservoir dit des Arcades jusqu'au Peyrou, place publique de cette ville.

L'aqueduc a été construit par l'architecte Pitou, et le château d'eau par Donat. Montpellier jouit de 1,088 litres par minute.

Vers le milieu du dix-huitième siècle, l'ingénieur Vanvitelli bâtissait l'aqueduc de Caserte. Son étendue en longueur, qui est de plus de 40,000 mètres, marche tantôt à ciel ouvert, tantôt en souterrain : cinq perforations successives dépassent 5 kilomètres. Ce canal fournit, dit-on, jusqu'à 6,366 pouces fontainiers, c'est-à-dire plus de 80 mètres cubes par minute.

Gênes doit à ses doges un canal qui, dans l'origine, avait 12 milles de parcours. Il commence près de Viganego, offre un exemple très-remarquable de siphon à Morazzena, et débite 900 mètres cubes par heure.

New-York, en 1835, a ouvert une dérivation qui doit l'approvisionner amplement. Outre son étendue

(65 kilomètres dont 3 en souterrain), ce qui la distingue, c'est le pont-aqueduc jeté sur l'espèce de détroit qui coupe l'île de Mahattan. Ce pont est estimé 5 millions et l'ouvrage entier plus de six fois autant. Si l'inauguration de ce monument a fait époque dans les fastes industriels de New-York, cela tient aux proportions et non à la nouveauté de l'entreprise : les distributions d'eau sont déjà nombreuses dans l'Amérique du nord, et les services hydrauliques qui s'y multiplient, mettant partout à contribution les lacs, les fleuves et les sources, proclament assez les bienfaits de pareils établissements.

Ces citations, par leur nombre et leur choix, me paraissent suffisantes ; cependant je ne clorai pas leur énumération technologique sans mentionner deux villes de France qui, dans l'histoire de ce progrès, se posent comme modèles, l'une de sa propagation, l'autre de son étendue. Je veux parler, dans le premier cas, de Dijon, et dans le second, de Marseille. Parmi les cités qui, au prix de sacrifices considérables, se sont pourvues d'eaux abondantes et salubres, je me plais à remarquer Dijon : ce qui nous touche nous frappe bien plus que les perspectives éloignées. Depuis 1606, cette ville, comme Besançon, s'épuise en recherches, combinaisons et projets. Mais, en 1839, toute irrésolution s'évanouit soudain. Après avoir fixé son choix sur des eaux de source, elle puise à une fontaine convoitée depuis plus de deux siècles (le Rosoir commune de Messigny), et qui lui procure, au-delà de ses besoins, les meilleures eaux de la contrée. La solution, qui couronne tant d'efforts, a, grâce au génie de M. Darcy, engendré une œuvre affectant la grandeur des travaux antiques. Au moyen d'un aqueduc de 12,670 mètres et de ses dépendances, le système nouveau alimente plus de cent fontaines, des jets d'eau, des lavoirs, et verse au milieu d'une population, naguère si mal abreuvée, environ 10,000 litres d'eau par minute (1). La ville de Dijon, parce qu'elle est riche de bien-être, ressentait d'autant plus vivement le besoin d'un pareil avantage : aussi, sous une impulsion habile et persévérante, elle s'est lancée dans la carrière avec de modestes ressources, réalisant une de ces distributions d'eau qui, dans tous les temps, sont des exemples à citer et à suivre.

Quant au canal de Provence, construit par la ville de Marseille, c'est en ce genre, ce me semble, la limite supérieure du progrès actuel, et il demeurera tel jusqu'à ce qu'un autre chef-d'œuvre l'égale ou le détrône, si cela est possible. Marseille, par une coupure dans la Durance et une dérivation, a fait affluer dans ses murs,

(1) L'aqueduc a, en souterrain, 12,510^m,5, et, en contre-haut du sol, 159^m,5 : cette dernière portion est supportée par cinquante-neuf arcades. Il est de moellons liés par un mortier de chaux hydraulique de Pouilly ; sa maçonnerie présente généralement 0^m,40 à la voûte et aux pieds-droits, et 0^m,30 au radier. Dans œuvre, il a 0^m,90 de hauteur sous-clef, et 0^m,60 de largeur. Il est enduit intérieurement d'une couche de ciment de 2 à 3 centimètres, jusqu'au demi environ de la hauteur de la paroi.

Le réservoir auquel aboutit ce canal, à la porte de la ville, contient 22,000 hectolitres.

sur une pente de 150 mètres, 7 mètres cubes d'eau par seconde. La longueur du canal, depuis la prise d'eau à Pertuis, est d'environ 160 kilomètres, dont plus de 20 en souterrain ; les travaux d'art, par leur nombre, leur grandeur, les procédés employés à leur construction, laissent bien loin derrière eux tout ce qu'on avait imaginé jusque-là. Ils comprennent 78 tunnels, 237 aqueducs, 537 ponts, 3 bassins d'épuration contenant environ 250,000 mètres cubes. Mais ce qu'il faut signaler surtout, c'est le pont-aqueduc de Roquefavour : cette œuvre, en tout cyclopéenne, se compose de trois rangs d'arcades superposés, ayant ensemble en moyenne 83 mètres de hauteur (presque le double de la colonne Vendôme), non compris les fondations, qui ont environ 10 mètres. Ce travail a duré huit ans et exigé trois mille ouvriers par jour.

Cet exposé n'a pas besoin de descriptions ambitieuses pour exalter la magnificence d'un pareil monument, les chiffres suffisent. Aussi la dépense est digne du budget d'une grande nation, et peut-être fera croire un jour aux efforts de plusieurs générations successives.

Les innovations qui s'opèrent par degrés et à la longue finissent par ne plus exciter notre attention ; émoussée par l'observation prolongée ou fréquente des mêmes choses, elle ne vit plus que d'une monotone et indolente habitude. Il n'en est pas de même de ces changements dont l'apparition subite et simultanée force l'esprit à mesurer la grandeur du progrès accompli : ils suspendent toutes nos distractions et nous frappent d'étonnement. Telle est l'impression qu'éprouverait celui qui, après trente ans d'absence, reviendrait à Besançon. Des rues nouvelles, des places créées ou modifiées, d'importants édifices militaires, des monuments civils, une multitude de constructions particulières, l'éclairage au gaz, des forteresses, des ponts, un canal et bientôt un chemin de fer : voilà le spectacle qui d'un seul trait s'offrirait à ses yeux. Si à ces créations et embellissements de toute sorte, fruit de la richesse et du goût, il voyait s'ajouter une population considérable, un commerce actif et étendu, une industrie qui aujourd'hui, loin de sa première métropole, affecte les proportions d'une spécialité sans rivale ; des institutions financières, indice de la vie des affaires ; peu de luxe, mais beaucoup de fortunes voisines du luxe et toutes édifiées par le travail ; l'instruction publique largement assise, des établissements charitables, des associations philanthropiques, etc., il devrait, comparant le présent au passé, reconnaître un progrès immense en toutes choses, hormis dans une seule, stationnaire et oubliée. Et dès lors, il comprendrait les efforts héroïques employés pour amener le régime des eaux alimentaires au niveau de ce progrès. Il comprendrait comment, après tant de siècles, il a fallu, pour combler une lacune agrandie par le temps, cumuler, dans la même époque et dans la même œuvre, une épargne considérable, avec les ressources de la science et des arts. Les Romains, qui disposèrent en maîtres de tous les priviléges de la conquête, et à qui tout était possible en choix et en accaparement de sources, n'avaient trouvé qu'Arcier pour répondre à ces deux conditions essentielles, l'abondance et la perpétuité. Faut-il donc s'étonner qu'après eux, et à la suite d'une transition pleine de malheurs, d'ignorance et d'essais, le canal d'Arcier récupère son temps et sa place?

ARCIER.

Le mot *Arcier,* selon quelques auteurs, vient des arcades construites à la source. Il aurait alors une origine latine. Rapporté à la langue celtique, ce mot, contraction de deux autres, signifie *le canal.* Une composition plus prétentieuse lui donne le sens de *abondance d'eau.* La première de ces interprétations me semble toute conjecturale, les deux autres ne sont pas moins problématiques. Les étymologistes sont comme les antiquaires : chez eux, si la science d'habitude succombe devant une énigme, ils ont recours aux artifices de l'érudition, qui souvent dégénère en jeu de mots, et déshonore par ses écarts les études les plus solides. D'ailleurs, dans ce prestigieux travail, le voile translucide des mots sous lequel ils voudraient lire l'origine des choses, n'est souvent qu'un prisme trompeur qui multiplie les illusions et engendre les controverses. Chifflet, Dunod et Bullet ont donné chacun une interprétation différente du même mot, et peut-être la vérité n'a pas trouvé jour parmi ces trois versions (1).

« On l'appelle Arcier, apparemment, dit Dunod, à

---

(1) Il s'agit du mot *Ronchaux* dont la Commission académique, chargée de la publication des *Documents inédits,* a donné une explication nouvelle.

cause des arcs qui servaient à soutenir le commencement de l'aqueduc. » *Apparemment* étant une expression de doute, il est permis d'examiner une opinion qui repose sur de pareils fondements. Que l'étymologie soit latine ou celtique, je n'ai pas pour but de rechercher sa composition systématique ; je veux seulement discuter l'interprétation donnée à la seconde par un auteur franc-comtois. *Ar,* le, *Cyr,* canal, est peut-être un jeu de mots ; toutefois, il offre, par acception et par sa conformité avec les faits, une convenance telle que s'il joignait à la précision du sens le cachet de la tradition, je le préférerais à tout autre : à la vérité, la tradition consacre, avec la même facilité, l'oubli des origines et l'altération technique des mots ; mais ici elle ajouterait, à une autorité matérielle, une imposante présomption. Une dénomination celtique appliquée à un monument du deuxième siècle ne me paraît ni extraordinaire ni anormale, dans un pays où mille autres circonstances justifient l'opportunité de l'hypothèse et la validité de l'emprunt : il nous reste mille dénominations locales empruntées à la langue celtique, bien que la période romaine ait passé sur notre sol. Deux siècles après la conquête, l'idiôme national avait pu certainement résister à l'usurpation du latin, aussi bien que l'allemand vulgaire a pu survivre en Alsace depuis le traité de Munster.

Quoi qu'il en soit, en prenant pour le mot latin une version convenable, on trouve sans torture et sans concession grave que les deux mots convergent vers la même solution, et s'ils se prêtent réciproquement quelque appui, ce concours tient du hasard et de la manière de traduire le mot *arcus* (c'est l'expression du *Vesontio*).

Le nom celtique a une seule acception; il n'en est pas de même du mot *arcus*, qui ne signifie pas exclusivement *arcade*, quelque concordance qu'il y ait entre cette appellation et certaines parties de l'objet auquel on la rapporte ici. Quelques arcades, contruites à la source pour servir de support à la tête de l'aqueduc et permettre au-dessous l'écoulement des eaux surabondantes ou inoccupées, me paraissent un monument trop minime et trop peu apparent, pour imposer une dénomination caractéristique à un fait général qui l'absorbe et le confond dans sa dépendance. A la vérité, le P. Prost, en parlant du canal d'Arcier, écrit : *Tantôt il étoit taillé dans le roc, tantôt il étoit soutenu par des arcs.* Telles n'étaient pas cependant ses conditions principales, au moins dans la plus grande partie de son parcours : le canal rampait sur le flanc de la montagne, constamment fondé et assis sur le sol, sans autre travaux d'art que ceux de l'établissement du plan de sa cunette. Un simple coup d'œil jeté sur son itinéraire suffit pour constater cette situation, partout la même, excepté à la Cana et à la Malâtre (1).

(1) On trouve ce mot sous différentes formes orthographiques : *Malâte, Malatte* et *Malâtre* : cette dernière, corruption du mot *maladre* ou *maladrerie*, est la seule admissible. Cet endroit solitaire paraît avoir servi à l'établissement d'un de ces hospices, si communs en

Construit presque au niveau de la route actuelle, il devait traverser les vallées sur des massifs de maçonnerie ou sur des arcs qui, attendu leur peu d'élévation, ne pouvaient pas présenter un aspect monumental. A la Malâtre, aucune trace de son passage n'a été retrouvée, parce que, sans doute à découvert et facilement attaquable, il a été rompu; et sa masse, éparpillée ou enfouie, a fait solution de continuité. Il y a trente ans à peine, le canal apparaissait encore aux flancs des coteaux de la vallée, avec un orifice béant qui donnait accès aux curieux dans sa galerie souterraine. C'est là que s'abouchait le tronçon détruit et dont l'absence dégage l'entrée de cette gorge, servant de communication entre le bassin de Morre et la rivière du Doubs.

Si Arcier vient de *arcus*, ou de tel autre mot ayant avec celui-ci de l'analogie, malgré le rejet du motif précité, c'est qu'il y a, dans cette expression ou ses ana-

Franche-Comté, du quinzième siècle au dix-septième. Dans un titre de 1680, je lis que l'ancienne maladrerie de La Vèze avait six logettes pour les lépreux, avec un verger de la contenance d'un journal, plus une pièce de pré (champ des Ladres) sur le territoire de Morre. — Il ne faut pas confondre cet hospice avec la maladrerie de La Vèze, à la rue des Granges, où a été bâtie l'église des Dames de Battant.

On dit que cette localité portait le nom de *Arces* (les Arces) avant le dix-septième siècle, sans doute à cause des arcades servant de support au canal. Une pareille interprétation serait plus vraisemblable ici qu'à Arcier, et, à la rigueur, viendrait en aide à l'opinion de Dunod comme aux conjectures du P. Prost; mais j'objecterai qu'on trouve cette dénomination dans certains endroits où ni ponts, ni arcs ne la justifient. Je n'en citerai qu'un exemple, c'est le hameau *des Arces*, canton de Montbenoît.

logues, le secret d'une autre solution : il faudrait donc, pour déterminer l'application certaine de ce mot, étudier ses diverses acceptions, et soumettre au même examen ceux dont le sens et la similitude physionomique les placent sur la même ligne. Et d'abord, *arcus* qui a été traduit par *arcade*, signifie également une voûte ; *arcus* a aussi pour génitif *arci* (Varron, Priscien), avec le même sens.

Arca, arcæ, se traduit par *coffre, cercueil;* on dit : *Arcis sepulchralibus.* — *Cadavera arcis lapideis conclusa terrâ condebantur.* Chifflet, à qui j'emprunte ces expressions, a dit en parlant du Pont-des-Arches : *A geminis fornicibus arcas referentibus, quæ aquis e vicino lacu antri deducendis dubio procul inserviebant* (1). — *Arcella* est une caisse dont le couvercle est en dos d'âne. *Arcella* est encore mis pour *arche, berceau, tonnelle* (tunnel des Anglais).

Arcera se prend pour litière, véhicule en forme de fourgon, c'est-à-dire couvert en voûte.

Tels sont les mots qui, par conformation, revendiqueraient le privilége d'avoir été l'origine de la dénomina-

---

(1) Vers la fin du dix-septième siècle, à 8 kilomètres de Saint-Claude (Jura), sur les bords du lac d'Antres, on découvrit les ruines d'une ville romaine ; au bas de la montagne où se trouve le lac, est un aqueduc long d'environ 100 mètres, et qui n'est connu que sous le nom de *Pont-des-Arches*.

Les anciens connaissaient trois sortes de voûtes ; leurs formes étaient caractérisées par les mots *concha, testudo* et *fornix*. Cette dernière est la voûte en forme de berceau.

tion d'Arcier. Or, comme ils présentent tous des nuances communes, celle-là seule qui emporte l'idée la plus saisissable, la plus caractéristique, celle que fait naître de prime abord le monument en question, me paraît naturellement mériter la préférence. Que ce nom vienne de *arcus, arca,* etc., ce serait là le canal désigné dans sa forme de voûte en plein cintre, arche dont l'uniformité n'est interrompue par aucun appareil extérieur un peu considérable. Arcier, à ce point de vue, proviendrait, non des arcades construites à la source, vain détail d'une œuvre colossale, mais de la construction même du tunnel qui, en y prenant son origine, lui a laissé son nom. C'est une métonymie à la fois rationnelle et conforme à l'usage de tous les temps. — *La Cana,* corruption du mot *canal,* semble justifier ces considérations.

On ne peut se prévaloir, pour soutenir l'opinion contraire, de l'étymologie du mot *Arcueil,* dérivé, suivant Ducange, des arcades qui supportent le canal des eaux de Rungis à Paris. L'aqueduc que fit élever en ce lieu Marie de Médicis, en 1618, traverse la vallée de la Bièvre, sur une longueur d'environ 400 mètres. Là, il a vingt-quatre arcades de grandiose dimension et près de 24 mètres de hauteur. Ces arcades, exécutées sur les dessins de Desbrosses, n'apparaissent plus aux spectateurs comme un détail de l'œuvre, mais comme l'œuvre elle-même.

En tous cas, l'ancien aqueduc d'Arcier est attribué à

Marc-Aurèle, et aujourd'hui l'on est généralement d'accord à cet égard ; c'est un fait à signaler, car, à toutes les époques, il s'est trouvé des écrivains qui se sont écartés de cette opinion. Chifflet, qui a écrit : *Potius M. Agrippæ hoc opus tribuerem,* a inséré dans le *Vesontio* le poëme de l'avocat Jaquot sur le canal d'Arcier. S'il a cru devoir louer le poëte, il n'a rien dit de l'historien ; et en effet, pour le jurisconsulte bisontin la versification est au motif historique ce que, pour le compositeur, la musique est au poëme dans un opéra.

« Il prétend, dit le P. Prost, que César revenant d'Allemagne couvert de gloire et chargé de butin, après la défaite d'Arioviste, reprit la route du côté d'Arcier pour se rendre avec son armée à Besançon. Comme les troupes étoient toutes harassées et brûlantes de soif, elles semblèrent, en s'approchant du Doux dont elles buvoient les eaux en leurs casques, vouloir en tarir la source, lorsqu'un laboureur, touché de leur peine, leur montra une source abondante qui sortoit d'un rocher prochain, et dont la fraischeur serviroit beaucoup plus à les désaltérer. Le soldat, haletant et plein de sueur, y accourt; César y accourt lui-même, il puise de l'eau avec la main pour en boire, et ayant étanché sa soif, il admire la beauté et l'abondance de cette fontaine et print la résolution de la faire venir à Besançon. » La même opinion se retrouve dans J.-B. d'Auxiron, et je la cite de préférence, attendu la spécialité de l'ouvrage où elle est insérée. Il dit dans son *Essai sur les fontaines de Be-*

sançon (1) : « Quand Jules César donna les eaux d'Arcier à Besançon, il en disposa en conquérant et en maître. » En Séquanie, la postérité n'a réservé à César que le titre de conquérant, comme si César lui-même eût laissé à ses successeurs le soin d'effacer les rigueurs de la conquête, et de mériter les actions de grâces des nouveaux municipes. Parmi les empereurs qui s'efforcèrent de se rendre agréables aux vaincus, et dont les noms s'entourent encore aujourd'hui de gracieux souvenirs, il faut mettre au premier rang Marc-Aurèle. Ce prince, en effet, vers l'an 170 de notre ère, se trouve à Besançon qu'il comble de bienfaits. Parmi ces bienfaits, le plus grand, celui qui attire le plus les regards et qui recommande Marc-Aurèle à la mémoire des habitants, c'est le canal d'Arcier. Un monument consacrant cette faveur (diverses circonstances autorisent à le croire), existait sur la place du Pilori, plus de quinze siècles après. Il se composait d'un vaste et beau bassin de marbre, surmonté d'une colonne ; l'inscription gravée sur ce cippe, hommage de reconnaissance des citoyens de Besançon à Marc-Aurèle-Antonin et à Lucius Vérus, était ainsi formulée :

IMP. CÆS. AVG.
M. AVR. ANTONINO
ET L. AVR. VERO
CIVES. VE.

Le gendre de Marc-Aurèle partage les honneurs de

---

(1) Je parlerai plus loin de ce travail, auquel je n'ai emprunté que le titre, mon but et mon cadre étant tout à fait différents.

l'inscription, soit parce qu'il était associé à l'Empire, soit parce qu'il avait participé au mérite des actes bienfaisants et de la munificence de l'empereur.

Ce témoignage, il faut en convenir, par ses proportions, serait trop au-dessous du service rendu, si l'arc de triomphe dit *Porte-Noire* n'était pas là. Ce monument, sujet de tant de controverses, et dédié par les historiens tour à tour à Marc-Aurèle, à Aurélien, à Crispus et à Julien, suivant l'interprétation de ses sculptures et de ses allégories, paraît pourtant, sous la double épreuve de l'art et des faits, révéler le siècle de Marc-Aurèle.

Cette opinion se trouve consignée dans une pièce pleine d'actualité et d'intérêt, c'est le projet de souscription ayant pour but d'amener les eaux d'Arcier à Besançon, en 1778. Après avoir rappelé la création de l'ancien canal et son auteur, ce document ajoute : « Il » (Marc-Aurèle) en trouva le prix dans les marques de » reconnaissance que lui offrit la ville de Besançon. Elle » lui érigea l'arc de triomphe à qui l'on a donné le nom » de Porte-Noire, et qui fut placé auprès du premier » réservoir où les eaux d'Arcier venaient se rendre. »

M. Ed. Clerc, qui, dans ses *Recherches sur l'époque romaine*, s'est occupé de l'aqueduc d'Arcier et de l'arc de Porte-Noire, a déduit de ses observations les rapports qui rattachent ces constructions l'une à l'autre, et, après avoir fixé leur contemporanéité, donne à cette dissertation particulière la conclusion suivante :

« D'une part, le canal d'Arcier, par les médailles de sa
» maçonnerie, ne peut être antérieur à Marc-Aurèle,
» vainqueur des Parthes et des Germains, en l'an 167.

» De l'autre, Porte-Noire, par la perfection de cer-
» taines de ses sculptures, est antérieure à Septime-
» Sévère, mort en 211.

» Nous sommes donc renfermés entre les années 167
» et 200, et toujours ramenés, par l'art comme par l'his-
» toire, à l'époque de Marc-Aurèle. »

Quant à la colonne placée à côté du bassin de la fontaine du Pilori, elle fut découverte au seizième siècle, et disparut vers le milieu du dix-huitième, après avoir séjourné quelque temps dans la salle capitulaire du Chapitre de Sainte-Madeleine (1). Par sa nature et par sa position, elle peut, à la rigueur, confirmer l'opinion que Besançon était redevable des eaux d'Arcier au prince, le principal objet de cette manifestation populaire. Très-significative dans sa spécialité locale, cette colonne gagnerait en expression symbolique ce qu'elle n'a pas en magnificence. Et puis, comme on l'a fort ingénieusement remarqué : des deux monuments, Porte-Noire et la co-

(1) Si elle n'en a pas été tirée avant la destruction de la vieille église, on peut s'expliquer cette perte. Une démolition désordonnée ayant confondu une immense quantité de matériaux dont les avaries trompèrent les calculs des entrepreneurs eux-mêmes, la confusion fut telle que la police intervint dans l'enlèvement des déblais, *défendant qu'on les jetât sous le pont*. Notre colonne aurait été ensevelie et perdue dans cet affreux pêle-mêle. — Le bassin avait été donné à M. de Bouclans.

lonne du Pilori, l'un marquerait l'entrée des eaux dans la cité, l'autre la limite de leur distribution.

D'un autre côté, une inscription découverte à Rome, près de la porte Esquiline, prouve que Marc-Aurèle avait le génie de ce genre d'ouvrage, et que, nouvel Agrippa, il sut doter cette capitale d'eaux copieuses et salubres. Il savait donc percer les montagnes, combler les vallées et construire ces souterrains que le temps lui-même, sans auxiliaires, ne saurait anéantir (1).

« L'aqueduc d'Arcier a partout les mêmes dimensions.
» Il consiste en un canal voûté dont la largeur intérieure
» est de 85 centimètres, la hauteur des pieds-droits de
» $1^m,20$, et conséquemment la hauteur sous-clef de
» $1^m,62$. Le canal, étant souterrain, est construit en
» maçonnerie de moellons, sans parement extérieur;
» mais l'intérieur a été fait avec des soins particuliers.
» Un massif en forme la base, il est recouvert d'une
» couche épaisse de béton mélangé de tuileaux, et
» d'un enduit de ciment de 12 à 15 millimètres d'é-
» paisseur.
» Les flancs du canal sont composés :
» Du mur en moellons,
» D'un contre-mur intérieur en béton, de 24 centi-
» mètres d'épaisseur,

---

(1) Voici la mention principale de cette inscription :
Aquam Marciam variis kasibus impeditam, purgato fonte, excisis et perforatis montibus, restituta formâ, adquisito etiam fonte novo Antonino, in sacram urbem suam perducendam curavit.

» D'un enduit en ciment de 12 à 15 millimètres d'é-
» paiseur (1). »

Le musée d'archéologie vient de s'enrichir d'une coupe ou section de l'ancien canal d'Arcier : c'est une pensée heureuse autant qu'utile, car bientôt il ne restera pas d'autre échantillon de ce monument vénérable.

Bâti sur les flancs de la montagne, dont il déchire parfois l'escarpement, il débouchait dans la presqu'île par le rocher qui se dresse à la gorge de l'isthme où s'est ouverte la porte Taillée, celle-ci n'étant qu'une extension de la voûte qui, sur une longueur de près de 50 mètres, donnait passage aux eaux (2).

(1) *Recherches archéologiques sur les monuments de Besançon*, par M. A. Delacroix.

(2) Le P. Prost dit que, pour donner entrée au canal, on fit une percée de 10 pieds de largeur sur 50 pieds de hauteur et plus de 200 de longueur. L'historien de Besançon dut être témoin de l'agrandissement de ce passage, qui s'effectuait en 1715, sous l'administration de M. Le Guerchois, intendant de la province de Franche-Comté. Ce travail, qui dura un an, était rappelé dans une inscription gravée sur un marbre, au-dessus de la porte intérieure, en regard de la route de Morre, et dont voici la teneur :

HANC VIAM
EXCAVATA RUPE
JULIUS CÆSAR APERUIT
LUDOVICUS MAGNUS
AMPLIAVIT ET ORNAVIT
REGNANTE LUDOVICO XV
CAMILLO DE HOLSTEIN PRÆTORE
HECT. PETRO LE GUERCHOIS
REGIO APUD SEQUANOS PRÆFECTO
ANNO M DCC XV.

Ce document trouvait ici sa place, parce qu'il montre cette opinion

Après avoir franchi la distance d'Arcier à Besançon, sur une ligne tantôt visible, tantôt en contre-bas du sol, ce canal longeait le faubourg de Rivotte où les constructions qui s'y fondent sont encore obligées d'en entamer le massif. Détruit, à l'entrée de la ville, par l'établissement du fossé, il ne laisse plus que quelques marques de son passage contre le rocher auquel s'appuie la muraille de l'escarpe. De la rue du Chambrier (n° 7), il s'engage sous les jardins des maisons d'Augicourt (n° 11), Proudhon (n° 9), Bourdot (n° 7), rue du Chapitre, puis sous la partie méridionale de l'établissement des Frères de Marie (place Saint-Jean, n° 4), et traverse diagonalement les caves de la maison Boichard (même place, n° 2), où il se présente intact et supportant l'angle en face de l'Archevêché. Arrivé dans l'enceinte de la ville, il se terminait, suivant Dunod, au côté droit (1) de l'arc de triomphe. « J'ai vu, dit-il, les restes d'un réservoir ;
» des colonnes et d'autres pièces d'architecture, dans les
» fondations d'une maison qu'on bâtissait pour le secré-
» taire du Chapitre, et à laquelle l'aqueduc d'Arcier abou-
» tissait. Je crois que les eaux d'Arcier tombaient de ce
» réservoir, qui était couvert d'un dôme soutenu par des
» colonnes, d'où elles étaient distribuées dans la ville. »

admise alors, que Jules César avait construit le canal d'Arcier. L'inscription a été détruite en 1792, et son marbre mutilé gît à l'entrée de la ville, depuis la reconstruction de la porte, en 1844.

Avant l'agrandissement du passage, la route, appuyée sur un massif de maçonnerie, contournait le rocher.

(1) Côté gauche pour le spectateur.

Telle est l'assertion de Dunod quant à l'emplacement du bassin, et le plan qu'il en a donné est conforme à sa dissertation descriptive. Avant de discuter l'opinion de cet historien, je citerai, comme complément, celle que le P. Prost s'est faite du bassin ou réservoir des eaux :

« Lorsque l'eau étoit arrivée au-dessus du Capitole,
» dit-il, elle se jetoit dans un bassin de figure ovale, de
» grandeur extraordinaire, comme on en juge par les
» ruines que l'on en a découvertes entières en plusieurs
» endroits de ce quartier-là. Ce qui en reste dans la mai-
» son de M. Boitouset nous en peut encore découvrir la
» magnificence. Il étoit donc de grandes pierres d'environ
» 6 pieds de hauteur et 3 pieds de largeur. Le bas étoit
» tout de moulures, à peu près comme les corniches.
» Le dessus étoit surmonté de colonnes, mais on ne sait
» s'il y avoit plusieurs ordres les uns au-dessus des
» autres; s'il est permis néanmoins de conjecturer, il est
» à croire que les naumachies n'étant, non plus que les
» amphithéâtres, destinées que pour les spectacles pu-
» blics, il y avoit plusieurs ordres à celle-ci pour placer
» les spectateurs.

» Tout près du bassin de la naumachie, on a encore
» découvert, dans la maison de M. Boitouset, un réser-
» voir d'environ 15 à 16 pieds de hauteur, depuis le
» bas jusqu'au haut. Il est distingué comme par trois
» ou quatre différents étages que forme la muraille en
» s'élargissant de temps en temps, pour marquer l'ac-

» croissement ou la diminution des eaux, et en tout de
» petites pierres de même grandeur et beaucoup plus
» longues que larges : elles sont liées par un ciment qui
» semble n'en faire qu'un même corps ; mais je n'ai pu
» deviner pourquoi le réservoir était partagé par une
» muraille, si ce n'est peut-être que s'étant fait autrefois
» quelque édifice en cet endroit, on a été obligé d'y
» bâtir une muraille pour servir de fondement : c'est ce
» qui me paraît d'autant plus vraisemblable, c'est que
» cette muraille, tout ancienne qu'elle est, n'est point
» de la même structure que le reste, et paraît beaucoup
» plus moderne.
 » Quoi qu'il en soit du bassin de la naumachie, l'eau
» était portée dans un autre réservoir qu'on croit avoir
» été la vieille tour de Saint-Quentin. »

L'Almanach de 1754, ayant sans doute fait de l'histoire d'après le P. Prost, à moins que ces deux autorités n'aient une origine commune, rapporte ainsi les mêmes détails, à part toutefois ce qui concerne la naumachie, car cette opinion ne se trouve ici ni justifiée ni contredite :

« Les eaux se dégorgeaient dans un bassin ovale d'une grandeur extraordinaire. Ce réservoir était construit de grosses pierres de 6 pieds de haut et 3 pieds de largeur ; la base était ornée de moulures du plus beau goût romain ; le dôme ou la couverture de ce bassin était soutenu par des colonnes dont l'architecture répondait à la grandeur et à la beauté de tout l'ouvrage. On en découvrit les grands restes en 1711, lorsqu'on creusa les fondations d'une maison qui est auprès de l'arc de triomphe ou Porte-Noire, vis-à-vis de l'Archevêché. Au-dessous de ce grand réservoir, on avait déjà déterré un autre bassin vers le commencement du dernier siècle. Celui-ci avait 15 à 16 pieds de hauteur, il était distingué en trois ou quatre étages formés par les retranchements de la muraille, de distance en distance, et ces retranchements marquaient la crue des eaux.

» Il était construit de petites pierres d'égale grosseur et de même grandeur, beaucoup plus longues que larges; elles étaient liées par un ciment admirable qui n'en faisait qu'un même corps. Depuis ce réservoir, les eaux étaient portées à l'endroit où l'on voit la tour de Saint-Quentin. Depuis ce lieu, appelé *Castellum aquarum* (la clef des eaux), elles étaient distribuées aux différentes fontaines et jets d'eau des divers quartiers de la ville, où elles se communiquaient par des tuyaux de plomb; on déterra de ces canaux vers l'an 1540. Les eaux destinées pour les bains y étaient menées par des canaux de pierre. On découvrit des vestiges de ces bains en 1607, en creusant les fondations de l'église des Capucins. »

Cette dernière version ne diffère de la précédente que par certains détails; elle n'est d'ailleurs ni plus étendue ni moins obscure, et surtout n'a nulle prétention de fortifier deux autorités naturellement ou forcément d'accord sur le même fait, puisque les deux écrivains dont il s'agit vivaient dans le même temps et sur les lieux mêmes de la découverte. Ce triple concours ne prête pas à l'histoire une assistance bien définie : les détails sont prolixes sans être explicites, et, sous l'apparence de la précision, manquent de clarté.

En 1711, M. Boitouset, chanoine du Chapitre métropolitain, habitait une maison appuyée au côté gauche de l'arc de Porte-Noire, et ayant sa façade principale tournée vers la grande porte de l'église. Elle avait diverses dépendances du côté de la ville, lesquelles s'étendaient jusqu'à la maison formant l'angle actuel de la place et de la rue Saint-Jean, vis-à-vis de l'Archevêché. Le plan du Chapitre, en 1667, représente en partie ces dispositions : la maison du chanoine J.-B. Boitouset occupe l'emplacement de l'hôtel actuel d'Angirey, et porte sur la légende le n° 20 (1). Or, le 8 août 1711, MM. d'Orchamp et Boudret, délégués par le Chapitre, demandaient à

(1) Le plan de 1667 ne paraît pas avoir été exécuté à la date qu'il porte : il ne doit remonter qu'à l'année 1700. En effet, le 20 novembre 1700, MM. Richard et Marechal, conseillers au Magistrat, étaient députés par leurs collègues pour remercier Messieurs du Chapitre et le haut doyen de la gravure adressée au vicomte mayeur et à chacun des membres du Conseil. Cette gravure représentait la Vue perspective du Chapitre *avant les guerres* (expression spécifiée dans l'envoi). Ce plan n'est donc qu'un portrait de souvenir : on en tirerait la preuve de l'inscription même qui le distingue, car le mot *accuratissima* est un certificat d'exactitude dont n'aurait pas eu besoin le dessinateur en 1667.

Le fait historique rapporté ci-dessus ne concerne évidemment que le plan précité, comme étant le seul qui représente spécialement la Vue du Chapitre, les autres plans, peints ou gravés, embrassant la cité entière. Parmi les premiers, il faut citer ceux de 1615 et de 1629,

MM. Boitouset une partie de leur propriété, afin d'y construire une maison pour un chanoine, *utrum velint cedere Capitulo fundum ante Portam Nigram ipsorum domui contiguum.*

Le 19, les derniers pourparlers avaient lieu relativement à cette acquisition, et le 2 mars 1712, M. le chanoine, François Boitouset, signait la délibération servant de compromis à la cession consentie au profit du Chapitre (1).

D'après les termes mêmes de ce compromis, il paraît que les travaux de construction étaient commencés dès le mois d'août précédent, époque du consentement de M. Boitouset, ce qui fait remonter à 1711 le temps des fouilles dont la date se trouve dans Dunod.

L'acte ci-après donnait l'état précis des lieux, avant que le remaniement du sol et les constructions nou-

et parmi les seconds, celui de Vander-Meulen. Cette gravure offre le même caractère que ses Vues des autres villes de Franche-Comté. Le dessinateur a encombré de chevaux et de cavaliers la partie antérieure du paysage, comme pour rappeler la situation politique du moment.

(1) « Proponente d^{no} Hugon Talnay quod conveniret inire tractatum cum d^{no} Boitouset, canonico, super cessione ab ipso facta de loco, *ubi ædificatur domus secretarii, prope Portam Nigram,* secundum delineationem et conventionem factas a Claudio Nicolao Gressot, architecto, *ad quas consensum suum jam præbuit.* Qua re examinata, domini indicaverunt sufficiens esse ut prædictus d^{nus} Boitouset subsignet præsens actum per quod cedit prædictum locum, seu renuntiat accensiamento ejus ipsi a capitulo olim facto, consentit supradictæ ædificationi et consequenter alliberatur a censu Capitulo debito ratione dicti accensiamenti. F^{ois} BOITOUSET. »

velles eussent transformé ce quartier, qui garde encore son ancienne physionomie sous l'aspect de quelques maisons, respectables débris du vieux Chapitre.

Approbatum fuit actum cessionis factum a d^{no} Boitouset, canonico, de loco prope Portam Nigram et ab ipso subsignatum cujus tenor sequitur :

« Je soussigné, chanoine de l'église métropolitaine
» de Besançon, déclare que j'ay cédé et cède à MM. du
» Chapitre le chasal et la vouste joignant ma maison
» canoniale et Porte-Noire, jusqu'à la muraille de sépa-
» ration entre le dit chasal et la cour basse de ma dite
» maison canoniale, les quels chasal et cave avoient été
» ci-devant accensés perpétuellement par acte capitu-
» laire de l'an 1650, par le dit Chapitre, à fut M. le
» chanoine Boitouset, mon oncle, pour la cense de
» 5 livres estevenantes, renonçant dès maintenant au dit
» accensement moyennant la décharge de la dite cense,
» et à condition qu'il me sera laissé entre ma dite mai-
» son et celle que le dit Chapitre veut bâtir, un traige ou
» passage dez la rue pour entrer dans la dite basse cour,
» de la largeur de 6 pieds au plus estroit, et que si l'on
» détruit la dite vouste, et que par ce moyen l'on porte
» quelque coup ou préjudice à la muraille de ma dite
» maison canoniale, qui est posée sur les reins de la dite
» vouste, MM. du Chapitre en porteront une partie des
» frais, au cas il soit reconnu par des experts dont on
» conviendra de part et d'autre ; bien entendu que

» MM. du dit Chapitre feront bâtir la dite maison de la
» hauteur portée dans le plan en dressé, suivant le quel
» on en a fait le marchefs, et à charge que les possesseurs
» de la dite maison neuve ne pourront jamais l'élever
» plus haut.

» Fait en Chapitre, le 20 avril 1712.

» Signé : F^{ois} Boitouset, *chanoine.* »

Il est donc avéré que des fouilles avaient lieu en 1711, près de l'arc de Porte-Noire, et que les découvertes faites alors et antécédemment en ce lieu n'avaient pas, dans leur propre temps, subi le moindre démenti, quant à leur existence et à leur usage présumé. Les assertions de l'histoire ont donc traversé plus d'un siècle sans contestation, soit qu'il n'eût surgi ni titres ni monuments contraires, soit qu'on ne trouvât pas encore ces hommes infatigables, devenus si habiles à tamiser la poussière de nos ruines, et pour qui, en fait d'histoire, il n'y a jamais prescription. En 1847, M. Ed. Clerc, dans son ouvrage *La Franche-Comté à l'époque romaine,* publiait la note suivante :

« Le canal d'Arcier n'aboutit point à l'arc de Porte-
» Noire, comme le croyait Dunod, qui place le réservoir
» au côté gauche de l'arc, et en donne même le dessin.
» Le canal est plus bas : on le suit sous la maison Babey,
» place Saint-Jean, n° 2, et jusqu'à l'angle en face de
» l'Archevêché. M. l'architecte Delacroix, que j'accom-
» pagnais, y est entré en cet endroit avec une lumière;

» mais arrivé à quelques pas sous la rampe de Saint-
» Jean, il n'a pu pénétrer plus loin, parce que la voûte
» était enfoncée. Le sol où coulait l'eau est à 4 mètres
» sous la rampe. »

Dunod affirme sans hésitation et sans scrupule ce qu'il a vu; pour lui, la certitude du fait et sa simplicité excluent la pompe des détails : il énonce une circonstance dont la vérité toute matérielle n'a besoin d'aucun cortége de preuves, d'aucune argumentation pour être crue et certifiée; il ne fait, alors ni ultérieurement, aucune recherche pour contrôler ou corroborer une opinion dont le motif lui paraît indubitable.

D'un autre côté, si cette opinion est contredite, elle l'est sur des témoignages non moins sensibles, non moins concluants : le canal retrouvé, suivi, déterminé mathématiquement dans sa marche, doit fournir l'indication la plus directe de l'emplacement du réservoir, et la voie la plus certaine qui y conduise. A ce point de vue, il faudrait accorder toute créance à l'opinion nouvelle qui consiste à voir le bassin en question sous une partie de l'Archevêché, au-dessus de la rue du Clos. L'assertion, fondée aujourd'hui sur les explorations de MM. Ed. Clerc et A. Delacroix, s'empreint d'une grande autorité quand on sait que ces deux habiles archéologues, sans négliger la confrontation des titres traditionnels, ne leur ont accordé, suivant l'expression d'un savant, que ce qu'on ne peut leur refuser, n'omettant jamais d'interroger les monuments ou leurs débris.

L'erreur de Dunod n'est pas un de ces mécomptes qu'il faut attribuer à la légèreté de ses observations ou à un système créé pour le besoin d'une cause. On ne saurait mettre en doute ni l'intelligence ni la bonne foi, en face d'une énonciation émanée d'un homme formé aux labeurs de l'étude et aux synthèses historiques; tout au plus lui reprocherait-on d'avoir hasardé, comme je le crois, la construction technique du réservoir qu'il semble avoir calquée sur le fameux puits de Coutras. En agissant comme le vulgaire, il subissait l'opinion de son temps : des fouilles antérieures, mal interprétées dans leurs formes comme dans leurs rapports, avaient donné naissance à cette opinion qui semblait aussi répandue que bien fondée. Il l'accepta d'autant plus volontiers que, sur le même théâtre, il en crut voir la justification matérielle. La découverte des matériaux ci-dessus relatés n'est pas suspecte d'invraisemblance; mais ce qui est contestable désormais, c'est la nature et la destination des éléments de cette découverte.

En combinant le récit du P. Prost et les actes que j'ai cités, il faudrait conclure que le canal d'Arcier aboutissait à la maison Boitouset, adjacente à l'arc de Porte-Noire, et la seule d'ailleurs qu'on connaisse aujourd'hui sous ce nom. Or cette situation est incompatible avec les restes de ce canal, découverts à 28 mètres plus bas, c'est-à-dire à l'angle de la place. Il y a dans les termes une impasse dont voici l'issue : la maison Boitouset dont il s'agit paraît avoir été la première maison canoniale des nombreux chanoines (1) qui lui avaient imposé cette dénomination ; mais il y a nécessairement une autre maison Boitouset, et c'est là qu'il faut chercher la vérification matérielle du fait à éclaircir.

Et d'abord, J.-B. Boitouset lègue sa maison canoniale de 1667 (propriété de M. d'Angirey) à son neveu Claude, qui la transmet à François son frère, le dernier du nom (2). Puis elle passe aux chanoines Dagay, qui l'occupent successivement jusqu'en 1790. Cette maison est loin de l'aqueduc; malgré cette circonstance, son nom et sa situation se prêtaient, sous quelques rapports, à l'opinion de Dunod comme à celle du P. Prost. Toutefois, en reconstruisant, titres en main, la partie basse du Chapitre, on trouve sur le parcours des eaux, non-seulement une maison Boitouset, mais encore l'indication la plus naturelle de l'emplacement du réservoir. La confusion que pouvait augmenter encore l'héritage re-

(1) La suite des chanoines Boitouset présente une chaîne non interrompue depuis 1577 jusqu'à 1742 : Philippe, chanoine le 2 octobre 1577; Claude, le 12 juin 1599 ; Philippe, le 12 mars 1605; Louis, le 8 mars 1608 ; Jean-Baptiste, le 5 mars 1633; Claude, le 30 août 1662 ; François, le 4 novembre 1693.

(2) On lit dans le testament de J.-B. Boitouset (13 juin 1670) cette disposition : « Je donne et lègue à messire Boitouset, prêtre, chanoine, mon coadjuteur et mon bienaimé neveu, ma maison canoniale. »

Dans le testament de Claude (8 août 1708), on lit cette disposition analogue : « Je donne et lègue à révérend sieur François Boitouset, mon coadjuteur et bienaimé frère, ma maison canoniale, où je fais ma résidence, en quoi elle puisse s'étendre et comporter, et de la même manière que j'en ai joui pendant ma vie, laquelle est sise et située au devant de la grande porte de ladite église métropolitaine. »

cueilli par les Dagay (1) va se dissiper devant des témoignages aussi solides que nombreux.

Le 7 septembre 1688, M. de Grammont était pourvu de la charge et du fief de chambellan de l'archevêque : à ce fief étaient attachés différents *meix, maison et jardins,* situés sur la ruelle Sainte-Brigitte (2). L'habitation principale tombant en ruine, le possesseur du fief obtint, moyennant compensation, le droit de la vendre, et elle était acquise par

(1) « Je donne et lègue à messire Marie-François Dagay, mon cher et bienaimé neveu, filleul et coadjuteur, ma maison canoniale avec ses dépendances. » (*Testament de François Boitouset, chanoine.*)

(2) Chapelle Sainte-Brigitte, située sur l'emplacement de la maison de M. Th. Bruand, où l'on retrouve encore, sous forme de crypte ou de sacristie, une construction qui en était une dépendance. Elle existait entière à la fin du 17e siècle, puisque le Magistrat, en septembre 1699, demandait la démolition de la partie antérieure de cette chapelle pour élargir la voie publique. C'est là sans doute l'origine du plan de voirie qui impose un pan coupé à la dite maison.

Quant à la ruelle du même nom, elle longeait les façades de la place (nos 2, 4 et 6), suivant une ligne polygonale limitant le cimetière qui embrassait l'église de Saint-Jean-Baptiste, dont le porche, sur la rue Saint-Jean, avait son entrée vis-à-vis du n° 6. Le cimetière allait donc aboutir à la maison de la ville (place Saint-Quentin, 2), en occupant ainsi le terrain où se sont assises les constructions qui bornent au nord la place Saint-Jean. Sa largeur moyenne était de 5 toises, ce qui réduisait à 1 toise et demie les embouchures de la ruelle près de la rue du Mont-Sainte-Marie et près de la maison d'Ormenans. A l'angle voisin de cette dernière entrée, dans le cimetière, s'élevait, sur quatre colonnes, un dôme abritant une croix et différents attributs religieux. Ce monument, d'un goût équivoque, débordait de 9 pieds, sur la rue, le front de la maison d'Ormenans.

Cette description a pour objet de faire comprendre certaines particularités du projet mentionné plus loin, page 491.

le Chapitre le 18 mars 1700. Or, à son tour, le Chapitre revendait cette propriété ; et ensuite des montes du 6 avril, même année, elle était adjugée au chanoine Boitouset pour servir d'habitation à François, son frère et coadjuteur, car elle devenait canoniale, d'après l'article 2 des conditions de la vente. Suivant l'indication des bâtiments attenants, elle devait occuper l'angle de la place actuelle (emplacement de la maison de Boursière), et s'appelait d'Aigremont, du nom de ses fondateurs : le plus ancien titre qui la mentionne est le testament de Hugues d'Aigremont, chanoine, le 16 des kalendes de mars 1398 (1). Le chanoine qui l'avait acquise présentait au Chapitre, le 12 mai 1700, un plan de ladite propriété, demandant l'autorisation d'en distraire environ 3 pieds de terre pour les joindre à la maison paternelle, ce qui lui était octroyé, moyennant qu'il rendrait ailleurs une égale portion de terre à la nouvelle habitation canoniale.

Cette circonstance prouve qu'elle touchait immédia-

(1) La maison d'Aigremont, située sur la ruelle Sainte-Brigitte, vis-à-vis le cimetière de l'église de Saint-Jean-Baptiste, faisant face sur la dite ruelle par devant ; — par derrière touche le jardin Sainte-Brigitte, appartenant à M. le chanoine Broissia, à cause de sa dignité de grand chantre de l'église métropolitaine ; — devers le dessus, les sieurs Boitouset ; par le dessous, le dit sieur Broissia. Le jardin de la dite maison touche, du côté de la citadelle, le jardin du chanoine de Mesmay ; — au levant, la veuve et les héritiers de Jacques Perreciot ; — au nord, le jardin du dit sieur de Broissia ; — au couchant, la cour de la dite maison et le jardin des dits sieurs Boitouset. » (*Acte de vente du 18 mars 1700.*)

tement MM. Boitouset, d'où l'on peut conclure qu'ils occupaient la maison n° 4 (1), indépendante mais voisine des deux maisons canoniales et de celle du sieur Perreciot, laquelle appartenait à l'un d'eux (2).

Ces propriétés comprenaient ainsi, à part la maison de Poinçon (place Saint-Jean n° 2), tout l'espace entre Porte-Noire et les dépendances de la chapelle de Sainte-Brigitte. Quant à la profondeur tant des jardins que

(1) « D^{us} Boitouset qui emit domum canonialem, vulgo d'Aigremont, contiguam domui ejus paternæ, nuper inconsulto Capitulo construxit in horto dictæ domus canonialis murum ad transeundum, e dicta domo ejus paterna, usque ad aliam domum quam nuper acquisivit ab hæredibus defuncti magistri Jacobi Perreciot : commissi fuerunt... ad recognoscendum, etc. » (16 janvier 1704, *Act. cap.*)

« Audita relatione... dom. commissorum ad recognitionem unius muri de novo constructi in horto domus canonialis, vulgo d'Aigremont, a domino Boitouset possessa, dominis visum est quod expediebat habere declarationem in bona formâ a dominis Boitouset signatam, qua promittent obstruere, ad requisitionem dominorum de Capitulo, omnes fenestras et portas quæ habent aspectum vel aditum super dicta domo canoniali, et etiam restituere trajectum qui communicat a domo paterna dictorum dominorum Boitouset, usque ad antiquam domum canonialem dicti domini Boitouset. » (25 juin 1704, *Act. cap.*)

(2) La contiguïté dont il s'agit est confirmée par le document suivant :

« Je donne et lègue à noble J.-B. Boitouset, seigneur de Venans,
» mon bienaimé frère, l'usufruit et jouissance, sa vie naturelle du-
» rant, de tous les droits, actions et hypothèques, à quel titre que ce
» puisse être, et qui me compétent et appartiennent, sur la maison
» dite d'Aigremont et sur celle qui la touche, au bas du jardin, par
» moi acquise du sieur Perreciot, et desquelles maisons et dépen-
» dances il jouira comme il est dit ci-devant. » (*Testament de Claude Boitouset*, 1708.)

des constructions, elle se trouve assez clairement énoncée dans un arrangement amiable, intervenu en juin 1704, entre les sieurs Boitouset et le propriétaire placé derrière. La distance qui y est mentionnée est à peine de 3 pieds.

Lorsqu'on projeta la construction destinée au secrétaire du Chapitre, il s'agissait de prendre non-seulement le chasal dont il a été parlé plus haut, mais encore une partie de la maison d'Aigremont, possédée depuis peu par le chanoine Petitbenoît, ensuite de l'acquisition qu'il en avait faite en 1710 (1). Il est évident, dès-lors, qu'on a dû fouiller le sol précisément au point de passage du canal, c'est-à-dire dans l'intervalle où, jardins et propriétés bâties, tout appartenait à MM. Boitouset; et cet intervalle est celui du n° 2 au n° 6 de la place.

Maintenant, plus de doute : l'aqueduc d'Arcier aboutit à la maison Boitouset.

Quant à la naumachie, Dunod n'en parle pas; et Chifflet, qui mentionne cette opinion, ajoute : *Ut quibusdam placet*. Le silence de l'un et la réserve de l'autre accusent également l'auteur de l'*histoire manuscrite*, en lui laissant la responsabilité de son aventureuse conception.

J'ai vu, à Milan, le théâtre nautique que le chevalier Canonica a bâti sur le patron des naumachies antiques :

---

(1) « Commissi sunt..... ad alloquendum dominum Boitouset pro derelictione (*suit l'indication de la propriété à céder*) et dominum Petitbenoît qui obtulit vendere partem inferiorem domus canonialis. » (*Act. cap.* 1712.)

il est ovale, comme l'étaient ces monuments, et son enceinte, qui couvre un immense espace, peut recevoir 30,000 spectateurs. Dès lors, j'ai pu me rendre compte du rapport qu'il y a entre un établissement de cette espèce et l'emplacement qu'on lui attribue à Besançon. Si le petit axe de nos arènes avait 97 mètres ou 120 pas, comme l'affirme le P. Prost, leur étendue devait se rapprocher de celle de l'amphithéâtre de Nîmes ou de celle du palais Gallien, à Bordeaux; on peut donc les prendre pour base d'appréciation de la grandeur de notre naumachie; d'ailleurs nos deux théâtres (naumachie et arènes), comparables dans leurs formes, offriraient la même capacité, puisque, étant destinés à la même population, rien ne motiverait, sous ce rapport, une différence entre eux (1). Or un théâtre tel ne pourrait trouver place à l'endroit qu'on lui assigne, sans de larges échancrures faites à la montagne, et propres à l'établissement de gradins sur le versant, comme cela était pratiqué à Dole et à Orange; mais alors rien n'aurait effacé les traces d'un pareil travail. En supposant une disposition qui n'aurait pas nécessité ces coupures dans le roc, le terrain si profondément déclive, sur la direction de l'est, aurait forcé à un remblai tellement prodigieux, que l'aspect des lieux en fait repousser la pos-

(1) A Milan, le grand axe a 242 mèt. et le petit 115, — 30,000 spectateurs. A Nîmes, ces dimensions sont 133^m,38, et 101^{m}40 — 20,000 spectateurs, divisés en quatre précinctions. A Bordeaux, 132 et 105, — 15,000 spectateurs.

sibilité ; une telle muraille, si elle se fût jamais construite, se verrait encore debout comme un géant inébranlable.

Au surplus, quelle qu'eût été la situation de ce monument, qui aurait enlevé, enfoui ou broyé ces blocs qui se superposaient sans ciment, liés entre eux par leur poids? car tous les monuments de ce genre se distinguent par un style vigoureux et la force de leurs proportions.

Voici une autre objection :

Le Colisée et l'Amphithéâtre de Nîmes servaient en même temps de naumachie, où des galères venaient exécuter les évolutions du combat naval et des jeux nautiques. Pourquoi l'Amphithéâtre de Besançon n'aurait-il pas eu cette double destination, puisque les eaux d'Arcier étaient conduites à deux pas de ses vomitoires? A Rome, où tout se faisait si somptueusement et si largement, l'Amphithéâtre de Flavien avait été converti en naumachie par convenance autant que par économie, pourquoi cette double affectation n'aurait-elle pas été admise à Besançon? Pourquoi enfin ce luxe d'une double construction évitée à Rome et qu'il était possible d'éviter dans la capitale de la Séquanie? Notre Amphithéâtre était situé tout près et au-dessous d'une source, aujourd'hui enfouie sous le bastion d'Arènes, et qui, au moyen âge, a servi au roulement d'un moulin (Moulin des Arènes) : il était donc facile, en l'absence même du canal, d'inonder le sol ou arène du théâtre, par la dérivation totale ou partielle de cette source. Ces conjectures sont tellement dans la nature des choses et les ressources des lieux, qu'elles me semblent l'argument le moins réfutable contre le système de *l'histoire manuscrite*.

En somme, l'endroit où le P. Prost a vu une naumachie, la physionomie des restes sur lesquels il base son assertion, la situation de ces restes, par rapport au canal, excluent l'existence d'un pareil monument.

Quant au réservoir, voici, ce me semble, la cause de l'illusion de nos historiens : ces grandes pierres d'environ 6 pieds de hauteur sur 3 de largeur, avec des moulures à la base, rappellent ces dalles de revêtement qui, s'appuyant à la montagne, limitaient la surface horizontale du Forum (1). Ces pierres, mêlées à des fondations d'édifices romains, auront trompé d'autant plus facilement le spectateur que leur forme semblait accuser leur usage, surtout si l'on tient compte de certaines relations, signalées par une légende, entre ce réservoir et les monuments voisins. Cette légende, si vague en ses indications, parut se revêtir de lumière quand le concours inespéré de quelques ruines vint donner à

(1) J'appelle ainsi, d'après M. Clerc, l'espace renfermé dans une ligne circulaire qui embrasse la place Saint-Jean, et coupe en segments peu profonds trois de ses faces. « Notre Forum, dit Perreciot, formait » un carré aussi vaste que régulier, qui s'étendait depuis la porte Noire » jusqu'à la rue Ronchaux. » Il est vrai qu'à Rome il avait la forme quadrangulaire. M. Clerc affirme, au contraire, que le Forum bisontin était circulaire et que la courbe en est bien tracée ; car son assertion repose sur des opérations géodésiques. On est frappé du reste de la ressemblance qui existe entre le Forum romain et le Forum bisontin, quant à la configuration des lieux et à la distribution relative des monuments qui les décoraient.

une circonstance, jusque-là indifférente ou obscure, cette assurance de précision qu'aucune tradition n'avait osé lui accorder; aussi, après Dunod, quand on écrivait encore : « L'église de Saint-Jean-Baptiste était bâtie tout
» exprès proche du grand réservoir où se déchargeaient
» les eaux du canal d'Arcier, lesquelles fournissaient un
» bassin découvert autrefois, et où l'on donnait le bap-
» tême par immersion, suivant la pratique des premiers
» siècles, » il ne venait à l'esprit de personne de discuter si ce réservoir était à gauche ou à droite de Porte-Noire, les fouilles de 1711 excluant toute ambiguïté.

Mais les versions que j'ai citées disent que, au-dessous, on a aussi découvert un réservoir, et la description qu'on en donne rappelle ce genre de construction. Ce bassin, véritable citerne, pourvue d'eau directement par le canal ou par une dérivation, aurait abreuvé la partie haute de la cité, privée d'eaux jaillissantes, si toutefois ce bassin a existé. On trouve à Lyon des exemples de citernes placées ainsi sur des points culminants : celle qui est voisine de l'église Saint-Just, laisse encore apercevoir les conduites destinées à amener l'eau dans ce réservoir et les ouvertures par lesquelles on la puisait. Mais ici ne serait-ce pas le complément de la première erreur? Un peu plus bas, en effet, sous la façade sud-ouest de la place, un autre segment du forum aurait pu montrer ses murailles dépouillées de leur revêtement de dalles et laissant à découvert, dans un parement dénudé, ces assises de *petites pierres de même grandeur et beau-*

coup plus longues que larges. Ces débris résistant à tous les efforts du temps ou des hommes, n'auraient point empêché l'établissement des édifices dont les fondations se croisent, dans tous les sens, au milieu de ce pêle-mêle de ruines gallo-romaines. C'est ce que permet de croire cette circonstance rappelée dans la description du prétendu réservoir : *mais je n'ai pu deviner pourquoi le réservoir était partagé par une muraille, si ce n'est peut-être que, s'étant fait autrefois quelque édifice en cet endroit,* etc. (1).

Le P. Prost ajoute que, de ce bassin, *d'une grandeur considérable,* l'eau était portée dans un autre réservoir qu'on croit avoir été la tour Saint-Quentin. Rien ne confirme cette opinion, sinon les traces de bains et de fontaines trouvées à cette place, et, entre autres docu-

(1) Un plan de 1768, avec sa légende, vient de justifier en tous points la disposition des anciens bâtiments de la place Saint-Jean, telle que je l'ai établie, pour déterminer la maison Boitouset et par suite l'emplacement du réservoir, contrairement à l'ancienne opinion. Je dois cette vérification, comme tant d'autres, à M. l'archiviste Babey.

Ce plan porte, sous le n° 4 actuel, *maison Dagay,* et sous le n° 6, *maison de Camus.* Ces indications sont parfaitement conformes aux recherches dont j'ai discuté les éléments : les Dagay étaient possesseurs desdites maisons, comme héritiers des Boitouset qui les leur avaient transmises. — C'est là qu'on a faussement placé le réservoir ; au surplus le canal y aboutit. La maison du n° 6, qui appartenait au chanoine de Camus en 1754, était la propriété de M. Petitbenoît en 1710, celle de M. Marin en 1709, celle de M. Boisot en 1708, celle de MM. Boitouset en 1700, qui l'avaient achetée du Chapitre : elle portait alors le nom d'Aigremont.

Les journaux du Magistrat confirment la contiguïté de ces deux

ments sans preuve, l'écrit de d'Auxiron. On y lit donc :
« La tour dite de Saint-Quentin passe pour avoir été l'ancien réservoir où les eaux d'Arcier venaient aboutir ; on trouve encore des vestiges de son antique canal dans les caves (1) et souterrains du même côté, plus haut et à proximité de cette tour, mais non en deçà. »

Ces allégations et ces données ne me paraissent pas suffisantes pour établir, d'une manière péremptoire, un fait aussi considérable. Je préfère l'idée d'un réservoir vaste et unique, sous l'Archevêché ; elle est conforme à la situation de l'aqueduc, à la configuration du sol et au fonctionnement d'un récipient général des eaux.

La tradition a admis ce réceptacle du trop-plein de l'approvisionnement des eaux d'Arcier, et cette opinion s'est perpétuée sans autre garantie que l'énonciation du fait lui-même. Or quelle a dû être l'origine de cette opi-

---

habitations, dans un acte de police de voirie, du 6 mai 1711, où il est dit : « M. Petitbenoît, qui a acheté la maison d'Aigremont, près de chez M. Boitouset, prétend en réparer le frontispice etc., etc. »

La maison portant le n° 2 de la même place, n'est pas celle des Boitouset, comme on le croit, bien que le canal y aboutisse : le plan en question la cote *maison d'Ormenans*. En 1711, elle appartenait à M. de Poinçon, ainsi que le prouve l'autorisation accordée au Chapitre [8 février], de remplacer, par un mur de pierres de taille, le parement de moellons qui fermait l'espace entre cette maison et Porte-Noire. Les chanoines avaient dû se soumettre, en cette occasion, aux exigences de la police municipale, parce que le terrain n'était pas *in districtu capitulari*.

(1) Nommément, ajoute-t-il, dans celle de l'apothicaire Barratte (Grande-Rue n° 140).

nion? Je l'ai dit plus haut, cela tient au genre de ruines ensevelies sous les fondations de la tour Saint-Quentin, et mises à découvert à l'angle de la rue Ronchaux. A l'époque de la construction de cette tour (1), qui remonte peut-être au onzième siècle, les fouilles opérées pour en asseoir la base, durent exhumer des débris plus vastes dans leur ensemble et plus complets dans leur forme, lesquels, attendu leur ancienne destination, firent croire à l'existence d'une succursale du grand réservoir; car alors les Thermes voisins n'étaient pas découverts, et il n'y avait pas d'autre moyen d'expliquer la présence d'un récipient à cette place. La facilité apparente de l'explication a été un piége pour l'histoire, et un défi porté à la pénétration des archéologues.

En 1826, M. l'architecte Vieille, qui avait obtenu de la ville la concession de la tour Saint-Quentin, à charge par lui de construire sur son emplacement, atteignit les fondations du ruineux édifice. Elles renfermaient des débris de marbre blanc ayant appartenu à un appareil

---

(1) Le mot *tour* exprime une forteresse ou maison forte. Ces tours, qui doivent leur origine aux temps d'anarchie féodale, n'étaient pas seulement situées dans les campagnes et sur la crête des rochers; elles s'étaient multipliées dans les villes, puisque, à différentes époques, leur construction était l'objet d'une prohibition spéciale. Les tours bâties dans l'enceinte de la ville de Besançon et dont les noms se rencontrent dans sa statistique historique, sont celles de Montmartin (Sacré-Cœur), d'Archambeau (à l'angle de la rue des Granges et de la rue de la Bouteille), de Vaîte (place Labourey) et de Saint-Quentin.

hydraulique (1). Rien ne contredirait l'existence d'une fontaine monumentale adjacente aux Thermes dont la façade principale aurait affleuré la voie qui forme aujourd'hui la Grande-Rue. Une fontaine est une dépendance qui sied à ce genre d'établissement, où les Romains concentraient tout ce qui pouvait en faire le lieu de réunion le plus commode et le plus attrayant. Il faut lire Pline, Vitruve, Spartien et Olympiodore, pour concevoir ce qu'étaient les Thermes dans leur distribution et leur magnificence : à Rome, ceux d'Agrippa, de Néron, de Caracalla et de Dioclétien ont laissé une incomparable réputation. C'étaient des lieux de rendez-vous qui offraient non-seulement le bain, avec ses variétés et ses accessoires, mais encore le théâtre, la salle de conversation, la bibliothèque, le xyste, etc. Ammien Marcellin appelle ceux de Lutèce, tantôt *palatium*, tantôt *regia*. Zozime leur donne le nom de basilique, et en effet les Thermes de Lutèce servirent quelquefois de résidence aux empereurs Julien [en 360], Valentinien et Valens [en 365].

Si le bassin, supposé à l'emplacement de la tour Saint-Quentin, avait servi à la distribution générale des

---

(1) « M. Marnotte qui a vu ces fragments mutilés, dit M. Laurens (*Annuaire* de 1826), a reconnu dans l'un d'eux le pied d'une vasque de fontaine antique ; sa forme est celle d'un balustre colossal sur une base attique, percé au centre d'une ouverture circulaire (deux pouces de diamètre) destinée à recevoir le tube du jet d'une fontaine jaillissante. On y a trouvé encore des fragments de corniches, de colonnes cannelées, etc. »

eaux (1), on en aurait retrouvé les robustes fondations sous toutes les constructions modernes; partout, en effet, où elles ont rencontré une muraille romaine, elles s'y sont établies comme sur le roc. C'est ainsi qu'ont disparu probablement les vestiges du véritable bassin, au treizième siècle, lors de la construction du palais archiépiscopal. Ces vestiges furent méconnus, à la fin du dix-septième siècle, à l'époque de l'érection de la façade actuelle, sur la place Saint-Jean, moins peut-être parce qu'ils étaient confus et obstrués, que parce que l'opinion faussée et distraite avait à cet égard une foi arrêtée; car Chifflet, écrivant son *Vesontio*, avait déjà placé, près de l'église de Saint-Jean-Baptiste, son *lacus publicus ingentis magnitudinis*, et fondé une erreur qui devait se répéter et s'accréditer un siècle plus tard. Les ruines dont il parle avaient la même origine que celles de 1711 : elles provenaient de fouilles exécutées peut-être quand on traçait angulairement la partie orientale de la place, qui d'abord formait un quart de rond (2), comme le repré-

(1) Le niveau du pavé de Saint-Jean pris pour base, les principaux points du parcours des eaux fournissent les cotes ci-après : Tour Saint-Quentin, $14^m,385$; fontaine des Carmes, $14^m,995$; fontaine Saint-Pierre, $15^m,842$; rue d'Anvers, $16^m,922$; Puits-du-Marché, $16^m,887$; rue Poitune, 18^m; angle de la rue d'Arènes, $17^m,565$. — Ces chiffres, bien qu'ils établissent la possibilité d'une distribution générale, ne sauraient donner le moindre crédit à une conjecture démentie par la direction et la situation de l'aqueduc près de Porte-Noire.

(2) Cette disposition, qui existait au commencement du dix-septième siècle, pourrait bien avoir été déterminée par l'enceinte du forum dont le relief circulaire n'a été nivelé et enfoui qu'à la longue.

sente aujourd'hui la rigole du pavé, près du pensionnat des Frères de Marie. Il tire donc la preuve de la présence du bassin à cet endroit, des mêmes faits et des mêmes ruines : *ut ruinæ detectæ nuper indicaverunt in vicinis ædibus.*

Quant au château d'eau, c'est encore Chifflet qui a dit : *Non procul aberat ab illo lacu castellum aquarum (turrim veterem S. Quintini nonnulli fuisse putant).* Cette conjecture s'est perpétuée unanime et invariable. S'il était vrai que d'anciennes fouilles eussent, à Saint-Quentin, effacé des traces de ce genre, la tradition se serait seule chargée d'en conserver le souvenir ; mais alors la fragilité de la construction attesterait qu'un bassin, en ce lieu, n'avait ni l'ampleur ni l'emploi qu'on lui attribue, et que, s'il a existé, il devait être uniquement réservé aux Thermes voisins, destination qui me paraît aussi probable que rationnelle. L'établissement des Thermes nécessitait en outre l'usage de réservoirs particuliers, comme le prouvent les restes trouvés, en 1825, à la rue Ronchaux, restes dont l'étendue et les détails annonceraient, pour ces bains, le caractère somptueux de ceux de la rue Moncey. Ce qui tendrait à fortifier ces présomptions, c'est la main d'une statue colossale qui, si elle y a servi de décoration, rappellerait et la splendeur du monument et la majesté de celui qui en aurait ordonné l'édification. Cette statue, d'environ 8 mètres de hauteur, à en juger par les fragments découverts et assemblés par M. Marnotte, devait être, aux Thermes bisontins, ce qu'était le colosse de Néron à la Maison-Dorée (1). Selon moi, enfin, les fondations romaines et les marbres de la tour Saint-Quentin accusent une fontaine monumentale.

A Nîmes, l'aqueduc ancien est attribué à V. Agrippa, et cette opinion est fondée sur des inscriptions votives aux Thermes de cette ville. A Besançon, la découverte d'une médaille dans la maçonnerie de notre canal [avril 1836], a été l'un des indices qui ont fait rapporter l'honneur de cette construction à Marc-Aurèle, indice considérable, il faut en convenir, à côté de la colonne du Pilori. Une inscription, dans nos Thermes, eût justifié les déductions de l'histoire, et, par une alliance heureuse, aurait rappelé, je le crois, et le fondateur des bains et le créateur du canal.

En définitive, il fallait discuter les faits avant d'attaquer l'autorité de l'historien. Si le P. Prost a bien rapporté ce qu'il a vu, il n'a pas toujours modéré son imagination dans ces ténèbres où l'erreur est d'autant plus facile que les intuitions y sont plus confuses. Aussi l'*histoire manuscrite* a mérité la juste défiance des écrivains de notre époque; mais ce que beaucoup d'entre eux ignorent peut-être, c'est que leur opinion est dès long-

---

(1) M. Marnotte a dessiné tous les débris d'antiquités trouvés dans ces fouilles, et a déposé ces dessins au musée d'archéologie. Il a donné la description des bains de la rue Ronchaux, dans une notice manuscrite dont les détails ont été rappelés dans les *Mémoires inédits de l'Académie* et par l'*Annuaire du Doubs* [1826].

temps consacrée par un jugement équivalent à une condamnation légale (1).

La situation du grand réservoir est démontrée par des faits revêtant un caractère incontesté de certitude. Si la direction du canal et son extrémité probable, accusent en effet l'emplacement qu'on lui assigne aujourd'hui, les débris de ce bassin et les ornements qui le décoraient, retrouvés près de là, viennent encore à l'appui de cette présomption. Les obscurités et les hypothèses de nos historiens sont désormais sans danger (2).

Parmi les restes les moins équivoques appartenant à

---

(1) Le P. Prost ayant présenté son manuscrit au Magistrat, en sollicitant de cette compagnie l'autorisation de le faire imprimer et l'avance du tiers des frais, le Conseil, suivant son habitude, nomma une commission pour prendre connaissance de la requête, discuter l'opportunité de son double objet et faire rapport.

En conformité de cette décision, M. Biétrix rendait compte à ses collègues du travail de la commission, le 2 octobre 1700. La résolution prise à ce sujet se termine par ces mots : « Ayant fait remarquer à la compagnie plusieurs endroits qui ne se trouvent pas prouvés et d'autres qui sont sans doute fabuleux, il a été jugé à propos de lui refuser le tout, et le secrétaire lui fera savoir cette délibération. »

(2) Dom Berthod le croyait à l'emplacement que lui attribue Dunod. « Le fameux réservoir, dit-il, où les eaux du canal d'Arcier étaient réunies pour être distribuées dans la ville, subsistait encore vers l'an 444. Or, comment aurait-il pu subsister, si la muraille de l'enceinte eût été bornée à Porte-Noire ? L'épaisseur des murs, le rempart et le fossé, auraient, ce me semble, entraîné nécessairement la ruine du canal et la destruction du réservoir qui se trouvait presque sur la même ligne. »

Le P. Prudent, sans être plus explicite, prétend « qu'il (le canal) se terminait à Porte-Noire, dans un lieu assez élevé pour que les

ce réservoir, il faut distinguer ceux qu'on découvrit, en 1825, dans les fondations de la tour des Cloches, cette gangue informe qui enveloppait l'arc de la Porte-Noire, et qui était autrefois une des entrées du Chapitre (1). Moellons obscurs, tirés d'un amas de déblais comme d'une carrière, ils étaient transportés loin du lieu où ils avaient décoré ce pompeux monument, et concouraient alors à des constructions plus modestes, ou même au nivellement du sol. Quelques parcelles de ces débris, engagées dans la muraille de la maison qui flanque l'arc de Porte-Noire, à l'opposite de l'Archevêché, et arrachées avec

eaux pussent être dirigées commodément vers les différents quartiers où elles étaient jugées nécessaires. »

Conformément à l'hypothèse admise, M. A. Delacroix s'exprime ainsi : « L'aqueduc s'étendait sans doute le long du versant de la citadelle, sous le palais archiépiscopal et plus loin ; car de cette partie élevée il était facile de distribuer l'eau dans tous les quartiers. »

(1) Elles étaient aux rues Billon, du Cingle, Casenat, du Chambrier et à l'arc de Porte-Noire. Celle-ci était surchargée d'une lourde construction au front de laquelle était l'horloge aujourd'hui reportée au clocher de Saint-Jean. L'entrée de l'arc, revêtue de maçonnerie, latéralement et sous le cintre, ne présentait qu'une porte ayant moins de moitié de la hauteur de l'ouverture totale. (La porte actuelle à 10^m,7 sous le cintre, et 5^m,5 d'ouverture. Les dimensions correspondantes de la porte du Chapitre étaient de 5 ^{m},2 sur 3^m,3). Mais ce ne sont pas seulement les constructions supérieures qui obstruaient ce monument : avant 1664, sa partie antérieure de droite était, en grande partie, masquée par une maison dont la démolition fut décidée le 3 mars de cette année. C'est à cette construction parasite, qui avait fait porter à gauche, sous l'arcade, l'entrée du Chapitre, que l'on doit sans doute la ruine des sculptures superficielles remplacées, depuis, par des parois et des colonnes taillées à l'ébauche.

autant de peine que d'intelligence, sont recueillies au Musée de la Ville. Ces sculptures représentent l'urne symbolique d'où l'eau jaillit avec abondance ; un dauphin, qui porte sur son dos un enfant ailé ; des figures, l'une ailée, l'autre ornée de la flamme ou aigrette, signe de la déification ; puis des fragments dont les allégories, moins définissables, tiennent au règne des eaux.

Outre les tronçons complets ou mutilés du canal et les sculptures dont je viens de parler, des restes de bains ont été découverts au clos Saint-Paul, à la rue Sainte-Anne et à la place de l'Abondance, comme à la rue Ronchaux et à la rue Moncey. Quant aux aqueducs et conduites alimentant les fontaines, il n'est guère de fouilles qui, sous ce rapport, n'aient payé leur contingent à l'archéologie. Quoique moins abondante aujourd'hui qu'au temps de Chifflet, la source de ces diverses découvertes n'est pas tarie ; chaque fois qu'elle laisse échapper de son sein quelque richesse, la science en décore ses trésors ou les livre à l'histoire.

Quelle que soit l'origine de l'ancien canal d'Arcier, ses points capitaux ont certainement porté la trace nominale ou symbolique de son fondateur ; mais ces témoignages ont disparu : les monuments oblitérés ou bien dénaturés par les controverses, ne laissent échapper que des présomptions. Toutefois l'histoire, pour nous permettre de l'attribuer à Marc-Aurèle (1), a trouvé dans ces présomp-

(1) J'ai déjà signalé les diverses opinions qui se sont manifestées à ce sujet. Voici un nouvel exemple de cette divergence de sentiments.

tions mêmes des documents assez empreints de certitude pour supporter la discussion et satisfaire les esprits les moins superficiels (voyez *la Franche-Comté à l'époque romaine,* par M. Ed. Clerc, pages 25 à 31). D'après cela, on a pu fixer à très-peu près l'origine de cette construction. Ce dut être de 170 à 174, car les Séquaniens non moins avantagés que sous Vespasien et Adrien virent alors Besançon l'objet des faveurs du monarque dont l'influence bienfaisante se fit d'ailleurs sentir sur leur province. Vers ce temps, en effet, il vint au milieu d'eux préparant son expédition en Germanie contre les Quades et les Marcomans.

Quant à la mise hors de service de ce canal, il n'est pas possible d'en saisir la date précise. Mais si l'on met en regard l'époque où il existait encore et celle où il n'existe plus, et qu'on resserre progressivement l'intervalle, cette date se circonscrit dans des limites assez étroites pour qu'il soit permis de l'attacher aux événements limitrophes, propres à lui prêter une légitime et décisive autorité.

Il est d'autant plus notable qu'il est récent et consigné dans une délibération du conseil municipal [22 juin 1836], à l'époque où l'on s'occupait du choix des eaux à amener à Besançon : « Lors de la conquête » des Gaules, est-il dit, le Doubs formait déjà la ceinture de Besançon, » et déjà les deux sources voisines que l'on indique étaient connues ; » cependant la proximité de ces moyens n'obtint pas le choix de Jules » César qui, jaloux sans doute de conquérir aussi l'affection des Gau- » lois qu'il avait subjugués, fit construire avec luxe et à grands frais » le canal dont une partie conduit encore actuellement sur les usines » d'Arcier les eaux qui devaient abreuver pour toujours la ville de » Besançon, etc. »

Avant tout, ce qu'il faut admettre, c'est que sa ruine est due moins à l'action des siècles qu'à la faulx des Barbares ; car l'histoire est là, comme la tradition, avec des faits irrécusables, pour attester que tous les travaux de ce genre n'ont pas eu une autre cause de destruction. Ceux de Rome, dont le nombre n'a jamais été bien déterminé, mais qui, à coup sûr, au temps de Nerva, n'étaient pas au-dessous de neuf, furent tous coupés par les Goths, en 537. Ailleurs, ils disparaissent généralement du cinquième siècle au huitième. La ruine de ceux de Lyon, attribuée aux Sarrasins [732], dut être facile, attendu le système de leur construction; il n'en fut pas de même à Vienne (Isère), et dans les pays où ils étaient perforés souterrainement. Celui de Tlemcen (Afrique) subsiste encore, bien que la ville ait été saccagée et ruinée. Celui d'Arcier, quoique n'étant pas construit dans les mêmes conditions, aurait résisté indéfiniment aux siècles : moins caché que ceux de Vienne, de Blois, de Tlemcen, etc., moins à découvert que ceux de Lyon, de Nîmes, de Metz, etc., il a pourtant offert à l'ennemi des parties vulnérables, et qui ont provoqué ses coups. Il n'y a qu'une destruction calculée, délibérée qui en ait suspendu l'usage; alors, il aurait subi le sort commun à tous les grands travaux romains, que les Barbares prenaient à tâche de faire disparaître.

Au milieu de toutes les invasions dont la Séquanie a été successivement le théâtre, la question est de savoir quel est celui de ces événements auquel il convient de rapporter la ruine de notre aqueduc. Il est certain que des invasions partielles eurent lieu déjà de 275 à 296, et, dans cet intervalle, la Séquanie fut plus d'une fois ravagée ; si Besançon n'eut point à souffrir de ces désastres, il est moins heureux de 353 à 355 : alors, comme tant de cités, il succombe sous la formidable irruption des Germains qui, du Rhin jusqu'au cœur de la Gaule, portent le fer et la flamme. Quarante-cinq villes, non compris quantité de bourgs et de châteaux, sont renversées ou brûlées ; et les campagnes ne présentent plus au loin que le néant ou la désolation. C'est dans cette situation que Julien trouve la Séquanie. Sa lettre au philosophe Maxime peint l'état d'abaissement dans lequel est tombé Besançon : cette ville, autrefois superbe, apparaît obstruée des ruines de ses temples et de ses édifices. Sous les successeurs de Constantin, les excursions des Barbares avaient pris un caractère d'audace et de permanence qui en faisait le prélude le plus menaçant d'une invasion conquérante. On a dit, toutefois, que, privées du matériel nécessaire, les bandes d'outre-Rhin respectaient les places fortes et ravageaient les campagnes. Il est vrai que, pour ces hordes lointaines, un siége était un obstacle ; néanmoins, elles n'hésitaient jamais à attaquer les villes fortifiées, confondues, à plus forte raison, dans la haine commune dont les Barbares poursuivaient tout centre de population, qu'ils appelaient ironiquement des *tombeaux*, et à côté des ruines desquels ils dressaient les tentes de leurs bivouacs.

Ils ne réussirent pas toujours dans ces sortes d'opérations, ainsi que le démontre le siége de Sens à cette époque : « Les Barbares se retirèrent abattus, dit Ammien Marcellin, avouant tout bas que c'était en vain et follement qu'ils avaient formé cette entreprise. » Ces échecs, car leurs tentatives sont évidentes, prouveraient de l'impuissance, non de la crainte; mais cette impuissance elle-même n'est qu'un fait exceptionnel, à en juger par le petit nombre de villes qui ont échappé à leurs coups; d'ailleurs l'hypothèse d'un insuccès, sous les murs de Besançon, laisserait sans explication l'état de cette ville lors du passage de Julien. On a prétendu, à la vérité, qu'il avait exagéré les termes de sa lettre. Pour mettre hors de suspicion sa bonne foi et son désintéressement, il suffit de lire celle qu'il adresse au Sénat et au peuple d'Athènes, et où il développe le tableau des événements dont la Gaule vient d'être le théâtre. Cette dernière lettre fera comprendre le sens de la première et en garantira la véracité, tout en déterminant la cause du renversement des murs et des édifices de Besançon. Or, quand Julien écrivait à Maxime, si le canal n'existait plus, rien, au milieu de ces ruines, n'aurait donné à la ville un aspect plus triste que ses réservoirs mutilés, ses fontaines muettes et ses bains déserts : les eaux embellissent et animent tout ce qu'elles décorent.

Aucun témoignage donc ne prouve la destruction du canal d'Arcier à cette époque, puisque son nom et les conséquences de sa destruction ne sont nulle part mentionnés. Seulement, d'après le tableau saisissant de la dernière invasion et les désastres de la cité, on peut concevoir, comme présomption, que le canal d'Arcier n'a pas survécu au passage des Allemands, et prendre cette époque pour une des limites dans lesquelles on doit renfermer cet événement.

Julien, après avoir vaincu les Allemands, et forcé les Francs de la Belgique à demander la paix, s'occupe, avec zèle et activité, à ramener l'abondance dans la Gaule épuisée et sans culture ; il pourvoit d'ailleurs à l'allégement des impôts, à la justice, à la réfection des villes renversées et à la défense territoriale. A ce égard, on croit que Besançon éprouva les bienfaits de l'empereur : parmi les faveurs matérielles qui devraient en attester l'étendue, si rien ne rappelle notre monument, c'est que les préoccupations d'alors avaient pour principal objet la protection de la ville, qu'il fallait mettre à l'abri de nouvelles dévastations : Julien passait en revue les villes encore debout et susceptibles de résistance, comme on fait d'un camp menacé par l'ennemi. Mais cela n'exclut pas la certitude d'une réparation que font présumer l'existence même de la cité et le soin de sa conservation.

Un demi-siècle après [407], les Vandales ravageaient de nouveau la Séquanie, et Besançon était assiégé à outrance : il ne succombe pas devant cette rude agression, grâce sans doute à des efforts héroïques, puisque les Barbares pénètrent jusque dans ses Arènes. A cette funeste époque, si la ville n'est pas prise, elle est au moins investie ; ses environs, à découvert et sans défense, demeurent à la merci des assiégeants : l'ennemi qui échouait sous ses murs, n'en portait qu'avec plus de fureur la destruction sur tout ce qui s'offrait à ses coups, et le canal était naturellement pour lui une proie aussi facile qu'attrayante.

Mais voici une autorité qui renverse ces conjectures. On rapporte qu'à l'époque où Placidia, sœur de Théodose, envoya à Besançon les os du bras de Saint-Etienne, avec le corps de saint Epiphane et celui de saint Isidore, ces reliques furent déposées dans l'église de Saint-Etienne, aujourd'hui Saint-Jean, dont l'emplacement est désigné ainsi : *Ubi fons aquæ vivæ ab ipsis terræ meatibus evisceratur.* On doit prendre l'indication de cette tradition comme s'appliquant au canal (1), et dès lors les invasions du quatrième siècle et celle de 407 n'auraient porté aucune atteinte au monument dont il s'agit ; à moins toutefois que, dans l'intervalle des deux invasions que je viens de rappeler, le canal n'ait été réparé, le sort de la cité déterminant le sien : *Paulo ante Juliani tempora, per Allemanos diruta (Vesontio) posteaque refecta, iterumque per Attilam eversa est.* (J. J. CHIFFLET.)

---

(1) Car on lit dans un autre endroit du Vesontio : *Eo loco ubi fons aquæ vivæ, per aquæductum veniens in civitatem, ab ipsis terræ meatibus evisceratur.*

Ce qui prouve bien qu'il s'agit du canal, et non de quelque source au pied de la citadelle.

Le corps de saint Etienne a été découvert en 415, et ses reliques, avec celles indiquées plus haut, ne furent apportées à Besançon qu'en 445. Depuis ce moment, s'il n'est plus question du canal d'Arcier, l'histoire en fournit le raison. Théodose, vers 421, avait été obligé de rappeler l'armée envoyée en Afrique contre les Vandales, pour l'opposer à Attila qui ravageait la Thrace ; n'ayant pu arrêter ce barbare par les armes, il acheta sa retraite à prix d'or. Néanmoins, un an après la mort de l'empereur, c'est-à-dire en 451, Attila, soit qu'il méprisât la foi jurée, soit qu'il fût délié de son serment, inondait de ses troupes l'empire d'Occident, et Besançon, suivant la tradition la plus accréditée, était enseveli sous un monceau de ruines. C'est ce qui a fait dire à l'auteur du Vesontio : *Oppidum dirutum non a Vandalis sed potius ab Hunnis.* Besançon fut, en effet, renversé à cette époque, et il s'écoula un demi-siècle avant de voir ses ruines se niveler et s'animer par le retour d'une population sédentaire. Cette dernière date [451] peut être regardée comme la limite de l'intervalle où la destruction de notre canal s'est accomplie, laquelle se trouve ainsi osciller entre l'époque de l'invasion des Allemands et celle des Huns. Dans le premier cas, il aurait traversé, sans mutilation et sans avaries, un peu moins de deux cents ans. Relevé de ses ruines, dans le cours du quatrième siècle, il a pu attendre ainsi le passage des Vandales. S'il a éprouvé les atteintes de ces barbares, ce qui me paraît indubitable, il fut une seconde fois remis en état, puisque, d'après la légende rapportée par Chifflet, il existait certainement lors de l'apparition des Huns [451]. A cette dernière date, il fut indubitablement détruit (1) et n'a jamais été relevé ; l'eût-il été, les Sarrasins [732] ou les Hongrois [937] l'auraient immanquablement anéanti. Ce qui paraissait flottant, indéterminé, se fixe et se précise par l'observation attentive des dates et des faits qui s'y rapportent : par suite, les limites précitées auraient toutes deux une égale prétention, sans se confondre et sans s'exclure; de là deux ruines qui se succèdent, l'une temporaire, l'autre définitive. La première s'efface devant la seconde; c'est pourquoi, sous l'autorité de celle-ci, on peut conclure sans témérité que le canal d'Arcier a disparu au milieu du cinquième siècle, et que sa durée totale est d'environ deux cent quatre-vingts ans.

Quand l'eau d'Arcier cessa d'affluer à Besançon, la cité creusa sans doute les puits publics, parce qu'il ne restait peut-être aucune trace de ceux qui avaient précédé l'avénement des eaux de source. Les puits particuliers et la rivière suppléèrent à l'insuffisance du nouveau moyen d'alimentation, et ce régime dura jusqu'à ce que

---

(1) La destruction du canal n'a été effectuée que par le renversement des parties hors du sol, comme à la Cana et à la Malâtre, les parties souterraines étant demeurées intactes. Ce qui le prouve, c'est que le 9 août 1324 l'un de ces segments encore plein d'eau, s'étant entr'ouvert, laissa échapper un torrent qui, suivant Chifflet, excita l'admiration générale. Ceci se passait probablement près de l'archevêché : *Coram basilicá S. Joannis erupit e veteri aquæductu, pridem sub terrá delitescente, maxima aquarum copia.*

de nouvelles eaux vinssent remplacer celles d'Arcier, dont chaque génération avait regretté la perte. Malgré ce regret, le premier projet connu de puiser aux sources voisines n'est pas très-ancien : depuis la destruction de notre canal jusqu'au quinzième siècle, c'est-à-dire pendant neuf cent quatre-vingt-seize ans, aucun acte, aucune tradition ne vient témoigner d'une intention pareille; si elle avait osé se manifester, tous les regards se seraient, sans aucun doute, portés sur Arcier : on avait un tracé, des repères, des fragments et l'exemple du passé. Mais ce qui est difficile irrite l'ambition; ce qui est impossible la comprime, car le désir qu'on ne peut satisfaire passe dans l'imagination sans aiguillonner l'activité. C'est peut-être ce qui eut lieu à Besançon : devant les obstacles, la timidité fut plus forte que le besoin, et l'inertie dompta les excitations de la détresse. Et puis les sources n'étaient plus libres, diverses industries s'en étaient rendues propriétaires et s'en disputaient l'usage. Cette aliénation, dont la date est perdue, n'était pas la moindre des difficultés, si l'on en juge par le passage suivant, emprunté à l'opuscule publié, en 1777, par l'échevin d'Auxiron: « Quand Jules César donna les eaux d'Arcier à Besançon, il en disposa en conquérant et en maître : aujourd'hui, la ville n'aurait plus les mêmes facilités qu'autrefois pour se les approprier, les eaux d'Arcier étant destinées à une poudrerie, à une papeterie et à plusieurs moulins. »

On ignore si Besançon a cédé ses droits sur Arcier,

ou s'il les a laissé prescrire; toujours est-il que ce qui reste de titres à cet égard vient certifier cette dépossession.

Les Bourguignons, vers l'an 413, sont reçus en Séquanie, et s'approprient une partie des terres. Chassés un peu après, ils reparaissent comme alliés d'Aétius à la bataille de Châlons-sur-Marne; dans la suite, à la faveur du patrice Ricimer, ils étendent de nouveau sur notre sol une domination qu'ils consolident par une possession plus vaste et par un mélange plus profond avec la population indigène. Alors leur société présente déjà une sorte d'organisation aristocratique que la loi Gombette consacre et fortifie. Les priviléges et la puissance territoriale se développent dans la haute Bourgogne par l'abus, la violence, les concessions échangées ou arrachées, pendant la décadence mérovingienne et surtout pendant les déchirements qui signalent le partage de l'empire de Charlemagne. De là le capitulaire de Kiersy, qui constitue d'une manière plus large et plus solide cette puissance seigneuriale dont la diète de Mantaille montre la force et l'étendue. Aussi, dès cette époque, se construisent ces manoirs ou châteaux forts, indice à la fois de suprématie et d'indépendance, qui couronnent les sommets pittoresques de notre pays.

C'est dans cette période si vague du cinquième siècle au dixième, période où l'histoire se perd dans un chaos de révolutions, d'invasions et d'anarchie, que se place la date de cette dépossession.

Au milieu de ces malheurs, de ces changements de maîtres, de ces morcellements de territoire de la haute Bourgogne, le hameau d'Arcier et le moulin de la Cana, invariablement liés l'un à l'autre, par position et par nécessité, se séparent rarement et subissent presque constamment la même destinée.

Le premier titre qui fait mention d'Arcier est de 1454 [13 août] : c'est le vendage fait par le prince Guillaume de Chalon, seigneur d'Arguel et de Montfaucon, à noble Pâris Jouffroy, citoyen de Besançon, du moulin de la Cana, *assiz et situé entre le village d'Arcier et celui de Chalèze,* avec les autres biens y mentionnés, moyennant la somme de 2,270 francs 8 gros (1). Les choses comprises dans ce vendage sont déclarées être et mouvoir de fief de l'illustrissime seigneur archevêque de Besançon.

Dans le siècle suivant, le 24 novembre 1581, la Cour des comptes de Dole faisait savoir que Louis de la Tour, seigneur de Montcley, prenait à acensement le cours d'eau d'Arcier, pour y établir une papeterie et une scierie, *en ce lieu souloit estre une papetterie deppendant de la seigneurie de Montfaucon, appartenant à Sa Majesté.* Louis de la Tour offroit 2 livres de cens, et trouvait cette offre suffisante, attendu, selon lui, que le roi ne tirait rien de cette propriété depuis cent ans. La Chambre, pour être fixée sur le mérite d'une offre pareille, a recours aux anciens titres et comptes de la seigneurie de

---

(1) Le franc valait 13 sous 4 deniers de France.

Montfaucon, et constate que le précédent censitaire, qui à la vérité s'était ruiné, donnait 6 livres estevenantes et deux rames de papier. Ce dernier prix devient la base d'une transaction acceptée par le seigneur de Montcley. Cet événement peut donner une idée de l'ancienneté de la papeterie d'Arcier. En effet, le papier de coton fut introduit en Europe vers le neuvième siècle, et porta alors la dénomination de papier de Damas, du nom de la ville où les Arabes le fabriquaient. Au douzième siècle, il s'appelait parchemin de drap, et commençait à être remplacé par le papier de chiffons; c'est encore aux Arabes qu'on devait ce perfectionnement, si l'on en croit Pierre le Vénérable, abbé de Cluny, qui, dans un voyage en Espagne, vers 1142, avait vu fabriquer le papier avec des *haillons* (1).

(1) Au huitième siècle, il y avait une fabrique de papier de coton à la Mecque. — Dans le onzième, les Arabes en avaient fondé une à Ceuta; plus tard ils en établissaient à Valence, à Tolède et dans diverses villes de l'Espagne. Depuis le milieu du neuvième siècle jusqu'au milieu du dixième, on trouve diverses bulles écrites sur ce papier.

Le papier de chiffons paraît dater du douzième siècle; mais il ne fut répandu qu'au quatorzième. L'historien Joinville écrivit, en 1315, à Louis X, roi de France, une lettre sur papier de lin. L'acte d'accusation dressé contre les Templiers, acte qui existe encore, est sur papier de linge.

En 1776 il y avait vingt-sept papeteries au comté de Bourgogne. Elles fabriquaient, l'une (celle de Pontarlier) 8,000 livres de papier par an; les vingt-six autres, ensemble, 37,480 rames. Dans ce compte, la subdélégation de Besançon entre pour 4,100 rames, comme suit : Arcier, 1,500 rames (Joseph Vassier); Tarragnoz, 2,200 rames (propriété du Chapitre); Villers-le-Temple, 400 rames. Aujourd'hui, Arcier fabrique 200,000 kil. de papier par an.

Au commencement du quatorzième siècle, cette industrie n'était guère répandue qu'en Espagne, car on cite, comme un fait rare, le testament d'Othon VI, comte de Bourgogne, en 1302, écrit sur papier de *lin*. Si la papeterie d'Arcier, en 1581, existait depuis plus d'un siècle, elle doit avoir une origine très-rapprochée de l'établissement de ce genre de fabrication en France. Elle en a d'ailleurs suivi les progrès.

La terre d'Arcier et le moulin de la Cana n'appartiennent au sieur d'Ancier que depuis le commencement du dix-septième siècle : ce qui le prouve, c'est le vendage fait par généreux sieur Jean-François de Jouffroy, sieur de la Vaivre (1), Arcier, etc., audit sieur Gauthiot, sieur d'Ancier, de la seigneurie d'Arcier, comme aussi des *moulins bannaux, foulles, batteur et rasses*, communément appelés moulin de la *Canay* (2), situés entre ledit village d'Arcier et celui de Chalèze, moyennant la somme de 14,300 fr.

L'acte de vendage passé par-devant le notaire Bryet, le 21 octobre 1626, dénonce ladite seigneurie d'Arcier et le moulin de la Canay mouvoir de fief de sa seigneurie l'illustrissime Archevêque de Besançon.

---

(1) Il possédait la seigneurie de la Vaivre, ensuite du vendage à lui fait, en 1618, par Mme de Rey, Claude-Béatrix de Grammont, femme et compagne *de haut et puissant seigneur messire Claude-François de Rey*.

(2) J'ai trouvé dans les actes capitulaires du 17e siècle : « *la canay* (*olim*, le canal) » ce qui justifie l'observation faite à la page 28.

M. de la Vaivre avait vendu à Jean Nardin, docteur ès droit, citoyen de Besançon, avec réserve de réméré, *les moulins, foulle et batteur de la Cana, dépendances et appartenances*, pour la somme de 7,700 fr. Or la vente faite à M. de Jouffroy, de la seigneurie de la Vaivre, exprimait cette condition que la somme de 31,000 fr., prix du domaine, serait employée à payer quelques dettes de la dame venderesse (Béatrix de Grammont); c'est pour remplir cette obligation que le sieur de Jouffroy, obéré lui-même, stipulait, en vendant la Cana, que l'acquéreur acquitterait les dettes spécifiées dans son acte. Mais la vente du 21 octobre 1626 donnait au sieur d'Ancier, sur la Cana, le droit de réméré. C'est pourquoi il s'était retenu 8,102 fr. sur le prix de son acquisition. Le nouveau seigneur d'Arcier, se prévalant de ce droit, reprend la Cana et ses dépendances, en remboursant au possesseur conditionnel la somme de 8,102 fr., moyennant quoi Jean Nardin est obligé de se départir de son titre [1er janvier 1628]. Telle est l'origine de la possession intégrale et absolue du double domaine, Arcier et la Cana, par le sieur d'Ancier. A la mort de celui-ci, ses biens passaient entre les mains des Jésuites, suivant le testament dudit seigneur, testament publié à l'officialité de Besançon, le 19 novembre 1629, lequel instituait les RR. PP. ses héritiers universels. Lors de leur occupation, les Jésuites sont obligés de soutenir un procès contre dame Claude-Bonaventure de Mathay, veuve de feu J.-F. de Jouffroy, sieur de la

Vaivre, laquelle se portait comme créancière de la succession et de celle de son époux. Envoyée d'abord en possession par le parlement de Dole, elle fut plus tard déboutée, et les RR. PP. demeurèrent paisibles propriétaires de l'héritage jusqu'au 21 mai 1640. Mme de Mathay n'avait pas été seule à former opposition à leur entrée en jouissance : M. de la Vaivre, malgré la vente faite à Arcier, avait laissé sa terre chargée de dettes; cette seigneurie ayant été mise à l'enchère, les créanciers non satisfaits, après une première provision, obtiennent décret sur les domaines d'Arcier et de la Cana, et il demeura incertain si les RR. PP. garderaient ces propriétés. Mais une autre difficulté les attendait. Le testament, après de longs et éclatants débats, et nonobstant la publication de nombreux mé oires, ayant été déclaré nul par le parlement de Dole, les biens du sieur d'Ancier furent adjugés à M. Antide de Montagu et à ses frères qui, en vertu de la sentence du même parlement, entrèrent en possession de tous les biens de l'hoirie, et en jouirent ainsi jusqu'en 1643, époque à laquelle le collége était rétabli dans ses droits, par sentence de révision prononcée à Malines, le 2 décembre 1642 (1).

Dix-sept ans après, il y avait séparation de l'hoirie et des biens du collége : le domaine d'Arcier était régi par

---

(1) Cette sentence fut, à double titre, une bonne fortune, car, avant 1640, les Jésuites avaient déjà vendu deux maisons de l'hoirie, l'une au baron de Soye et l'autre aux gouverneurs, lesquelles avaient produit 33333 liv. 6 s. 8 d.

un administrateur à part (1) qui rendait compte directement au provincial, et disposait des revenus, de telle sorte que le collége semblait complètement étranger aux bienfaits de la succession. Pourtant cet établissement en avait tiré quelques profits (2) : dans une note émanée des Jésuites eux-mêmes, on trouve que le collége a subsisté de 1636 à 1652 avec le bénéfice résultant de l'hoirie; car alors, ajoutent-ils, « l'ordre ne touchait de la ville qu'une pension minime, ne recevait rien de Montbozon, et n'avait d'autre fonds, sur le territoire de la cité, qu'une vigne à Champnardin (3). »

Un premier démembrement de cette terre avait lieu en 1661; Anatoile de Lisola, au nom de la Compagnie,

---

(1) Voici la liste des administrateurs de l'hoirie depuis 1659, époque de leur création, jusqu'à 1674 : 2 février, A. de Lisola; — 18 février 1662, J. Gabiot; — 3 décembre, J. Ardier; — 2 janvier 1666, J. Poissenot; — 1ᵉʳ octobre, J. Gabiot; — 20 septembre 1667, J. Mayre; — 28 octobre 1668, J. Poissenot jusqu'en 1670. Depuis lors, jusqu'au 13 novembre 1671, Piard-Prenel et Poissenot, conjointement. — Ce dernier, en 1674, prend la dépense du collége et remet l'hoirie à G. Gabry.

(2) Les Jésuites avaient été mis en possession d'Arcier le 19 novembre 1629; mais l'hoirie n'était acceptée que le 9 novembre 1630, par lettres du R. P. général. Néanmoins ils avaient fait emploi tout d'abord des ressources de leur nouvelle fortune dans la construction des bâtiments du réfectoire et des offices du collége [1628 à 1637], ce qui leur coûta 17,495 francs.

(3) Plus tard, ils touchaient 2,000 livres du trésor de la cité, possédaient plusieurs maisons à Besançon et de nombreuses métairies : parmi ces dernières propriétés, il faut distinguer la ferme Saint-Ignace, connue encore aujourd'hui sous le nom de Grange-du-Collége, et qui appartient à Mᵐᵉ veuve Duchon.

sauf ratification du provincial, vendait à noble François Bonnot, citoyen de Besançon, et, conjointement, à demoiselle Claude-Françoise Reud, sa femme, les biens immeubles dépendants de l'hoirie de M. d'Ancier, *siz et situez rière le finage d'Arcier, consystant tant en maisons, jardins, vergiers, chenevières, champs, vignes, que prés*, le tout moyennant 1,900 francs, les droits seigneuriaux étant d'ailleurs réservés.

La source, comme on le voit, suivant les spécifications ci-dessus, ne faisait point partie de la vente; sa conservation était la conséquence nécessaire de la propriété du moulin de la Cana. Il ne s'agit ici que de la haute source, l'autre appartenant déjà à la famille Fyard: un procès qui avait lieu en 1753, laisse pressentir qu'elle était devenue la propriété de cette famille, vers le milieu du dix-septième siècle.

Depuis le jugement qui confirme les Jésuites dans la jouissance de l'héritage du sieur d'Ancier, on trouve quelques actes de leur administration, lesquels constatent cette continuité de possession, tant du moulin de la Cana que de la source d'Arcier. Ainsi, en 1633, les Jésuites amodient la Cana à Claude-Antoine Vernier de Bolandoz. Ils sont représentés dans l'acte par le R. P. Laithier, de la compagnie de Jésus.

En 1638, le R. P. François-Paul Symon, pour la Compagnie, intentait au meunier Demossan une réclamation de paiement, le prix d'amodiation de l'année 1637 n'ayant pas été soldé. Ce retard était attribué aux guerres de cette époque, et surtout à cette campagne marquée par le siége de Dole et la ruine d'une quantité considérable de petites places (de Quingey entre autres). Ces désastres étaient dus principalement au duc de Longueville et à ce farouche allié de Richelieu, le prince de Saxe-Weymar, chef de ces Allemands à sa solde, connus sous le nom de *Suédois*. Une amodiation de 1654 est faite au profit d'Antoine Tarby de Loray, par Loys Thiery, procureur de la Compagnie de Jésus. Six années après, en 1661, Anatoile de Lisola, commis à l'administration des biens dépendants de l'hoirie de feu sieur d'Ancier, renouvelait au même fermier l'amodiation de la Cana : par suite de ces amodiations successives, Antoine Tarby fit valoir l'usine de la Cana jusqu'en 1678, temps auquel Loys Chiquet, religieux jésuite, agissant au nom et pour le compte de la Société, louait ledit moulin à Jacques et à Jean-Baptiste Tarby, sous la caution d'Antoine, leur père. Précédemment [1667], le moulin avait été détruit ; c'était à l'époque de la première conquête de la Franche-Comté par Louis XIV : le meunier, victime de l'invasion française, avait dû provoquer une reconnaissance des lieux pour faire constater et les dégâts causés par l'ennemi, et les réparations que lui, meunier, avait opérées pour remettre l'usine en état de roulement. L'enquête est poursuivie ou dirigée par le R. P. J. Mayre, qui fait figurer dans les témoignages, propres à éclairer cette reconnaissance, celui d'un soldat de la garnison de Besançon.

Ces réparations n'avaient ni l'étendue ni l'importance nécessaires au maintien du revenu antérieur : c'est pourquoi les Jésuites, après avoir indemnisé Tarby, leur fermier, reprennent en sous-œuvre les travaux de reconstruction; et les traces de dommage disparaissaient complètement en 1682.

Quelques années auparavant [1677], les Jésuites soutenaient un procès contre la commune de Chalèze, relativement au domaine de la Cana : ils prenaient fait et cause pour leur meunier, qu'on avait imposé comme contribuable de cette commune.

Ce procès, dont le dénouement n'est pas connu, est remarquable par sa longueur autant que par la multiplicité des mémoires publiés de part et d'autre; le jugement renvoyé *après la férie des vendanges*, n'était pas encore rendu le 28 mars 1678, puisque, ce jour-là, on procédait à la visite des lieux. La cote à payer, objet du litige, était de 13 gros, somme relativement considérable, puisque les plus riches propriétaires de Chalèze ne payaient pas plus de 14 gros. L'exagération de cet impôt, contre lequel les RR. PP. Jésuites protestaient aussi bien que contre le motif de son assiette, leur donne occasion d'indiquer l'étendue ou l'importance de leur domaine de la Cana : « Si vray, disent-ils, que le district féodal du dit molin est si retressy et si court, qu'il ne contient que la seule maison avec la ribe et la rasse et un petit jardin, et peutestre un petit pretz. »

Au surplus, les RR. PP., dans leurs moyens de défense, paraissaient plus préoccupés de maintenir la prérogative seigneuriale, apanage de leur propriété, que de s'exempter de la charge de contribuable qu'on leur imposait. Aussi, quand on leur objecte que leur meunier est affouager de Chalèze, ils répondent : « Le moulin ayant été vendu par les sieurs de Montfaucon dans tous ses droits et appartenances, il est certain qu'il a été vendu avec le droit de chauffage et affouage tel que l'avaient les sieurs de Montfaucon. »

J'ai dit qu'après la vente au sieur Bonnot, de Besançon, les Jésuites s'étaient réservé la propriété de la source sans laquelle les moulins de la Cana n'auraient eu qu'une existence précaire et passive. L'acte suivant prouve cet état de possession permanent et absolu :

« A tous soit notoire et manifeste que, par-devant Abraham de Villers, notaire, citoyen de Besançon, et en présence des témoins en bas nommés, étant en sa personne constitué R. P. Claude-Antoine d'Orival, prêtre, religieux de la Compagnie de Jésus, du collége du dit Besançon, procureur et administrateur des biens dépendants de l'hoirie de feu sieur Antoine-François Gauthyot, sieur d'Ancier, Rancenay, Grandfontaine, Cilley, Bretigney, Arcier, etc.; et, en cette qualité, pour lui, les sieurs ses successeurs au dit office et le dit collége; de l'agrément et aveu du R. P. J.-B. Revisard, prêtre, recteur du collége, qu'il promet faire approuver, avouer et ratifier les présentes, dans 3 jours prochains, a laissé, comme il fait par cette, à titre d'accensement perpétuel et amphiteutique, au sieur Pierre Prost, marchand, aussi citoyen, pour lui, ses hoirs, successeurs, enfants mâles et femelles descendants d'iceux présents, stipulants et acceptants et accensissants, le droit de prendre l'eau de celle provenant de la fontaine d'Arcier, appartenant au dit collége, et ce, dès la source d'icelle jusqu'à la longueur d'environ 6 toises, tirant contre le canal communément appelé le canal d'Arcier.

» Pour faire aller les rouages et meules du martinet qu'il prétend faire dans l'étendue des dites 6 toises, tant seulement et nullement aucun moulin, rebatte, rasse, ny autre chose semblable, sans que icelui, sieur Prost, puisse faire perdre la dite eau ; mais au contraire, il sera tenu la faire toute rentrer dans le canal, de telle manière même que le moulin de la Cana, appartenant au collége, n'en soit pas incommodé, etc.

» Le présent et perpétuel accensement, ainsi fait, pour et moyennant l'entrée et somme de 60 fr. monnoye ancienne de ce pays, que le sieur Prost a compté, nanty et réellement délivré au dit R. P. d'Orival, comptant, passant cette, en louis d'or, écus blancs et bonne monnoye blanche. . . . . et de plus a promis et s'est obligé, comme il fait par cette, de payer . . . . la cense annuelle et perpétuelle de 4 fr. 6 gros, etc. » Ce titre a pour date le 11 août 1688.

Vers la fin du dix-septième siècle [octobre 1682], le sieur Jean-Frédéric Fyard, lieutenant général au bailliage de Besançon, vient prendre rang parmi les industriels qui se partagent les eaux d'Arcier. Cela résulte du procès que les Jésuites, en 1691, lui intentaient relativement à la banalité du moulin de la Cana, à laquelle le sieur Fyard avait porté atteinte, par la création d'un moulin à Arcier. « A ce sujet, disent les Jésuites, on se pourvut par un mandement de garde, après lui avoir fait civilité, à laquelle, entre autres, il repondit qu'il savait mieux tous nos titres que nous. On lui notifia donc le dit mandement de garde et à ceux d'Arcier, qui se trouvent ne faire aucun corps de communauté. Le dit sieur Fyard s'y est opposé, et a fait intervenir les habitants de Chalèze, M. le prieur de Morteau et les autres qui ont du bien à Arcier. Le dit sieur se fonde sur ce qu'il a la permission de bâtir une papeterie sur le canal qu'il tient, ce que nous ne nions pas ; mais ce que nous nions, c'est qu'il ait le droit d'y bâtir un moulin, le nôtre étant banal, comme il est déclaré par les titres d'achat de M. d'Ancier (1). » Cet événement fournit l'origine de ce genre d'usine à Arcier. La revendication de leurs droits reposait sur des titres et documents qui n'étaient pas tous en leur pouvoir, et dont l'absence ou le recel pouvait préjudicier à leurs intérêts, en influant

(1) Le 2 avril 1678, M. Fyard possédait à Arcier une pièce tant de champs que de pré, appelée le *Grand-Verger*, touchant d'un côté la rivière du Doubs et de l'autre le bief de la papeterie ; plus un champ lui appartenant déjà, avant cette époque ; plus un pré dit *Au Morvel*, de la levée d'un charriot de foin, et enfin un autre de trois mesures. Dans un *agenda* des Jésuites [1677] on lit : L'enclos de M. Fyard, à Arcier, doit cense.

sur le jugement de l'affaire où ils étaient demandeurs. Dans cette extrémité, ils s'adressent à l'archevêque, Monseigneur de Grammont, et obtiennent un monitoire contre les détenteurs des titres nécessaires à l'appui de leurs droits (1).

J'ai montré l'origine, à Arcier, de la papeterie, du martinet et du moulin; reste à signaler un dernier établissement : c'est la poudrerie. La première papeterie subsista jusqu'en 1686. A ce moment, le Poitou, l'Auvergne, le Limousin, la Normandie inondaient la France de leurs produits, et fournissaient à l'Angleterre et à la Hollande une partie de leur consommation. L'Auvergne, en particulier, passe pour avoir fabriqué les papiers de la plupart des éditions des Elzévirs. Est-ce à la concurrence ou à l'impuissance du propriétaire qu'il faut attribuer la cessation de cette industrie à Arcier? Toujours est-il qu'à cette époque les commis de la fabrication des poudres et salpêtres, venus en cette province, ayant trouvé l'emplacement d'Arcier convenable, traitent avec M. Fyard, et amo-

---

(1) Après l'exposé des faits, leur supplique se terminait comme suit : « Ce considéré, il vous plaise, Monseigneur, accorder aux sup-
» plians monitoire général, *in formâ communi malefactorum*, contre
» tous ceux et celles qui détiendront les dits titres, et qui les ont en
» leur pouvoir, comme aussi contre toutes les personnes qui ont
» veu et sceu ou appris quelque chose; à ce que les uns et les autres
» en viennent sans délai à restitution et révélation, à défaut de quoy
» ils soient déclarés excommuniés. Les dits suppliants continueront
» leurs vœux pour votre prospérité. »

dient, pour trois ans, non-seulement le terrain et le cours d'eau, mais encore les bâtiments de la papeterie. Ces bâtiments étaient insuffisants et péchaient surtout par l'appropriation : il fallut pourvoir à ces deux inconvénients au moyen de dépenses dont on voulut, après les trois années, amortir en quelque sorte le montant par le bénéfice d'une prolongation, ce qui amena un premier bail de neuf ans. Après l'expiration de ce bail, une difficulté surgit entre le propriétaire et les fermiers généraux qui, de gré ou de force, continuent leur jouissance jusqu'à la fin de leur ferme générale; en sorte que, en 1755, le bail de la poudrerie avait soixante-huit ans de durée. Cette circonstance est rappelée dans une contestation survenue entre l'héritière de M. Fyard et M. de la Fuente, commissaire des poudres et salpêtres, contestation dont je m'occuperai tout à l'heure. Six ans avant cet événement, le 15 juin 1748, avait eu lieu cette terrible explosion qui détruisait instantanément la poudrerie d'Arcier. Ce jour-là, dans la matinée, les ouvriers avaient préparé une composition d'environ 420 livres pesant, non compris une trentaine de livres de diverses matières premières. Vers midi, quand les ouvriers allaient reprendre leur travail, le feu, par une circonstance inexpliquée, prend à ces matières, et l'explosion qui en résulte détruit l'établissement (1). La

(1) M. Pierre Courtot de Montbreuil, écuyer, était directeur des poudres et salpêtres au comté de Bourgogne; M. Segaud, contrôleur, et M. Flusin, maître poudrier.

fabrication de la poudre ne cesse point pour cela à Arcier (1) : M. Brun, subdélégué de l'Intendant, charge l'architecte Rouziot d'expertiser le sinistre et de pourvoir à la réparation de la poudrerie. Cette reconstruction, d'après le rapport de l'architecte et le chiffre de son devis, s'élève à la somme de 3,453 liv. 2 s. 2 d.

Le 21 janvier 1693, les Jésuites, par l'entremise de M. Pelyer, prêtre, recteur du collége de Besançon, et de M. d'Orival, procureur et administrateur des biens provenant de la succession de M. Gauthiot d'Ancier, acensaient une prise d'eau à la source haute, pour une papeterie que devait faire valoir le sieur Louis Rigoine, citoyen de Besançon. Cet acensement perpétuel était fait moyennant le cens annuel de 4 fr. 6 gros et 60 fr. d'entrée. Vers le même temps [2 avril 1695], le sieur Jacques-Alexis Fyard, docteur en théologie, chanoine coadjuteur de l'église collégiale de Sainte-Marie-Madeleine, achetait de messire Charles-François de Saint-Amour, marquis d'Oyselay, *diverses censes qui lui es-*

---

(1) Elle existait encore en 1793 : il y avait alors deux moulins à poudre, un grand approvisionnement de matières premières, et surtout beaucoup de poudre. Le Conseil général, dans sa séance du 9 février, concluait à son maintien.

Ce qui prouverait d'ailleurs l'importance de la fabrication, c'est que précédemment [19 septembre 1776], le sieur J.-B. Bergaud, régisseur général des poudres et salpêtres, obtenait du grand-maître des eaux et forêts, M. de Marizy, l'autorisation de couper, dans les forêts des maîtrises d'Ornans, de Baume et de Besançon, les bois propres à faire des cercles de barils à poudre. Le dénombrement des forêts comprises dans l'autorisation indique une exploitation considérable.

toient dehues rière le village d'Arcier : le 6 juillet 1695, l'acheteur était reçu à l'hommage par l'archevêque de Besançon ; cette transaction était d'ailleurs confirmée par arrêt du Parlement, le 2 août suivant (1).

Pendant plus d'un demi-siècle, aucun titre ne vient mettre en relief l'existence d'Arcier ; l'avenir seul nous révèlera, sans nous les expliquer, les changements survenus dans cette période. Le 15 janvier 1751, Mme la marquise de Villette-Belot et son fils avaient vendu au sieur Pierre Abry, conseiller du roi en la juridiction de Salins et commissaire subdélégué à la réformation des eaux et forêts au département de la même ville, la terre et la seigneurie d'Arcier, consistant en directe, droits seigneuriaux, maisons, jardins, vergers, terres labourables, prés, vignes, bois, cours d'eau, avec le moulin de la Cana, bâtiments et terres en dépendant, et généralement tout ce qui leur compétait tant à Arcier qu'à Chalèze. Les vendeurs ayant déclaré ladite propriété d'Arcier, ainsi que le moulin de la Cana, de fief mouvant de l'Archevêché de Besançon, et le surplus mouvoir de la seigneurie d'Arcier, cette clause donne lieu à une réclamation du maréchal, prince d'Isanghien, ayant pour but de faire reconnaître, dans cette vente, ce qui était de fief relevant du château de Montfaucon. Ce droit apparaît dans l'acte du 19 juillet 1757, par

(1) Cet achat fournit un moyen d'obtenir la valeur comparée d'une monnaie de l'époque ; il est dit dans l'acte que 892 fr. 6 gros, monnaie ancienne du pays, représentent 595 liv. du royaume.

lequel le sieur Pierre-Antoine Faivre a acquis du prince Isanghien, maréchal de France, la haute, moyenne et basse justice sur le domaine du village et la terre d'Arcier, ensemble les droits de cens et de directe sur les côtes de Ravannes et de Crayes, bois communaux et autres *ourdons* de bois. Il acquérait, en outre, le cens affecté sur une ancienne papeterie, en place de laquelle il y avait alors un moulin et une autre usine appartenant à M. le conseiller Caboud, héritier de M. Fyard, son grand-père maternel. Tous ces droits sont déclarés mouvoir du château de Montfaucon et, en arrière-fief, de l'Archevêché de Besançon. Dans cette négociation, le sieur Faivre agissait tant en son nom personnel qu'en celui du sieur Abry (1) dont il reprenait les droits. Cette vente n'était qu'un échange; c'est pourquoi, d'après les conditions arrêtées entre les parties, le sieur Faivre acquittait le montant de cet achat au moyen de diverses pièces de prés situées aux territoires de Roche et de Thise, le tout estimé 9,000 livr.

Son acquisition représentait, à très-peu près, ce qu'avaient possédé les Jésuites et qu'ils avaient vendu au commencement du siècle. Ce domaine de l'an-

---

(1) La source haute s'est longtemps appelée source Abry, du nom de son ancien propriétaire. Il en est de même de celle qu'on trouve au-delà d'Arcier. Cette troisième source qu'on nomme aujourd'hui *Bergeret* a été de tout temps sans importance, attendu l'irrégularité de son cours. Les dénominations que je viens de signaler sont écrites sur un plan de 1753.

cienne seigneurie, eu égard à l'étendue de la propriété et à l'importance du revenu, ne le cédait guère à celui de la famille Caboud, si ce n'est peut-être sous le rapport des bois qui, de tout temps, paraissent en avoir fait la principale richesse. C'est au sujet de leur exploitation que Mme veuve Caboud, en 1753, était citée à la barre de l'Intendant, par l'administration de la poudrerie. Le sieur de la Fuente, commissaire des poudres et salpêtres au département de Besançon, adressait [12 août] à l'Intendant un mémoire sur le dépérissement de la source, dépérissement causé, suivant lui, par les bois exploités sur le domaine de Mme veuve Caboud, et précipités au bas du versant de la côte dans une tranchée appelée *Jet-Bruand*. « Les bois et les pierres qui tombent, disait la réclamation du commissaire des poudres, dégradent le mur qui a été fait pour défendre la source et la conserver. »

D'après ce mémoire, on voit qu'il y avait à Arcier, à côté de l'ancienne papeterie de Mme Caboud, celle de MM. Daclin et Rochet, laquelle était, à cette époque, en pleine activité. Les bâtiments situés sur la prise d'eau ascensée par Rigoine qui n'a dû quitter Arcier que postérieurement à 1710, existent encore, et renferment deux cylindres à broyer le chiffon.

Le procès soutenu, en 1718, par Mme Fyard contre la Régie des poudres, établit le produit de l'ancienne papeterie à la somme de 600 fr., et ce prix avait servi de base à la location réglée par M. de la Neuville, intendant de la province de Franche-Comté. Selon le rapport des experts, si l'on eût rétabli la papeterie à la place de la fabrique de poudre, cette dépense se fût élevée à 5,000 fr. Or, en distrayant l'intérêt de ce capital, ou 250 fr., des 600 considérés comme revenu moyen, le prix du loyer se fût réduit en définitive à 350 fr., somme fixée par l'Intendant (1). Au surplus ce prix de 350 fr. ne datait que de 1720 ; il était de 165 fr. en 1707, et de 110 en 1686, à l'époque du bail passé entre M. Fyard et M. Berthelot [2 février]. Dans le procès de 1718, Mme Fyard était reconnue propriétaire du fonds et du cours d'eau. En 1753, on ne contestait pas davantage cette possession, car on lit dans le mémoire de M. de la Fuente : « Vous jugeâtes à propos, M. l'Intendant, d'ordonner la communication du mémoire au sieur Caboud, *propriétaire de la source et du terrain sur lequel le moulin d'Arcier est construit;* » mais ce qu'on lui contestait, c'est le droit d'endommager la source. A la suite des requêtes et mémoires des parties, une ordon-

---

(1) Le procès de 1718 existait entre Mme Jeanne-Baptiste Mareschal, veuve du sieur Fyard, lieutenant général au bailliage de Besançon, et M. Antoine de la Porte, amodiateur des poudres et salpêtres.

Voici le motif du procès : Le bail de la poudrerie expiré, le sieur de la Porte avait repris la fabrication des poudres à Arcier, et, par arrêt du conseil [9 juillet 1718], était maintenu dans les droits de son prédécesseur, le sieur Paumier, à condition toutefois que le prix d'amodiation serait réglé par experts. — Or, Mme Fyard demandait 600 fr. ou le rétablissement de l'ancienne papeterie, de là l'arrêt du 15 septembre 1720.

nance de l'Intendant (M. de Beaumont) intervint, laquelle défendait l'usage du Jet-Bruand, et indiquait une autre direction et un autre jet, construit aux frais du fermier des poudres et salpêtres [15 juin 1754].

Le père du conseiller Caboud avait épousé une demoiselle Fyard dont il avait deux enfants, l'un conseiller au parlement, l'autre lieutenant général au bailliage. Après la mort de leur mère, ceux-ci se partagèrent les domaines d'Arcier provenant de M. Fyard : le premier eut la source basse, le moulin d'Arcier et diverses propriétés consistant en maisons, bois, champs et prés ; le second, la poudrière et 60 arpents de bois, au lieu dit *Combe-aux-Bouvots*.

L'alliance des familles Fyard et Caboud combinait, pour ainsi dire, des domaines jusque-là distincts et séparés. Puis enfin le mariage de l'aïeul paternel du propriétaire d'aujourd'hui, avec Mlle Caboud de Saint-Marc, a concentré dans la famille Bourgon, non-seulement les deux héritages précédents, mais encore la seigneurie acquise par le sieur Faivre, et revendue par lui 70,600 liv. Ces propriétés, si diverses, ainsi groupées et agrandies, dégagées d'ailleurs de toute obligation de l'ancien droit féodal, comprenaient donc, en dernier lieu, les deux sources, sans autre réserve que le droit d'usage possédé par la papeterie Bécoulet-Vaissier, droit dont j'ai signalé l'origine.

Quant aux industries que les eaux, considérées comme moteurs, ont attirées à Arcier, elles ont modifié bien des fois l'aspect de ces lieux. L'emplacement de la première papeterie, dépendance de la source basse, a vu, successivement ou ensemble, une poudrière, un battoir d'écorce avec une chamoiserie, puis une blanchisserie, et finalement la belle papeterie qui remonte à 1830. Il faut y ajouter deux usines, connues autrefois sous la désignation de *grand moulin* et *petit moulin*, lesquelles sont aujourd'hui dénaturées, louées qu'elles sont pour le service de la papeterie.

La source haute a alimenté d'abord une papeterie (2 roues et 10 piles) avec un martinet, puis une scierie à pierre et deux cylindres à broyer le chiffon. Ce dernier mécanisme occupe le local où se fabriquait autrefois le papier. Elle alimente enfin le moulin de la Cana, qui n'a changé ni de physionomie ni de destination : c'est la plus ancienne et la plus invariable dépendance de la haute source. L'accaparement des eaux en amènera forcément l'extinction.

Telle était la situation d'Arcier, lorsque la ville de Besançon, pressée par la loi irrésistible des événements, descendait avec plus de rapidité cette pente sur laquelle la plaçaient les premières délibérations ayant pour objet de nouvelles fontaines. Déjà, pour toute affaire relative au service des eaux, le conseil repoussait les améliorations de détail et les demi-mesures, dans la prévision d'une entreprise vaste et complète. Toutes les réparations étaient ajournées, de peur que n'entrant pas dans le système nouveau, elles ne fussent cause de dépenses onéreuses et inutiles. Les propositions, sur le moyen de procurer à la ville les eaux nécessaires à l'alimentation des fontaines publiques, affluaient de toute part, et, par une coïncidence à remarquer, attendu qu'elle n'était pas le produit de ces suggestions dont on travaille l'opinion publique, pour l'assimiler à telle ou telle idée que l'on veut faire prévaloir, la pensée commune, à part quelques divergences fondées sur les difficultés et les frais de l'entreprise, se portait vers les sources d'Arcier ; et soit justice, soit engouement d'un souvenir historique, ces propositions concluaient toutes par le même vœu. L'accomplissement de ce vœu reposait sur deux mobiles puissants, tous deux légitimes et s'aidant réciproquement, l'orgueil local et le but à atteindre : rien ne résiste à une pareille action.

Quand une chose vient d'être reconnue bonne en principe, elle manque d'abord de ces points de contact qui établissent ses relations avec les intérêts plus ou moins immédiats : c'est une sorte d'abstraction qu'on ne saisit bien que le jour où elle tombe dans le domaine des réalités. Mais c'est de ce jour-là aussi que datent les oppositions et les labeurs de l'œuvre. L'affaire d'Arcier admise en principe, il restait à aviser aux moyens de la mettre à flot, et, pour cela, après l'étude préalable qui avait déterminé le choix de la source, l'administration avait à pourvoir aux trois conditions suivantes : le projet, la question financière et l'exécution. Ce triple objet renfermait naturellement la difficulté prévue, en

1777, par l'échevin d'Auxiron (1) : elle se mêle, dès l'origine, aux préliminaires laborieux qui vont ouvrir la carrière à une entreprise dont toutes les phases réunies embrassent une période de vingt années.

Une ville est l'image d'un peuple : elle ne meurt pas ; or toute œuvre qui intéresse son bien-être, et dont le besoin est inhérent à toutes les générations, doit affecter comme elle ce caractère de perpétuité dont les conditions essentielles sont la grandeur et la solidité. Sans doute, au point de vue économique et dans la pratique commune des affaires, la faiblesse de la dépense est l'objet de toutes les recherches et de toutes les études :

(1) « Il serait à souhaiter, dit-il, que quelqu'un s'occupât de la partition qui pourrait être faite des eaux d'Arcier, tant pour la poudrerie que pour cette ville ; du volume qui pourrait nous parvenir dans les diverses saisons, et qu'on nous donnât un détail exact, ou du moins par approximation, des sommes à nantir aux propriétaires des moulins et de la papeterie, de celles à dépenser pour l'assise des canaux, fouille de terre, remplissages, etc., etc.; de ce que pourraient coûter des canaux, dont le calibre connu serait proportionnel aux eaux à amener ; qu'il désignât la route à suivre de point à autre depuis les sources jusqu'à l'endroit de la Ville où elles viendraient aboutir ; qu'il rendît cet ouvrage public, pour qu'on pût avoir des souscriptions en faveur de ceux qui voudraient avoir quelques lignes d'eau chez eux, ce qui conviendrait surtout au Chapitre de la Métropole, aux Communautés Religieuses, aux possesseurs des grands Hôtels et à tous Particuliers riches ; la Ville devrait nécessairement entrer même pour beaucoup en cette dépense, puisqu'elle servirait à de nouvelles fontaines, à des bains publics, à des embellissements des places et promenades, etc. »

Sous l'empire de notre législation et du progrès actuel, ces dispositions prophétiques ont reçu une éclatante consécration.

elle paraît souvent un indice de prudence ou d'habileté; mais qui ne sait que le bon marché est inconciliable avec la grandeur et l'excellence de l'effet produit?

Par suite d'une délibération du 28 novembre 1833, M. Cordier, ingénieur hydraulique, était appelé à Besançon, pour entendre le vœu du conseil municipal et exposer ses vues sur les moyens de procurer à la ville de nouvelles eaux. Son arrivée prochaine était annoncée par une lettre lue au conseil dans la séance du 14 février 1834 ; bientôt après, en effet, cet ingénieur entrait en pourparler avec l'administration, et lui soumettait le plan qu'il avait conçu pour répondre à la confiance dont il était honoré. Son projet, développé dans un mémoire inséré au registre de l'Hôtel-de-Ville, consiste à prendre les eaux du Doubs et à les élever jusqu'à la hauteur de 40 mètres, niveau du récipient qui doit les distribuer dans tous les quartiers de la ville. Pour cela, l'auteur offre au choix du conseil : 1° deux machines à vapeur, l'une devant suppléer à l'autre; 2° une machine hydraulique et une machine à vapeur, celle-ci étant destinée à remplacer, au besoin, la première. La conséquence de l'un et de l'autre système était de fournir 40 litres par individu, en vingt-quatre heures, à une population de 30,000 habitants, par le moyen de trente fontaines ou bornes-fontaines, en dehors de la distribution des eaux de Bregille. M. Cordier ajoutait à ces projets une combinaison purement hydraulique, c'est-à-dire sans l'auxiliaire de machine à vapeur ; mais il développe lui-même les motifs qui doivent en amener le rejet.

Ces diverses entreprises, dont la plus importante n'exige environ que la moitié de la dépense probable des eaux d'Arcier, semblaient n'avoir été conçues que dans le but de satisfaire aux exigences rigoureuses du présent, sans préoccupation des besoins plus nombreux du lendemain, et sans discussion préalable du choix à faire entre l'emploi des machines et la pente naturelle des eaux. Sous l'apparente économie d'un chiffre restreint, il y avait, comme on vient de le voir, un vice dans la base de la population et dans celle de l'usage des eaux, en méconnaissant la relation qui existe entre l'une et l'autre, c'est-à-dire en ne tenant pas compte du terme absolu du produit des eaux et de l'extension de la consommation.

Le travail de M. Cordier était un mémoire d'entrepreneur, mémoire exclusif et spécial, ne traitant qu'un côté de la question, les eaux du Doubs, lesquelles voulaient des machines comme artifice d'ascension, et des filtres comme remède à l'inconstance de leur limpidité (1).

Si les eaux du Doubs avaient leurs partisans, celles de

(1) Les déceptions ont toujours suivi de près les entreprises qui, trompées par certaines similitudes ou même par des indications scientifiques, ont tenté la filtration sur une grande échelle. Il suffit, pour s'en convaincre, de se rappeler les expériences faites à Paris, en 1840, les échecs subis par les compagnies de Londres et surtout celle de Glascow, l'insuccès des bassins de dépôt en Amérique, et les douteux résultats que produisent les bancs d'alluvion à Toulouse.

source avaient les leurs. Il fallait donc à la ville un travail plus général, plus complet, qui, par une discussion contradictoire ou par des faits comparatifs, mît en évidence le mérite des solutions diverses données à la question pendante, en reprenant une à une les eaux de toute provenance, et, qu'on me passe le terme, le procédé de leur exploitation. C'était une mesure annonçant autant de sagesse que d'intelligence ; car toutes les fois que la question des eaux a été posée dans une ville, elle a été d'autant plus débattue qu'elle offrait plus de faces à la discussion ; et elle y divisait les esprits, en raison de la variété des solutions dont elle était susceptible. Besançon était la preuve la plus bruyante de cette assertion. En face des projets qu'enfantait chaque jour l'opinion publique, l'administration municipale confie à un ingénieur d'un grand mérite (1), l'étude des divers moyens propres à amener à Besançon des eaux potables suffisantes. Cette recherche devait embrasser les eaux du Doubs et celles des différentes sources voisines mises en question ; indiquer les moyens praticables de les amener dans la ville ; faire ressortir l'utilité ou le désavantage de ces moyens ; fournir le chiffre de la dépense présumée de chaque projet, et appuyer ces aperçus de données rationnelles, propres à fixer le choix de l'administration.

M. Boudsot répond pleinement aux intentions du conseil qui, le 2 décembre 1855, votait l'impression de son

---

(1) M. Boudsot.

travail, parce qu'il devenait désormais le point d'appui de toutes les discussions et l'autorité de tous les rapporteurs dans la question des eaux. Ce mémoire, parfaitement conçu, rédigé avec la lucidité qu'inspire la connaissance approfondie des faits, repose, dans tous ses détails, sur des appréciations mathématiques. Aussi on peut dire que s'il n'a pas rallié toutes les opinions, il a certainement éclairé la conduite du conseil municipal. C'est un succès que n'a pas eu, à Lyon, le laborieux et excellent mémoire de M. Terme.

Avant tout examen, l'ingénieur prend comme données essentielles : 1° le volume d'eau à fournir par individu ; 2° la hauteur à laquelle il convient de l'élever pour en opérer la distribution.

D'abord il admet le chiffre de 40,000 habitants, et cette hypothèse est conforme à l'état de prospérité croissante de la ville de Besançon ; puis, calculant la dotation moyenne individuelle, d'après les distributions effectuées dans d'autres villes, il porte ce chiffre à 70 litres, c'est-à-dire 2,800,000 litres en vingt-quatre heures, ou 33 litres par seconde. Mais les eaux, étudiées alors, se classent en deux catégories : les premières sont susceptibles d'affluer dans la ville par leur pente naturelle (Arcier, Bregille, Fontaine-Argent) ; les secondes nécessitent l'emploi de machines mues par l'eau ou la vapeur (la Moulière, Billecul, le Doubs). Les unes ont la hauteur suffisante (Fontaine-Argent, Bregille, Arcier), mais ne sont pas toutes capables de fournir la quantité d'eau marquée comme donnée essentielle du projet (Bregille, Fontaine-Argent); les autres manquent de hauteur (Mouillère, Billecul); toutefois l'une d'elles (Mouillère), produit la quantité convenable.

Ces considérations appuyées d'un nivellement établissant l'élévation relative des différents quartiers et propre, par conséquent, à régler la distribution générale, l'ingénieur concluait :

« 1° Que de toutes les sources qui peuvent subvenir aux besoins de la ville de Besançon, celle d'Arcier seule joint, à une élévation suffisante, un volume d'eau capable de réaliser une distribution complète, sans le secours de filtres ni de machines.

» 2° Que le niveau des sources de Bregille et de Fontaine-Argent permet aussi de les utiliser; mais leur faible produit n'équivalant qu'à un cinquième du volume nécessaire, ce projet n'atteindrait qu'en partie le but, et exigerait un complément à prendre dans la source de la Mouillère, qui serait élevée au moyen de machines hydrauliques mues par les eaux de cette source.

» 3° Que la source de Billecul produit au delà des exigences de la ville, et qu'on peut en élever les eaux au moyen de machines à vapeur ou de machines hydrauliques placées au barrage de Saint-Paul; que, dans l'une ou l'autre de ces deux hypothèses, les eaux de Bregille peuvent être employées très-utilement pour parer aux chômages momentanés des machines.

» 4° Enfin, que la rivière du Doubs offre trois chutes,

dont on peut se servir pour en élever les eaux nécessaires, qui seraient puisées dans des galeries filtrantes, établies sur ses bords.

» D'après ce que nous venons de dire, la position de la ville de Besançon lui permet, pour se procurer les eaux dont elle a besoin, d'employer soit la pente naturelle, soit des machines hydrauliques ou à vapeur, c'est à-dire qu'elle peut, suivant qu'elle le jugerait convenable, profiter des avantages que lui offre la nature, ou chercher à se les procurer par les moyens mécaniques.

» Les moyens naturels doivent-ils être préférés aux moyens artificiels? Telle est la question à laquelle il faut répondre, pour établir un choix entre les différents projets : la solution en paraît bien simple, et pourtant les opinions divergent. »

Après quelques considérations sur les sentiments qui, dans ces travaux d'utilité publique, animent en particulier l'ingénieur et l'administrateur, il ajoute : « En considérant la question de ce dernier point de vue, nous pensons que le projet d'Arcier doit avoir la préférence, car il est le plus grand, le plus simple, le plus sûr et le plus durable, etc. »

L'opinion qu'on doit se former de cet écrit est consignée dans la délibération du 2 décembre 1835 : « Convaincu par cette lecture du mérite et de l'extrême utilité de ce travail, dont la commission avait déjà fait un juste éloge, le conseil municipal en vote à l'unanimité l'impression, aux frais de la ville, afin que, par la publicité des vues qu'il renferme, il devienne un sujet de discussion parmi les habitants, et peut-être d'observations utiles de la part de ceux qui l'auront particulièrement étudié, de telle sorte que l'opinion publique, sur l'importante question qui en est l'objet, se manifeste avec une plus parfaite connaissance de cause. »

En vertu des dispositions de cette même délibération et de l'arrêté de M. le maire, du 18 janvier 1836, MM. Vieille, architecte, et Korneprobst, ingénieur, auxquels était adjoint M. Wey, devaient, en qualité d'experts, procéder à l'estimation des sources d'Arcier et dépendances. Cette mission est doublement constatée par un règlement de vacations de 162 fr., en date du 28 août 1839, et qui en rappelle l'origine et l'objet.

La délibération tendant à obtenir l'expropriation des sources, ne remonte qu'au 9 avril 1836; mais cet acte municipal avait pour antécédents des mesures dont la prudence égale l'habileté : ainsi, outre les projets de M. Cordier, les études de M. Boudsot et les discussions du conseil, une consultation touchant la question des eaux, sous le nom et l'autorité de M. Proudhon, professeur en droit, venait en éclairer le côté légal, tandis qu'une commission, chargée spécialement de cette affaire, s'occupait des moyens d'exécution proposés [12 août 1835]. D'ailleurs, une commission d'enquête avait été instituée, d'après les ordonnances du 18 février 1834 et du 23 août 1835. Rien donc ne manquait aux précautions commandées par les circonstances et exigées par un intérêt qui allait prendre une place si considérable dans les fastes de la cité, et donner lieu à de si vastes entreprises.

On verra bientôt que, en face de l'expropriation, les propriétaires d'Arcier offrent à la ville de Besançon 33 litres d'eau par seconde, c'est-à-dire le tiers de la quantité jugée nécessaire à son alimentation, et cela moyennant 120,000 fr. Ces propositions, on le conçoit, ne trouvent point faveur auprès de l'administration, qui maintient ses projets; d'ailleurs, en en poursuivant la réalisation, elle exprima que c'était bien toute la source qu'elle entendait exproprier [11 novembre 1837]. Mais les formes sont longues, en pareille matière, surtout quand les intérêts multiplient la résistance par leur grandeur et par leur nombre; et puis, une fois la question posée, il y avait sagesse à temporiser : les lenteurs laissent de la place à la réserve et à la réflexion, double action qui amène d'ordinaire les solutions heureuses et complètes.

Par suite de l'enquête préalable, exigée par la loi et dans laquelle les intéressés étaient naturellement les seuls opposants, le conseil municipal avait à répondre aux moyens de ces contradicteurs : c'est ce qu'il fait le 22 juin 1836, où il discute une à une toutes les oppositions énumérées dans l'enquête, et où il maintient du reste son projet. Le ministre de l'intérieur, après avoir pris connaissance des pièces à l'appui de la demande d'expropriation, dut s'enquérir des calculs qu'avait faits la ville de Besançon, pour subvenir à une dépense pareille. A cet égard, la délibération du 20 mars 1837 ayant pleinement satisfait le ministre, elle eut pour conséquence l'ordonnance royale du 30 avril 1838, qui déclare d'utilité publique l'augmentation des fontaines de Besançon, et autorise cette ville à acquérir la source haute d'Arcier par voie d'expertise.

C'est de cette époque que date l'offre du tiers de la source haute, offre rejetée par la délibération du 23 mai 1838, et qui fut suivie de l'acte du 29 octobre 1838, par lequel les propriétaires d'Arcier refusaient le jugement de l'expertise : de là, l'obligation de poursuivre l'expropriation par voie juridique, expropriation prononcée par le tribunal de Besançon, le 30 janvier 1839. Or ce jugement était cassé, le 3 juillet suivant, sur ce motif que les procès-verbaux de la commission d'enquête n'avaient pas été signés par la totalité des membres de cette commission; et, à cause du succès de ce pourvoi, l'affaire était renvoyée devant le tribunal de Vesoul. Le 19 mai 1840, M. le maire donnait connaissance au conseil d'une lettre que lui adressait M. le préfet, le 22 avril précédent, et par laquelle il l'informait que, le 8 du même mois, le tribunal de Vesoul, auquel avait été renvoyée la cause, par arrêt de la cour de cassation du 3 juillet 1839, avait refusé de prononcer, pour lors, l'expropriation, attendu le défaut de certaines formalités dans la procédure.

Le conseil émet aussitôt l'avis que cette procédure soit reprise et complétée.

Intermédiairement, M. le maire, avant de poursuivre le procès, chercha dans un arrangement amiable la fin de ces débats ; mais ses tentatives n'ayant pas abouti, il fallut recommencer l'enquête et saisir de nouveau la justice, conformément à l'article 3 de la loi du 7 juillet 1833.

C'est d'après ces dispositions que l'affaire était appelée, le 25 novembre 1841, au tribunal de Baume : aussi, dès le 17, une commission était nommée, au sein du conseil municipal, pour se rendre en cette ville et aider, au besoin, la procédure de ses renseignements. Besançon ayant obtenu gain de cause, c'était un pas en avant ; l'appel en cassation vient ôter au jugement ce qu'il a d'avantageux et surtout de définitif : il faut attendre le dernier mot de cette juridiction suprême. Sept mois après [4 juin 1842], M. le maire vient annoncer au conseil que la cour de cassation a rejeté le pourvoi formé par MM. Bourgon contre le jugement du tribunal de Baume, jugement, comme on sait, prononçant l'expropriation, et que notification a été faite aux intéressés, en vertu de l'article 15 de la loi du 3 mai 1841.

A cette époque, la commission chargée de préparer les instructions relatives à l'expropriation, fournit le résultat de ses études ; son avis et ses résolutions se résument dans les offres ci-après : à MM. Bourgon, 40,000 fr. ; à M. Vaissier, pour l'indemnité résultant de l'expropriation de son droit de servitude, 20,000 fr.; à M. Bazin, marbrier, pour frais de déplacement de sa petite usine, 500 fr.; à M. Sève, meunier, pour déménagement imprévu, 500 fr.

Le jury d'expropriation donna à cette question une conclusion fort différente. En voici le dispositif [22 août 1842]: aux mineurs Bourgon, propriétaires de la source de la chute d'eau qui fait mouvoir la scierie Bazin et le moulin de la Cana, 77,000 fr.; à M. Sève, meunier, 5,000 fr.; à M. Bazin, marbrier, 3,000 fr.; à M. Vaissier, pour droit d'usage de la source qui, à son passage sur sa propriété, fait mouvoir deux cylindres à papier, 40,000 fr.; en tout 125,000 fr.

Ces dispositions acceptées, la ville, propriétaire de la source haute, commençait des fouilles à Arcier, dès le 15 mai 1843, afin de déterminer la prise d'eau et l'établir. Pour donner à ce travail le caractère de prévoyance et de certitude qu'impriment à toute entreprise la science et l'expérience, M. le Maire, [5 septembre 1843], nommait une commission chargée d'examiner l'état de la source, d'étudier la possibilité de la prendre à une hauteur plus grande, de préciser ce point, et d'indiquer les moyens propres à obtenir ce résultat. Peu après [23 novembre 1843], la commission faisait son rapport, et satisfaisait d'une manière complète au programme qui lui avait été posé. Du reste rien ne justifie mieux le mérite de ses conclusions que la fidélité avec laquelle ses opinions ont été suivies, et le succès qui en a été la conséquence (1). A peine ces experts avaient-ils déposé leur rapport, que les propriétaires d'Arcier intentaient à la ville une action pour la reconnaissance de la source basse, contradictoirement et avant toutes recherches et entreprises à la source haute. Le conseil [19 août] avait bien admis un projet de délimitation des terrains expropriés; mais il repoussait toute autre concession. Or, le 26 janvier 1844, les demandeurs ayant été déboutés de leurs prétentions, ils annoncent leur pourvoi en cour d'appel (2).

J'ai signalé les précautions, prises dès l'origine, pour justifier le choix de la source d'Arcier; parmi ces précautions, les unes sont fondées sur les données de la science, les autres sur des conditions législatives : ces exigences ne furent pas les seules à motiver la sollicitude de l'administration. Vers cette époque, l'abbé Paramelle parcourait notre département, mettant au service des chercheurs de sources des connaissances géologiques qui, bornées à la pratique et à l'observation, finissaient par élever à l'état de théorie le fruit d'une longue appli-

(1) Les membres de cette commission étaient : MM. Boyé, ingénieur des mines; Bolot, ingénieur des ponts et chaussées; Moutrille, ancien élève de l'école polytechnique ; Coste, capitaine du génie ; Renaud, capitaine d'artillerie.

Plus tard la commission des eaux comprit : MM. Convers, Favre, Bourqueney, Demesmay, Bretillot, de Ste.-Agathe, Poignand et St.-Eve.

(2) Ils tenaient sans doute à faire constater que les sources ne manquaient pas de relations entre elles, ce qui me paraît vraisemblable, et, par suite, à obtenir *la partition* de l'eau.

cation. Au surplus, le succès était là, et l'habitude du succès constitue l'habileté : l'abbé Paramelle fut donc appelé en face des différentes sources dont la ville s'était occupée depuis 1835, et elles subirent, sous le regard du praticien-géologue, une confrontation qui devait condamner ou absoudre les desseins en voie de réalisation. L'opinion de l'abbé Paramelle se trouve enregistrée dans une série de réponses qui suivent ci-après les questions que lui adressait, à Arcier même, M. le Maire de la ville de Besançon.

Q. — La source haute a-t-elle une origine commune avec la source basse ?

R. — Les deux sources sont tout-à-fait distinctes, et proviennent de vallées différentes.

Q. — Quels sont les obstacles qui garantissent la source haute ?

R. — Un massif de rochers qui se trouvent à gauche des travaux faits, au-dessus de la source, et qui sont un obstacle qui sépare complètement les eaux des deux sources.

Q. — Peut-on retrouver sur un point plus élevé la source haute et à quelle hauteur, et peut-on la chercher plus haut sans danger de la perdre ?

R. — Oui, on peut la retrouver au-dessus de son orifice actuel, arrivant horizontalement dans le roc vif, mais pas beaucoup plus haut. Il n'y aurait aucun danger à la rechercher à une plus grande hauteur encore. On pourrait même la prendre à 8 ou 10 mètres plus haut ;

mais il faudrait s'enfoncer beaucoup plus dans la montagne, et cela deviendrait trop coûteux.

Q. — Peut-on asseoir la chambre de la source sur le terrain où les Romains avaient établi la leur?

R. — Non. Il faut la placer dans un terrain solide et tout-à-fait en place, et l'asseoir un peu plus bas que le point où la source sortira horizontalement, afin de parer à tout abaissement de la source par la suite des temps.

Q. — Quelle est la qualité des eaux d'Arcier comparée à celle des sources de Billecul et de la Moulière?

R. — Infiniment meilleure (1).

Quelques jours après [22 mai 1844], la commission des eaux d'Arcier, à la suite d'un rapport lumineux et étendu, s'exprimait ainsi:

« Votre commission vous propose, quant à présent,
» 1° de prier M. le maire de faire continuer les travaux
» commencés à la source, soit à l'asseoir sur un terrain
» solide, soit pour la porter à une plus grande hauteur,
» s'il est possible.

» 2° De faire exécuter, par un architecte ou telle
» autre personne qu'il choisira, le nivellement des ter-
» rains, dès la source au seuil de la porte Saint-Jean.

» 3° D'engager M. Mary, ingénieur hydraulique en
» chef, ayant la surveillance des eaux de Paris, à se
» transporter à Besançon, afin de reconnaître la source

---

(1) Ces documents ont été recueillis sur le lieu même de la visite par M. Vivier, membre de la Société d'émulation.

» d'Arcier et d'indiquer le moyen d'en amener les eaux
» à Besançon avec plans et devis estimatif de la dépense.

» 4° Enfin la commission propose au conseil de voter
» à son budget 12,000 fr. pour subvenir aux premières
» dépenses qu'entraîneront toutes ces mesures. »

Cette dernière disposition du rapport, c'est-à-dire le vote de 12,000 fr., fut bientôt suivie d'autres allocations dont l'importance et la succession rapide dénotaient de l'activité et de la résolution. Ainsi on votait 100,000 fr. en 1845 [13 juin], et 3,000 fr. au budget primitif de 1846; l'année suivante [3 juin 1846], 2,000 fr. étaient portés au budget de 1847, pour recherches de galeries-égouts pareilles à celle découverte dans la plaine des Capucins, et propres à se combiner avec le projet de M. Mary; le lendemain [4 juin], on votait encore une somme de 20,000 fr. Décidément l'entreprise sortait du domaine des phases préparatoires pour passer dans celui des faits.

Conformément à la délibération du 22 mai 1844, M. Mary était appelé à Besançon; cette invitation avait un précédent. Déjà M. Mary, en 1841, avait été mandé à Bordeaux, où l'avait fait connaître un avant-projet analogue à celui d'Arcier, avec cette différence toutefois qu'il fallait élever, par un moteur hydraulique, l'eau de la source choisie pour abreuver le chef-lieu de la Gironde (1).

(1) Il s'agit d'une source située à 11 kilomètres de Bordeaux, et pouvant fournir 600 pouces fontainiers. Le chiffre de la dépense s'élevait, selon toute prévision, à trois millions et demi.

Arrivé à Besançon dans l'été de 1845, il avait visité les environs de la ville et les différentes sources, objet du travail de M. Boudsot. Présenté à la séance du conseil municipal du 19 août, il donne, dans un exposé rapide mais riche d'aperçus pratiques et appropriés à la circonstance, le résultat de ses observations aux sources ; puis, sous forme de conclusion provisoire, il formule, sur le choix des eaux et le moyen de les faire affluer dans la ville, une première opinion, qu'il rendra plus explicite lorsque des études, ayant pour base des renseignements de localité, le mettront à même de rédiger un projet, expression rationnelle et certaine de cette opinion. Trois jours après, une commission spéciale était chargée de fournir au savant ingénieur les documents dont il avait indiqué la nécessité, afin qu'il pût sans retard et sans embarras travailler à la confection de ses plans et devis. On conçoit l'opportunité de ces documents : il y a des faits généraux qui se traitent indépendamment des lieux et des temps ; mais dans un travail de ce genre, mille détails empruntent à leur existence locale un caractère particulier, qui déplace certaines données et change toute l'économie du calcul. C'est déjà, sans doute, dans le but de fournir à l'entreprise un renseignement utile, que, l'année suivante [1846], sur la demande de M. le Maire, le ministre de la guerre avait autorisé une galerie d'essai dans les escarpements de la citadelle.

Voici en quels termes M. Mary lui-même a rappelé cette visite : « Je devais être trop flatté de cette marque de confiance, pour refuser une aussi honorable mission ; et c'est dans l'espérance de la remplir, que je me suis rendu à Besançon, au mois d'août 1845, afin de reconnaître les lieux, et de me former une opinion éclairée sur l'ensemble de la question, avant d'émettre un avis sur la solution à lui donner. Pendant mon court séjour dans le chef-lieu du Doubs, j'ai examiné les divers moyens proposés pour lui fournir des eaux et j'ai pu énoncer devant le Conseil le résultat de mes réflexions antérieures et de mes études locales. »

Après avoir rappelé sommairement les motifs qui le déterminent à choisir la source d'Arcier à l'exclusion de toutes autres, il ajoute : « Le projet complet auquel je me suis arrêté pour la distribution des eaux et pour l'assainissement de la ville de Besançon, comprend :

» 1° La dérivation des eaux de la source haute d'Arcier, depuis la grotte où elle vient sortir du flanc de la montagne jusqu'à la place du Palais ;

» 2° La construction de deux réservoirs voûtés, l'un sur la place du Palais, l'autre sur l'esplanade du fort Griffon ;

» 3° L'établissement de deux conduites principales, mettant les réservoirs en communication, et de tous les embranchements nécessaires pour alimenter les fontaines monumentales et les bornes-fontaines nécessaires à l'assainissement et à l'embellissement de la ville ;

» 4° Enfin l'exécution de deux grands égouts, l'un rue des Granges, l'autre rue Saint-Vincent. »

En juin 1847, le conseil portait 50,000 fr. au budget, en émettant le vœu que les travaux reçussent la plus prompte exécution : les mesures étaient prises et les discussions épuisées. Déjà, dans une séance du 9 janvier, on avait adopté une proposition ayant pour but d'opérer les fouilles du réservoir de la place du Palais, sur un plan spécial de M. Mary, afin de subvenir aux besoins des classes nécessiteuses, sur lesquelles pesait alors la cherté des subsistances. L'indication de ce travail remontait au 24 novembre 1846, époque à laquelle il était question des deux réservoirs et de l'affectation à ce creusage d'une dépense de 20,000 fr., autorisée par le gouvernement, dans le but d'organiser des travaux pour la classe ouvrière. Au reste, ce fragment de projet est bientôt suivi du projet lui-même (1), muni de tous contrôles usités en pareille matière : le 16 février 1848, M. le Maire annonçait au conseil que l'administration supérieure avait admis et approuvé ce projet dans ses dispositions techniques et avec le chiffre total de 1,305,000 fr. On agitait le même jour la question de l'emprunt qui devait être réalisé deux ans plus tard (2).

(1) Le premier Mémoire de M. Mary ayant été bientôt épuisé, le conseil (séance du 19 février 1850) votait un nouveau tirage à 600 exemplaires.

(2) Ce projet, résultant des délibérations et rapports du 1er et du 19 mars, consiste en un emprunt de 700,000 fr. divisé en 700 actions de 1,000 fr. (intérêts à 4 0/0), remboursables en seize paiements, d'année en année, à partir de 1855.

Les moyens financiers, jusqu'à l'époque de l'emprunt, avaient eu une large part dans la sollicitude du conseil : les crédits inscrits au budget annuel et au budget supplémentaire, pour 1848 seulement, s'élevèrent ensemble à la somme de 155,108 fr. 80 c.

L'année 1849 se passe à faire quelques modifications de détail dans l'édification ou la distribution artérielle des égouts [23 mars], et à organiser le personnel de surveillance et de comptabilité de l'entreprise future, pour le compte de la ville [16 novembre]. C'est de cette époque que date la galerie-égout sous la rue Saint-Vincent, celle des Chambrettes et le bas de la Grande-Rue. Dès le commencement de 1850, apparaissent les premières propositions de M. Garnier, relatives à l'exécution des travaux d'Arcier, propositions suivies de celles de MM. Card et Voisin, entrepreneurs à Besançon, ayant le même but et reposant sur les mêmes bases (exécution de l'entreprise d'après le devis — paiements mensuels avec retenue du dixième pour garantie — rendue des travaux le 1er juillet 1852). Pendant ce temps-là, on s'occupait de l'emprunt, ce qui n'empêchait pas d'étudier et d'organiser les moyens d'exécution de l'entreprise, car le cahier des charges, complètement rédigé, depuis le 11 mai, était présenté au conseil. Malgré cette exhibition officielle, qui semblait rendre le projet définitif, l'administration, en pourparler avec M. Mary, discutait encore la question du siphon, indécis qu'on était alors de donner suite à cette partie du projet, ou de remplacer le siphon par une maçonnerie : cette dernière opinion n'a pas prévalu. La commission spéciale des eaux d'Arcier, dans son rapport sur *l'exécution complète et immédiate du projet*, s'exprimait ainsi, le 1er mars : « Chaque année qui s'écoule fait sentir davantage l'insuffisance des eaux fournies à l'alimentation et aux usages domestiques par la source de Bregille et par le petit nombre de puits, dont l'usage a pu se conserver. Pendant les mois de chaleur et de sécheresse de l'été de 1849, l'eau fraîche et sapide était devenue une des choses les plus difficiles à se procurer à Besançon, notamment dans les quartiers situés sur la rive droite du Doubs. Et cette disette d'eau potable est d'autant plus difficile à supporter aujourd'hui, par les habitants, qu'ils se sont vus au moment d'en être affranchis pour toujours. Pour faire cesser ce fâcheux état des choses, un sacrifice d'argent ne doit point être un obstacle. D'ailleurs des sommes importantes ont été déjà employées à l'achat de la source, aux études du projet, et au commencement d'exécution que le conseil lui a donné ; d'autres allocations vont prochainement recevoir ce même emploi. En ajournant l'exécution complète, ou même en la retardant, les habitants perdent le fruit de ces dépenses qui ne produiront leur effet utile que lorsque les fontaines publiques seront abondamment approvisionnées, lorsque, moyennant de faibles redevances annuelles, toutes les maisons pourront avoir leurs fontaines particulières, lorsque les rues seront arrosées, rafraîchies *et* purgées des immondices qui y stationnent trop souvent. Voilà ce à quoi il faut arriver, ce que le conseil municipal a toujours voulu, ce que réclament avec lui tous nos concitoyens, et à moins que cela ne soit impossible, le temps est venu de marcher résolument au but et de l'atteindre. »

Ce rapport avait pour résumé :

« 1° De décider que l'exécution complète du projet dressé par M. Mary, pour la conduite à Besançon des eaux d'Arcier, leur distribution dans la ville et l'établissement des égouts, aura lieu, soit par le moyen d'un traité fait directement avec un entrepreneur, soit ensuite d'adjudication publique, dans le cours des années 1850, 1851 et 1852;

» 2° D'inviter M. le Maire à prendre immédiatement toutes les mesures et à remplir toutes les formalités nécessaires pour que les travaux puissent être entrepris vers le milieu de la présente année, et continués sans interruption. »

Les autres dispositions concernent la question financière.

Mais, dans une place de guerre, les servitudes hérissent le terrain : l'entreprise des eaux d'Arcier ne pouvait manquer de rencontrer, sur son passage, le Génie militaire avec sa législation inexorable. L'administration municipale sut concilier les nécessités de la défense avec les intérêts de la ville, et, à la faveur d'une entente réciproque, l'aqueduc comme le système des égouts vint traverser le domaine des fortifications, pénétrer ses courtines, et se mouvoir librement sous le sol où ils étaient destinés à fonctionner bientôt.

L'autorité militaire, dans le même temps [juillet 1850], réclamait des fontaines pour le service des casernes ; ses demandes étaient accueillies avec faveur, autant comme échange et compensation de certains droits concédés par le Génie, que pour satisfaire à un besoin si profondément senti au milieu de notre garnison qui, tant de fois, il faut le dire, a expié dans nos hospices l'insuffisance sinon l'insalubrité de l'eau (1). Toutefois on revint sur cette question quelques jours après [17 août], dans la crainte que l'empressement du conseil municipal ne fût pas interprété dans son sens convenable. Il fut dès lors parfaitement arrêté et compris que les eaux accordées pour les différents corps et services de la garnison constituaient non une aliénation, mais une concession égale, quant au droit d'usage et au temps, à celle de tout citoyen.

A la suite du rapport du 1er mars 1850, on décidait, le 13, de mettre en adjudication les diverses parties du canal, lesquelles devaient se relier à la Fouchère de Chalèze, déjà livrée à l'entreprise depuis près d'un mois : MM. Garnier et Thibaudet s'étaient chargés de la percée de

---

(1) L'autorité militaire estimait l'eau nécessaire à ses divers services à 59$^{m. cb.}$,196 en temps de paix, et à 77$^{m. cb.}$,275 en temps de guerre : soit 6 litres par homme et 25 par cheval dans le premier cas, ou 10 litres par hommes et 25 par cheval dans le second.

cette côte, le 18 février, moyennant 42,057 fr. Elles étaient donc adjugées, le 13 mai, collectivement à MM. Angard, Dutailly, Robinet, Bouchot, Patret, Legrand, maîtres de forges, et Lebeuffe, architecte, pour 857,922 fr. 57 c.

Telle est l'analyse des faits qui ont déterminé et préparé l'érection du canal moderne d'Arcier. Devant une exécution matériellement résolue, s'évanouissent désormais les combinaisons contraires et les projets officieux; mais le champ reste libre aux rumeurs rétrospectives. Aujourd'hui, déjà, l'on insinue que les Romains eux-mêmes avaient renoncé à Arcier, attendu la mauvaise qualité de ses eaux : c'est une hypothèse pure et simple, et qui n'a d'autre fondement que le besoin de trouver une cause à un effet. J'ai rappelé, au sujet de la ruine du canal, l'invasion des Allemands [vers 355], celle qui a pris une date si précise [1er janvier 407], et qui amène [408], sous les murs de Besançon, ces Vandales dont le souvenir éveille l'idée de dévastation; enfin celle des Huns [451], dirigée par ce barbare dont le cheval frappait de stérilité le sol qu'il marquait de ses pas. Or, comme je l'ai fait remarquer dans l'exposé de ces événements, l'aqueduc, d'abord détruit, avait été réparé, et il dut l'être plus d'une fois, s'il n'a disparu qu'au cinquième siècle, époque à laquelle la plaine, abandonnée et couverte de ruines, vit sa population réduite et reléguée sur la montagne. Sans doute, ces restaurations étaient l'œuvre d'une pressante nécessité; c'était d'ailleurs le recouvrement d'un avantage à la place duquel on ne voyait ni équivalent ni moyen de compensation, parce que la facilité du remède écartait toute idée de changement. Quoi qu'il en soit, cette jouissance déjà ancienne était éprouvée, et ses inconvénients, imaginaires ou réels, ne l'étaient pas moins : s'ils eussent été de nature à provoquer une pareille perturbation dans le service des eaux alimentaires de la cité, les Romains, maîtres de toutes les sources voisines, plus abondantes alors qu'aujourd'hui, n'auraient pas manqué de substituer d'autres eaux à celles d'Arcier, et la fériation du canal ne coïnciderait pas avec l'invasion des Barbares. Une dernière restauration n'ayant pas eu lieu, si l'abandon d'Arcier avait pour cause la mauvaise qualité des eaux, il y a longtemps que l'opinion publique serait fixée à cet égard : elle n'aurait pas eu besoin d'une expérience qui, aujourd'hui, accuserait bien haut, mais trop tard, la faillibilité humaine; car cet abandon reposant sur un motif facile à vérifier dans tous les temps, et en dehors de titres et de traditions, puisqu'il est inhérent à la source et séculaire comme elle, il appartenait à la précaution la plus vulgaire de le constater. Les Romains avaient la force et les ressources : ils n'auraient pas toléré la moindre imperfection dans leur œuvre, et, de toutes les imperfections, la plus grave, celle qui aurait surexcité leur génie au lieu de l'abattre, c'est le défaut de pureté de leurs eaux. Si elles eussent été bourbeuses, ce défaut se serait immédiatement produit; car l'aqueduc, parfaitement réglé dans sa pente, a plus de $0^m 20$ par kilomètre de déclivité, et il faut une pente inférieure pour qu'une eau courante précipite les matières qu'elle entraîne. Les dépôts trouvés dans les diverses parties de l'ancien aqueduc ne proviennent que des terres qui le recouvrent, et qui se sont fait jour au travers des voussoirs détériorés ou disjoints : en effet, ces dépôts, de la nature du terrain, sont jaunes sous la terre jaune; noirs, sous la terre noire de Besançon. Leurs amas sont, par endroit, de $0^m,70$ à $0^m,80$ de hauteur; mais ils sont nuls où les infiltrations n'ont pas eu lieu, c'est-à-dire où la voûte est imperméable.

Ces considérations n'avaient pas échappé à l'Administration municipale en 1846, quand elle faisait étudier la question des eaux. Au milieu des sources tour à tour ou concurremment proposées, l'eau d'Arcier se présentait avec une sorte d'autorité historique, traditionnelle; toutefois il y avait loin de là à une certitude scientifique quant à son excellence; pour les autres, elles ne se recommandaient que par un usage accidentel ou forcé, suivant leur situation ou les causes susceptibles d'en occasionner la consommation; l'eau du Doubs était connue (1), et, d'ailleurs, n'avait pas besoin de l'épreuve du chimiste pour être comparée au moins empiriquement. Ce qu'on pouvait admettre de prime abord, c'est que l'eau de rivière est généralement inférieure à celle de source et même à celle de puits, sous le rapport de la limpidité et

(1) Analyse de M. Desfosse, 1828.

de la température. A d'autres points de vue, l'habitude ne pouvait être prise pour guide, attendu qu'elle déprave nos sensations et altère notre jugement. Il fallait donc renoncer à ce témoignage infidèle ou capricieux, et recourir à l'analyse pour déterminer, parmi les eaux en question, la plus convenable à la fois à la santé et aux usages industriels. La pureté, qu'on croirait devoir rechercher, est souvent incompatible avec cette double condition; elle n'a ici qu'une valeur relative : La *simplicité* de l'eau, dit Raspail, nuit à sa puissance dissolvante. D'après un autre savant, dont la compétence est incontestable, « les eaux les plus pures ne sont pas toujours les plus agréables au goût : ainsi l'eau du puits de Grenelle, qui est plus pure que celle de la Seine, est cependant moins sapide et moins agréable. L'eau distillée est fade, désagréable et indigeste, même quand elle n'a aucun goût d'empyreume. Il est utile que les eaux contiennent quelques substances salines qui leur permettent d'être plus agréables et plus faciles à digérer, l'air et l'acide carbonique les rendent plus légères et plus sapides. C'est sur la nature des substances qui entrent dans la composition des eaux, plutôt que sur leur quantité, que doit porter l'attention des magistrats des villes. La présence, en certaines proportions, du carbonate de chaux, de l'hydrochlorate de soude et de l'acide carbonique, n'offre que des avantages; tandis que celle du sulfate et de l'hydrochlorate de chaux n'a que des inconvénients. Les carbonates de soude et même de magnésie sont, en petites proportions, sans inconvénients : le premier sel offre même quelques avantages, tandis que les sulfates de même base et l'hydrochlorate de magnésie, lorsqu'ils sont en même quantité, peuvent rendre l'eau impropre aux usages alimentaires. On voit que c'est surtout par l'analyse chimique qu'il faut se rendre compte des qualités des eaux (1). »

C'est ce que l'Administration municipale de Besançon faisait en 1846, en chargeant M. Deville, doyen de la Faculté des sciences, d'analyser les eaux, objet des recherches et des études d'alors. Le savant mémoire du professeur, après quelques considérations générales et la description de ses procédés d'essai, donnait une analyse détaillée des diverses sortes d'eaux qui se disputaient, à cette époque, la priorité. M. Deville, résumant ses calculs et tenant compte de la totalité des éléments fournis par l'analyse, ne classait dans la catégorie des eaux de bonne qualité que celles du Doubs, de Bregille et d'Arcier. Puis, en réglant son appréciation d'après les matières nuisibles ou sels solubles à base de chaux contenus dans nos eaux de source, de rivière et de puits, il établissait que leurs qualités bienfaisantes décroissent dans l'ordre suivant : Arcier, — le Doubs, — la Moulière, — Bregille, — Billecul, — puits de M. de Sainte-Agathe, — puits de M. Bretillot, puits de la Faculté des sciences.

(1) Beaude, médecin, inspecteur des établissements d'eaux minérales et membre du conseil de salubrité de Paris.

— 124 —

Ainsi, d'une part, la source d'Arcier se place au nombre des eaux potables de bonne qualité ; et, de l'autre, elle occupe le premier rang parmi celles que leur constitution dépouille de substances nuisibles.

Maintenant, quelle est l'origine de ces eaux? Bien que cette question n'ait été traitée que d'une manière indirecte dans les projets de desséchement du marais de Saône, c'est là qu'on trouve la première expression officielle d'une opinion à cet égard.

Le marais de Saône présente la forme d'un ovale, dont le grand axe a 4,000 mètres, et le petit, 2,000 mètres ; sa contenance, y compris la ceinture qui en ferme le bassin, est de 757 hectares 15 ares 45 centiares, et constitue une vallée dirigée du S.-S.-O. au N.-N.-E.

Les inondations, qui sont accidentelles, élèvent les eaux de $0^m,80$ à $1^m,20$, et sont d'ailleurs fort variables quant au temps de leur apparition et au séjour de ces eaux sur le sol. Celles de 1826-27, remarquables sous le rapport de la durée et de l'abondance, se sont reproduites trois fois, du 8 décembre 1826 au 15 avril suivant, et ont rempli une période de soixante jours. Dans l'intervalle, le 19 mars 1827, les eaux se sont élevées de 8 centimètres en vingt-quatre heures, et, avec cet accroissement, ont fourni, eu égard à la surface inondée, 540,800 mètres cubes.

Toutes les sources qui sourdent à la surface et tout autour du marais, donnent ensemble et par seconde

40 litres (1) dans les sécheresses, et 4,870 litres dans les grandes eaux (jaugeage du 15 mars 1827) (2).

Creux-sous-Roche a été, de tout temps, considéré comme le principal puits absorbant du vallon; cet orifice naturel sert d'entrée à un réceptacle souterrain propre à prévenir l'inondation à la surface; suivant l'opinion commune, ce résultat a été obtenu antérieurement. M. Le Vaillant, ingénieur des ponts et chaussées, en tire la preuve de l'existence de cette route, appelée voie romaine, qui traverse le marais, depuis le Trou-au-Loup jusqu'au chemin du Petit-Saône. Il pense que cette route, aujourd'hui encore en parfait état de conservation, sous l'humus déposé par les eaux, ne se serait pas construite, si la plaine avait été exposée à ces débordements qui, en moyenne, la couvrent d'une nappe d'eau de 1 mètre de hauteur. Dès lors le défaut de perpétuité ou d'excès dans l'inondation aurait dépendu de la facilité et de la liberté d'écoulement, et comme cet écoulement n'a pu s'effectuer que vers les parties basses du terrain, il a conclu que Creux-sous-Roche était le moyen primitif d'évacuation des eaux, moyen dont le bénéfice était détruit par les dépôts qui l'obstruent.

Cela posé, il admettait la possibilité de ramener le

---

(1) Un autre jaugeage donne 14 litres au lieu de 40.
(2) Ce produit, par seconde, se décompose comme suit : fontaine de Saône, $3^{m.\,cb.},10$; — fontaine des Sept-Fonds, $0^{m.\,cb.},20$; — ruisseau de la Vèze, $0^{m.\,cb.},60$; — fontaine de la Vèze et autres, $0^{m.\,cb.},60$; — les trois fontaines de la Ferme-Saint-Antoine, $0^{m.\,cb.},37$.

vallon de Saône à son ancien état, et le système de dessèchement proposé, il y a trente ans, comme éminemment rationnel, reposait sur la réouverture de Creux-sous-Roche.

Conformément à ces présomptions, et afin d'en réaliser l'objet, il avait conçu un plan d'opérations propres à accélérer le mouvement de l'eau vers l'orifice précité. Pour cela, il colligeait les eaux de l'intérieur du marais, au moyen d'un vaste fossé longitudinal, sur lequel se greffaient et se ramifiaient des saignées transversales ; quant à celles affluant de l'extérieur, il les recevait dans un fossé de ceinture, embrassant le périmètre du bassin ; il accaparait ainsi les eaux pluviales, celles qui ruissellent à la surface des coteaux, et les principales sources qui s'épanchent dans le vallon (la Bavette, les Neuf-Puits, les Sept-Fonds, la Fontaine du Tronc, les biefs d'Aglans et de la Vèze et la fontaine de Saône). La fontaine de Saône, le plus riche affluent de Creux-sous-Roche, sort d'un rocher au fond d'une espèce d'entonnoir de 7 mètres de profondeur; après s'être montrée un instant à ciel ouvert, elle rentre sous le rocher par un orifice étroit, dont l'absorption, inférieure à l'apport, pendant les grandes eaux, force la source de s'extravaser. Dans cette circonstance, les eaux franchissent le col qui les sépare du vallon : elles se répandent d'abord à gauche de la route n° 4 (ancienne route); puis, par le ponceau de la route elle-même, gagnent et bientôt couvrent toute la plaine, la nappe d'eau s'élevant au-dessus du niveau moyen du marais à $0^m,70$ (calcul de M. Vauquelin).

L'inondation produite à gauche de la route, quelles que soient son étendue et sa rapidité, décroît bientôt, grâce à un gouffre situé à environ 600 mètres au-dessous du village et à 200 mètres de la route. Le sol entier se débarrasse de ses eaux, à l'exception d'une partie fort restreinte, flaque permanente, à quelque distance du gouffre et qu'on nomme Lac de Saône.

A droite de la route, la pente du terrain verse les eaux du côté de la forêt d'Aglans et du Petit-Saône. A ce dernier endroit, deux ravins, perpendiculaires l'un à l'autre et renfermant les usines de Saône, portent toutes ces eaux vers les galeries souterraines de Creux-sous-Roche, la principale bouche d'absorption du marais, laquelle se trouve comme acculée dans une impasse profonde, au point de concours des deux ravins. A l'état ordinaire, le Creux-sous-Roche présente un bassin de 20 mètres de long sur 10 de large, dont, suivant M. Vauquelin, le niveau, entretenu à peu près constant par les sources qui s'y perdent, se présente à $15^m,80$ au-dessous du point le plus bas du marais.

C'est donc à l'indication fournie par la nature, et aux moyens qu'elle offre spontanément à l'industrie humaine, qu'on doit la pensée du dessèchement par les entonnoirs ou puits absorbants naturels, en 1825. Le système n'était pas nouveau : des essais de dessèchement avaient eu lieu antérieurement [mars 1792, juillet 1794]; déjà l'Assemblée nationale, le 25 juillet 1792, y avait affecté 50,000 fr. Ces essais, qu'avaient tentés les seigneurs de Saône, si l'on en croit la tradition, sont tous fondés sur le mode d'absorption que je viens de décrire. C'est pourquoi le même mode, regardé encore actuellement comme le meilleur, était pratiqué, en 1825, par M. l'ingénieur Vauquelin, qui en a consigné les détails dans son rapport du 18 juin 1827. Un jour, peut-être, le drainage modifiera cette opinion.

Un autre système, proposé par M. Vuillet [1828], consistait à ouvrir des saignées longitudinales, d'autres transversales et, au besoin, des fossés auxiliaires, afin de recueillir et de diriger les eaux au pied du Trou-au-Loup, pour, de là, au moyen d'un aqueduc, les amener au Trou-d'Enfer, d'où elles descendraient à la rivière du Doubs. L'aqueduc était une copie du projet de M. Bertaut, ancien recteur de l'Académie, projet remontant à 1826 et abandonné par son auteur en vue de la dépense qui semble avoir dépassé toutes prévisions ; car, à cette époque, pour un travail aussi mal connu, un devis de 200,000 fr. entraînait, par son chiffre seul, une fin de non recevoir. L'aqueduc proposé par M. Vuillet devait avoir 983 mètres, depuis le marais jusqu'à l'église de Morre, située à 18 mètres plus bas que le vallon de Saône.

Le projet de M. Vuillet ayant été accueilli favorablement, des plans et devis étaient dressés pour être soumis au Conseil général et au Gouvernement. Alors M. de

Milon, préfet du Doubs, invitait le conseil municipal à profiter de l'exécution de ces travaux pour faire venir à Besançon les eaux d'une source découverte au marais, et dont la ville se procurerait la jouissance, en contribuant aux frais de l'entreprise dans une proportion qui serait déterminée contradictoirement. La longueur de l'aqueduc à construire, depuis Morre jusqu'à Besançon, dépassait 4 kilom., sur une pente totale de 130 mètres. Mais le projet comprenait deux parties : l'une concernant la rampe de Saint-Léonard, l'autre la percée du Trou-au-Loup. La première fut l'objet d'une décision qui nous a donné la route actuelle de Morre (adjugée le 6 novembre 1828, et ouverte le 29 août 1830), et la seconde fut remise à l'étude. Le *tunnel,* effectué depuis, ne saurait faire oublier ce dernier projet.

« La question serait maintenant, dit M. Vuillet, de savoir quel est le sort des eaux du marais. Nous croyons avoir découvert que ce canal souterrain communiquait avec quatre autres entonnoirs, à l'est de Creux-sous-Roche, et dans lesquels les eaux se tiennent d'autant plus bas qu'on s'éloigne davantage de l'entonnoir. Ce fait prouverait que ce canal inconnu de *vidange* prend, à partir de Creux-sous-Roche, cette dernière direction, d'où on pourrait inférer qu'il va à la Loue ; et comme le puits de la Brême est la seule source qui, pendant les inondations, donne, de ce côté, autant d'eau que Creux-sous-Roche doit en absorber, il paraît, ainsi que le pense l'ingénieur en chef, que c'est par le puits de la Brême que s'écoulent les eaux du marais (1). »

Si tel était en effet le sort de ces eaux, la question de savoir si les sources d'Arcier sont alimentées par le

(1) De tout temps on a attribué l'éruption du puits de la Brême aux eaux recueillies par les entonnoirs répandus dans les plaines de Mércy, de Villers, de Montrond et de Tarcenay ; mais il paraît certain qu'elles n'en sont, dans aucun temps, la cause exclusive.

On raconte qu'en 1822 un orage ayant éclaté sur le Valdahon, l'eau qui avait inondé le territoire de cette commune s'écoula, comme toutes celles de ce vallon, par un gouffre, près du moulin du Leubot (Verrières-du-Grosbois). Dans le même temps, une éruption considérable avait lieu au puits de la Brême, et pourtant les plateaux supérieurs et le marais de Saône étaient à l'état de sécheresse. On en a conclu, sans autre témoignage, que le puits de la Brême était en communication avec le gouffre du Leubot.

Les eaux des régions hautes de notre département ne descendent pas toutes à ciel ouvert dans les vallées qui sillonnent le pays. Les plateaux, ceux de la moyenne-montagne surtout, offrent des puits absorbants, réceptacles des cours d'eaux qui y naissent à chaque pas. Parmi les gouffres de ce genre, on distingue le *Creux-sous-Roche*, près de Saône ; les puits *aux Prés-des-Landes*, près de Nancray ; le gouffre du *Puits-Fenoz*, près de Chazot, qui reçoit jusqu'à trois ruisseaux (le Dard, la Voye et la Baume) ; l'entonnoir *des Alloz*, près de Vellevans ; *le Tambourin*, près d'Amancey ; le puits de *la Belle-Louise*, entre Mércy et Montrond, etc., etc. Sous un climat pluvieux où les bois et les montagnes multiplient partout la condensation des vapeurs, il faut que l'eau trouve sous le sol un parcours facile et étendu. Celle du marais de Saône, mêlée, dans ce réseau, à mille courants souterrains, doit s'écouler avec eux par différentes issues n'ayant, en apparence, aucune relation entre elles. D'après cela, on ne peut attribuer à telle ou telle origine exclusive les eaux qui font éruption aux gorges de nos vallées. Par conséquent, s'il est possible aux sources du vallon de Saône de fournir leur contingent aux torrents des bords du Doubs, il ne leur est pas moins possible d'affluer au bassin de la Loue.

marais de Saône serait jugée. En dehors d'un examen sérieux, rien de plus facile, de plus séduisant que cette opinion, quand au pied de ces montagnes, couronnées par la ceinture d'un bassin tourbeux de 672 hectares, s'échappe une source volumineuse. Jusqu'ici, les esprits superficiels n'ont pas voulu d'autre témoignage, et les prôneurs de cette hypothèse l'ont insinuée à ceux qui par entraînement acceptent tout des autres, vérités ou préjugés. C'est ainsi qu'elle s'est accréditée et répandue. Malgré la justification apparente de ce sentiment, l'évacuation des eaux du marais par les sources d'Arcier ne doit être admise que comme une conjecture dont aucune étude rationnelle n'a ratifié la valeur empirique. L'opinion des ingénieurs consistant à regarder le puits de la Brême comme propre à cet écoulement n'est, à son tour, qu'une autre conjecture. Entre ces deux systèmes, si la science se borne à discuter sans qu'il lui soit possible de poser à cet égard une doctrine positive, il est certain qu'aux yeux du plus grand nombre, les faits, plus concluants que la théorie, suffisent pour dissiper tous les doutes ; car alors l'expérience l'emporte sur le calcul, l'évidence matérielle sur l'évidence spéculative. En effet, si la source provenait exclusivement ou seulement en partie des eaux du marais de Saône, elle subirait toutes les phases propres à ces mêmes eaux, l'inondation et la sécheresse réagiraient aux bouches d'Arcier. Creux-sous-Roche est le gouffre où s'absorbent ces eaux ; or, en 1835, le curage des canaux du moulin ayant été exécuté, la déviation des eaux, rejetées à la surface du sol, laissait béante et libre l'ouverture du puisard, car il recevait à peine 5 à 6 litres par seconde de la fontaine voisine. Si ce réceptacle naturel contribuait à la source d'Arcier, la suspension d'un apport permanent et aussi considérable se serait fait sentir, et pourtant rien de semblable ne fut constaté; le débit à la source d'Arcier continua égal et indifférent à l'intermittence en question. Quelques mois plus tard, l'inondation de la plaine prit des proportions extraordinaires, et l'absorption de Creux-sous-Roche dut croître en raison de la pression exercée par la masse liquide au-dessus de son orifice. La source d'Arcier, durant cette période, ne changea rien à son allure; elle ne modifia ni son volume ni sa vitesse. Voilà donc deux phénomènes opposés, qui confirment le même fait et fournissent la même conclusion pratique (1).

Ces résultats, il faut le dire, ne présentent ni le caractère de faits scientifiques ni l'autorité d'une preuve; mais ce qu'il y a de vraisemblable dans l'opinion et l'expérience précitées, laisse à l'esprit la plus rassurante présomption, en attendant la solution définitive de ce problème. Jusque-là on peut admettre, comme possible et concevable, l'écoulement des eaux du marais vers

---

(1) Après de grandes pluies, on a vu, à Arcier, jaillir, à 100 m. au-dessus de l'aqueduc, un torrent d'eau limpide, tandis que la source était louche comme le marais : les éboulements de la grotte suffisaient pour produire ce contraste, car le fait est récent.

le bassin de la Loue, entre Ornans et Chenecey; mais il ne sera ni moins facile ni moins judicieux d'admettre qu'après leur mélange et leur prise de niveau, dans leurs réduits souterrains, elles se divisent pour s'épancher vers différents débouchés. Dans cette hypothèse, si Arcier faisait le moindre emprunt à cette masse hétérogène, il gagnerait au dessèchement du marais de Saône ; car les sources qui inondent ce vallon sont toutes d'excellente qualité, et leurs eaux ne contractent de propriétés défavorables que par leur séjour à la surface du sol. Elles s'imprègnent d'une saveur fade, herbacée, analogue à celle dont la matière extractive végétale pénètre les eaux de rivière, aux endroits où le flottage se fait, sur une grande échelle, comme dans l'arrondissement de Montbéliard. Des travaux de dessèchement auraient un autre avantage : si les sources n'en subissent aucune atteinte, ceux qui craignent de voir tarir nos fontaines repousseront désormais cette appréhension comme chimérique, et déduiront naturellement de ce fait que les eaux d'Arcier doivent avoir une autre origine que les marais de Saône. On se le persuade sans autre preuve, à l'inspection du bassin hydrographique concentré dans cette *faille*, qui se développe parallèlement au Lomont, sur le territoire de Nancray.

Cette dernière opinion, quoique reposant sur des appréciations purement systématiques, est pourtant celle qui satisfait le mieux l'esprit, parce que, là, les phénomènes extérieurs, la disposition relative des lieux, la silhouette géologique des terrains, tout concourt à donner une priorité incontestable à cette hypothèse. En effet, quand du centre du marais on s'avance vers le nord, on s'élève peu à peu en traversant les rampes de la Pérouse jusqu'au bois du Vernois, à un peu plus d'un kilomètre au delà de Gènes. A partir de cette forêt, le sol va s'abaissant et forme, au-dessus d'Arcier, une vallée bornée au nord-est par le Lomont, et séparée de la route de Nancray par un terrain boisé, qui se relève parallèlement à la chaîne du Lomont. Or, dans cette vallée, sur un espace de 3 kilomètres, j'ai rencontré quatorze fontaines d'excellente eau.

Sur le territoire de Gènes, on n'en trouve pas moins de quatre, sans compter l'étang du Creux-des-Poissons, réceptacle des eaux de la surface du sol, s'il n'est pas alimenté par quelque siphon. Celle de Chazeau, au bois du Vernois, paraît être la plus importante : elle alimente le village de Gènes. Les autres, à part la fontaine de Saint-Gengoul, qui verse ses eaux vers la forêt, ne méritent qu'une mention constatant leur existence. Mais ce que je dois faire remarquer, c'est que l'abbé Paramelle a découvert dans ce territoire deux sources, dont l'une, aux Vernottes, près de la forêt du Vernois, avec l'indication d'une grande profondeur et d'un volume considérable, indication coïncidant avec les sources d'Arcier.

En descendant du plateau de Gènes dans ce vallon, sorte d'impasse, dont j'ai donné sommairement la disposition topographique, et en longeant la côte, on trouve les sources dont j'ai indiqué le nombre plus haut. Dans le canton appelé les Prés-de-Nancray, on rencontre d'abord le ruisseau du Vieux-Moulin : il se perd tout entier dans un entonnoir près de cette usine, au lieu appelé le *Bas-des-Puits;* plus loin, le ruisseau du Moulin-Neuf, dont l'importance n'est guère inférieure à celle du précédent, s'écoule en partie par un autre puits absorbant, au territoire dit *Podenon.* Dans les crues d'eau, ils confondent leur trop-plein, qui se précipite dans le même orifice, au *Bas-des-Puits.* La plupart des sources du vallon tombent dans ces deux ruisseaux, et en sont plus ou moins ostensiblement les affluents : ainsi colligées et à l'abri de la déperdition résultant de l'éparpillement et de l'absorption, elles en maintiennent le mouvement et le volume. Elles naissent donc et se perdent toutes dans cet espace étroit, la disposition du terrain s'opposant à leur extravasion. Le sol qui les recueille s'incline sous leur cours, et les verse dans ces puits naturels au-dessus d'Arcier. Les sources que j'ai vues ne sont pas les seules à signaler, puisque partout les divers cantons du finage, tels que les Fontenis, les Petits-Biefs, etc., que je n'ai pas visités, rappellent ou indiquent à chaque pas une source.

Mais l'origine des eaux d'Arcier n'est pas le seul objet des controverses de l'époque. D'après les faits qui servent de base aux conjectures discutées ci-devant, il est certain que, vers le milieu du cinquième siècle, notre canal d'Arcier a cessé de verser ses eaux à Besançon, et que, par suite, il a été abandonné. Dans ces derniers temps, on s'est préoccupé du motif de cet abandon; et parce que l'opinion publique a ses expédients, comme elle a sa crédulité, on l'attribuait aux Romains eux-mêmes. Ce que j'ai dit de la destruction du canal répond à cette assertion. Depuis, elle a changé de forme, en s'égarant dans les ténèbres d'une tradition dont on n'a ni trouvé la source ni constaté la filiation, et surtout pont rien n'explique le long assoupissement, lorsque, pendant deux siècles, tant de circonstances ont pu en provoquer le réveil.

Maintenant, serait-il vrai que les eaux d'Arcier, sous les Romains, n'aient eu d'autre destination que le service des bains? Cette opinion est fondée mal à propos sur ce passage du *Vesontio* : « *Cur non etiam in privatas domos? Frontinus contradicit, dum aquam omnem in publicos usus apud antiquos erogari solitam affirmat, legeque cautum, ne privati aliam ducerent, quàm quæ ex receptaculo publico in humum decidisset, quam caducam vocabant.* » Mais j'opposerai bientôt Frontin à lui-même, quand je parlerai des concessions. En attendant, Chifflet voit une preuve de la double distribution aux fontaines et aux bains, dans la disposition, la forme et surtout la matière des canaux découverts sous le sol de la cité, à diverses époques : « *Sed duplicis erogationis aquarum, quam attulimus, duplicem modum invenimus; nam quæ ad salientes, per fistulas plumbeas deducebantur, quales ante paucos annos in pluribus civitatis locis effossas viderunt plerique civium ; quæ vero ad balneas, per ipsos canales structiles, quales in Campo Martio reperti,* etc. »

Enfin il est une objection plus considérable, plus ancienne et plus sérieuse : Pourquoi, dit-on, la réfection du canal d'Arcier n'a-t-elle pas eu lieu plus tôt ?

Je répondrai d'abord, que pareille réfection n'a pas eu lieu ailleurs, d'une manière durable, avant la fin du seizième siècle, et j'ai fait voir précédemment l'origine et les auteurs des premiers travaux de ce genre. Une notice de M. de Latour-Maubourg, ambassadeur à Rome, développe ainsi ces renseignements : « L'an 537 de notre ère, les Goths coupèrent tous ces aqueducs, et, pendant près de 300 ans, les Romains furent obligés de se borner à l'eau du Tibre. En 784, le pape Adrien Ier rétablit quatre aqueducs; et Nicolas Ier, en 858, répara celui de l'eau *Trajane*. Les discordes civiles privèrent bientôt la ville de ce nouveau bienfait. Nicolas IV (1), en 1447, lui rendit l'eau *Vierge* (2), qui disparut de nouveau en 1559. Le seizième siècle vit enfin reparaître trois des principales eaux. Pie IV et Pie V, vers 1570, ramenèrent l'eau *Vierge*, et, en 1587, Sixte V construisit un magnifique aqueduc qui conduisit à Rome

---

(1) Nicolas V, élu pape le 16 mars 1447, tandis que le pontificat de Nicolas IV date de 1288.

(2) Ancien aqueduc, bâti par Agrippa, qui amenait à Rome les eaux d'une source découverte, dit-on, par une jeune fille, près de Tusculum.

l'eau que, de son nom, ce pape appela *Felice* (1). Enfin, en 1612, Paul V restaura l'aqueduc Trajan, et l'eau qu'il amena fut appelée et s'appelle encore *eau Pauline*. » Par les termes mêmes de ce passage, on voit le temps qu'il a fallu pour rendre ces monuments à leur première destination, bien qu'ils n'eussent pas subi d'irrémédiables atteintes, et qu'il ne se fût écoulé qu'environ neuf siècles depuis leur dévastation. Maintenant si l'on tient compte des sommes que pouvaient y dépenser les papes, libres qu'ils étaient de puiser dans des trésors considérables, à une époque où leur prospérité temporelle ne fit jamais défaut à leur puissance, on concevra de pareilles entreprises. Les fouilles ordonnées par Sully pour retrouver l'aqueduc romain d'Arcueil remontent seulement à 1569, c'est-à-dire 800 ans après le passage des Normands. Et ce projet, conçu par le ministre de Henri IV, ne reçut son exécution complète qu'en 1624 : il ne fallait rien de moins que le palais du Luxembourg pour provoquer cette restauration et les débris de l'épargne du règne précédent pour l'entreprendre.

Mais Besançon n'avait ni revenu ni épargne.

Depuis la chute de l'empire romain, les guerres et l'anarchie s'opposant à tout progrès, à toute amélioration, le canal d'Arcier, cette ruine oubliée, avait eu le

---

(1) Cet aqueduc est l'œuvre de Q. Marcius, préteur, an de Rome 608 [144 ans avant J.-C.]. Sa restauration a été complétée par Urbain VIII.

temps d'agrandir ses brèches. D'ailleurs la cité de Besançon qui, sans souffrir dans son importance relative, avait survécu à tant de troubles et de tranformations politiques, fut longtemps pauvre avant d'être heureuse. Si plus tard on la vit à la fois pauvre et heureuse, comme l'était, suivant Voltaire, la Franche-Comté de 1668, c'est que, loin des guerres et des discordes civiles, elle se consolait, dans une médiocrité paisible, de ses malheurs passés.

Sous le premier et le second royaume de Bourgogne, pendant l'annexion du comté à la monarchie française, et, depuis sa séparation, jusqu'au douzième siècle, Besançon avait vu plusieurs invasions à la suite desquelles, dix famines et un nombre plus grand encore de ces maladies épidémiques auxquelles l'ignorance a donné abusivement le nom de peste (1). Ces maladies avaient un caractère de gravité qui doit les faire regarder comme l'un des plus grands fléaux qui aient pesé sur ces siècles : leur fréquence, leur intensité et leur durée avaient conduit le Magistrat à organiser, pour ces circonstances, un service de santé et d'ordre public. La peste avait ses officiers, ses agents subalternes, ses édits et sa police. L'instruction de 1568 est un véritable monument de sollicitude, de précautions et de sévérité (2). L'une des

---

(1) A la fin du onzième siècle, l'aspect de la ville ne présente plus que quelques groupes de maisons, distancés par des champs et des bois, et ne renfermant pas en tout 2,000 habitants.

(2) On a publié une relation de la peste de 1628, en l'attribuant à un

dispositions principales de cette pièce montre combien l'eau, ce moyen hygiénique indispensable, faisait faute à la population des *pestiféreux*. Le Magistrat avait affecté quelques points des bords de la rivière au service des malades ; et, à des heures déterminées, ils pouvaient seuls disposer des *ports* réservés. En présence de pareilles calamités, on s'explique les vœux de nos pères à saint Sébastien [20 janvier], au saint Suaire [10 février], à la sainte Croix [3 mai], à sainte Anne [26 juillet] et à saint Roch [16 août]. Le dernier de ces vœux, qui remonte au 26 août 1629, recevait son premier accomplissement deux jours après, à la suite de l'épouvantable épidémie de 1628 (1).

Parmi les événements du douzième siècle et du treizième, et qui n'annoncent ni plus de pospérité ni plus de calme, il faut citer surtout les fréquentes séditions

contemporain ; les lacunes et les généralités sans importance qu'elle renferme, démentent l'origine de cette pièce. L'auteur, soi-disant contemporain, ne cite qu'une exécution à mort : il a ignoré que Marguerite Bassand fut condamnée à la même peine, le 22 mai 1629, pour être sortie de la maison *barrée*, à l'hôpital de Chaudanne, où elle devait se tenir pour danger de peste. *Elle fut arquebusée, à Champmars, par le maître exécuteur de la haulte justice tant que la mort s'en ensuyve.*

(1) Voici en quels termes le secrétaire du Magistrat rédigeait l'exécution de ce vœu en 1699. « Messieurs ayant pris à l'Hôtel-de-Ville » leurs robes de cérémonie, sont passés à l'église des Pères Cordeliers, » et ils ont assisté à la messe solennelle, fondée par les anciens » magistrats, en l'honneur du glorieux saint Roch, contre la conta- » gion de la peste qui ravageait la cité. » Même solennité, même exactitude pour les autres vœux.

auxquelles un instinct profond d'indépendance donne la plus haute gravité. Sous l'inspiration de cet esprit ombrageux, quand les Bisontins se croient lésés dans leurs droits, ils méconnaissent le devoir, bravent la force, et sacrifient tout au maintien ou à la conquête de ce qui touche à leur liberté. Trois révoltes, toutes marquées par l'incendie et la violence, avaient précédé l'octroi du diplôme de 1191; mais trente ans s'étaient à peine écoulés, qu'après des menaces et des intrigues plus ou moins ouvertes, une simple question de prérogative soulève le terrible orage qui provoque, pour la cité, l'interdit, l'excommunication, la mise au ban de l'empire et l'abolition de la commune. Besançon, fatigué de ces excès ou abattu par le châtiment, semble faire trêve à l'agitation; mais, dans l'intervalle de ce repos apparent, tandis qu'une guerre de rivalité entre les deux branches de Bourgogne ensanglante le Comté, déjà des menées s'ourdissent, et bientôt les luttes renaissent violentes et acharnées. C'est au milieu de ces débats, que surgit le rétablissement de la commune; et comme si ce privilége surexcitait la turbulence, une autre sédition, provoquant un autre interdit, porte, peu après, la dévastation jusqu'au château de Gy. Ces deux siècles, si remplis de contestations, de soulèvements et de ravages, se terminent par le siége de 1289, l'émotion populaire qui entraîne l'éversion du château de Rosemont, et les troubles qui agitent le Comté de 1294 à 1301.

Au quatorzième siècle et au quinzième, Besançon ne

semble pas moins maltraité. Placé entre ses archevêques, les ducs de Bourgogne et les empereurs d'Allemagne, il souffre de longs et ruineux tiraillements, soit qu'il mette aux prises ces diverses puissances, soit qu'il lutte avec elles.

Le siége de Besançon et la défaite sanglante de ses bannières par le sire d'Arlay, signalent les premières années du quatorzième siècle. Plus tard, la guerre de 1336, cette coalition contre le duc de Bourgogne, prend, dès son origine, le caractère de troubles domestiques. De là, ces désastres qui couvrent le pays avant la funeste mêlée de la Malcombe, ou 1000 confédérés bisontins sont massacrés : perte grave pour une cité qui, peut-être, ne renfermait pas un tiers du nombre des habitants qu'elle compte aujourd'hui.

Une peste qui décime la population, et l'incendie qui ruine le quartier du Chapitre, suivent de près ces événements.

En 1356, la désastreuse bataille de Poitiers ouvre la porte des deux Bourgognes aux Anglais et à leurs alliés qui, pendant 10 ans, désolent ce pays. Les discordes civiles et les excès des soldats débandés et sans solde, après le traité de Bretigny, ajoutent au brigandage des hordes étrangères. Dans ces circonstances, Besançon faillit tomber au pouvoir de l'ennemi. C'est l'origine du combat de Chambornay.

L'année précédente, une inondation, qui efface tous les fléaux de ce genre, n'avait laissé, sous les murs de la ville, que des ruines ou le néant. Une épidémie qui s'ajoute à ces fléaux prend, eu égard à sa nature et à son intensité, le nom de *peste noire*, comme celle qui, en 1629, ravageait la cité.

Le quinzième siècle s'ouvre par l'impôt forcé d'une amende de 10,000 livres, sous la gardienneté de Philippe le Hardi. Depuis cette époque, jusqu'en 1436, Besançon est frappé trois fois d'interdit, mis au ban de l'empire, condamné à une amende de quarante mille écus d'or et soumis au joug du vicariat impérial.

Intermédiairement [1424], Besançon est désolé par la peste.

Sous un prétexte captieux, mais qui couvre la haine et la vengeance, le château de Bregille succombe devant les efforts des Bisontins.

Le chapitre, brûlé en 1349, l'était de nouveau en 1448, et cette fois les ravages du feu s'étendent sur Tarragnoz, le moulin et jusqu'à la forêt de Chaudanne.

La démolition du château de Bregille avait valu à Besançon l'excommunication et une amende. La taille, frappée à ce sujet, excite une sédition qui met pendant plus d'un an la ville à la merci de la multitude. Le règne de l'émeute dure, du 14 décembre 1450 jusqu'au 15 juillet 1451, et au moment où l'ordre rentre dans la cité en vertu de la force, la peste y exerçait ses ravages.

Quatre ans après, la rue Saint-Paul était dévastée par le feu, et le lendemain de ce sinistre, la rue de

Chartres et le haut Battant n'étaient qu'un monceau de cendres.

Peu après, Louis XI envahissait la Bourgogne; Besançon, d'abord menacé par Craon, tremble devant d'Amboise dont les torches fumaient encore à Dole, et composant avec le roi subit sa gardienneté.

Dix ans plus tard, la rue du Clos était détruite par le feu.

Au seizième siècle, la cité de Besançon, quoique moins malheureuse, supporte encore plusieurs épidémies, les agitations de la réforme, de nombreux passages de troupes, la destruction des vignes, alors sa principale source de richesse, et enfin les terribles contre-coups de la guerre survenue entre la France et l'Espagne.

A cette époque, la Franche-Comté est envahie par le fameux de Beauveau, dit Tremblecourt : ses Lorrains commettent d'abominables excès, et viennent sommer Besançon de se rendre. Il résiste; mais à peine sorti du péril, il est durement rançonné par Henri IV [1595].

Ce sont les assauts et les surprises dont la cité est si souvent menacée, pendant les guerres de ce siècle, qui font déserter la rue Richebourg, occupée par les orfèvres, banquiers et changeurs, les plus considérables du comté. La construction du fort Griffon, qui remonte à ce temps-là [1595], n'eut d'autre objet que de fortifier ce quartier, toujours exposé le premier aux insultes de l'ennemi. Mais tandis que Besançon veille et qu'il bastionne son enceinte, dix mille paysans Picards et Neustriens sont envoyés dans le comté pour le repeupler et le défricher.

Cette dernière circonstance résume et caractérise non-seulement les événements connus, mais encore ceux des époques où les obscurités et la confusion ferment tout accès à l'histoire.

Ce coup d'œil rétrospectif, dans les annales de Besançon, serait ici un hors d'œuvre, s'il n'était une réponse à une objection fondée sur l'inertie apparente ou mal comprise des temps antérieurs, inertie qui laisserait interpréter peu favorablement l'opinion de nos pères sur les eaux d'Arcier. Malgré les droits et priviléges dus à Conrad-le-Salique et à son fils, malgré les efforts de rénovation tentés et accomplis par l'archevêque, Hugues Ier, malgré l'agrandissement des franchises bisontines par Frédéric Barberousse et leur confirmation par Charles-Quint, on peut comprendre maintenant comment la cité de Besançon, jusqu'au dix-septième siècle, ne pouvait rien entreprendre d'important pour son bien-être. Si, vers ce temps, on voit s'élever quelques constructions monumentales et des édifices d'utilité publique, tels que le collége, le séminaire, l'hôpital, etc., etc., il faut bien qu'on le sache, leur création est due aux largesses des citoyens et à la munificence royale. Quant à la cité elle-même, sous la pression continuelle d'événements qui gravitaient autour d'elle, épuisée par les vicissitudes et les calamités de toute sorte, ses efforts, pendant longtemps, n'eurent d'autre objet que sa conservation ou son indépendance.

Depuis 1260, la cité s'appartient assez à elle-même pour traiter de puissance à puissance. Les Bisontins débattent leurs priviléges et leur liberté avec les potentats de l'Europe. Ils sont fiers de leurs titres de bourgeoisie, comme on le fut jadis à Rome de la qualité de citoyen romain : aussi, n'est-on pas étonné de voir des étrangers, chargés de la réparation des fontaines de Besançon, recevoir, comme la plus belle rémunération, ce droit de cité. Cet orgueil n'est pourtant fondé ni sur des armées nombreuses ni sur des richesses, ce nerf des gouvernements, mais sur cet esprit de nationalité qui fut la force et l'apanage des républiques anciennes. Ici toutefois, l'indépendance ne flatte que l'orgueil, sans servir la prospérité; car plus la cité jouit de fastueux priviléges, plus son existence est orageuse et précaire, malgré le rang de ses protecteurs et le zèle de ses gardiens. Ni liberté, ni suprématie, ni caresses des empereurs ne l'avaient relevée de son impuissance, quand lui vint la première pensée de se procurer des eaux salubres. Aussi dut-elle d'abord mettre ses prétentions au niveau de ses ressources, et s'autoriser, dans cette tentative, de l'économie des moyens et de la proximité des lieux.

PREMIÈRES FONTAINES.

On lit dans Chifflet : « *Post dirutum multis locis antiquum aquæductum, fœcundissimos fontes ex monte Brigillæ per tubos aptos derivarunt avi nostri* (1). »

Plus d'un siècle et demi après, l'échevin d'Auxiron publiait à cet égard l'opinion de son temps, laquelle n'est qu'une version paraphrasée du *Vesuntio* : « Ce canal, dit-il, ayant cessé de servir à sa destination, la ville fut obligée de recourir à d'autres fontaines. Celles connues aujourd'hui sous le nom générique de fontaines de Bregille et autrefois sous celui de source de la *Doin* et du *Moine,* qui jaillissent dans la partie supérieure de ce faubourg, furent préférées à toutes autres, comme les plus élevées de celles qui sont aux environs de Besançon. »

Aujourd'hui la croyance commune, qui est conforme à ces deux autorités, se résume dans le document suivant : « Quand le canal d'Arcier, dégradé, cessa d'amener ses eaux à Besançon, les habitants furent obligés de faire

(1) C'est-à-dire : L'ancien canal ayant été détruit sur plusieurs points, nos ancêtres tirèrent du mont de Bregille, au moyen d'une dérivation tubée, les sources si fécondes qui en découlent.

usage des eaux du Doubs et de celles des puits que l'on creusa en grand nombre. Ce fut en 1558 que la ville, après quelques contestations avec l'archevêque Claude de la Baume, seigneur de Bregille, fit venir par le quartier de Battant, les eaux de la source abondante de ce village. » (*Annuaire du Doubs* 1844.)

Il résulterait de cet exposé que Besançon a vu s'écouler la période de 451 à 1558 avant l'établissement des premières fontaines. Il y a deux erreurs dans cette opinion : la première concerne la date, la seconde le choix des eaux. Le titre que je vais citer renverse la vieille tradition sous ce double rapport, et met en lumière un fait ignoré, pour lui restituer sa place dans l'histoire.

Vers le milieu du quinzième siècle, le besoin d'eaux salubres, excité sans doute, chez nos ancêtres, par la mauvaise qualité des eaux de puits et peut-être aussi par la rareté de cette ressource au versant rocheux de la rive droite du Doubs, tirait enfin le Magistrat (1) de sa vieille et héréditaire inertie. Après les études convenables, on enregistrait au journal du conseil la décision ci-après :

(1) *Magistrat,* dénomination collective et absolue, exprimant l'ensemble des membres de l'administration municipale, chargés du gouvernement et de la justice. Dès le douzième siècle, la cité de Besançon était divisée en sept bannières ou quartiers : Saint-Quentin, Saint-Pierre, Chamars, Battant, le Bourg, Charmont et Arènes. Tous les ans, le jour de la Saint-Jean-Baptiste, les citoyens de chaque bannière se réunissaient pour élire respectivement quatre notables, en tout vingt-huit. Le même jour, les vingt-huit élus choisissaient

« Le mardi jour de feste de Karesmantrant (1), xiiij⁰ jour de février mil iiii⁰LVij

» Aujourd'hui, messeigneurs les gouverneurs sont estés tous d'oppinion que l'on fasse venir les fontennes de la du pont, c'est assavoir la fontenne argent : laquelle fontenne sera au quarrefour de Baptans, au pillory, devant l'ostel messire Jacques Mouchet en Charmont, et

à leur tour quatorze des principaux citoyens qui, avec le titre de gouverneurs, remplissaient le syndicat. La juridiction des quatorze ne s'étendait qu'aux affaires administratives et de police : la présidence s'exerçait à tour de rôle et par semaine. Les notables réunis aux quatorze gouverneurs connaissaient des affaires criminelles. Dans les cas plus importants, les gouverneurs de l'année précédente venaient prendre place au conseil. Pour l'administration proprement dite, le Magistrat se décomposait en commissions spéciales, permanentes et variables dans leur nombre. Elles comprenaient généralement le grenier à blé, le grenier à sel, les limites, le cens, l'imprimerie, les fontaines, les forêts, l'approvisionnement de bois de chauffage, la glacière, l'aumône générale, Saint-Jacques, le Saint-Esprit, le collége, le pavé, les incendies, le jeu de l'arbalète, le jeu d'arc et d'arquebuse, les chemins, les casernes, la ferme d'entrée des vins, les autres fermes, les archives, les comptes de capitation et du vingtième et les mandements.

Cette organisation de l'ancien Magistrat fut changée par lettres-patentes du roi, le 26 août 1676. Alors le nouveau conseil se composa d'un maire, avec le titre de vicomte, de trois échevins et de seize conseillers. — Sa constitution, son administration et ses élections sont réglées par la déclaration du roi en date du 29 novembre 1760.

(1) *Carême entrant* (Mardi gras).

L'année, à cette époque, datait de la fête de Pâques ; ainsi l'an 1458 s'ouvrit le 2 avril après le 14 février 1457. C'est depuis Charles IX que le commencement de l'année est fixé au 1ᵉʳ janvier : l'ordonnance qui prescrit ce changement reçut son exécution le 1ᵉʳ janvier 1563.

devant l'ostel de Henry Grenier, pourveu que tout ceulx de dela le pont que seront imposez pour la fasson desd. fontennes paieront ; et quant l'on en fera deca du pont ilz n'en payeront point. Fait l'an et jour que dessus » (1).

L'acte qu'on vient de lire prouve qu'il n'existait pas alors de fontaines à Besançon, et précédemment aucun titre ne mentionne qu'il en ait existé avant cette époque ; on peut regarder la présente délibération comme date de la naissance de cet établissement en notre cité.

Ainsi les premières eaux remontent à 1457, et non à 1558, et nous sont venues de Fontaine-Argent, et non de Bregille (2).

Après quatre siècles, les motifs de cette préférence ne sont pas bien apparents, pour ceux qui les recherchent en dehors de l'histoire : à l'abondance relative de ses eaux, à leur hauteur et à leur facile itinéraire, cette source joignait peut-être le mérite d'être le patrimoine de la cité, ou de se prêter à une occupation incontes-

---

(1) M. Pillot, président.

(2) D'après le travail de M. Boudsot, la source de Fontaine-Argent débite deux litres et demi par seconde. Quant à la hauteur, elle est de 38^m 73 au-dessus du bassin de la fontaine d'Arènes, 36^m 50 au-dessus du bassin de Battant, 32^m 99 au-dessus de la fontaine de Saint-Quentin, 25^m 99 au-dessus du seuil du pont-levis de la porte de Battant, 24^m 05 au-dessus du seuil de la porte de l'église Saint-Jean, 16^m 67 au-dessus du seuil du pont-levis du fort Griffon.

Du temps de l'échevin d'Auxiron, un nivellement, effectué par un bénédictin, rapportait la hauteur de la source au clocher de la chapelle du fort Griffon qu'elle dépassait de 16 pieds. — Sa distance de la ville était évaluée à 700 toises.

tée. Cette dernière considération aurait bien pu diriger le Magistrat et l'éloigner de Bregille, car un accord amiable terminait à peine, avec l'archevêque, un de ces différends si communs alors ; et il n'avait fallu rien de moins que la crainte de se livrer au duc de Bourgogne pour que, si prompts à se heurter à la limite de leurs priviléges, les deux pouvoirs rivaux au sein de la cité se rapprochassent. D'ailleurs, un autre différend, ayant pour cause Bregille lui-même, avait reçu, depuis trois mois, une solution aussi peu flatteuse pour l'orgueil de la cité que préjudiciable à son repos et à ses intérêts : il y avait donc quelque prudence de la part du Magistrat à ne pas user de son droit d'expropriation contre un adversaire à peine désarmé, et dans un lieu où l'église, le château et le village, qu'on commençait à réédifier, rappelaient de graves dévastations. « Par occasion simulée [1445], dit une chronique, les citoyens firent desmolir et razer l'église de Bregilles, avec le palais et chappelle ensemble et tout le villaige coppèrent tous les arbres frutiers. »

Cette dernière circonstance me semble justifier de la manière la plus évidente l'opinion que je viens d'émettre relativement au choix des eaux de Fontaine-Argent ; car la ruine de Bregille avait produit une agitation bien autrement grave que celles résultant de quelques infractions au traité de Rouen, cette charte si grosse de luttes et de procès. Après dix ans de débats et de pourparlers, les gouverneurs venaient de signer avec l'archevêque, Quentin Menard, une transaction qui ajoutait une réparation morale à la réédification des meix, établissements et édifices démolis ou brûlés par les citoyens de Besançon. De l'indemnité allouée pour ce fait au prélat, indemnité qu'il destinait à la reconstruction de Bregille, la moitié lui était payée en novembre 1450, et l'autre moitié en 1453. La transaction dont il vient d'être parlé avait elle-même pour date octobre 1456, et était exécutée en avril 1457. Qu'on juge maintenant si l'occupation des sources de Bregille n'aurait pas détruit le bénéfice de pareil arrangement.

La délibération qui a pour objet de régler l'exécution du projet du 14 février 1457 dans ses détails, décrète l'érection de quatre fontaines, dont l'emplacement est malheureusement confondu dans l'expression nominale des endroits qui les déterminent, et deux de ces endroits sont aujourd'hui autant d'énigmes. La fontaine du Pilory et celle du carrefour de Battant échappent à cette obscurité, parce que leur indication repose sur les noms d'une place et d'un carrefour que les siècles n'ont ni modifiés ni altérés, la disposition même des lieux est demeurée invariable comme leurs noms.

Depuis lors, il se produit comme une *faille* historique dans les annales bisontines, relativement aux fontaines, et rien ne vient révéler la mise en œuvre d'un projet si frappant d'intérêt et de nouveauté. Pourtant il ne faudrait pas se demander s'il a été réalisé. Après cinquante ans de silence, les documents fourmillent, et, quoique tardifs, incohérents et épars, ils sont riches de faits et démontrent que le système des fontaines était ancien, organisé et fonctionnant.

En effet, le jeudi 26 mars 1505, il y avait *visitation des cors* de la fontaine du Pilory, avec ordre à celui qui avait la charge des fontaines de réparer tous ceux qu'il trouverait *mesusant* et *domeigeant*. Cette réparation coûtait 30 sols estèvenants (1).

La surveillance et l'entretien des fontaines étaient déjà un service régulier, on en trouve la preuve dans la délibération du 14 août 1531, dont voici la teneur, remarquable autant par son laconisme que par sa forme explicite : « Jehan Laviron a été institué maistre des fontaines aux gages accoustumés et a prêté serment (2). »

Le soin des fontaines, confié à une entreprise spéciale, n'excluait pas les grosses réparations en dehors de cette charge ; ainsi le 13 avril 1539, six de MM. les gouverneurs étaient commis à la visite des travaux faits à la fontaine de Baptant par le nommé Jehan Dahy, et le lendemain on concluait en conseil *à lui donner mandement selon son marchief*.

Le 7 décembre suivant, une délibération particulière mentionnait un système de réparations analogues : « Mes-

---

(1) « On appelait Stéphaniene ou estevenante, du vieux mot estevenon, la monnaie que le chapitre de Saint-Etienne avait le droit de faire frapper par indivis avec l'archevêque de Besançon, en vertu du privilége accordé par Charles-le-Chauve en 874 et confirmé par Frédéric Barberousse en 1153. » (A. Demesmay.)

(2) M. Nicolas Boncompain, président.

sieurs ont commis et deputez le sieur Jacques Feure, congouverneur, pour payer les ouvriers qui auront besoigné pour les fontaines selon qu'ils seront conterolés par Richard Burtheret a ce commis, et aussi tous ouvraiges qui conviendra faire, ordonnant au trésorier luy mettre en main deniers pour ce faire des quels il prendra récépissé du dit sieur Feure (1). »

Les fontaines dont il est question dans l'acte du 14 février 1457 ont donc été établies, et le doute à cet égard n'est pas permis ; mais le même acte indique très-bien que l'itinéraire des eaux de la Fontaine-Argent aura pour limite la partie de la ville *de là le pont*, tout en laissant pressentir le projet de procurer le même avantage aux bannières *de ça le pont*.

Cette dernière résolution s'exécutait le mercredi, 31 août 1541 : « Il a été conclu que les auges qu'on veut faire aux fontaines devant la Mayrie, devant les Carmes et Saint-Quentin se feront pour la première fois aux fraiz de la cité et après s'entretiendront aux fraiz des bannières et aussi toutes autres (2). »

La création des fontaines sur la rive gauche du Doubs n'a pas eu lieu avant cette époque, je n'en donnerai pour preuve que le document ci-après : « Sur la requeste à nous verbalement faicte à la part des voysins de l'hostel consistorial de la dite cité, leur avons permis et permet-

(1) M. Grenier, président.
(2) M. Ferrières, président.

tons pouvoir faire mettre pièce de bois nécessaire sur le puis estant au dit hostel consistorial, et y mettre chaîne de fer avec des soillotz nécessaires, le tout à leurs fraiz, pour par eulx y prandre et tirer eau pour leur commodité et nécessité.

» Donné au conseil le quatriesme jour du mois d'aoust l'an mil cinq cent trente-sept (1). »

Il n'y avait donc point de fontaine devant l'hôtel consistorial, en 1537, puisqu'alors la sollicitude des habitants veillait à la conservation des puits sans attendre le secours du trésor public.

Mais le 9 mai 1543 cet état de choses était changé : Richard Burtheret et Antoine, son fils, prenaient à bail pour une période de six ans l'entretien des fontaines de la cité, et leur marché mentionne les cinq fontaines ci-après : la première au carrefour de Battant, la deuxième au Pilory, à trois cors, la troisième devant l'hôtel consistorial, la quatrième devant le couvent des Carmes, la cinquième au quarré et devant la tour de Saint-Quentin.

Ainsi, en 1541, il s'était accompli un grand changement dans la distribution des eaux : sur les quatre fontaines primitives, deux avaient été supprimées au-delà du pont, les deux autres convenablement dotées et espacées, pouvant desservir cette partie de la cité. L'eau réservée par cette suppression bénéficiait aux quatre

---

(1) M. Grenier, président.

bannières de la rive gauche, où trois nouvelles fontaines s'étaient installées, en coupant la longueur de la Grande-Rue, en trois segments égaux ; disposition heureuse autant que bien calculée, puisque trois siècles consécutifs n'y ont apporté aucun changement.

Voyons maintenant comment fonctionnait une entreprise encore dans l'enfance. On se rappelle que l'entretien des fontaines avait été confié pour six années à Richard et Antoine Burtheret. Après des réparations aussi fréquentes que peu fructueuses, le 9 juillet 1548, le service était dans un état de souffrance exceptionnelle, et les fontainiers demandaient une avance de 50 fr. (moitié du prix du bail), ce qui leur était octroyé, bien que l'échéance de ce payement ne dût avoir lieu qu'à Noël prochain; mais alors ils étaient sommés « d'entretenir deheument les dites fontaines à penne de payer tous fraiz dommages et intérest que à faute de ce la cité en pourrait requérir. »

MM. Nardin et Jouffroy, co-gouverneurs, étaient commis pour visiter *les bournels et cors* des fontaines. Le 17 avril 1548 (1), l'état de choses ne s'était pas amélioré, puisque Antoine Burtheret (son père était mort) recevait un nouvel avertissement avec ordre « qu'il entretienne icelles et les faire courir de manière qu'en les prou-

---

(1) Il n'y a pas interversion dans l'ordre des dates 9 juillet 1548 et 17 avril 1548, d'après la note ci-devant, page 150. Le 17 avril ci-dessus était le mercredi saint, et le premier jour de l'an 1549 devait être le jour de Pâques, 21 avril.

chaine festes de Pasques, elles ne faillent à penne d'être mis en prison fermé. »

Il ne faut pas s'étonner de l'embarras des fontainiers : en dehors de leur inexpérience, mille imperfections venaient accuser la fragilité et l'insuffisance de ce premier établissement. A chaque pas les difficultés renaissaient, et les accidents les plus vulgaires étaient l'objet d'études les plus sérieuses. Le 27 juin 1549, les gouverneurs étaient assemblés pour délibérer sur les inconvénients que présentait la fontaine de l'hôtel consistorial ; elle épanchait ses eaux dans la Grande-Rue et la ruelle voisine, et les rendait dangereuses ou impraticables en hiver. On nomme MM. Chambart et Valiquet pour aviser au remède et découvrir des gens de métier qui se chargeront de l'appliquer.

Le 9 septembre, aucun travail n'avait encore été entrepris, car, alors, les gouverneurs faisaient enregistrer dans leurs délibérations la disposition suivante : « Pour la maladie de M. Chambart, l'on commet à sa place M. Bonvalot pour avec M. Valiquet adviser comme on pourra conduyre l'eau tombant de la fontaine devant la maison de Céans et y faire toutes choses nécessaires. »

Tant de précautions montrent que les gouverneurs reconnaissaient implicitement le vice de leur distribution d'eau, et la difficulté d'y remédier ; aussi durent-ils parfois tenir compte aux fontainiers d'efforts même infructueux, et mitiger la rigueur des sentences prononcées contre eux : ce qui me confirme dans cette opinion, c'est que, à l'expiration de son bail [10 juillet 1549], Antoine Burtheret recevait *deux escus en don gratuit*, et que ses successeurs n'ont plus que quatre fontaines à entretenir.

En effet, deux jours avant la remise du service de Burtheret, Nicolas Sainct et Jehan Cobet prenaient pour neuf ans l'entretien des fontaines de Battant, du Pilori, de l'hôtel consistorial et de Saint-Quentin. Celle des Carmes était supprimée peut-être à cause de l'insuffisance de l'eau, puisque les deux fontaines, prises *de la du pont*, formaient les trois nouvelles, établies *en deça*. Il y avait dans cette réduction un autre motif que j'indiquerai plus tard (1). Toutefois le mandat des nouveaux fontainiers n'était ni moins sévère ni moins étendu. Avec une fontaine de moins, ils recevaient le même prix (100 fr.) que les Burtheret ; cette faveur avait une compensation : ils étaient tenus « de faire courir l'eau à une chacune des fontaines tant de jour que de nuyct.

» ...Ils fourniront à leurs frais tous bournelz vices de fer et autres choses nécessaires à la conduite de l'eau venant dez les dois et source d'icelle, estant hors la cité, jusqu'à la dite *quatrième* et *dernière fontaine*.

» ...S'il advient que les colonnes ou piles des dites fontaines par lesquelles l'eau vient, souffre dommage, ils seront tenus à leurs fraiz les réparer, entretenir et si

---

(1) Voici la statistique historique de la fontaine des Carmes : fondée en 1541, supprimée vers 1549, rétablie par délibération du 10 novembre 1563, construite en 1565, et décorée peu de temps après. (*Voyez* page 235.)

besoing faut à y faire des neufves telles que présentement elles sont, sans toutefois qu'ils soient chargez entretenir les cuves des dites fontaines, mais demeureront à la charge des bannières ezquelles elles sont assises (1). »

Cette dernière disposition était conforme à la délibération du 31 août 1541, et était fondée sur ce que les fontainiers n'auraient pu sans danger prendre à leur charge une réparation si onéreuse : la conservation ou la durée des cuves de bois étant si éventuelle.

Aussi un essai de cuve en pierre ayant été fait à la fontaine de Battant, ce moyen se généralise le 15 juillet 1552. Voici la délibération qui consacre ce changement : « Pour ce que les fontaines publiques de la cité tant de Saint-Quentin, de Saint-Pierre que celle du Pillory sont vieilles et ruynées, il a été conclud que les dites cuves estant présentement de boys seront refaictes de pierre, et que pour ce faire seront donné des pierres de Vergenne ce qui sera nécessaire de celles que la cité a en espargne, comme l'on a faict pour celle de Baptant, avec ce des deniers de la dite cité l'on donnera pour fournir aux fraiz d'une chascune des dites fontaines la somme de 60 fr. pour une fois, le surplus se fera aux fraiz des bannières esquelles les dites fontaines sont assises [15 juillet 1552] (2). »

Cette espèce d'impôt ne fut pas, à ce qu'il paraît, du

---

(1) M. Feure, président.
(2) M. Grenier, président.

goût des bannières, et soit que la taxe en parût trop onéreuse, soit que la perception devint trop difficile à effectuer, le Magistrat réformait à cet égard sa première décision, le 23 décembre 1552 : « On conclud, dit la délibération, que l'on fera faire les cuves des fontaines de Saint-Quentin et du Pillory de pierre de Vergenne, comme sont celles devant Saint-Pierre et de la rue de Baptant, *le tout aux frais de la cité* (1). »

Mais déjà les autres bannières pourvues de fontaines avec cuves de pierre avaient payé tout ou partie de la cotisation précitée. On décidait, le même jour, que remise serait faite de la contribution non encore levée, et que les sommes perçues seraient restituées à qui de droit, ou consacrées à quelque ouvrage d'utilité publique au profit surtout des bannières qui avaient opéré les versements susdits.

Pendant le siècle qui vient de s'écouler, les bannières semblent d'abord, en quelque sorte, propriétaires de leurs fontaines, parce qu'elles en font la dépense ; subventionnées plus tard, puis remboursées, elles les abandonnent au domaine public. Au milieu de ces différentes phases, le Magistrat n'en exerce pas moins son action collective et souveraine sur cet établissement, par ses prescriptions réglementaires et ses actes de police.

Ainsi le 8 avril 1535, il faisait défense de jeter des immondices dans la fontaine de Battant, de déposer

(1) M. Jantet, président.

aucune cuve, tonnelle, etc., dans le bassin, ni d'installer des auges alentour (1).

« L'on deffend, dit une autre disposition d'ordre public, de boucher ou pertuiser les bournez des fontaines de la cité à la penne que dessus (penne arbitraire), restantz les commis qui desd. fontaines ont charge. » 13 juillet 1538 (2).

Ici la nature de la défense montre implicitement l'insuffisance des fontaines. Aussi, c'est de cette année que date le premier projet des eaux de la Moulière, pour venir en aide à la distribution d'alors.

D'après cela, rien n'était omis dans les règlements municipaux, ni l'ordre pouvant prévenir le trouble de l'usage, ni le respect des appareils propres à maintenir le volume d'eau à dépenser, ni surtout la propreté, avantage délicat auquel les puits publics n'avaient certainement pas habitué les Bisontins.

En développant le régime des eaux, le Magistrat multipliait sa surveillance. Lors de l'établissement des fontaines dans les deux parties de la ville [1541], le Magistrat publiait, sur la police des fontaines, un avis qui résumait à cet égard tous les avertissements précédents relatifs à la propreté : il défendait *d'y laver, breyer* (3), *et d'y jeter des immondices.*

---

(1) M. Danvers, président.
(2) M. D'Auxon, président.
(3) Immersion préalable du linge dans l'eau avant la lessive, afin d'en enlever tout ce qui se peut dissoudre sans alcali.

Ces édits, qui témoignent d'une sollicitude toute spéciale, se répétaient fréquemment. Ce qui prouve, ou que la docilité des citoyens était bien oublieuse, ou que la satisfaction à donner à tous les besoins domestiques était assez impérieuse pour porter les habitants à ces infractions. Pourtant on ne pourrait arguer ni de la mollesse du Magistrat, ni de l'ignorance des citoyens. Qu'on juge, par l'acte ci-après, de l'ardeur avec laquelle on poursuivait la désobéissance : « Le 13 mai 1551. L'édict prohibitif de rien laver dans les cuves ou auprès d'icelles sera renouvellé. Celui qui révèlera le contrevenant aura la moitié de l'amende. »

Et des placards portant le texte de ces dispositions étaient affichés aux fontaines.

Tel était l'état de la cité de Besançon, en 1558, c'est-à-dire à l'époque admise à tort comme la date de l'introduction des eaux de source dans ses murs.

MOULIÈRE.

Au commencement du seizième siècle, tandis que les bannières d'Arènes, de Battant et de Charmont étaient pourvues des quatre fontaines, créées en vertu de la délibération du 14 février 1457, la partie méridionale de la cité continuait à s'abreuver d'eaux de puits et de rivière. Le spectacle d'un état de choses bien différent sur la rive opposée du Doubs, n'avait pas manqué d'émouvoir cette population dont le sort était si évidemment inégal, et, depuis longtemps, pour atteindre le même but, elle s'agitait inquiète et passionnée. Comment faire? La source de Fontaine-Argent ne pouvait doter que les quatre fontaines primitives, et les sources de Bregille, par les motifs présumés plus haut, ne se prêtaient pas à une seconde création; c'est ce qui explique tout le temps qui s'est écoulé entre le premier établissement et le second, et pourquoi, d'une part, on a supprimé deux fontaines pour en ériger trois de l'autre, lesquelles, un peu après, se sont réduites à deux. C'était un véritable partage : s'il n'est pas dû à la sollicitude et à l'intelligence du Magistrat, il faut l'attribuer à la pression exercée par le peuple sur cette compagnie. Il avait fallu bien des efforts pour arriver à ce résultat; on ne voyait pas encore de solution à cette affaire en 1538, lorsqu'au milieu des pourparlers et des débats concernant la distribution des fontaines, surgit un projet des plus remarquables, et qui mérite ici une large place.

Frappé de l'embarras des gouverneurs et de l'agitation de la cité, un citoyen de Besançon, habile ouvrier de cette époque, Jehan Dahy, vient, le 28 février, présenter au conseil une soumission par laquelle il s'engage à élever l'eau de la Moulière à une hauteur suffisante pour l'introduire dans la cité et y alimenter dix fontaines publiques.

Afin de conserver aux détails de son projet leur caractère original, j'en vais citer littéralement les principales dispositions.

« Il entend le d. Dahy que Messieurs de cette cité fournissent de fourrées pour ez d. fourrées abattre le bois que, à tel ouvrage est de nécessité, le quel bois, le d. Jehan Dahy entend faire abattre et mettre en œuvre, à condition qu'il plaira à Messieurs de fournir le charroy.

» Il entend qu'il se fasse aider de tout bois et bournaulx qui sont de présent aux fontaines de la cité, après avoir mis l'eau de la fontaine en la d. cité.

» Item, plaira à Messieurs de fournir les viroles de fer, et les feront faire à telle forme que par le d. Jehan Dahy seront advisées, les quelles il entend adviser au profit et utilité de la d. cité.

» Item, il plaira à Messieurs de fournir le fer pour

faire plusieurs utils nécessaires au d. ouvrage, les quels demeureront à la cité; se feront tels que par le d. Jehan Dahy seront advisés aux frais que dessus.

» Item, entend le d. Dahy faire aller l'eau d'icelle fontaine aux lieux ci-après déclarés :

» Premièrement, à la fontaine de Battant, la quelle perdra ses eaux par le petit Battant comme fait celle de présent, et icelle jettant par trois corps.

» Item, au Pilory, et où est celle de présent que perdra son eau comme celle qui est présentement, et jettera à trois corps.

» Item, en Charmont, auprès de la grande quinterne, laquelle perdra son eau avec celle qui est devant le Pilory, et pourra jetter par un corps.

» Item, à la rue d'Arènes, en tel lieu que à la plus grande commodité l'on saurait choisir, et jettera par un corps.

» Item, une au Bourg, la quelle pourra perdre son eau par où l'eau de la poissonnerie se perd, et pourra jetter par trois corps.

» Item, devant Saint-Pierre, la quelle perdra son eau venant le contreval de la rue, tirant à la rivière par la ruelle de chieis Danvers, et jettera par trois corps.

» Item, devant les Carmes ou Saint-Mauris, qui perdra son eau par la ruelle de chieis M. de Granvelle, tirant au conduit de Saint-Vincent, et jettera par trois corps.

» Item, à la place Saint-Quentin, la quelle pourra

perdre son eau par la ruelle de la tour Saint-Quentin, et jettera par trois corps.

» Item, devant la rue Saint-Paul, la quelle perdra son eau le contreval d'icelle rue, et jettera par un corps.

» Item, devant Saint-Vincent et au bout de la rue de Ronchaux, la quelle perdra son eau par le conduit de Saint-Vincent, et jettera par un corps.

» Et n'entend le d. Jehan Dahy, fournir de corps ne cuire ne coulonne par ou viendra l'eau ez d. corps, et les pourront faire, mes dits sieurs, soit de bois ou de pierre et en tel triomphe qu'il leur plaira.

» Et parce que par aucuns de mesdits sieurs a été averti qu'il ne lui serait loisible ne permis de donner eau à sa discrétion, sans néanmoins grever les dites fontaines, il plaira à Messieurs de hausser le prix de 400 écus de la somme de 60, car, ayant la d. permission, il espérerait faire plaisir à plusieurs gens de bien qui bien le feraient récompenser de ses peines; vous suppliant néanmoins lui en vouloir permettre pour trois petites fontaines. Et s'il vous plaît le vouloir bouter en œuvre, les ouffres de faire le contenu ez d. articles lesquels en faisant et ouvrant à la besogne, vous plaira lui délivrer la somme que dessus, s'il vous plaît lui accorder à la manière que s'ensuit :

» 1° Lui pourra délivrer la somme de cent quinze écus, pour commencer son dit ouvrage, desquels lui et sa femme en obligeront tous et singuliers leurs biens, et donneront bonne et sûre caution.

» Item, autres cent quinze écus, quand icelui Dahy fera entrer l'eau d'icelle fontaine en la cité.

Autre cent quinze écus, quand elle sera conduite à Saint-Quentin.

» Autre cent quinze écus, après avoir fait son d. ouvrage, s'obligeant toujours à la forme que dessus. Plus, mes d. sieurs feront refaire le pavé à leur dépent, et, en plusieurs creux les plus commodes, feront mettre des tables de pierre pour les lever à une nécessité, à l'endroit desquelles pierres seront posés les bournaux et pour rendre l'eau quand besoin en serait.

» Et pour ce que Messieurs ne veulent fournir le charroy du bois des d. fontaines, ni les utils servant pour les faire, a advisé le d. Dahy qu'il faut bien trois mille bournaux pour former et conduire les d. fontaines ez lieux que dessus, et a regardé qu'un chart ne pourra amener que quatre bournaux par charrée, et faire deux voyages par jour, au fur le jour de huit gros, que font pour chacun bournaux quatre blancs par jour; pour ce les trois mille valent 250 fr.

» Item, plus pour les utils servant à faire les d. fontaines, a regardé le d. Dahy qu'il faut 6 gros environ, 2 brannes et 1 rovelle qui vaillent 60 fr.

» Plus, faut bien deux milliers de fer pour faire de grosses barres de fer larges d'un pied, et d'un doigt d'épaisseur, pour enclaver dedans la roiche, que peuvent valoir 50 fr.

» Plus mes d. sieurs feront à leur dépent, s'il leur plaît,

une fenêtre en manière de voste en la muraille de la cité, pour poser les gros bournaulx, au lieu que se trouvera plus commode, et icelle fenêtre fermée de porte de fer d'une part et d'autre (1). »

Dès le lundi, 3 mars, sont commis et députés Cl. Monnyot, président de semaine, quelques gouverneurs et sept notables, pour entendre Jehan Dahy. L'exposé de son système ne change rien à sa soumission écrite ; mais il en développe la possibilité et les moyens d'exécution. Dans la même séance, la commission ci-dessus délègue une seconde commission, choisie dans son sein et composée de messieurs de Rantechaux, d'Avilley, Grenier et Montrivel, laquelle devra étudier l'affaire et lui fournir rapport. Peu de jours après [vendredi 7 mars], les commissaires rendaient compte de l'examen dont ils étaient chargés. Au lieu de discuter le projet dont il s'agit, ils répondent par un rapport en forme de contre-proposition qui dénature complètement l'idée première, et qui restreint les prétentions de l'entrepreneur tout en augmentant les charges de l'exécution. Au surplus, voici les principaux éléments du marché imposé à Dahy :

« 1° Le sieur J. Dahy a promis et de ce s'est obligé et oblige de faire monter l'eau de la fontaine, dite Broillot, size près du monastère des religieuses de Notre-Dame

---

(1) Le prix ci-dessus représentait 1405 fr., lequel comprenait 250 fr. de charroi, 60 fr. d'outils et 50 fr. de fer.

de Battant, et icelle eau faire entrer en la d. cité par dedans la muraille d'icelle, et conduire jusqu'au carrefour de Battant, en la place, près la maison de M. de Cleron, au même lieu où de présent y a une fontaine, et icelle faire de l'eau courir trois corps de la grosseur en œuvre du rond ici après pourtraict :

(Circonférence ayant 3 pouces 8 lignes de diamètre).

» Item, a promis, le d. J. Dahy, tout ce que dessus faire et parfaire à ses frais et dépens, sans que les d. sieurs soient tenus fournir, contribuer et payer, sinon ce que s'ensuit.

» Assavoir que les d. sieurs lui bailleront pouvoir et licence prendre ez bois de la d. cité tout bois nécessaire à la besogne des fontaines.

» Item, lui fourniront, aux dépens de la cité, la place nécessaire tant pour son décombre que pour le cours de l'eau.

» Item, quand le d. Dahy aura fait rompre des murailles de la cité ce que lui sera nécessaire pour faire entrer la d. eau en la d. cité, les d. sieurs feront à leurs dépens refaire la d. muraille à telle sûreté que leur plaira.

» Item, les d. sieurs gouverneurs, à leurs dépens, feront faire l'auge pour recevoir l'eau des d. corps et la colonne par laquelle montera la d. eau, et en feront les d. corps.

» Et le reste, le d. J. Dahy, en toutes choses requises et nécessaires pour les trois corps d'eau, sera tenu à frayer et supporter à ses propres dépens, moyennant la somme de 500 francs qui lui sera payée par les d. sieurs gouverneurs, assavoir 100 fr. aujourd'hui; et lorsque l'eau sera montée jusqu'à rays de terre, autres 100 francs; et le reste, quand les d. corps seront conduits en la place jettant eau et la d. fontaine, à trois corps, faicte et parfaicte, deans la feste de la nativité de N.-S.

» Item, que le d. J. Dahy sera tenu, comme il a promis, d'entretenir et de faire courir les fontaines et corps sans interruption à ses propres frais pour le moins 3 ans durant. »

L'échevin d'Auxiron qui rapporte ces événements (page 54), a omis l'indication d'une fontaine au Pilory, de sorte que, tout en citant les termes de la soumission, il ne donne que neuf fontaines au lieu de dix. «En 1528, » dit-il, Jehan Dahy, citoyen de Besançon, proposa à » Messieurs les cogouverneurs de faire monter les eaux » de cette source en la cité, et de distribuer ses eaux en » dix fontaines; une, à trois jets, à Battant; une, à Char- » mont; une, à la rue d'Arènes; une, au Bourg ou à la » poissonnerie; une, à trois jets, sur la place Saint-Pierre; » une, à trois jets, devant le monastère des Carmes; une, » aussi à trois jets, à la place Saint-Quentin; une, à l'as- » pect de la rue Saint-Paul, et une, à l'extrémité de la rue » Ronchaux (1). » Il a pensé, sans doute, que les mots

(1) Ici d'Auxiron a commis une autre erreur : il place cet événement en 1528. Il existe en effet une traduction du titre original où la date est faussée, et c'est cette pièce qu'il aura consultée.

Arènes et Pilory, faisaient double emploi. Mais qu'on déchiffre le titre en entier et l'ambiguïté disparaît : la fontaine du Pilory y est nommément indiquée, car, au milieu de l'énumération et dans un article spécial, il est dit : *Une fontaine, rue d'Arènes, en tel lieu que, à la plus grande commodité, l'on saurait choisir.* Ce qui a pu induire en erreur l'échevin d'Auxiron, c'est l'habitude de désigner la fontaine du Pilory par le nom de la rue d'Arènes qu'elle dessert. C'est ainsi qu'elle est appelée dans différents actes, et notamment dans les délibérations du 2 mars 1754 et du 28 mars 1767. Une source dont le bassin était pratiqué dans l'enfoncement d'une maison de la rue d'Arènes, du côté de la rivière, portait également la dénomination de fontaine d'Arènes. Elle est désignée sous ce nom, dans un ordre de paiement pour réparation du bassin, à la date du 9 décembre 1772, réparation entreprise par le sieur Martin, maçon, moyennant la somme de 8 livres, 16 sous, 4 deniers.

Pour avoir une idée exacte du travail ou des promesses de Jehan Dahy, il faut savoir que la source de la Moulière est à $5^m,71$ au-dessous du bassin de la fontaine d'Arènes, en prenant pour niveau le plan de son orifice; $11^m,44$ au-dessous de celui de la fontaine à la place Saint-Quentin; $7^m,94$ au-dessous de celui de la fontaine à Battant. D'ailleurs elle est à $18^m,44$ au-dessous du seuil du pont-levis à la porte de Battant; $20^m,58$ au-dessous du seuil de la porte de l'église Saint-Jean; $27^m,77$

au-dessous du seuil du pont-levis du Fort-Griffon (1).

Les modifications faites au marché de Dahy nécessitaient, avant tout, la réalisation complète de l'idée, puisque l'eau une fois au carrefour, la distribution en était aussi facile que peu onéreuse. Ne pouvant concilier cette réalisation avec les restrictions apportées à son salaire, Dahy, blessé dans ses intérêts et peut-être dans son amour-propre, retira sa soumission. « Si on a abandonné ce système, dit d'Auxiron, deux considérations peuvent y avoir concouru : l'une que dans la crue des eaux, celles de la Mouillère se chargent d'un limon considérable et deviennent extrêmement troubles et chargées de terre; l'autre, que, dans les eaux basses, elle tarit presque entièrement; d'où l'on n'a pas beaucoup à regretter que les eaux de la Mouillère ne soient pas destinées à fournir d'eau nos fontaines. »

D'un autre côté, les commissaires aux fontaines avaient agi avec un profond discernement, en évitant les hasards d'un système qui pouvait devenir plus onéreux que celui dont il semblait qu'on voulût modifier les conditions.

La proposition de Jehan Dahy fait le plus grand honneur au génie de ce citoyen de Besançon; mais le Magistrat, de son côté, ne pouvait se livrer à des essais dont aucun exemple, aucune garantie n'encourageait l'expérience. D'ailleurs deux choses n'avaient pas été

(1) Calculs de M. Boudsot.

prévues dans cette entreprise, et elles étaient de nature à imposer aux commissaires la plus grande réserve : c'étaient l'entretien et la durée de la machine. Il suffit, pour justifier leur prudence, de jeter un coup d'œil sur les appareils de ce genre, imaginés et mis en application à une époque très-rapprochée de celle qui m'occupe. Vers la fin du siècle, se construisait, à Paris, la fameuse pompe de la Samaritaine, et elle fonctionnait dès l'année 1608. Malgré des soins actifs, elle était presque entièrement renouvelée de 1712 à 1722. Après de vastes et fréquentes réparations, la machine de Lintlaër fut démolie, sous prétexte que ses produits ne valaient pas les frais de son entretien et de sa restauration. C'est son insuffisance qui a amené la pompe de Notre-Dame en 1667, par Daniel Jolly, et la pompe supplémentaire, œuvre de Jacques Demance. Mais un siècle après leur édification, elles étaient dans le plus triste état (1), et leur entretien était devenu si coûteux que, en 1769, le chevalier d'Auxiron (2) proposait aux Parisiens, pour obvier à la fragilité et au service irrégulier de ces machines, d'y substituer les pompes à feu déjà usitées en Angleterre. Mais le temps de ces appareils n'était pas venu, et la ville de Paris s'agitait irrésolue entre les projets dont elle provoquait l'éclosion par ses recherches et la publicité de son malaise. C'est dans cet intervalle

(1) Belidor regarde la pompe de Notre-Dame comme la moins imparfaite de cette époque.

(2) Né à Besançon en 1698, et mort à Paris en 1778.

[1771], que se produisent successivement le plan de pompes à manége, établies sur bateaux, par les sieurs Vachette et Langlois et le projet de la machine hydraulique de Capron [1776]. Les frères Perrier viennent enfin tirer d'embarras l'administration municipale de la ville de Paris [1778], en réalisant le conseil du chevalier d'Auxiron : on voit s'élever successivement la pompe à feu de Chaillot [1782] et celle du Gros-Caillou [1786]. Malgré les résultats obtenus, il faut le dire, vingt ans furent nécessaires à l'amélioration de ces machines, et c'est l'impuissance de la compagnie des eaux à remplir ses engagements envers les actionnaires, qui, par certains artifices d'agiotage, a fait tomber à la charge de l'Etat la propriété de ces établissements. C'est aussi pendant ce travail d'amélioration que les frères Vachette s'offraient à créer quatorze fontaines, au moyen d'une machine hydraulique; mais l'épreuve de ces machines recommandait mal leur proposition; elle fut rejetée [1797].

Dans le dix-septième siècle, après les pompes de la Samaritaine et du pont Notre-Dame, Louis XIV, comme je l'ai dit précédemment, faisait construire à Marly la machine inventée par Rannequin. Ses frais d'entretien étaient très-considérables, et ses réparations présentaient des dépenses équivalentes à celles d'une reconstruction. Au surplus, après avoir fourni 500 pouces fontainiers en 1694, elle n'en donnait plus que 28 en 1816. La machine de Nymphenbourg du comte Vahl et celle du Val Saint-Pierre de Dom Fougères, qui firent tant de bruit lors de leur apparition, ne répondirent à leur réputation, ni par leurs effets ni par la continuité de leur rendement (1).

Le retrait de la proposition de 1538 fut suivi d'un essai moins téméraire. Son insuccès légitime le premier refus tout en laissant subsister l'insuffisance des eaux de Fontaine-Argent et la résolution du Magistrat d'y suppléer. Voici le document qui nous révèle ce projet :

« Messieurs ont mandé Jehan Dahy auquel ils ont remonstré que le temps dans lequel il avoit convenu à eulx faire venir la fontaine de Baptans estoit de longtemps expiré sans avoir fait venir la d. fontaine en la cité a quoi est esté repondu par le d. Dahy qu'il estoit vrai que le d. terme estoit passé et que impossible luy estoit par achever sans argent. Ce considérant, mes d. Seig^{rs} luy vouloir bailler 50 fr. en déduction de tout ce luy

---

(1) Sans nous préoccuper d'autres indications, les essais tentés à Paris seulement, au 18º siècle, se résument dans le tableau suivant : 1737, premières propositions de pompe à feu — pompe N.-D. mise en question — 1745, pompes à manége de Petitot — 1746, appareils d'Amy, pour l'extraction et la filtration de l'eau de Seine — 1760, pompe N.-D. de nouveau mise en question — 1763, pompes sur bateaux. Elles ne réussirent pas, malgré le patronage de l'Académie de médecine.—1769, machine de Capron et Berthier. Elle n'est pas agréée. — 1771, pompes à manége sur bateau. Système refusé. — 1776, machine hydraulique de Capron—pompe à feu des frères Perrier.— 1777, appareil hydraulique de Deforge, destiné à remplacer le moulin du pont N.-D. — 1780, pompes à chapelet. Entreprise abandonnée. — 1781, projet de fontaines épuratoires.

encoires deu de reste. Après laquelle responsc mes d. Seig^{rs}, desirant la perfection de lad. fontaine lui ont offert bailler les d. 50 fr. voyres les tout en bailler caution d'iceulx et de tout ceulx desja par luy receuz sans caution aulcune fera poursuivre a ses plaiges aussy (24 mai 1540). »

Cet essai, malgré son échec, fut tenté de nouveau 70 ans plus tard.

De nos jours, malgré les progrès de l'industrie, chaque fois qu'il s'est agi de fontaines publiques, l'emploi des machines a été repoussé (Valence, Bordeaux, Dijon, etc.), à part dans certaines villes, forcées de subir la fatalité de leur situation (Beziers, Angoulême, Gray, etc.). Et dans ce cas, les clameurs que suscite pareille nécessité en dévoilent tous les inconvénients : à Narbonne, on se plaint de la clarification ; à Genève, de la température ; à Saint-Chamond, du mélange qui trouble ; à Saint-Etienne, des combinaisons qui adultèrent ; à Dôle, de l'irrégularité ou de l'insuffisance du rendement. Ici on blâme la dépense de premier établissement, là on critique le chiffre de l'entretien, plus loin on proclame l'imperfection du mécanisme, etc., etc.

Il ne faut pas s'étonner de la répugnance de nos pères, quand, depuis la corde de Vera jusqu'à la pompe à feu, aucune machine n'a pu faire oublier, dans nos distributions d'eau, la supériorité des moyens naturels sur les moyens artificiels.

M. Terme, qui a traité cette question, quand, en

1843, les eaux du Rhône et les eaux de source se disputaient le privilége d'abreuver Lyon, résume ainsi l'étude consciencieuse qu'il a faite des deux systèmes.

« Indépendamment de cette cause physique d'interruption (la gelée), il en est une autre d'un ordre différent : les machines destinées à puiser ou à élever les eaux de rivière, peuvent éprouver de graves accidents, elles peuvent être détruites par l'inondation, une explosion, un incendie ; et, sans même prévoir des événements de ce genre, ne sait-on pas que les appareils les mieux faits sont exposés à se déranger, et entraînent la nécessité de réparations longues et coûteuses ?

» Aussi les ingénieurs les plus versés dans la science de l'hydraulique n'hésitent pas à conseiller d'amener les eaux publiques par le simple effet de leur pente, toutes les fois que la chose est possible : « Ce moyen, dit » M. Borguis, doit être préféré à celui des machines, lors » même qu'il serait plus coûteux, car les machines sont » indispensablement sujettes à de graves dépenses d'en- » tretien et de renouvellement, et souvent des accidents » imprévus les rendent inactives. »

En 1834, l'académie de Lyon favorisait le mouvement de l'opinion publique, par une sorte d'initiative, en agissant comme le fit un jour celle de Besançon, dans les mêmes circonstances : elle mettait au concours cette question : « *Indiquer le meilleur moyen de fournir à la* » *ville de Lyon les eaux nécessaires pour l'usage de ses* » *habitants, pour l'assainissement de la ville et les besoins*

» *de l'industrie lyonnaise,* » et le lauréat, M. Thiaffait, se plut à développer cette pensée : « Il y aurait de l'inconséquence à demander à des moteurs créés et entretenus à grands frais, des eaux que l'on peut obtenir par le simple effet de leur écoulement naturel. »

Naguères, le conseil municipal de Besançon, au milieu de ses recherches, était naturellement poussé vers ce genre d'appareils; il obéissait en cela au besoin de s'éclairer et au désir de donner satisfaction à toutes les élucubrations qui, conseillères tyranniques, s'imposaient en quelque sorte à ses délibérations. La question traitée par des hommes spéciaux dont la compétence égalait l'autorité, ne laissa plus de doute sur les inconvénients des machines, et elles furent repoussées sous toutes les combinaisons, quels qu'en fussent le prix et le rendement (1).

A l'époque où Jehan Dahy faisait ses propositions au Magistrat, la source était la propriété de la cité, depuis vingt-trois ans, comme nous le verrons plus loin. Le nom de Broillot, donné à cette source, est sans étymologie connue, à moins que ce mot ne soit d'origine celtique; dans cette langue il signifie, suivant Bullet, un lieu boisé, fermé de haies. Alors la source de la Moulière aurait porté primitivement ce nom, jusqu'à ce que les industries, qui s'y sont établies plus tard, en détruisant la physionomie de cette gorge, vinssent lui imposer les diverses appellations qui la distinguent, et qui, sans s'effacer l'une

---

(1) Voyez le projet de M. Mary, pages 4, 5, 6 et 7.

l'autre, sont parvenues jusqu'à nous. Parmi ces dénominations, celle de Moulière ne serait pas la plus ancienne, surtout si elle rappelle l'existence d'un moulin. Quoi qu'il en soit, on rencontre le mot Molière dans un titre de 1242, pour indiquer cet endroit où déjà subsistaient plusieurs moulins depuis près de deux siècles, comme l'indique une charte de 1049. Le plus rapproché de la source appartenait alors au Chapitre métropolitain ; un autre, situé plus bas, était la propriété du Chapitre de Sainte-Madeleine (1).

Outre Molière et Moulière, de même dérivation, on trouve aussi, comme variante orthographique, le mot Mouillère, qui aurait pour origine le terrain humide formant autrefois, sous les murs de la ville, une cressonnière abreuvée par la source. La langue celtique donne une racine conforme à cette acception ; mais elle en fournit d'autres qui se prêteraient à divers points de vue, tous aussi vraisemblables que caractéristiques. Cette facilité et la fécondité des associations détruisent la certitude au lieu de la fortifier : c'est le système de Démocrite et d'Epicure avec leurs atômes et leur rencontre fortuite.

Moulière me paraît la seule orthographe admissible : elle a pour elle le droit de possession et l'autorité du motif, elle est d'ailleurs invariable dans les actes publics

---

(1) *Broillot* viendrait de son aspect, *Moulière* de son appropriation. L'industrie ayant effacé la nature, la multiplication des moulins provoqua, par métonymie, la substitution d'un nom à l'autre. Elle peut être ancienne, car les moulins à eau existaient déjà au premier siècle de notre ère.

rappelés au contrat d'aliénation. Vainement objecterait-on que *Serre-les-Mouillères*, par exemple, exprime une localité où l'on extrait des meules de moulin, idée qui repose sur l'association du mot *Mouillère*, il y a là une de ces altérations dont la cause est une négligence de langage, reproduite par l'écriture et consacrée par le temps. Ici, Mouillère est une corruption du mot *Meulière*, comme il a pu en être une du mot Moulière.

D'un autre côté, l'on dit *fons Battenti*, et de là *vicus Battenti*. Cette dernière expression vient d'un battoir dont l'existence a eu assez d'empire pour imposer une désignation nominale à la source qui lui sert de moteur (1).

On foule les draps au maillet ou au pilon. En certains pays, on se sert du second moyen pour broyer l'écorce des tanneries, et la machine porte le nom de *battant*. Les moulins à foulon de ce genre, usités seuls en Allemagne et aux Pays-Bas, s'étaient sans doute importés de là dans une ville qui, par sa position et la nature de son gouvernement, devait se suffire à elle-même. Je trouve une preuve de l'importance de leur emploi dans une démarche faite, le 16 juillet 1686, par les marchands drapiers de la cité, pour se plaindre au Magistrat de ce

---

(1) L'art du foulonnier, si répandu avant l'usage du linge, ne consistait pas seulement à fouler le drap, mais encore à le laver et à le nettoyer. Les lois romaines nous font préjuger de son ancienneté et de la place qu'il tenait dans l'industrie. C'est pourquoi *le battant* a pu être antérieur au moulin, et, par le double effet de sa situation et de son importance locale, donner un nom à la porte voisine et à la rue qui y aboutit.

que l'archevêque voulait convertir en moulin à blé sa *foulerie* à drap, cette transformation compromettant leur industrie (1).

La source de la Moulière s'appelait aussi *Fontaine-des-Dames* (2) : par une sorte de réciprocité, après avoir donné un nom au territoire limitrophe de la cité, elle recevait le sien d'un couvent de cisterciennes, construit sur ses bords, lequel avait été fondé ou plutôt favorisé par Jean Algrin, archevêque de Besançon, au commencement du treizième siècle, et dont la translation à la rue des Granges remonte à 1599. Le nom de Dames de Battant fut importé à la rue des Granges par les mêmes religieuses qui avaient laissé, à la source de la Moulière, la dénomination de Fontaine-des-Dames.

On croit que les Dames de Battant avaient été forcées de quitter leur monastère, hors des murs, attendu les insultes continuelles des gens de guerre et surtout des Français, lorsque, après la bataille de Fontaine-Française, Henri IV s'avança jusque sous les murs de la

---

(1) Cette foule à drap, établie dans les moulins de l'Archevêque, à Chamars, était amodiée 15 fr., le 6 août 1639, à Jean Ravier et à Etienne Dégraz. Cette usine n'était pas la seule de ce genre appartenant au prélat : le 26 février 1640, Désiré Callier et Pierre Curie prenaient à bail, pour vingt-neuf ans, la foule à drap, *séparée des moulins de Chamars*, moyennant 52 fr. par an, à charge par eux de la rétablir.

(2) C'est de leur nom qu'est venue l'expression de *Bois-des-Dames*. Cette forêt, dont la délimitation était réglée le 25 janvier 1710, entre la commune de Serre, l'hôpital du Saint-Esprit, le Chapitre, le Magistrat et divers particuliers, a été défrichée en 1776 et convertie en ferme.

cité de Besançon (1). Qu'on me pardonne, à ce sujet, de faire une courte excursion dans les annales bisontines : les actes que je vais rapporter tiennent naturellement à l'histoire de la source de la Moulière. Je citerai d'abord la pièce suivante ; elle ouvre la carrière aux événements qui déterminent et accompagnent la translation des Dames de Battant dans l'intérieur de la cité (2).

(1) « Ces religieuses, que les guerres laissaient exposées aux insultes des ennemis, demandèrent, à la fin du seizième siècle, l'autorisation de s'établir dans l'intérieur de la ville, et le Magistrat leur assigna, dans la rue des Granges, un terrain sur lequel elles firent construire une maison qui subsiste encore. » (L'abbé RICHARD.)

Voilà une tradition que l'histoire doit désormais remplacer.

Henri IV, en effet, voulant se venger de l'appui que l'Espagne avait donné à la ligue, entra en Franche-Comté. Rien ne dit qu'il offensa les Dames de Battant ; mais ce qu'on sait, c'est qu'il s'empara des châteaux du voisinage parmi lesquels il faut distinguer celui de Vaux. Ce sont les vexations des détachements cantonnés dans ce château, qui occasionnent le massacre des maraudeurs ennemis, imputé aux habitants de Chemaudin, et qui, par l'appréhension de ses conséquences, répand la terreur autour de Besançon.

Précédemment, ces religieuses s'étaient, dans une circonstance analogue, ressenties des vexations des gens de guerre ; c'est probablement ce qui a fait supposer qu'elles n'avaient pas été plus heureuses en 1595, surtout quand on les voit abandonner le monastère qu'elles occupaient depuis près de trois siècles. Il existait à cet égard un document ayant pour titre : « Quittance de 136 liv. estev. et 20 bichets » de froment, donnée par Guillemette, abbesse de Battant, à Odon, » archev., pour tous les dommages par elle et son couvent supportés » des soldats de l'armée du dit seigneur archev. et de ses adhérents et », alliés, pendant qu'il bâtissait le château de Rognon. » [18 mars 1292.]

(2) Je donnerai à ce récit les développements convenables dans un ouvrage que je vais publier, et qui a pour titre : *Histoire de l'abbaye de N. D. de Battant.*

Le 16 mars 1595 — « Messieurs ayant charge des fortifications de la cité et ayant attentivement visité les murailles, tours et places utiles, inutiles, profittables et domaigeables à la force et garde d'icelle et sur ce faict rapport et déclaration que le monastère des Dames, hors des murs, estant place de laquelle l'ennemy estant emparé et saisy se pourrait en peu d'heures fortiffier, et d'icelle endommaiger la tour de la Pelotte, la porte de Battant, le pont, etc..... Sur quoy a esté résolu que plustôt que demeurer en danger et hasard perdre la dite cité, le dit monastère serait abattu et démoly (1). »

Le même jour, les gouverneurs, envoyés à l'archevêque pour lui faire connaître cette décision, rapportaient une opinion favorable du prélat qui, comprenant les nécessités de la situation, devait employer ses bons offices auprès des abbés de Cîteaux, alors en la cité (2), afin qu'ils démolissent le monastère et pourvussent au logis des Dames. Cette démarche avait pour but de pré-

---

(1) « Firent aussi les dicts sieurs gouverneurs abattre entièrement » l'église et couvent de religieuses de Baptant qu'estait hors la cité » et proche icelle du coustel de la porte de Baptant et vis à vis de la » Pelotte le dict démolissement fut faict le 6ᵉ de mars 1595. » (*Chronique de 1567 à 1613*. J. BONNET.)

D'après la délibération ci-dessus [16 mars 1595], pièce bien autrement authentique que la Chronique de Jean Bonnet, il est évident qu'il y a erreur sur la date [6 mars] *du démolissement* du monastère, ce qui n'eut lieu en effet qu'après le 8 avril, jour de la vente aux enchères des bâtiments à démolir.

(2) Ils avaient un hospice sur l'emplacement de la maison Thomas Déprez (port Cîteaux).

venir tout éclat et toute difficulté, démarche honnête autant que sage pour un Magistrat dont la souveraineté ne transigeait ni avec le devoir ni avec les obstacles.

Dès le 21 mars, les religieuses de Battant étaient averties d'enlever leur mobilier et de se disposer à évacuer les lieux. Craignant d'être victimes d'un conflit, parce que le Magistrat et les abbés de Cîteaux n'étaient pas encore d'accord, elles dressent requête pour qu'on leur laisse leur abbaye ou qu'on leur fournisse une *maison décente*. C'est alors que MM. Montrivel et Pétremand, dans une démarche officielle, en réclamant de nouveau l'intervention des abbés de l'ordre, pressent vivement ceux-ci de concilier l'intérêt des Dames et celui de la cité. Ces sollicitations, bien qu'elles soient empreintes d'un ton qui commande, ne touchent point les abbés ; ils paraissent même devoir demeurer étrangers à cette affaire, et répondent que *Messieurs doivent se pourvoir devant Sa Sainteté et autre qui conviendra*. Il y avait dans cette réponse seule une véritable résistance ; son caractère passif et indifférent ne fait qu'animer la volonté du Magistrat qui va droit au but sans expédient.

Déjà, le 18 mars, il avait été reconnu que le prieuré de Notre-Dame était convenable ou suffisant pour loger ces religieuses et il était vacant ; seulement il fallait obtenir du prieur de Bellefontaine l'autorisation de l'occuper, et ce soin, suivant l'appréciation du Magistrat, appartenait naturellement aux abbés de Cîteaux. Ces derniers, sous le poids d'une signification qui allait bientôt mettre toute exécution à leurs frais, demandent un sursis ; mais cette signification à eux faite par le syndic de l'Hôtel-de-Ville, le 31, révèle un incident qui explique à la fois l'opportunité et l'urgence d'une résolution immédiate et souveraine. « La nuit précédente [30 mars], disait le rapport, » l'ennemi qui, au pays et comté de Bourgogne, est venu » jusqu'à Saint-Ferjeux, a volé des chevaux et emmené » des habitants prisonniers. » Il n'y avait plus à tergiverser, on se décide à afficher la démolition et à la faire annoncer au prône des églises.

Le Magistrat alliait les bons procédés aux actes de vigueur : le 8 avril, les matériaux de la maison des Dames étaient mis à l'enchère et vendus à Jehan Perrenot, vigneron, à charge par lui de démolir et de payer *à la Saint-Jean prochaine.* Dans cette extrémité, les religieuses demandent de nouveau et avec plus d'instance un logis. Deux gouverneurs, MM. Guibourg et Montrivel, délégués par le Magistrat, vont offrir aux abbés de Cîteaux l'assistance du conseil, promettant qu'elle ne fera pas défaut, sous condition toutefois que les supérieurs de l'ordre se chargeront du déplacement des cisterciennes. L'abbé de Bellevaux fait observer aux gouverneurs que la démolition du couvent étant faite *par commandement du Magistrat, pour le proffit et l'advantage de la cité,* c'était au Magistrat à pourvoir les religieuses d'un établissement convenable. Il ajoute au surplus que les matériaux n'étant pas suffisamment appréciés, il fallait d'abord indemniser les Dames de ce dommage nouveau, et que seulement alors *ceux de l'ordre* songeraient à la question de déplacement. Le 15 avril, les mêmes commissaires retournent auprès du révérend seigneur, abbé de Bellevaux. Suivant les instructions dont ils sont porteurs, leur mission est aussi courte que catégorique : le Magistrat désire que les Dames soient retenues en la cité; si la résidence est fixée conformément à ce vœu, *on avisera de donner une notable indemnité, comme de* 1,000 *fr.*, outre le prix des matériaux vendus (1). D'après le rapport de l'abbé de Bellevaux, qui disait en avoir conféré avec le prieur de Bellefontaine, les commissaires ne voyant moyen, avec une indemnité de 1,000 fr., d'utiliser le prieuré, attendu qu'il fallait 7 à 8,000 fr. pour le réparer, on décide qu'une nouvelle démarche sera faite à Bellefontaine [22 avril], pour savoir définitivement et le prix réel de la réparation du monastère et la volonté du prieur. MM. Dorival et Guybourg, chargés de ce soin, font rapport qu'ils ont été reçus de la manière la plus courtoise, et que les libéralités promises par le seigneur abbé, dépassent les prévisions de la dépense. Dès ce moment la translation des Dames est résolue, et en effet, peu de jours après, elles recevaient l'ordre d'y transporter leurs meubles [24 avril].

Malgré les dépenses faites au prieuré, l'appropriation

---

(1) M. Jean Montrivel, président.

n'était, à ce qu'il semble, ni complète ni convenable. D'un autre côté, on craignait de voir affecter cette maison à un autre service : les religieux de Cluny, dont elle dépendait, pouvaient, d'un jour à l'autre, la convertir en séminaire de leur ordre, et, ce cas échéant, il faudrait l'évacuer. Le Magistrat qui, *pour l'honneur de la cité et à cause de l'antiquité du monastère,* voulait retenir les Dames, se voyait dans l'obligation de se pourvoir d'un nouveau logis pour les y transférer. Vaines recherches ! Il est forcé d'abandonner ce soin à leurs supérieurs ; mais, comme témoignage de ses bonnes intentions, il autorise les Dames à faire une quête, et lui-même il vote en leur faveur une somme de 1,500 fr., croyant, par cette nouvelle libéralité, prêter un utile concours aux abbés de Cîteaux. Ceci se passait au commencement de l'année 1596 [19 janvier]. C'est peu après que les Dames de Battant vont occuper le temple, dépendance de la commanderie d'Arbois (1). Cette occupation n'est pas de longue durée, car, dès le mois de février 1598, le Magistrat commettait quelques-uns de ses membres pour s'entendre avec MM. les abbés de Baume et de Bellevaux sur la question du logis des Dames. Ceux-ci, d'après un document certain, se trouvaient à Besançon le 4 avril, afin de traiter cette affaire ; mais le 1er juillet, les conférences n'étaient pas terminées, puisque, à la même date, le Magistrat se nommait de nouveaux délégués pour la même

---

(1) Rue du Chateur, n° 18.

négociation. La conclusion pratique de tant d'efforts se révèle à nous dans un acte du milieu de l'année 1599 : le Magistrat acquérait enfin les *meix* et *maisons, establerie, jardins, vignes,* etc. de la rue des Granges où les Dames de Battant devaient être transférées en dernier lieu. Cette propriété, achetée du sieur Vigoureux par M. Marquis, au nom du Magistrat, coûtait 4,300 fr. (1). On trouve en effet la note suivante, en date du 15 juin 1599, dans les actes du Magistrat : « M. Marquis a remis » la cité en son lieu et place de l'achapt qui a été faict du » sieur Vigoureux pour en accommoder les Dames de » Battant. »

Dès le lendemain, le transport de ce domaine était fait aux Dames, sauf ratification du R. abbé de Cîteaux (2). Par le traité de ce jour, elles cèdent le terrain de l'église, les bâtiments et l'habitation avec les matériaux, le tout situé près des portes (3) de la ville, sous la réserve de leur cimetière. En considération de cette cession, les gouverneurs donnent en échange les meix, maisons, cours, vergers, jardins et dépendances, situés dans la rue des Granges, et destinés à constituer le nouveau

(1) M. Varin, président.
(2) M. Malarmez, président.
(3) Les portes dont il s'agit étaient situées sur l'emplacement du bastion où s'est bâti le magasin à poudre au-dessus de Battant. Entre ces deux portes, existait la rue de Bouhey, détruite, vers 1687, par les fortifications de Vauban. La route de Baume coupait le chemin actuel de la Moulière, où ses traces sont encore visibles.

monastère. Etaient présents : les gouverneurs délégués, d'une part; et, de l'autre, messire Pierre de Herbamey, abbé de Bellevaux, visiteur, Mme Claudine Lulier, abbesse, Mmes Clauda de Thou et Louise de la Baume, pour elles et pour les absentes.

Le 23 juin 1599, le révérend abbé de Bellevaux présentait au Magistrat la ratification demandée, et ce même jour, toutes les pièces relatives au monastère de Battant étaient déposées au trésor *pour perpétuelle mémoire.*

La Moulière, proprement dite, appartenait à la cité depuis le 20 février 1515. Le terrain adjacent, c'est-à-dire celui de la brasserie actuelle, primitivement occupé par l'abbaye de l'ordre de Cîteaux, n'appartient donc à la cité que depuis 1599, époque à laquelle les gouverneurs donnèrent en échange celui où a été construit le monastère des *Dames de Battant.* Le Magistrat avait acheté la source et ses dépendances du Chapitre métropolitain, moyennant la somme de 300 fr.; son but était alors d'asseoir et de développer, sur cet emplacement, de nouvelles fortifications. Le Chapitre, qui n'avait cédé sa propriété que sous cette considération, faisait stipuler par l'acte de vente qu'il rentrerait dans ses droits sans contestation, mais en restituant les 300 fr., pour toute indemnité, si le Magistrat voulait rétablir ou même conserver les moulins.

L'intention qui avait motivé un pareil achat n'était pas douteuse : depuis cette époque, les fortifications occupaient en effet toute la sollicitude du conseil; soit que son zèle fût aiguillonné par le danger, soit que le mauvais état des murailles provoquât de pressantes ou inévitables réfections. Longtemps après, ces préoccupations agitaient encore la cité : au mois de décembre de l'année 1567, on décidait d'augmenter la garnison, de palissader les abords de la tour de la Pelotte, de murer les poternes, à l'exception de celle de Saint-Paul (réservée pour le service des moulins), laquelle aurait une garde spéciale. D'ailleurs, par surcroît de sévérité, le Magistrat prohibait, dans certaines zônes, toutes les constructions, parce qu'elles n'étaient pas suffisamment protégées, ou parce qu'elles pouvaient servir d'auxiliaire à l'ennemi. Cette année, il portait défense de bâtir entre les portes de la cité, attendu que les maisons y présentaient ce double inconvénient. Cette prescription, qui ne concerne pas seulement Tarragnoz et Rivotte, n'est pas la première de ce genre : il existe un édit antérieur qui, dans l'intérêt du service de la place, ordonne la destruction de ce dernier faubourg *pour le rendre inhabitable*. En 1570, les grandes eaux, qui avaient miné les remparts, viennent augmenter la grandeur et la nécessité des réparations.

Trois ans plus tard, la tour de la Pelotte et ses dépendances avaient leur part dans ces retouches, et les remaniements que nécessitent les bastions se poursuivent jusqu'en 1596, époque à laquelle Jean Griffon était chargé de reconstruire tout le côté nord de l'enceinte fortifiée, à partir de la tour Saint-Jacques. Si le Magistrat est obligé, sous les murs mêmes de la place, d'acquérir le terrain et de renverser les bâtiments particuliers, c'est qu'alors la servitude extérieure ne s'étendait qu'à quelques toises, tandis que la servitude intérieure ne se réservait que la double voie d'un chariot (1).

Maître de la Moulière et de ses dépendances, le Magistrat peut à son gré modifier le tracé de ses fortifications, éloigner tout ce qui doit prêter à l'ennemi un appui ou une retraite, et régler la nature comme l'emplacement des constructions voisines.

Le couvent des cisterciennes avait pu inspirer quelque inquiétude au Magistrat, attendu sa proximité des murailles, car elles avaient été développées en 1266, c'est-à-dire quarante ans après la construction de l'abbaye qui, par son étendue et la hauteur de ses bâtiments, devait porter ombrage à la défense. On lit dans l'une des relations de la surprise [1575] : « Décampant du dit lieu » (tuilerie de Palante), environ les deux heures du ma- » tin, mardi, 21 juin, et viendrent aborder par le travers » des prés et toujours à couvert derrière le monastère » des Dames de Battant. »

Le double inconvénient, né d'un trop étroit voisinage, disparaît, quand les terrains et le sol de l'abbaye sont réunis au domaine de la cité. Alors aussi, conformément

---

(1) Déjà, le jeudi, 26 octobre 1531, dans une délibération relative aux terrains à laisser aux fortifications, il était dit : « *Que les heritages* » *soient coppez et reduitz y delaissant telle distance que le droit y doibt* » *estre.* » (Symon de la Fertey, président.)

à l'acte d'acquisition des usines de la source, les moulins sont supprimés pour faire place à d'autres industries qui s'y exerceront concurremment avec le battoir ou foulon, dont l'existence ne paraît pas avoir été compromise; et, jusqu'en 1659, rien ne prouve que les eaux de la Moulière aient été utilisées autrement. Le 9 janvier de cette année, le Magistrat acensait à Pierre Prost, citoyen de Besançon et fourbisseur, le cours d'eau et le terrain nécessaire pour la construction *d'un martinet, édifices, chaussées, écluses, etc., mais de telle sorte que ce qui sera construit n'apportera aucun obstacle à la commodité des lavandières non plus qu'à l'abreuvoir ni en rien diminuer ni détériorer le prel joignant appartenant à la cité.* Cet acensement avait lieu pour vingt-neuf ans, au prix de 30 fr. par an.

Pierre Prost, neuf ans après, vient solliciter à acensement perpétuel la propriété de la Moulière [14 octobre 1668]. Alors il veut établir *une nouvelle fabrique de canons, mousquets, fusils, hallebardes et autres armes utiles au public;* mais attendu les frais considérables d'un pareil établissement, il ne peut se contenter d'un acensement temporaire qui, dans aucune limite, ne pourrait l'indemniser de ses sacrifices. Le Magistrat, appréciant ces motifs au point de vue de l'intérêt général, concède l'acensement demandé, pour la somme de 130 francs. Toutefois l'acte n'est pas sans réserves : le censitaire devra, comme cela était stipulé dans sa première concession, laisser puiser l'eau à la source, conserver l'abreuvoir au public et une place aux lavandières. Il devait en outre se soumettre à démolir si les fortifications l'exigeaient, et, dans ce cas, il n'avait d'autre indemnité à revendiquer que ses propres matériaux. Mais, si les besoins de la défense ne portaient atteinte qu'au pré ou cressonnière au joignant, son désintéressement se réglait sur l'éviction soufferte. Enfin, en cas d'extinction de descendance mâle, la Moulière faisait retour à la cité. Pierre Prost, sous ces conditions et servitudes, allait donner carrière à ses desseins, lorsqu'il se ravise et demande l'autorisation de bâtir un moulin, autorisation concédée le 11 novembre 1670, et réalisée par l'entremise de MM. Flusin et Marin, commissaires délégués à cet effet (1). Il obtient cette nouvelle faveur avec la réserve qui ajoute à ses titres onéreux le retour de cet immeuble à la cité, dans le cas prévu plus haut. On pourra s'étonner de cette dernière concession, si l'on se rappelle la double clause prohibitive et résolutoire de l'acte de 1515. A la vérité, cent cinquante-cinq ans avaient passé sur ces conventions, et peut-être les événements avaient modifié les réserves consignées dans l'acte à cette époque.

Mais l'acte d'acensement de Pierre Prost dut être révisé en 1678. Après la conquête de la Franche-Comté, le nouveau système de fortifications envahit une partie de la cressonnière ; de là une requête fondée en droit

---

(1) M. Franchet, président.

sur l'acte de 1668. En conformité de cet acte, Pierre Prost fut exonéré d'une partie du prix de son acensement, qui se réduisit pour l'avenir à 53 livres 6 sous 8 deniers.

Les choses demeurèrent en cet état jusqu'à la fin du dix-huitième siècle. Alors, par actes des notaires Archeret et Bellamy [3 messidor et 12 thermidor an VIII, — 14 ventôse et 16 thermidor, an IX], les descendants de Pierre Prost vendent leurs droits au citoyen Joseph Greiner, brasseur à Besançon. Informé de cette vente, le conseil de la commune autorise le maire à faire toute diligence pour sauvegarder les droits de la ville et surtout celui de retour énoncé dans l'acte de 1668. Une commission est nommée pour étudier l'affaire et dresser un rapport par suite duquel la commune déterminera le parti à prendre. Dans cette conjoncture, le citoyen Greiner fait à la ville une offre de 3,000 fr. pour la désintéresser et éviter les embarras d'un procès. La commission ne se laisse point éblouir par cette offre, c'est-à-dire qu'elle y voit moins la consécration de son droit que l'intention formelle de concilier tous les intérêts au lieu de les abandonner aux incertitudes de la chicane. En effet, les réserves faites au profit de la ville dans l'acte de 1668 ne s'offrent à elle que sous l'aspect d'éventualités éloignées, et laissant un trop vaste champ au calcul des chances. D'ailleurs, à cette époque, on projetait la destruction des moulins sous les murs de la place, et le citoyen Greiner se disposait à augmenter son moulin de plusieurs tournants, afin d'obvier à l'inconvénient de cette suppression. Ces motifs décidaient la commission, puis le conseil de la commune, à accepter l'offre spontanée du successeur des héritiers Prost, car, le 16 ventôse, an XI, une transaction intervenait entre le citoyen maire, Daclin, au nom de la ville, et le citoyen Joseph Greiner, sur le droit de retour du cours d'eau, des moulins et usines de la Moulière : moyennant la somme de 3,000 fr., l'aliénation de ce domaine était consommée.

Le terrain adjacent, c'est-à-dire l'ancienne propriété des Dames de Battant, appartient à la famille Greiner depuis 77 ans : elle a bâti, sur les ruines du monastère, une brasserie qui, détruite en 1814, s'est relevée en 1816 (1). Quant aux industries exercées à la Moulière, moulins, foule à drap, martinet, etc., elles n'ont rien changé à la physionomie de la source.

(1) Elle n'a été fondée sur les ruines de l'abbaye de Battant qu'après l'arrêt du 3 février 1778, excluant cette industrie de l'intérieur de la ville, par mesure de salubrité publique. Précédemment, sur l'autorisation du Magistrat [28 septembre 1776], la brasserie Greiner devait être établie dans une maison appartenant à l'hospice de Saint-Jean-l'Aumônier; mais [20 février 1777] elle fut définitivement installée rue Champron (n° 10). — Il y avait alors quatre brasseurs à Besançon, (Sylvant, Moutrille, Greiner et Lamy) qui fournissaient ensemble, à peu près 1,600 muids de bière. Leur industrie était un monopole, et rapportait à la ville 200 liv. par an (1764). En 1778, on leur reprochait d'infecter leur voisinage et surtout de nuire à la santé des citoyens en fabriquant de l'eau-de-vie par la distillation des marcs et des grains.

BREGILLE.

La situation de Bregille permet de croire que ce vallon a dû être habité de bonne heure, surtout si l'abbaye construite en ce lieu a une origine aussi ancienne qu'on le suppose. Du reste, elle est seule pour témoigner de l'existence historique de Bregille, et, il faut le dire, les auteurs ne sont pas d'accord sur l'interprétation des titres qui, suivant une dissertation anonyme de 1776, sont invoqués pour fixer l'origine de ce monastère. Ainsi, quand Chifflet parle de l'abbaye de Battant, il l'attribue à Amalgaire, duc de la Basse-Bourgogne, et en fait remonter l'époque au septième siècle. D'un autre côté, Dunod, traitant le même sujet, regarde Jean Algrin comme le créateur de cette abbaye, et la fait remonter conséquemment au treizième siècle. « M. Chifflet, dit l'auteur anonyme précité, fonde son sentiment sur l'autorité d'un manuscrit de l'abbaye de Bèze, qui attribue à Amalgaire la fondation d'une abbaye, sous les murs de Besançon, qu'il dota richement, et dont sa fille fut abbesse; mais ce fait doit bien plutôt se rapporter à une ancienne abbaye, établie au village de Bregille, sous les murs de la ville, et dont l'existence est constatée dans les annales de cette ville. D'ailleurs il paraît assez constant que cette abbaye fut d'abord remplacée par une communauté d'hommes, et qu'ayant été ensuite détruite par les malheurs des temps et les ravages des barbares, les biens-fonds en ont été réunis à l'archevêché de Besançon. (1) » Cette dernière circonstance et l'événement qui la motive ont un point d'appui dans l'histoire. Bregille et son monastère n'ont certainement pas survécu aux désastres qui affligent Besançon du 7ᵉ siècle au 10ᵉ; mais l'un et l'autre se relèvent de leurs ruines. Nous trouvons un témoignage de cette restauration dans l'expression des droits des archevêques de Besançon sur le hameau. Par exemple, le 6 août 1232, l'évêque de Châlons, Guillaume, prononce une sentence arbitrale contre les habitants de Besançon (60 sols estevenants d'amende) pour dégâts commis à Bregille, au préjudice *des habitants sujets de l'archevêque.* Cette indication déterminative nous montre un apanage restreint, ne s'étendant qu'à une fraction du hameau. Effectivement telle était encore en 1262 l'autorité temporelle de nos prélats sur le vallon de Bregille. Le titre du mois d'avril de cette année, complète leurs priviléges par l'extension du domaine et des attributs seigneuriaux, résultant de la vente faite par

(1) Dans les documents relatifs à ces deux versions, tout concourt à donner raison à Dunod. Parmi ces documents, on peut citer les actes de Jean Algrin, plusieurs bulles et une charte de l'empereur Frédéric, en 1231. Ce dernier titre rappelle spécialement que, à cette époque, la communauté des Dames de Sainte-Marie de Battant était près de son commencement.

Thiébaud, seigneur de Rougemont, vicomte de Besançon, à l'archevêque, Guillaume, de tout ce qu'il possède au village de Bregille, pour le prix de 200 livres estevenantes. C'est depuis lors, on le présume, que le premier château de Bregille a été édifié. Il pouvait être la conséquence de cette concentration de la seigneurie entre les mains du prélat, et s'il fut l'insigne, le titre ostensible de la suprématie, il devenait en même temps un moyen de protection ou de défense, propre à ces siècles de guerres et d'anarchie.

Quant à la possession de l'abbaye, elle est démontrée par des titres non moins explicites. Le 28 novembre 1356, l'empereur Charles IV confirmait les priviléges octroyés par ses prédécesseurs aux archevêques de Besançon, et ses lettres mentionnent particulièrement le don fait à ces prélats de l'abbaye de Bregille. L'église St.-Martin était sans doute comprise dans cet acte de munificence, attendu qu'elle avait été antérieurement réunie au monastère. Ces largesses des souverains s'étant évanouies au milieu des révolutions, seule elle a échappé aux arrangements de la politique ou a reparu debout après la tempête.

Enfin l'étendue et la continuité de leurs priviléges se révèlent dans tous les actes de cette double juridiction.

L'histoire de nos fontaines et des eaux de Bregille en particulier m'obligeait (on le reconnaîtra plus loin) à signaler cet état de choses, et les indications précédentes suffisent pour cela. Il existe bien d'autres titres à cet égard;

mais ils n'ajoutent rien à un fait désormais hors de doute. Quant à leur origine, on les fait remonter à Charles le Chauve, qui en investit Arduic, archevêque de Besançon, en 870. Les archevêques allaient dans cette résidence pour se délasser des fatigues de leur administration, tant spirituelle que temporelle, et s'y réfugiaient dans les temps de troubles, quand ils étaient violentés dans leurs droits ou menacés dans leur personne. C'est là que Thiébaud de Rougemont recevait les députés des citoyens de Besançon, chargés de traiter de la paix avec ce prélat, au commencement du quinzième siècle [1412].

Ils avaient là un château ou palais dont il a été souvent question, et qu'on croit avoir été bâti au sommet de Beauregard. Une pareille situation n'a rien d'invraisemblable; pourtant je n'ai rien trouvé qui justifie cette conjecture; au contraire, tous les documents qui s'y rapportent constatent qu'il occupait la partie basse du vallon sur les bords du Doubs. Vers la fin du treizième siècle, par exemple, s'opérait la cession du *mas,* appelé *la cour* ou *salle* de l'archevêque, à Etienne d'Oiselay, chapelain du prélat, en échange du *meix,* situé derrière l'église. Le *mas,* ainsi cédé au chapelain pour lui et ses successeurs, était situé sur la rivière du Doubs, et semble avoir été la demeure archiépiscopale qui, par le fait de l'échange ci-dessus, se trouva transportée près de l'église Saint-Martin. Ce qui pourrait donner quelque crédit à cette dernière assertion, c'est *l'interpellation* faite au nom du seigneur archevêque, le 25 janvier 1684, à François-Guillaume

Bonnet de Bregille, au sujet d'un mur de clôture élevé par ledit Bonnet, et anticipant sur le *verger du palais, près de l'église de Bregille, appartenant à l'archevêque.* Plus tard, de graves débats s'étant élevés, au sujet des droits et revenus temporels de l'église paroissiale de Bregille, entre le curé et l'archevêque, la cure fut supprimée par bulle de Nicolas V, en date du 26 septembre 1454. Une autre bulle de Calixte III, du 22 mai 1455, confirme la suppression à perpétuité de cette cure et sa réunion à la manse archiépiscopale. Cet arrêt fut exécuté le 13 septembre 1455, par l'abbé de Saint-Vincent.

Plus Bregille tint de près aux archevêques, et plus il se ressentit des entreprises vindicatives des citoyens de Besançon, dans les luttes qu'ils soutinrent contre les différents pouvoirs qui pesaient sur eux. Si, en certaines circonstances, la distance n'arrêta pas l'impétuosité de l'attaque, le voisinage de Bregille dut bien souvent tenter les coups de la vengeance populaire. J'ai dit qu'en 1232, Bregille avait déjà subi les effets de la colère des citoyens de Besançon, il est à croire qu'il ne put échapper aux incendies qui, sur la fin du douzième siècle, ravagèrent les domaines d'Eberad de la Tour de Saint-Quentin. En 1434, sous l'épiscopat de Jean de La Rochetaillé, Bregille essuie un autre genre de contre-coup, lorsque les citoyens de Besançon sentent leurs dispositions hostiles favorisées par l'empereur, qui les autorise à se saisir du temporel de l'archevêque. Mais l'événement le plus remarquable, parce qu'il a laissé une trace plus profonde dans l'histoire, c'est la ruine de Bregille, consommée les 3, 4, 5 et 6 juin 1445. A cette époque, des bandes de malfaiteurs qui, attendu les atrocités qu'ils commettaient, prirent le nom d'écorcheurs, parcouraient les campagnes, incendiant les villages et égorgeant les paysans sans défense. La rumeur publique avait grossi leur nombre et leurs forfaits; d'ailleurs on les représentait comme se dirigeant sur Besançon qu'ils allaient bientôt atteindre, et où ils avaient des complices préparant dans l'ombre leur meurtriers desseins. Sous le poids de cette menace, et pressés par le temps, les gouverneurs qui regardent Bregille comme un point d'attaque et de retraite pour l'ennemi, ordonnent la ruine de ce village : en trois jours, les habitations, l'église St.-Martin et le palais, sont démolis et les arbres coupés. L'archevêque, Quentin Menard, était alors à son château de Gy; il apprend la détermination des gouverneurs en même temps que la destruction de son domaine, et, montrant une bonne foi égale à sa modération, il se résigne, parce qu'il admet les motifs allégués par les démolisseurs. Mais, comme l'a dit une chronique, c'était par *occasion simulée* qu'on avait opéré cette dévastation : l'apparence du patriotisme ou d'une nécessité impérieuse voilait une vengeance d'autant plus odieuse qu'elle était plus facile et plus terrible. Quand il apprend qu'il était le jouet d'une machination doublement perfide, il s'indigne et va poursuivre une réparation qu'il doit à sa dignité et aux intérêts de son église. Dès le 20 juillet, il institue une commission « pour informer de l'incendie, ruine et démolition faite des église, chapelle, palais archiépiscopal, maisons, etc., siz à Bregille près de Besançon. » Il paraît qu'à la suite de cette enquête et de longs pourparlers entre les représentants du prélat et les gouverneurs, le différend devait être soumis à Philippe, duc de Bourgogne. Cette résolution est manifeste d'après une bulle d'Eugène IV, en date du mois de février 1446, et adressée à ce prince pour lui recommander les intérêts de l'archevêque et de son église. Toutefois rien ne prouve que cet arbitrage ait eu lieu; mais ce qui est certain, c'est que, peu de temps après [7 janvier 1447], tous ceux qui avaient participé directement ou indirectement aux dévastations du mois de juin 1445, étaient excommuniés, et l'interdit était lancé sur la ville et les citoyens. Soit que les coupables fussent vaincus par cette sentence, soit qu'ils revinssent spontanément à des sentiments meilleurs, Robert Prevost est délégué pour se rendre au château de Gy, et faire offre de dommages et intérêts de la part des gouverneurs et des citoyens de Besançon [14 novembre 1447]. Cette démarche était de bon augure; et l'acte qui la suivait un mois après, semblait devoir clore ce différend d'une manière aussi honorable pour l'offensé que pour les offenseurs. Il s'agissait, en effet, d'une transaction « au sujet de l'incendie, embrasement et ruine du village de Bregille, et encore des entreprises faites par les gouverneurs, contrairement au traité de Rouen. » On ne sait quelle malencontreuse prétention surgit dans ce projet d'arrangement, toujours est-il qu'en avril 1448, tout était changé dans les dispositions des parties : l'archevêque constituait un représentant qui, par procuration, devait comparaître à la barre de l'empereur et exposer ses griefs contre les citoyens de Besançon. Toutefois Quentin Menard, par un sentiment de subordination hiérarchique, en avait écrit au pape. De là les lettres monitoriales de Frédéric, roi des Romains, défendant à l'archevêque « d'interdire, excommunier, poursuivre les citoyens, ailleurs que par devant lui pour l'affaire de Bregille. » Ces lettres, du 20 octobre 1448, sont signifiées, le 28 janvier suivant, à Quentin Menard. Le pape Nicolas V, d'après le rapport qui lui avait été adressé, commet, pour examiner l'affaire, un membre du sacré Collége, le cardinal de Sainte-Croix : celui-ci, après un informé approfondi, ratifie la sentence prononcée contre les citoyens et gouverneurs de la cité de Besançon [2 mai 1449].

Quize jours après la confirmation des peines canoniques prononcées par Quentin Menard, ce prélat recevait notification de la sentence interlocutoire rendue contre lui, en conseil impérial, par Frédéric. Persévérant dans son esprit de soumission au Saint-Siége, l'archevêque en appelle au pape de la sentence interlocutoire obtenue, sur requête des citoyens de Besançon, à l'occasion des poursuites exercées contre eux [16 mai 1449]. Mais tandis que l'affaire est pendante à Rome, Frédéric, dans sa colère, rendait une sentence définitive [30 août], sentence rigoureuse, où perce l'orgueil blessé et le châtiment émanant de la puissance méconnue. Quentin est déclaré contumace, rebelle, condamné à 50 livres d'amende envers l'empire et privé des fiefs qu'il tient dudit empire, pour n'avoir pas voulu se désister de ses poursuites à Rome contre les citoyens de Besançon. Un mois s'était à peine écoulé que la sentence du 30 août était mise à exécution, ou du moins différents actes tendaient à la régulariser : ainsi Frédéric, roi des Romains, adressait à Albert d'Autriche, *commission* de saisir ou faire saisir les biens, droits, revenus, cens *et autres choses quelconques*, en un mot tout ce que l'archevêque tenait en fief de l'empire. D'ailleurs les citoyens de Besançon et les sujets de l'archevêque étaient prévenus officiellement de ces dispositions.

On vient de voir que, sur le rapport de Quentin Menard, le pape avait délégué le cardinal de Sainte-Croix pour procéder à une information particulière sur l'affaire de Bregille, et que ce dignitaire de l'Eglise romaine avait confirmé l'excommunication et l'interdit prononcés par l'archevêque. Après la sentence du 1er octobre 1449, un nouvel appel provoque une autre délégation. Mais le commissaire (le cardinal de Sainte-Marie au-delà du Tibre) est bientôt remplacé par Nicolas V lui-même, qui, après une sérieuse information, lève l'interdit, absout les citoyens de Besançon, à charge par eux toutefois « de rétablir Bregille, de payer les dommages et intérêts de la démolition du dit lieu, à l'arbitrage du duc de Bourgogne, et de faire révoquer à leurs frais les sentences rendues contre le dit Quentin par le roi des Romains » [5 avril 1450]. Les citoyens qui s'étaient soumis à la sentence du cardinal de Sainte-Croix, acceptent celle que venait de rendre le pape, suivant les modifications contenues dans sa bulle [30 avril], qui est publiée à l'église de Saint-Jean, le 23 mai. Un acte consacrant la soumission des citoyens et la bulle récente de Nicolas V, semblent devoir ouvrir la voie à un arrangement; c'est pourquoi ces deux pièces sont présentées solennellement à l'archevêque en son château de Gy, par les gouverneurs de la cité [1er juin]. Ces préliminaires ayant préparé les esprits à l'exécution des conditions imposées par le pape, les parties sollicitent le duc de Bourgogne de procéder ou faire procéder, suivant les prescriptions de Nicolas V, à l'appréciation du dommage causé à Bregille en 1445 [8 août], et Jean Thoraise, seigneur de Torpes, chargé de ce soin par Philippe, commence immédiatement une enquête. Un seul fait vient troubler ces dispositions, sans les suspendre, c'est une protestation provisoire de Quentin contre le résultat de cette opération, pour le cas où ce résultat ne serait pas entièrement conforme à ses droits ou prétentions. Nonobstant cette mesure, le représentant de Philippe poursuit son enquête, et, le 27 novembre, il fournissait « la taxe et estimation des ouvrages et réparations nécessaires pour le rétablissement des église, chapelle, palais, maisons, etc. du village de Bregille. » Le chiffre de l'indemnité, établi par Jean Thoraise, était de 3,899 liv. 10 gros 8 engrognes (1), dont la moitié, c'est-à-dire 1949 liv. 11 gros et 4 engrognes, était versée entre les mains de Perrin Jouffroy, commis à la recette de la taxe par le duc Philippe [28 novembre]. L'autre moitié, qui devait être payée dans un délai de trois ans, était garantie sur une obligation souscrite au profit dudit receveur, par Hugues Parrau, Jean Aigremont et quatorze citoyens, tous s'engageant solidairement, tant pour eux que pour les autres gouverneurs et citoyens de la cité de Besançon [28 novembre]. Aucun titre ne vient révéler si Quentin, à la vue de ces résultats, eut à faire valoir la protestation anticipée dont il s'agit plus haut; mais une autre difficulté surgit : l'indemnité susdite eût été une réparation illusoire, si les frais du procès fussent restés à la charge de l'archevêque. Aussi, pour faire face à ces dépens et laisser intacte une somme dont le chiffre, ayant son emploi déterminé, ne pouvait souffrir aucune distraction, Nicolas V avait condamné les gouverneurs et citoyens de Besançon à payer à Quentin 3,000 salus (2) « pour les dépens par lui soufferts au procès intenté contre eux sur le fait de la démolition, etc., » le tout dans le laps de deux ans. Le pape exigeait en même temps que les habitants de Bregille retournassent dans leurs maisons aussitôt qu'elles seraient rétablies, ou qu'ils les vendissent à d'autres qui seraient tenus d'y faire désormais leur résidence, faute de quoi ces pro-

---

(1) L'engrogne valait 1 denier un neuvième de France.
(2) Le salus valait 25 sols.

priétés seraient acquises à l'archevêque [28 mars 1451].

La première condition énoncée dans la bulle du 5 avril 1450 était consentie, restait à effacer les traces de l'intervention du roi des Romains. Quentin donne aux députés du Magistrat une procuration « pour, en son nom, se pourvoir à la chambre impériale, et y poursuivre, par les dits gouverneurs et à leurs frais, la révocation et cassation des sentences de privation de fiefs et autres condamnations prononcées contre le dit Quentin » [28 octobre]. Quelques clauses restrictives ou incomplètes, renfermées dans sa procuration, en avaient, aux yeux de l'empereur, diminué ou dénaturé la valeur intentionnelle; aussi la révocation ne fut point obtenue. Elle était ajournée jusqu'à ce que les députés se présentassent avec des instructions plus amples et mieux définies, ce que l'archevêque refuse, au moins immédiatement; car il en réfère aussitôt au pape, tout en lui expédiant copie de la première procuration [16 avril 1453]. La réponse du pape ne se fait pas attendre, et remet tout en question. Par sa bulle du 1er mai, il casse et annule les sentences monitoriales, interlocutoires et définitives, rendues par l'empereur Frédéric contre Quentin. A la nouvelle de cet événement, qui sans doute allait susciter de nouveaux embarras sinon des troubles, Philippe, qui avait réussi dans une première médiation, vient encore interposer ici ses bons offices : à force de sollicitations et de prières, il obtient la révocation des sentences prononcées contre Quentin [4 mai 1455]. Or, les lettres patentes de

Frédéric, lettres révocatoires des sentences dont il s'agit, sont refusées par l'archevêque [14 octobre], sous prétexte qu'elles contiennent des conditions *au déshonneur tant de luy que de son église.*

Le rétablissement de la paix n'avait tenu qu'à un acte sans ambiguïté comme sans réserves. Calixte III, successeur de Nicolas V, pour se conformer aux prescriptions énoncées dans la bulle du 5 avril 1450, ordonne, par sa propre bulle [26 octobre 1455], aux citoyens de Besançon « de procurer efficacement, auprès de l'empereur, la cassation de l'arrêt, faute de quoi les absolutions et concessions accordées précédemment, sous condition déterminée, demeureront nulles et de nul effet. » Sept mois après, nouvelle bulle de Calixte III, ordonnant l'exécution des mesures arrêtées à Rome en avril 1450. Les officiers de Langres, de Châlons, de Lausanne, chargés de veiller à cette exécution, étaient pourvus des pouvoirs nécessaires pour, le cas échéant, *aggraver et réaggraver les citoyens de Besançon, faute par eux d'y satisfaire* [30 mai 1456]. C'est à la suite de cet acte qu'intervient la transaction finale, mettant un terme aux débats qui agitaient la cité depuis dix ans ; elle reconstitue en quelque sorte l'existence de Bregille, qui sommeillait dans ses ruines depuis le mois de juin 1445. Suivant cette transaction, les gouverneurs remettent à l'archevêque les originaux tant des sentences rendues par l'empereur contre lui, quel qu'en soit l'objet, que des lettres révocatoires de ces mêmes sentences, comme aussi les copies et *vidimus* de tous ces actes ; ils s'engagent d'ailleurs à ne s'en servir contre ledit archevêque ni contre ses successeurs, même dans le cas d'une action intentée par les empereurs, en vertu desdites pièces. Cette transaction avait lieu le 25 octobre 1456, et était complètement exécutée le 27 avril 1457.

Le palais, reconstruit avec une enceinte fortifiée (1), fut de nouveau détruit en 1479 : un motif analogue à celui allégué en 1445 amène cette destruction ; toutefois il faut ajouter que, à cette dernière époque, la cause en paraissait aussi juste que nécessaire. Louis XI venait de faire invasion en Franche-Comté ; ses sanglants succès et surtout le sac de Dole [mai] avaient tellement impressionné les Bisontins, que, après avoir hésité de se défendre, ils traitent avec le roi de France [3 juillet]. C'est pendant ces hésitations, que les gouverneurs, inquiets à l'endroit de Bregille et de son palais fortifié dont l'ennemi pourrait se servir contre la ville, obtiennent la démolition de ce château. La convention, intervenue à ce sujet, stipule qu'il sera payé à l'archevêque, Charles de Neuchâtel, à titre d'indemnité, une somme de 600 fr., et que les matériaux provenant des édifices démolis seront employés aux fortifications

---

(1) C'est de ce moment, peut-être, que date l'érection non plus d'un palais, mais d'une forteresse à Bregille, et le caractère de cette construction entraînait naturellement l'idée de l'établir au-dessus de Beauregard, afin de la mettre à l'abri d'un coup de main et de protéger, au besoin, le domaine de Bregille.

[12 juin 1479]. Aucun titre ne mentionne qu'il ait jamais été reconstruit depuis cette époque, et jusqu'en 1557, il n'est plus question de Bregille que dans quelques actes de juridiction ne prêtant aucun intérêt à cette ébauche historique.

Dès l'origine, deux choses avaient nui à cette localité, le patronage de son seigneur d'une part, et de l'autre le voisinage de la cité. C'est cette dernière situation qui en a amené la ruine, en janvier 1814. Les mêmes craintes qui, dans les siècles antérieurs, avaient provoqué le renversement de Bregille, en font incendier la partie basse, la plus belle et la plus peuplée.

Aujourd'hui, Bregille n'est plus qu'un chétif hameau, à l'aspect désolé, et que les servitudes militaires maintiennent en cet état, car leur niveau pèse jusque sur les ruines. Il ne reste rien de cette abbaye, de cette église Saint-Martin, données par Charles le Chauve [870] à Arduic, archevêque de Besançon; il ne reste rien de ces meix, maisons, menses et palais de l'époque féodale. La bêche fouille tous les jours cette terre couverte encore, il y a 40 ans, d'habitations nombreuses dont quelques-unes étaient des résidences agréables sinon splendides. Au milieu des jardins qui remplacent ces habitations, une lande inculte, irrégulière, sans clôture, est là comme un témoignage de l'oubli qu'on fait des morts, car cette lande, ouverte à toutes les profanations, c'est le cimetière.

Bregille n'a gardé que son nom, dérivé, suivant

Bullet, de *Brogil* qui signifie *un bois fermé de murs ou de haies comme nos parcs*. Telle pouvait être la situation de ce lieu, avant d'être habité. On ne sera pas surpris de trouver ici la même acception qu'au mot *Broillot*, déjà discuté dans l'article Moulière, attendu que la source de ce nom et le vallon de Bregille devaient présenter la même physionomie. Ce mot a subi bien des transformations : ainsi on trouve *Bergilliæ*, dans une charte du dixième siècle ; *Versilliæ*, dans la chronique de Bèze ; *Berzilliæ*, dans le rituel de saint Prothade ; *Bergiliæ*, dans un diplôme de l'empereur Frédéric Ier ; *Brigilliæ*, dans une charte du douzième siècle ; *Burgille*, dans des titres du quinzième siècle et du seizième ; et enfin Bregille. Telle est, pour ainsi dire, la gradation qu'ont suivie les altérations du terme originel, *Brogil*, pour nous donner le nom d'aujourd'hui.

On trouve aussi l'expression *Dornatiacus*, dans la chronique de Bèze, pour désigner ce hameau ; sa signification, qui rappelle la richesse des sources, aurait paru plus propre à désigner cet endroit que le nom de Bregille, puisque les sources attirent seules aujourd'hui les regards ; elle n'a pourtant pas prévalu. L'abondance des eaux et leur voisinage n'avaient manqué, en aucun temps, de frapper le Magistrat ; mais il fallait oser manifester les impulsions d'une légitime convoitise, et surtout pouvoir réaliser les avantages qui en étaient l'objet. Pour cela, deux conditions étaient nécessaires, le droit et les ressources : la première, au point de vue de la souveraineté dont jouissait le Magistrat, était possible, seulement elle voulait son heure ; la seconde était plus difficile, mais il y a des nécessités qui inspirent les moyens en même temps que la résolution.

Les fontaines de la Grande-Rue présentaient, dans leur emplacement, le calcul le plus rationnel ; toutefois l'une des quatre bannières, en deçà du pont, était peu favorisée dans ce partage. Le Bourg (1), par sa disposition et la configuration de son enceinte, était éloigné des fontaines ; d'ailleurs ce quartier populeux renfermait divers établissements et surtout des industries qui nécessitaient l'usage le plus abondant de l'eau, je veux parler des boucheries et du marché aux poissons. Les requêtes et les plaintes tenaient en haleine la sollicitude du Magistrat qui, depuis longtemps, songeait à doter d'une distribution plus divisée et plus copieuse la partie méridionale de la cité. La publicité donnée à ce projet servit cette louable intention, car bientôt les gouverneurs inséraient au registre de leurs délibérations l'événement suivant : « Lundi pénultième jour d'aoust XV^{c}LVII — En cette ville est arrivé ung homme du pays de Savoye, inventeur et conducteur de fontaines, expérimenté en tous lieux de Montbéliard, Clerval et prieuré de Chault, qui s'est ouffert treuver fontaines d'eaux naturelles

---

(1) Le bourg formait cette partie de la ville méridionale comprise entre la Grande-Rue, la rue de la Bouteille et celle de Glères. Elle avait conséquemment pour limitrophes les bannières de Saint-Pierre et de Chamars, et d'ailleurs confinait avec le Doubs.

prouchaines de la cité, les y faire venir et getter avec seize corps en tel lieu que l'on vouldra (1). »

Le lendemain, à la réunion du conseil, la proposition précédente était agréée, et l'on décidait que, eu égard à la quantité d'eau promise, on ajouterait d'abord une nouvelle fontaine aux quatre premières : telle est l'origine de la fontaine de la poissonnerie, le 31 août 1557 (2). Malgré l'acceptation du projet du fontainier Dantre, sa proposition longtemps agitée fut, pendant près d'une année, un sujet de méditations et de débats. Enfin, le 25 juillet 1558, ces longs préliminaires se terminaient par la décision suivante, qui peut être regardée comme la première date de l'histoire des eaux de Bregille : « Les fontaines marchandées au dit Dantre se prendront à la montagne des Mandeliers. » Et quatre gouverneurs, MM. Grenier, Nardin, de Rantechault et Recy, étaient commis pour veiller à l'exécution de ce projet. Deux jours après, mercredi 27 juillet, une nouvelle délibération venait fortifier, préciser et étendre ce que la première résolution avait de vague et de provisoire. D'ailleurs, rien n'annonce mieux un parti pris que le nouvel acte du Magistrat : « Suivant la résolu-

---

(1) M. Pétremand, président.

(2) Le marché de la poissonnerie est aujourd'hui compris dans la place Labourey. Un titre de 1287 montre qu'il y avait déjà une place au-devant des boucheries. Celle d'aujourd'hui a été formée par les démolitions effectuées à cinq époques différentes : 1618, 1278, 1736, 1760, et dans l'intervalle de 1828 à 1835.

tion prinse sur le faict des fontaines marchandées par M. Francisque Dantre, et pour confirmation d'icelle, a esté de rechief conclud que les dites fontaines se prendront en la coste des Mandeliers (1), et seront guidées en tous lieux où le dit Dantre a promis les faire venir passant par dessus le pont de la cité avec gargolles en pierre (2). »

La distribution des eaux de source avait été un grand événement ; le changement, sur le point de s'accomplir, devait être plus considérable encore par les effets et surtout par les circonstances qui allaient l'accompagner. Pour ce Magistrat, si pauvre dans ses ressources, mais si attentif à l'intérêt général, ce changement était une question d'avenir ; aussi, il n'hésite pas, et ne recule ni devant le sacrifice ni devant la lutte pour l'occupation des sources.

Dantre, muni de l'ordre des gouverneurs, se met à l'œuvre sur-le-champ ; ce qui le prouve, c'est que, dès le 31 juillet, des officiers de l'archevêque, à la tête des-

---

(1) On croit que ce vallon a pris le nom de Mandelier, parce que les Vandales avaient établi leur camp sur les sommets qui le couronnent, afin de maintenir la ville en état de blocus : de là ils surveillaient tous les mouvements des assiégés, empêchaient les sorties et interceptaient les convois. Intéressés à faire le plus de mal possible à un ennemi qu'ils ne pouvaient réduire par la force, ils ont dû couper le canal d'Arcier, et j'ai admis ce fait comme très-vraisemblable.

D'un autre côté, la langue celtique fournit les mots *mand* (montagne) *lien* (ruisseau, source), qui, à la rigueur, rendraient compte du nom précité.

(2) M. Lambert, président.

quels était le vicaire général (1), venaient protester contre l'usurpation et les dégâts dont le territoire de Bregille était le théâtre, considérant la conduite du Magistrat comme contraire au droit et à la justice. Ils sommaient au surplus l'entrepreneur et les ouvriers d'avoir à cesser leurs travaux, « jusqu'à ce que par bon moyen et mutuelle intelligence, l'on aura advisé si aulcung tort peult estre faict au dit très-révérend ny aux habitants de Burgille qu'il dit estre ses subjects. » Le Magistrat, tout en maintenant sa prérogative de souveraineté sur les eaux *fluentes au territoire de la cité*, ordonne une information relative aux travaux exécutés à Bregille ; car les députés de l'archevêque avaient remontré « que les ouvriers besoignant aux fontaines que l'on veut venir en ceste cité, font grandz dégatz en terres et aux habitants du dit lieu, » et il commet six gouverneurs pour procéder à cette information, laissant d'ailleurs à leurs collègues la latitude d'y prendre part ; les délégués dresseront un rapport, pour la réponse à faire au très-révérend archevêque, réponse qui, en effet, avait été demandée. Quand l'émeute avait levé sa faux sur le vallon de Bregille, elle y avait occasionné de grands désastres ; mais ce n'était là qu'une atteinte matérielle, facilement réparable, et qui, en tous cas, avait

(1) M. A. Lullus, d'abord précepteur de Claude de La Baume, cité comme littérateur et théologien, successeur de Guidon de Poligny à la prébende de Saint-Vit, vicaire général le 18 septembre 1557, et mort le 13 janvier 1582.

laissé intacts les droits et titres de la seigneurie. Dans le passé, rien, aux yeux de l'amour-propre, n'était comparable au fait actuel; aussi cet envahissement des sources, dans sa forme brutale, explique-t-il l'émotion sous l'impression de laquelle s'était produite la démarche que je viens de rappeler.

Quelques jours après [6 août], le Magistrat tenait sa séance ordinaire, lorsqu'on voit s'y présenter messire Christophe Humbert, procureur fiscal, avec messire Girard de la Borde, secrétaire de l'archevêché, et maître Jehan de Courcelle, notaire : l'objet de leur démarche était de demander la réponse à la protestation du 31 juillet; le notaire présent avait mission de *dresser instrument de cette requisition*. Sur l'exposé du motif de leur visite, le président les invite à se retirer dans la chapelle de l'hôtel de Ville (1), pendant qu'il en allait être délibéré. La discussion est courte. Rappelés bientôt dans la salle du conseil, ils apprennent, par l'organe du président, la volonté du Magistrat. Cette circonstance est mentionnée, dans les termes suivants, au compte rendu

---

(1) Cette chapelle, dans laquelle se célébrait une messe quotidienne fondée en 1534, occupait la pièce qui sert aujourd'hui de cabinet au maire de la ville, au-dessus du corps-de-garde. Elle dut être déplacée pendant la construction du portail et de la fontaine (en 1566 et années suivantes). Elle n'était pas encore rétablie en 1585, puisque, par délibération du 31 mai de cette année, on décidait que la messe serait célébrée à Saint-Pierre, en attendant que la chapelle fût *redressée sur le portal de céans*. Une délibération précédente [29 mai], avait réglé cette restauration qui ne fut achevée qu'en 1592. Inau-

des actes de ce jour : « De la part de MM. les gouverneurs, par M. le président, leur a esté dict que c'estoit par leur ordonnance et commandement que le maistre fontenier et aultres ouvriers qu'il avoit soubs luy faisoient ce qu'ilz faisoient au lieu dit en Mandelier, pour treuver et amener en ceste cité nouvelles fontainnes pour le bien public d'icelle, ce qu'ilz pouvoyent faire comme estant rière le territoire de la dite cité. »

Après l'expression d'un droit si résolûment énoncé, le Magistrat ne disconvenait pas du dommage que pouvaient ressentir les habitants de Bregille de l'entreprise exécutée sur leurs terres, et il s'offrait, sur expertise, à leur donner une juste et suffisante indemnité.

Par cette décision, toutes convenances paraissaient satisfaites; il faut croire que la démarche qui l'avait motivée n'avait pas été faite avec la décence et la modération que devait naturellement commander le caractère des représentants de la cité. A cet égard « ils s'ébahissoient grandement des audacieux propos tenus au dit conseil, encore plus de l'instrument demandé au dit

---

gurée sous le double vocable de l'Annonciation et des saints Ferréol et Ferjeux, patrons de la cité, cette chapelle n'était pas, à ce qu'il paraît, dans un état parfait d'entretien, un siècle après. En 1680, le 20 décembre, MM. Tharin et de Falletans furent chargés de pourvoir à son embellissement, et, ce jour-là, ils y faisaient mettre quatre statues de marbre de l'ancienne chapelle. Le tableau d'Albert Durer, le Christ en croix, aujourd'hui au musée de la ville, en était le principal ornement. L'hôtel de ville avait des chapelains dont l'institution paraît ancienne.

Jehan de Courcelle. » Aussi défendaient-ils audit notaire « d'execustter aulcun instrument de choses faictes et dites céans, à penne d'en estre exemplairement puny (1). »

C'est à la suite de cette démarche, que le procureur fiscal de l'archevêque Claude de La Baume, rédige un acte d'appel à l'empereur Ferdinand et à la chambre impériale, où il est spécifié que, « sans permission et au préjudice des droits du dit archevêque et seigneur du dit lieu de Bregille, les citoyens de Besançon avaient entrepris de creuser des tranchées dans le dit lieu de Bregille, pour en tirer les eaux et les conduire en la cité » [19 août].

Néanmoins on ne renonçait pas aux négociations ; mais tandis que la question si délicate des procédés et celle du dommage causé à Bregille agitaient le conseil archiépiscopal et l'assemblée des gouverneurs, les travaux des nouvelles fontaines se poursuivaient avec activité : ils touchaient même à leur terme, puisqu'on songeait, tout en réglant l'itinéraire des eaux, à choisir leur point de passage par les murailles de la cité. Pour comprendre la délibération qui a pour objet cette dernière et importante condition, il faut rappeler ici que le pont de Bregille n'existait pas encore : c'est pourquoi, d'après une décision du 2 septembre (2), dès le réservoir

---

(1) M. Humbert Lulier, président.
(2) M. Prevost, président.

des sources, la conduite des eaux, marchant sur deux lignes, devait longer le bas de la côte des Mandeliers, puis descendre le long des jardins et vergers de la Moulière, jusqu'au dessous du monastère des Dames. De ces deux lignes, jusque-là parallèles, l'une était destinée à entrer dans la cité par le Petit-Battant, et l'autre par la porte de Battant, pour se réunir à la place du Carrefour et continuer leur écoulement en ne formant qu'une seule conduite.

Dans le parcours que je viens d'indiquer, le bas des Mandeliers, sillonné par les fossés des conduites, avait mis à découvert, dans la vigne du Saint-Esprit, la source connue aujourd'hui sur le nom de Château d'eau. Cette découverte donne lieu à une convention particulière, le lundi 10 septembre, entre le fontainier Dantre et le Magistrat. L'objet de cette convention est de construire un canal propre à conduire les eaux de la source nouvelle à un réservoir à « *trois toises oultre la porte de la tournelle en devers de la cité* (2). »

Les pourparlers duraient depuis un an, entre les gouverneurs et le conseil archiépiscopal, relativement à l'affaire de Bregille. Les officiers, agissant au nom de l'archevêque, veillaient au maintien de priviléges anciens

---

(2) Cette tournelle, bâtie à l'extrémité du canton des Mandeliers, est probablement l'origine du nom de *tounnelle* donné au canton de vignes qui commence en cet endroit, et qui se développe en face de la ville, au-dessous du fort Beauregard. Suivant une gravure de 1595, elle était assise sur le chemin, et servait d'entrée à Bregille.

et consacrés par une transmission non interrompue de plus de sept siècles ; d'un autre côté, le Magistrat agissait en vertu d'un droit non moins ancien et dont la rareté de l'application n'atténuait pas l'autorité. Prenant ce droit pour base, il demeure invariable dans sa détermination ; ce qui le prouve, c'est l'achèvement des travaux de Bregille. L'expropriation des sources était donc un fait consommé et irrévocable : dans cette conjoncture, l'archevêque prend une résolution aussi sage qu'imprévue. Jusque-là il s'était montré gardien fidèle des droits de son siége, et s'était efforcé de les défendre ; mais vaincu par la nécessité présente, et désirant les concilier avec les intérêts de la cité, il dépêche au Magistrat [1ᵉʳ juillet 1559], messire Christophe Humbert et l'écuyer Bretenet, porteurs de propositions ayant pour but de *terminer amyablement le différend*. Appréciant les bonnes intentions du très-révérend élu, le Magistrat commet quatre gouverneurs, MM. Marquis, Grenier, Monnyot et Bichot, qui doivent s'adjoindre quatre délégués du chapitre, et composer une commission chargée de faire rapport sur l'objet en litige (1). Ce moyen, par la disposition mutuelle des parties, ne pouvait manquer de dissiper toutes les mésintelligences, en mettant d'accord les droits et priviléges de chacun ; et si les pourparlers et les correspondances se prolongent quelque temps encore, ces actes s'amoindrissent par le nombre et l'im-

(1) M. Marquis, président.

portance et s'en vont, comme les dernières lueurs de l'orage, s'éteindre dans le lointain.

Pendant l'incident que je viens de raconter, la décision des gouverneurs, qui n'était d'abord qu'un édit de leur autorité, avait changé de caractère par son exécution matérielle. Les travaux commencés, à la fin de juillet 1558, produisaient d'une manière complète le résultat qui en était l'objet, le 22 mai 1559, c'est-à-dire que, à cette époque, les eaux de Bregille affluaient dans la cité. Le mois suivant, sur l'ordre des gouverneurs, on désorganisait l'appareil qui, depuis un siècle, amenait l'eau de Fontaine-Argent à Besançon. Voici la délibération qui démontre cet événement, délibération importante par le fait historique qu'elle rappelle, et curieuse par la disposition qu'elle renferme. « Samedi 12 juin 1559, — Barthelemy Ruguel, cognater (1) de la bannière de Baptant, est commis pour faire tirer et lever de terre tous les bournels des vieilles fontainnes, dois la porte de Baptant jusques aux doyes de Fontaine-Argent, serrer ceulx qui se treuveront bons pour fixer aux nouvelles fontainnes, et ceulx qui ne pourroient servir les faire amener céans pour le chauffage de Messieurs en temps dyver (2). »

L'établissement des nouvelles fontaines, à l'époque que je viens d'indiquer [22 mai 1559], succède à l'ancien sans aucune intermittence dans le service des eaux.

---

(1) Surveillant.
(2) M. Lulier, président.

Mais on ne trouve pas les seize fontaines annoncées et promises par Dantre. Les conditions générales de l'entreprise s'adaptant à une distribution quelconque, on ne s'explique l'inexécution de cet engagement que par l'impuissance de l'ouvrier ou par l'excès de la dépense.

Le 4 mars, il avait été décidé que les tubes, à la traversée du pont, seraient revêtus intérieurement de plomb, afin d'éviter les dégradations dans la maçonnerie; sur le rapport des commissaires chargés d'étudier cette question, la décision du 4 était réformée quelques jours après : on concluait en même temps que, les *bournels continués de boys*, seraient enterrés plus bas, sous la direction des mêmes commissaires.

Le nouveau système installé, il ne pouvait être abandonné à lui-même sans surveillance : contrairement à ce qui s'était pratiqué dans les derniers temps, c'est-à-dire au lieu de laisser l'entretien des fontaines aux risques et périls d'un entrepreneur, on revient aux errements des anciens gouverneurs, quand ils nommaient Jehan Laviron maître des fontaines. « Pierre Lestornel est commis pour avoir le regard sur l'entretenement des fontaines de la cité, et quant il y fauldra quelque chose les faire réparer aux fraiz de la cité, et aura pour gages 100 sols tournois par an [26 octobre 1559]. » Pierre Lestornel (1) voyait ainsi régler ses

---

(1) On trouve dans d'autres titres : *Lestourmel*. L'huillier mis pour Lulier est une altération analogue.

obligations et ses gages comme surveillant ; mais il reprend bientôt cet entretien à forfait, sous l'autorité immédiate et permanente de MM. Raulcourt et Tissot. La délibération qui détermine cet arrangement me semble être l'origine de l'institution des commissaires aux fontaines (1), dont je m'occuperai plus tard (page 439).

Les eaux qui, depuis le mois de mai 1559, abreuvent la ville de Besançon, sont prises aux deux sources situées au fond de la petite vallée de Bregille. D'Auxiron rapporte que la première, c'est-à-dire la plus élevée, s'appelait source de la *Doin*, et la seconde, source du *Moine*. Il a rencontré ces dénominations dans la cote 24 d'une liasse concernant les fontaines (archives de l'Hôtel de Ville) et aujourd'hui perdue. Ces indications sont confirmées par des pièces moins anciennes : je les trouve dans un *toisement* de l'itinéraire des eaux de Bregille, portant la date de 1698. Elles étaient encore usitées en 1778 ; car on lit dans un projet de souscription ayant pour but d'amener les eaux d'Arcier à Besançon : « On fut obligé pour se ménager des eaux d'avoir recours aux sources de la Doin et du Moine, connues aujourd'hui sous le nom de hautes sources. » Cette dernière désignation, d'abord commune aux deux sources, par opposition aux eaux qui sourdent à la partie inférieure de Bregille, ne s'applique aujourd'hui qu'à la Doin, la seconde (le Moine) ayant pris le titre de source basse.

(1) M. Nasez, président.

Le mot Doin, par étymologie, ne serait qu'une corruption de l'un de ceux-ci : Doye, Doue et même Dye qui, en différents pays, signifient source. J'ai déjà cité cette expression, avec le même sens, dans l'acte du 12 juin 1559, et j'aurai occasion de la reproduire (1).

Quant au mot Moine, une légère altération orthographique lui enlève sa physionomie originelle, et par suite sa véritable signification. *Moin* veut dire marécageux, fondrière, terre marécageuse, dénomination facilement explicable, d'après la situation de cette source, au bas de la pente des Mandeliers, où elle reçoit, à son passage, le ruisseau de la Doin, pour de là rouler dans le même lit, jusqu'à la rivière du Doubs.

La distance de ces deux sources est, suivant un ancien titre, de 50 toises, sur une pente totale de six toisés et demie.

Leur hauteur, rapportée par M. Boudsot au bajoyer du sas de Saint-Paul, comme repère, est de 41 mètres 43, pour la source haute, et de 28 mètres 74, pour la source basse. En 1691, on estimait que l'élévation de la Doin correspondait à une ligne horizontale passant sous la lanterne du clocher de l'abbaye de Saint-Vincent. Ce terme de comparaison a disparu ; le clocher de l'ab-

---

(1) A l'article Doye (Dict. hist. géog. statist. des communes du Jura), on lit : Le nom Doye appartient à la langue celtique et signifie source : ce lieu est en effet proche de la source de l'Ain.

Une métairie, au-dessus de la source de la Sène (Jura), s'appelle ferme de la Doye.

baye Saint-Vincent, dont le tronc sert aujourd'hui de beffroi à la paroisse Notre-Dame, lézardé et menaçant de s'écrouler, a été diminué du demi de sa hauteur en 1795 (1). Cette espèce de mutilation avait sa raison d'être ; mais il en est d'autres moins excusables : nos monastères, vieux navires démâtés, enlèvent à l'aspect de notre ville ce qu'elle avait de pittoresque et de varié.

Le débit des sources en usage est de 3 litres 95, par seconde, d'après le même ingénieur, ce qui, pour une population de 40,000 âmes, abstraction faite des animaux, de certains usages domestiques, de l'industrie, etc., donne environ 4 litres 25 centilitres par habitant et par jour.

Les sources inférieures comprenaient le *Marc-d'Argent*, le *Marc-d'Or*, appelé aussi la Brelière ou Fontaine-Quarrée, et celle du jardin situé à l'entrée actuelle du village de Bregille, laquelle n'a d'autre nom que celui du lieu où elle prend naissance. *Mar*, qui est d'origine celtique, signifie eau ; par étymologie, le mot concorde très-bien avec son objet. Le *Marc-d'Argent* n'est autre chose que la source dite Château-d'Eau, dans l'enclos qu'on voit au sud de Beauregard et contigu à la vigne de l'hôpital. Le *Marc-d'Or*, dont l'usage est complètement abandonné, se trouve au fond d'une petite place en retraite, à la ruelle du Gravirot, appelée aussi

---

(1) Alors cette mesure pouvait être urgente, puisque le premier rapport sur le mauvais état de ce clocher remonte au 13 février 1768. Précédemment (1643), la flèche avait été enlevée par un ouragan.

Chemin-de-la-Fontaine, parce que sous le trottoir même de la ruelle, se cache, protégée par une maçonnerie sans art, la source qui alimente la fontaine du village.

La hauteur du *Marc-d'Argent* n'a pas été calculée, malgré le rôle que cette source joue dans l'histoire des eaux de Bregille. Le *Marc-d'Or* était, en 1691, à 24 pieds au-dessus du rez-de-chaussée des casernes. Celle du jardin Coulon, rapportée au même repère que les sources supérieures, donne $13^m,70$.

Quant à l'eau qu'elles débitent par seconde, les deux premières n'ont été soumises à aucune appréciation. Il en est de même de la fontaine de Bregille. La source du jardin Coulon ne donne que $0^{lit.},44$.

D'Auxiron, d'après l'opinion de son temps, regarde la haute source et la basse source comme n'en formant qu'une seule. L'abbé Paramelle n'est pas de ce sentiment; il leur donne une origine distincte, et se fonde sur des considérations géologiques qui rendent impraticable leur réunion en une seule. Suivant lui, on ne peut élever la première parce qu'elle sort horizontalement, et il redoute la perte de la deuxième, si on lui cherchait une autre issue.

Le mont de Bregille repose sur le premier étage des terrains jurassiques; sa masse est formée des calcaires et des marnes de l'étage moyen qu'elle étale, montrant en affleurement la plupart des roches qui la constituent. Les eaux qui s'en échappent forment des sources plus ou moins copieuses, suivant les bassins où elles se recueillent. Leur inconstance et la facilité avec laquelle elles se troublent dépendent de l'inclinaison des couches qui les versent à la surface, et, en certains endroits, du peu d'épaisseur du terrain d'absorption. C'est ce qui a lieu au pourtour du grand Bregille, où les fontaines apparaissent nombreuses mais passagères. Dans les conditions inverses, elles sont abondantes et continuelles, comme on le remarque à Beauregard, à Fontaine-Argent (où elles créeront de graves embarras au tunnel futur) et au nord-est de Chalezeule. L'abbé Paramelle, je l'ai dit, assigne à ces eaux deux origines distinctes et sans relations entre elles : malgré le succès de ses conjectures, il est difficile d'admettre son système, parce qu'il en est un autre plus conforme aux données de la science et à l'observation locale. Les eaux de Bregille nous viennent immédiatement des marnes, ce qui explique l'éruption des sources à des hauteurs variables, ou bien elles ne se produisent qu'à la base de l'étage précité, après en avoir traversé les calcaires argileux jusqu'à la couche imperméable la plus profonde. C'est là le réceptacle des sources qui se perdent (fontaine quarrée) et l'origine des eaux les plus copieuses. Aussi l'accaparement de leur produit, par une section transversale ou circulaire, serait une tentative sans objet pour nos fontaines, attendu l'infériorité du niveau qu'acquerrait le point de départ.

J'ai indiqué ci-devant la classification sommaire de nos eaux potables. Voici, d'après la même autorité, l'analyse particulière de celles de Bregille et d'Arcier. Les chiffres fixent mieux les appréciations.

	BREGILLE.	ARCIER.	
Silice.	348	390	(a) Substances insolubles, action nulle ou utile.
Alumine.	65	90	
Carbonate de chaux.	2079	2139	(b) Substances insolubles, incrustantes.
Id. de magnésie.	43	78	
Sulfate de chaux.	74	0	(c) Substances solubles, nuisibles.
Nitrate de chaux.	81	0	
Chlorure de calcium.	11	0	
Id. de magnesium.	27	0	
Nitrate de soude.	48	20	(d) Substances solubles, action nulle ou utile.
Sulfate de soude.	0	45	
Carbonate de soude.	0	69	
Nitrate de potasse.	23	0	

Ici (a) et (b), vu leurs proportions et la nature de leurs éléments, n'ont aucune influence sur la valeur relative de nos eaux. Au contraire, la comparaison de leurs qualités respectives se peut déduire de (c), et par suite Arcier l'emporte sur Bregille. En les jugeant d'après (d), Arcier conserve encore la priorité, à cause des propriétés bienfaisantes du carbonate de soude. « Cette considération, dit M. Deville, me fait maintenir au premier rang l'eau de la source d'Arcier qui, seule parmi celles que j'ai examinées, contient du bicarbonate de soude. »

DÉCORATION DES FONTAINES.

En 1564, les fontaines qui abreuvaient la cité de Besançon n'avaient d'autre mérite que leur utilité. La construction des cuves en pierre était un premier pas vers leur embellissement, et, en effet, après avoir pourvu au nécessaire, le Magistrat songeait à les relever du caractère de simplicité qu'elles affectaient encore : la décoration sied aux fontaines.

Le 11 juillet, après en avoir délibéré, le Magistrat déléguait plusieurs de ses membres « pour faire dresser une effigie de pierre, de forme d'un monstre marin, sur la fontaine dressée à la poissonnerie pour jeter l'eau en icelle au lieu du terme y estant » (1). Telle est la date du premier monument de ce genre.

Le 9 mai 1566, le Magistrat, qui avait décidé qu'un monument votif en l'honneur de Charles-Quint décorerait la fontaine de l'hôtel consistorial, émettait l'avis ci-après : « Messieurs ayant veu le modèle de l'effigie qu'il convient faire pour la fontaine de céans ont conclud que l'on la fera de bronze... (2). » Après diverses délibéra-

(1) M. Bichot, président.
(2) M. Chappuis, président.

tions, réglant l'exécution de ce projet [mardi 10 juin et lundi 8 mars 1567], et suivant les mesures arrêtées par les gouverneurs de Saint-Pierre, à ce délégués, « Ce jourd'hui [lundi 15 mars 1567], dit le procès-verbal, à huict heures du soir, en la maison du sieur de Maillot, près des Cordeliers, a esté gettée en bronze la figure de César, assise sur une aigle impériale, tirée du portraict de feu de très-heureuse mémoire l'empereur Charles cinquième, ayant en tout succédé (réussi) si heureusement que la d. figure s'est trouvée faicte et tout accomplie au grand contentement d'ung chascun (1). »

Vers le même temps, la façade de l'hôtel consistorial était appropriée à cette décoration ou mise en harmonie avec elle. « Il a esté conclud que l'on fera le portal de la même forme que la fontaine au coing de la d. fontaine. » — 22 août 1566 (2).

Cet événement ainsi précisé renverse les diverses opinions qui se sont concurremment accréditées. Les uns font remonter l'érection de ce monument à 1571, les autres à 1596 (3); aussi, à côté de ces affirmations sans fondement, quelques auteurs ont écrit qu'il fut inauguré

(1) M. Rance, président.

(2) La grande niche de la fontaine remonte à l'année 1565. Il est dit à ce sujet, dans une délibération du 22 octobre : « Pour les pierres et charroy amenés à la fontaine de Saint-Pierre on commet le cognater de Saint-Pierre. »

(3) Dans une histoire manuscrite de Besançon, on lit : « Claude Arnould, *dit Lullier*, a construit la statue hydraulique de l'empereur Charles V^e, aux frais de MM. du Magistrat, en 1596. »

du vivant de Charles-Quint ; mais ce n'est pour eux sans doute qu'une conjecture (1).

« Au-dessus du bassin, dit l'almanach de la Franche-Comté, est un aigle de bronze à deux becs qui jette l'eau par l'un et l'autre bec. L'empereur couronné de lauriers est sur cet aigle, il tient d'une main un globe du monde et de l'autre un glaive nu. » Cette description est conforme à ce qu'on lit aux actes du Magistrat. Ce groupe est de Claude L'Huillier. On donne communément à cet artiste la qualification de fondeur. Cellini fut fondeur au même titre : le sculpteur florentin aurait cru forfaire à l'art s'il n'avait pas lui-même rempli cette fonction, quand il s'agissait de ses œuvres. C'était en effet l'usage, au seizième siècle, d'être en même temps sculpteur et fondeur ; et Claude L'Huillier obéit à cette loi comme faisaient les maîtres italiens. On était convaincu alors que les diverses branches de l'art ne s'isolent qu'au détriment de l'art lui-même. Benvenuto Cellini fut à la fois orfèvre, peintre, graveur, sculpteur et par conséquent fondeur.

La statue de Charles-Quint fut enveloppée dans la décision [10 novembre 1792], qui envoya les cloches des paroisses à la monnaie, par suite de la loi du 22 avril et des arrêtés du 5 et du 12 juillet 1792.

Voici à son sujet ce qui s'était passé au conseil de la

---

(1) D'Auxiron est de ce sentiment (page 38). Charles-Quint mourut le 21 septembre 1558, et sa statue date de 1567.

commune le 21 août : « Un membre du conseil, après avoir rendu compte des crimes des despotes et notamment de la conduite tyrannique de l'empereur Charles-Quint qui fit couler le sang des Français, a fait la motion que sa statue soit enlevée sur-le-champ et brisée. Cette motion appuyée a été adoptée à l'unanimité, et les ordres ont été donnés sur-le-champ pour en procurer l'exécution. » La réaction, avec son implacable mémoire, ne pouvait être plus inventive. Après cette sentence de proscription, le chef-d'œuvre de Claude L'Huillier était livré aux démolisseurs qui, à la suite d'efforts inouïs, en charrièrent les fragments successivement à la halle puis à la Moulière (ancienne brasserie Renaud, détruite en 1814) où l'attendaient les cloches des diverses paroisses de la ville (1). Suivant le rapport de cette époque, le poids de

(1) Sur ses 9 cloches (ensemble 28350 liv.), St-Jean en fournit 6.
— 3 — — 4100 — St-Pierre, — 1.
— 8 — — 19000 — Ste-Madeleine — 6.
— 7 — — 8300 — St-Marcelin. — 5.
— 4 — — 6900 — St-Donat. — 3.
— 3 — — 3200 — St-Maurice. — 3.
34 24.

De ces vingt-quatre cloches, quatre furent données à Saint-Ferjeux, à Saint-Claude, à Saint-Donat et à Saint-Maurice. A la vérité, l'église de Saint-Ferjeux et l'oratoire de Saint-Claude donnèrent leurs cloches en échange de celles qui leur furent attribuées; mais elles n'entrent pas, non plus que le timbre de Jacquemard, dans la pesée totale qui est de 27,244 livres 13 onces, pour les vingt cloches ci-dessus. La fonderie de canons s'empara de ce qu'avait laissé la monnaie en fait de sonneries, timbres et carillons. Ce dernier mot signifie une gamme

cette cargaison de métal fut de 31,108 livres 5 onces.

Or, 31,108 livres 5 onces, à
40 sous, représentaient . . . . . . 62,216 l. 12 s. 6 d.
Déduisant, d'après la loi, $\frac{4}{12}$ ou   20,738   17   6
on avait pour la valeur totale . . .   41,477 l. 15 s.

La statue de Charles-Quint entrait dans ce poids pour 3,863 livres 8 onces.

Ce qui donnait, à 40 sous l'une,   6,727 l.
Déduisant, comme plus haut, $\frac{4}{12}$.   2,242   6 s. 8 d.
Valeur du groupe. . . . .   4,484 l. 13 s. 4 d.

D'après le rapport de l'officier municipal Martin, du 10 octobre, ce groupe était de 3,609 livres $\frac{1}{2}$, non compris douze parties qui n'avaient pas été pesées,

---

complète, et non ces barbares trios de cloches, assemblées sans échelle campanaire, que nous entendons *trezeler* les jours de fête.

D'après le rapport du 1er juin, les cloches conservées devaient être, pour Saint-Jean : une (*Porte-Joie*), non évaluée en poids, une de 4 à 500. — Pour Saint-Pierre : une de 2,400, une de 3 à 700. — Pour Sainte-Madeleine : une de 3,500, une de 600. — Pour Saint-Marcelin : une de 3,000, une de 300. — Pour Saint-Donat : une de 2,200, une de 400. — Pour Saint-Maurice : une de 150.

Maintenant, une simple remarque : Charles-Quint avait octroyé à la cité de Besançon le droit de battre monnaie [8 mai 1534], et ce privilége ne fut pas l'un des moindres motifs qui déterminèrent nos ancêtres à ériger une statue à ce prince, en témoignage de reconnaissance. Or l'hôtel des monnaies ayant été supprimé en février 1772, ne fut rétabli qu'après trois ans de démarches (de 1789 à 1791), à la suite de diverses requêtes et entre autres du mémoire historique du professeur Rougnon. L'un des premiers usages qu'en fit Besançon, bizarre destinée! fut de convertir en sous de douze deniers la statue de celui qui jadis lui avait si libéralement accordé ce privilége.

parce qu'elles contenaient des matières étrangères. Ces douze parties élevèrent à 3,902 livres 8 onces le poids total qui, diminué de 39 livres de fer et de sable, se réduisit finalement, comme ci-dessus, à 3,863 livres 8 onces (1).

Le 2 janvier 1579 (2), le Magistrat voulant pourvoir à l'ornement de la fontaine de Battant, décidait qu'on y placerait Bacchus, et, par une grotesque antithèse, le dieu du vin verse l'eau à pleins flots aux citoyens du haut Battant. — *Bacchus aquam plebi largitur* (Vesontio). — La fontaine du joueur de cornemuse à Bâle, fontaine qui remonte au seizième siècle, présente la même singularité : ses bas-reliefs sont ornés de chœurs d'ivrognes. Voici le titre authentique, à la date ci-dessus, qui révèle l'origine de notre monument : « L'on a marchandé pour 60 fr. à maître Claude Lulier, de faire de la pierre de bon franc, de Dole, une figure ou statue de Baicchus qu'il doibt rendre parfaicte et poser pour la fontaine déans pasques charnel prouchain, come une figure pourtraicte en papier délivrée au d. maître Claude, ainsi qu'il est

---

(1) Il ne nous reste ni relief, ni médaille, ni gravure du groupe de Claude L'Huillier. Les descriptions qu'on en trouve donnent bien l'idée du monument; mais elles ne révèlent ni l'effet qu'il produisait, ni sa valeur comme œuvre d'art.

(2) La statue de Bacchus, en partie brisée et mutilée, existe encore aujourd'hui dans une propriété de Fontaine-Argent. — Au point de vue de l'art et de l'histoire, elle aurait pu être recueillie. J'ai fait lithographier ce torse dont j'ai déposé deux exemplaires aux archives de la ville, layette 35.

contenu au marchief sur ce receu ce jourd'hui en ce conseil par le secrétaire (1). »

C'est au même sculpteur qu'on doit aussi la décoration de la fontaine des Carmes, du moins il fut un temps où l'on crut y reconnaître le même ciseau. Elle représente, dit-on, le duc d'Albe, sous la figure de Neptune, assis sur un dauphin : *Neptunus lapidœus, dextra tridente armatus, delphino insidet* (Vesontio). Cet hommage, vu l'indépendance du Magistrat bisontin, ferait bien plus d'honneur à l'impitoyable général de Philippe II que l'insolent trophée qu'il s'érigea lui-même à Anvers. Le roi des Espagnes avait laissé le gouvernement des Pays-Bas à Marguerite d'Autriche, duchesse de Parme, en lui donnant le cardinal de Granvelle pour premier ministre. Intrigues, calomnies, révoltes, tout ayant été mis en œuvre pour écarter ce ministre, Alvarès de Tolède, duc d'Albe, le remplaça. Au milieu de provinces mécontentes et agitées, l'homme d'action succédait au diplomate : dans cette situation, il eut quelques rapports avec le parlement, l'archevêque Claude de la Baume et le Magistrat. Ces rapports ont-ils pu déterminer l'érection de la statue dont il s'agit? C'est ce que j'examinerai plus loin.

On attribue au même sculpteur cette nymphe de marbre rouge qui distinguait la fontaine Saint-Quentin, et qui lui a fait donner le surnom de *Fontaine de la*

---

(1) M. Jacquelin, président.

Rousse, expression elliptique et corrompue provenant de celle-ci non moins vulgaire : *Fontaine de la femme rouge.* Il est possible que Claude L'Huillier soit l'auteur de cette œuvre ; mais l'histoire est muette à cet égard : malgré de longues recherches, je n'ai pu découvrir l'origine de cette statue, qui, il faut le croire, n'est pas moins ancienne que les précédentes (1). La décence publique a sans doute nécessité l'enlèvement de cette statue exposée à être une cause de scandale par les outrages des libertins. Le Magistrat, par délibération du 7 juillet 1698, avait décidé de remplacer *la rousse* par tel ornement qu'il plairait aux commissaires aux fontaines ; mais avant cet enlèvement, elle était devenue l'objet de nouvelles insultes, puisque, le 27 avril 1699, il mettait à prix la dénonciation de l'auteur de ce dernier attentat.

« Sur la requisition de celui qui a l'entretien des fontaines de la cité et des plaintes qu'il a faites à Messieurs, on renouvellera les deffenses d'attoucher aux d. fontaines, bassins, figures, canaux et autres dépendances ; et comme, la nuit dernière, quelqu'un a touché à celle de Saint-Quentin, l'on fera sçavoir sous main que l'on donnera 10 escuts à celui qui en fera sçavoir l'auteur. »

Ainsi, les cinq fontaines que je viens d'énumérer avaient pris un aspect monumental qui fait honneur au bon goût du Magistrat. Mais la fontaine du Pilori dont,

---

(1) Les restes en sont enfouis dans une propriété de Fontaine-Argent.

sous ce rapport, je n'ai point encore parlé, avait devancé ce genre de progrès : elle mérite une mention à part. Le 4 septembre 1555, on enregistre au journal de l'hôtel de ville un projet de reconstruction, « parce qu'il y a quelque bon personnage qui désirant le bien et l'honneur de la cité s'est ouffert de faire faire la cuve de la fontainne du Pillory, et sur icelui ung tabernacle de pierre et ung horloge à ses frais (1). » On accepte la proposition du généreux citoyen qui toutefois demande 400 fr. et les deux cloches déposées à Charmont. *Le portraict du bastiment et de l'horloge* ayant été agréé, le 7, l'un des gouverneurs, M. Jacques Recy, était commis pour tirer des deniers du grenier à blé de quoi faire la distribution des 400 fr. (2).

(1) M. Grenier, président.

(2) Pour expliquer cette bizarre décoration, il faut croire que le clocher de Sainte-Madeleine n'indiquait plus l'heure aux passants. Ce qui me confirme dans cette opinion, ce sont d'abord les deux cloches dont il est question dans le projet, lesquelles étaient destinées à une horloge pour ce quartier, et ensuite une délibération du 12 novembre 1563, où je vois que le chapitre de Sainte-Madeleine a accepté le modèle de la nouvelle horloge dont le Magistrat fait la dépense. C'est peut-être à cette époque que remonte notre Jacquemard, car les horloges à machines commençaient à être communes dans ce siècle. Ce mot Jacquemard dérive, selon les uns, de Jacques Aimard, habile ouvrier en ce genre de sonnerie ; ce qui militerait en faveur de cette opinion, c'est que partout ces héros de clocher portent le même nom. Selon d'autres, il viendrait d'un guetteur célèbre dont une tradition locale a fait un vigneron bisontin, vieille et honnête personnification de cette classe de citoyens. Les horloges publiques et à sonnerie étaient déjà répandues dès le douzième siècle : celle de l'église de Sainte-Madeleine existait en 1439, et paraît avoir, à plusieurs reprises, cessé de fonctionner. Ainsi, après l'époque où fut construite

C'est à ce singulier monument que succéda ce groupe des trois aigles qui a décoré la fontaine du Pilori jusque vers la fin du dix-huitième siècle. D'abord l'horloge devint inutile dès que celle du clocher de l'église de Sainte-Madeleine suffit aux besoins du quartier et des passants, et, à la longue, on se lassa de l'obstacle que la fontaine elle-même apportait à la circulation.

Une histoire manuscrite de la ville de Besançon décrit en ces termes *la fontaine symbolique du Pilory* : « C'est une colonne façonnée et ornée de feuillage et de bas-reliefs ; elle est entourée, vers le bas, de trois aigles éployées qui sont le symbole ou les armes de la ville. Cette fontaine poussait ci-devant de l'eau par trois tuyaux qui sortaient de la gueule de trois masques. »

L'Almanach de la Franche-Comté dit, de son côté, que cette fontaine était surmontée d'une colonne à laquelle s'adossaient trois aigles, et il ajoute que ce groupe représentait les trois bannières de la rive droite du Doubs.

---

la fontaine du Pilori [1555], elle était renversée par un ouragan en 1645 : Tout fut abattu, *non-seulement le clocher, mais Jacquemard servant à sonner les heures de l'horloge qui y était attachée*. Rétablie en 1659, elle était hors de service, trente-six ans plus tard, puisque, le 11 mai 1695, on *remettait Jacquemard et une montre neuve à l'horloge de la Madeleine*. Elle disparaissait lors de la construction de la nouvelle église, et ne reprenait sa place qu'en 1752.

L'horloge de Saint-Jean et celle de Saint-Pierre ne doivent pas être moins anciennes ; la première ne sonne les demies que depuis 1687, la seconde n'a des carillons que depuis 1683 (un timbre et huit carillons). Saint-Maurice eut une horloge en 1734, et Saint-Jean-Baptiste en 1737.

Que cette dernière allusion soit intentionnelle ou que le hasard l'ait trouvée d'accord avec les faits, elle a obtenu quelque crédit.

Quant à la disposition des jets, la pose des aigles éployées, sur les faces d'un prisme triangulaire, se prête assez mal au débit de l'eau dans le bassin, quand on le considère adossé à la base de la tour de l'église ; mais telle n'était pas la disposition de la fontaine lorsqu'elle était décorée de son groupe d'airain ; elle occupait à peu près l'intersection des trois rues dénominatives des quartiers au-delà du pont. On lit en effet dans une des relations de la *surprise*, au sujet de la procession générale vouée en mémoire de la délivrance : *La dite procession ira à l'entour de la fontaine du Pilori, située au bord du pont.*

Le Magistrat avait consacré vingt ans de travaux et de sacrifices à l'établissement du nouveau système des fontaines. Il n'avait compté ni avec le temps ni avec la dépense : il s'agissait pour lui d'une œuvre tellement éminente par l'utilité et l'agrément, qu'elle domine toute retenue et tout calcul. L'avenir recueillera le fruit de tant d'efforts. Il s'écoule, il est vrai, près de 70 ans sans que le trésor ait à enregistrer ces graves distractions portant atteinte à l'équilibre des dépenses de la cité ; mais la sécurité qu'inspirent les fontaines est précisément ce qui en amène la ruine.

ASPECT DES FONTAINES
AU XVIIe SIÈCLE.

En 1658, les fontaines de Besançon étaient en si mauvais état que l'entretien ne présentait plus qu'un palliatif sans durée, et qu'elles étaient une cause habituelle de malaise et de troubles. Après mille essais et mille recherches, le conseil traitait, le 4 mars, avec Michel Leroy pour leur réparation. « Comme ainsi soit, dit le contrat, que le sieur Michel Leroy, ingénieur, originel d'Avignon, désirant de s'establir en ceste cité impériale de Besançon, et y donner des preuves de son addresse et expérience dans quelque employ util et advantageux au publique, s'est offert à très honorez et magnifiques seigneurs, Messeigneurs les gouverneurs de la cité, ses soins et ses sciences pour réparer et entretenir cy-après les six fontaines publiques d'icelle, soubs telles conditions qui seraient treuvées raisonnables et que les d. seigneurs ayant jugé à propos d'incliner favorablement à telles offres et de pourvoir à la réparation et entretien des d. fontaines, comme choses très importantes et voires absolument nécessaires, soit pour le soulagement des malades, pour les embellissements de la cité et autres bonnes considérations, etc., etc. »

Viennent ensuite les conditions et obligations réglées entre MM. Henry et Flusin, commissaires aux fontaines, et Michel Leroy. Il est convenu que celui-ci « mettra dans trois mois prochains les dites six fontaines..... en bon état et tel que cy-après elles donneront de l'eau continuellement et en toute saison, qu'il réparera les corps et bassins d'icelle de telle sorte qu'elles tiennent l'eau de haut en bas, etc., etc.

» Qu'il fera que chacune des fontaines rendra sans discontinuation une fois autant d'eau que ce qui en sortait ci-devant... etc.

» Auquel effet en seront gardés des échantillons pour reconnaissance et exécution plus facile de ce... »

Cette réparation était faite moyennant 800 francs, une fois payés, et 500 fr. de pension viagère, car il s'obligeait à entretenir les fontaines de la cité sa vie durant. On lui accordait de plus 200 livres de plomb, le droit de construire, mais une fois seulement, un four à chaux dans les forêts de la cité, où d'ailleurs il couperait le bois nécessaire aux réparations, et enfin l'autorisation de céder de l'eau à son profit sous l'agrément du Magistrat. Cette dernière faveur lui était octroyée pour stimuler cette habileté dont, suivant le même acte, il se disait empressé de faire preuve. Outre ces avantages, on lui donnait son logement à la Tour-de-Montmartin, pendant 10 ans, à charge par le Magistrat de lui fournir deux chambres ailleurs, si, dans la suite, on venait à disposer de l'hôtel.

Le bail d'entretien à vie entraînait implicitement le droit de cité ; il lui est concédé par provision : « Lui ayant été promis de le recevoir citoyen, gratuitement, aussitôt que, par bonne attestation, il fera paraître de sa religion prudhommie et origine. »

Enfin il était exempt de guet et de garde.

Je me suis étendu sur le calcul rémunératoire qui distingue ce document, parce que mieux que les commentaires et les digressions techniques, il révèle le but et l'esprit de ces largesses du Magistrat.

Michel Leroy ne jouit que 12 ans du fruit de son industrie, et meurt laissant un travail qui devait servir de modèle aux réparations subséquentes. Cette condition est, en effet, littéralement exprimée dans le marché de son successeur, Antoine Monnier, qui, le 5 avril 1670 (1), prenait, sa vie durant, l'entretien des fontaines. Après lui, le marché du fontainier nouveau (Guillaume Chappuis) contient la même disposition (janvier 1676). Ce dernier, obligé de résigner sa charge pour cause de santé, cède à son remplaçant (Cuchot) son bail avec toutes ses clauses. Cette transmission est la dernière qui mentionne le terme de comparaison sur lequel étaient formulés les baux d'*entretenement*, après Michel Leroy.

Vers ce temps-là, depuis le siége de Besançon par Louis XIV [1674], le camp des Chaprais et la construction de nouvelles murailles, apportent un trouble inouï

(1) M. Guillemin, président.

dans le service des fontaines. Aussi le Magistrat, prévoyant ce désordre, envoyait, le 7 mars 1678, une députation au gouverneur militaire et à l'Intendant pour leur demander que, dans le travail des fortifications, on s'abstînt de couper les conduites des fontaines. La délibération de ce jour nous révèle cette crainte et les démarches qui ont été jugées nécessaires. En voici les termes : « Les eaux étant l'un des premiers embellissements d'une ville, outre l'utilité de leurs eaux pour les malades, de la conservation desquelles Messieurs étant jaloux, et ayant appris par la voye de M. Boisot que l'on devait travailler en peu de temps aux fortifications, à la porte de Battant, même à l'endroit du lieu où passe l'eau des d. fontaines, à la conservation des quelles M. Boisot, son frère, intendant des forêts et maître des requêtes au parlement, avait grande inclination, ce qu'il a témoigné par l'avis qu'il en a donné ; pour sujet de quoy, Messieurs ont député M. Joliot auprès de S. E. l'Intendant, pour obtenir la conservation des d. fontaines » (1). Cette sollicitude et ces précautions ne sauvent pas les fontaines, puisque, en 1681, le Magistrat s'occupait de leur *rétablissement*. Le 23 juin de cette année, M. de Falletans était commis pour en réorganiser l'appareil entier ; car il était dans une situation telle qu'il exigeait tout le soin d'une œuvre à créer. C'est la vue de ce service alors en souffrance, d'ailleurs si incertain, qui suggère à M. de

---

(1) M. Belin, Vicomte-Mayeur.

Falletans la proposition émise par lui, au sein du conseil, le 27 juillet, et dont je m'occuperai plus loin dans un article spécial, p. 505.

Après son échec, il s'agissait [20 août] de relier les deux tronçons de conduite séparés entre eux par la nouvelle fortification. D'après l'avis du conseil, M. Broche va exposer à l'Intendant que, pour obtenir ce résultat, il conviendrait de percer la courtine de la Pelotte, afin d'y engager les tuyaux, ou de les faire passer sur des chèvres tout autour du bastion. L'Intendant laisse au Magistrat le choix du moyen, et c'est le second qui est préféré jusqu'à nouvel ordre.

Le bail pour l'entretien des fontaines, à la date du 2 janvier 1682, montre comment la conduite des eaux traversait le fossé au-dessous de Battant. Il y est dit : « Quant aux chevalets qui soutiennent les dits tuyaux, entre le bastion et la tour de la Pelotte, les dits entrepreneurs seront obligés à les entretenir. Néanmoins s'ils venaient à être rompus ou emportés par les grandes eaux ou par les glaces, le rétablissement en tombera à la charge de la cité. » La même pièce renferme cette disposition : « Dans l'entretien desquelles (six fontaines) sera comprise celle qui se doit dresser au joignant de l'église de Sainte-Madeleine. » C'est ainsi que se révèle le premier déplacement de la fontaine du Pilori, laquelle occupait le centre du carrefour depuis 225 ans.

Au milieu de ces graves circonstances, croyez-vous que le Magistrat, alors qu'il n'y a plus de fonds disponibles, va suspendre son entreprise et s'excuser par cette passive conclusion : *sur quoy attendu que l'argent manque on n'a rien voulu délibérer pour le présent?* Non, il poussait ses travaux sur tous les points avec une persévérante activité, et impute ses dépenses à la ferme du vin. Or, pourtant, il lui était facile de justifier son inaction par une déclaration récente [29 novembre 1677]. « Messieurs ayant envoyé deux commis à l'Intendant, pour lui faire entendre les grandes nécessités où la ville était de satisfaire aux dettes royales nonobstant son indigence et sa pauvreté, et qu'ils le suppliaient pour ce d'obtenir auprès du roy une troisième année de continuation de ses gabelles (1). »

Les recettes du trésor municipal s'élevaient alors à 171,273 liv. et les dépenses à 191,263 liv.

L'année suivante [13 avril 1683], l'Intendant, qui avait laissé à la discrétion du conseil le choix du moyen pour faire pénétrer dans la place la grande conduite des eaux, exigeait que les tubes, posés alors sur des chèvres de fer suivant le contour du bastion de la Pelotte, passassent sur la muraille même du bastion. Mais le travail des fortifications ayant de nouveau renversé cet appareil, les commissaires, MM. Pétremand et Belin, sont invités à trouver des ouvriers pour le replacer sur des chevalets. L'état précaire de ce système de passage détermine le Magistrat à faire faire des études ayant pour but d'arrêter,

---

(1) M. Belin, V. M.

d'une manière définitive et surtout durable, l'emplacement de ce canal aérien. A cet effet, M. de Falletans dresse un plan de restauration complète, et en calcule la dépense d'exécution qu'il estime 50 pistoles. Mais le percement de la courtine et la construction d'un pont sur le ruisseau des Dames inspirent au Magistrat quelque crainte d'opposition de la part du Génie; c'est pourquoi, le lendemain, 3 juillet 1684, après un examen attentif sur les lieux, on concluait de poser la conduite en dehors du bastion, sur des chèvres de fer, et de percer la tour de la Pelotte. Ce moyen, adopté d'une voix unanime, ne rencontrait plus d'obstacles, puisque MM. Pétremand et Broche étaient chargés de sa réalisation; or on apprend que dans le plan général des fortifications, on doit faire un magasin ou un cavalier de la tour, et que dès lors le Génie s'opposera au percement projeté. Après une nouvelle visite des lieux et sur un dernier rapport des commissaires, on décide que la conduite passera sur le batardeau et par la porte de la Pelotte [7 août 1684](1). MM. Reud, de Cendrey et Maréchal étaient commis pour veiller à l'exécution de cette mesure, et, sous leurs auspices, elle se réalise en effet. Les deux tronçons du cours d'eau se trouvant ainsi soudés bout à bout, il semble que les fontaines vont reprendre leur fonctionnement; il n'en est rien : les tuyaux qui longeaient la rive droite du Doubs jusqu'à Bregille étaient pour la plupart dérangés ou dé-

(1) M. Maistre, V. M.

gradés, depuis l'époque du camp des Chaprais, et ne rendaient qu'un médiocre service. Le Magistrat avait reconnu cet état de choses, et dès le 26 juin de l'année précédente, il avait voté une indemnité (2 pistoles) aux entrepreneurs Troutot et Saint-Dizier. Après toutes réparations, les fontaines ne coulant pas ou ne coulant qu'irrégulièrement, le Magistrat eut le droit d'accuser l'impéritie ou la négligence des fontainiers. C'est pourquoi, à la suite d'avertissements préalables, il conclut *de les réduire à la conciergerie* [30 août 1684]. Le lendemain ils étaient élargis, sur leur promesse formelle de faire couler les fontaines, à défaut de quoi ils seraient condamnés à 20 sols d'amende pour chaque jour de retard. Ces rigueurs n'ayant eu aucun succès, le Magistrat, à bout d'expédients, manifeste l'intention *de déjeter de leur office* des fontainiers dont la mauvaise foi semblait égaler l'ignorance. Cette résolution était facile à prendre; mais il n'était pas aussi facile de trouver des ouvriers spéciaux et capables pour les remplacer. Car le 8 septembre, à la première enchère de leur bail, un seul ouvrier se présentait, demandant 40 louis d'or et 200 écus d'entrée. Pour toute réponse à ces prétentions, on mettait de nouveau l'entreprise à prix et on la faisait afficher à Pontarlier, à Poligny, etc. (1). Ces tentatives n'ayant produit aucun résultat, MM. Maistre et Tinseau, commissaires aux fontaines, étaient chargés de prendre

---

(1) M. Pétremand, V. M.

des arrangements avec Troutot et Saint-Dizier, puisqu'avant de les *déjeter*, une dernière difficulté restait à résoudre : les fontainiers, au lieu de payer une indemnité pour résilier leur bail, demandaient six mois de gages, qui leur avaient été retenus parce que les fontaines n'avaient pas coulé durant tout ce laps de temps. Enfin, le 6 février 1687, les commissaires faisaient rapport qu'ils étaient parvenus à congédier les entrepreneurs, et, par acte du 8, même mois, ils remettaient le service à Simon Poulet pour la somme de 430 liv. Ainsi, dans l'espace de quatorze ans, le manque d'eaux salubres agite plusieurs fois notre cité. Il y a des besoins factices auxquels la raison sait en tout temps résister. Quand ces besoins sont innés et indélébiles, leur acuité ne change pas avec telle ou telle génération : nous pouvons donc nous représenter les souffrances de nos ancêtres durant cette longue période. Pour eux, quel rêve, s'ils avaient pu pressentir qu'un jour leurs neveux auraient l'abondance et la perpétuité !

Le 28 septembre précédent, MM. Maistre et Tinseau avaient fait une visite aux sources et passé en revue la grande conduite ; ils avaient constaté des pertes d'eau résultant des avaries et du dérangement des tuyaux. Ce dernier inconvénient, impossible à prévoir, se reproduisait d'autant plus souvent que, dans un long itinéraire, la conduite imparfaite et mal dissimulée était plus exposée aux *attouchements* des passants. Aussi le Magistrat publiait, sous forme d'édit, la note suivante, le

20 novembre 1688 : « Ils (les conseillers) ont reconnu que la principale cause qui fait cesser le cours de l'eau des fontaines publiques est ou que l'on perce les tuyaux qui servent à conduire l'eau à la ville hors d'icelle, ou qu'il y a dans la ville quelques personnes mal intentionnées qui prennent plaisir à lever les pierres où se font les communications d'eau pour les débondonner... Fait défense..., etc. »

Au lieu de ces prescriptions prohibitives, il fallait construire un canal de conduite qui mît le cours des eaux et les regards à l'abri de la curiosité et des atteintes de la malveillance, ou changer l'itinéraire. C'est ce dernier moyen que viennent suggérer au conseil les circonstances et le hasard.

La rue de Bregille, après avoir porté le nom de Saint-Martin, s'appelait en second lieu rue du Navois, *Vicus Navis*, à cause du bac destiné, en cet endroit, à mettre en communication les deux rives du Doubs. Cette dénomination ayant résisté à des innovations non moins caractéristiques (1), disparut à la suite de l'établissement du pont qui, par ses différents usages, devait relier si intimement Bregille à Besançon. La pensée de ce projet

(1) Le plan de la visitation (modèle en carton) était présenté au Magistrat le 30 juillet 1660. — Le couvent des Bénédictines fut construit en 1674. — De vastes écuries étaient élevées après l'incendie du 14 avril 1705, et le pavillon de Bregille s'y bâtissait en 1771. Il en résulta pour cette rue et ses principaux segments différents noms, mais qui, à part celui de Bregille, n'ont eu qu'une survivance historique.

remonte à 1672. L'examen en était confié à MM. Franchet et Belin, conseillers au Magistrat, le 3 mars de cette année. Vu l'importance de l'affaire, on délibérait, le lendemain, de convoquer les Vingt-Huit, pour qu'ils prissent part à la décision. Le 5 mars, après une discussion approfondie sur cette entreprise, le Magistrat ne trouvait plus d'obstacles que dans les circonstances politiques où était alors la cité : les bruits de guerre agitaient la province, Besançon lui-même était menacé par Louis XIV. Dans cette conjoncture, le Magistrat ajourne sa décision et renvoie cette question jusqu'après les fêtes de Pâques. Mais la conquête passa sur toutes ces délibérations, et il s'écoula quinze années avant la reproduction de ce projet. Le 17 avril 1687, les habitants de Bregille, ayant été inquiétés au sujet du droit de barque, droit contesté par l'archevêque, portaient leurs réclamations devant le Magistrat. Leur plainte devint la cause occasionnelle et décisive de la délibération du 24 décembre, concernant le projet du premier pont de Bregille. La construction en fut adjugée à une société d'entrepreneurs, représentés par le sieur Coquard, de Dijon, moyennant la somme de 9,750 liv., et la rendue en était faite le 25 mai 1689 (1).

(1) M. Reud, V. M. — Conseillée en 1687 par l'Intendant, cette construction était différée par le Magistrat, faute de fonds, en février 1688. Pourtant le 7 mars, on allait procéder aux montes, quand les entrepreneurs qui se présentent font ajourner cette formalité jusqu'à ce que la rivière ait été sondée ; et malgré une mise de 12,000 liv., l'adjudi-

L'hiver suivant, il était déjà menacé par une débacle de glaces [3 février]. C'était le prélude des innombrables sinistres qui vont l'atteindre désormais, et que j'aurai occasion de mentionner plus tard, attendu l'influence qu'ils ont sur le service des eaux de Bregille.

Le pont était à peine construit qu'un entrepreneur proposait de faire passer la grande conduite par le pont de Bregille [6 novembre 1690]. Le Magistrat ne pouvait dédaigner une offre qui allait concourir à l'accomplissement d'une entreprise qu'il méditait. Cette entreprise est tout entière dans sa délibération du 27 novembre : « Messieurs désirant faire en sorte que les fontaines soient en plus grand nombre dans la cité et qu'elles y fournissent plus d'eau qu'elles ne font, soit qu'on les fasse passer par le pont de Bregille ou par un autre lieu, par des canaux de terre, fonte de fer ou autrement, ils ont nommé MM. Richard, Pétremand, Tinseau et de Vezet, pour examiner les moyens, avec M. le Maire, et entendre les entrepreneurs qui se présenteront (1). »

Déjà, le 20 mars précédent, sur l'invitation de l'Intendant, M. de Vaubourg, et après en avoir délibéré, le Magistrat faisait une visite aux sources, afin d'aviser

---

cation est renvoyée à huitaine. Le 14, nouvelles montes : le rabais est de 1,000 livr. sur la mise précédente ; néanmoins l'Intendant suspend de nouveau l'adjudication qui n'est tranchée que le 19. Coquard avait pour associés Barret, Pariset et Bourgeois.

(1) M. Philippe, V. M.

au moyen de rendre les fontaines continuelles (1). A ce sujet, d'Auxiron écrit (page 4) : *Il faut croire que les fontaines étaient à robinets.* Cette conclusion ne me paraît pas légitime ; l'intermittence fréquente des fontaines publiques provenant tantôt du mauvais état de l'appareil, tantôt du manque d'eau, suffirait pour donner à cette expression le sens convenable. Au surplus les baux d'entretien ne renfermaient-ils pas l'obligation de pourvoir à l'écoulement des fontaines *sans discontinuation, tant de jour que de nuyct* ? D'un autre côté, nous verrons plus tard, par les propositions mêmes touchant l'usage des robinets, que ces instruments n'étaient point appliqués aux fontaines publiques. Malgré cette visite aux sources, les fontaines n'étaient ni continuelles ni plus abondantes. Simon Poulet qui, le 8 février 1687, avait repris le bail de Troutot et Saint-Dizier, voyait expirer ce bail en 1694. Il en obtient la continuation ; mais abusant du défaut de concurrence, il rançonne la cité en exigeant, pour les fontaines de Bacchus et du Pilori, le même prix que pour les six ensemble. Le Magistrat accepte provisoirement ces conditions [20 avril], jusqu'à ce qu'une occasion favorable lui permette de se soustraire à la tyrannie de son agent. Cette occasion se fait attendre trois ans : le 17 juin 1697, M. Reud, de la part du conseil, demandait de Simon Poulet qu'il mît en état les quatre autres fontaines, tout en se contentant de la

(1) M. Tarin, V. M.

moitié du prix qui lui était assuré, par son traité, pour l'entretien des six fontaines. En cas de non acceptation, M. Reud avait mission de résilier le bail provisoire et de régler le compte du travail effectué jusqu'alors (1).

Depuis le 30 avril, des recherches et des démarches avaient eu lieu, et elles n'étaient point infructueuses. On avait découvert à Pontarlier un charron, Pierre Bailly, qui jouissait de la réputation d'habile fontainier. On commet des conseillers pour l'entendre et traiter avec lui ; il le fallait à tout prix, sous peine de manquer d'eau et de fontainier.

L'acte par lequel Pierre Bailly s'oblige à la réparation des fontaines suit la délibération du 27 juillet 1697. MM. de Noironte, vicomte maire, Pétremand et de Vellerot, conseillers, sont délégués pour représenter le Magistrat devant le notaire Piochot. Les bases de cet acte avaient été préparées par MM. Pétremand, Paris et Philippe, de concert avec Bailly.

Quarante ans s'étaient écoulés depuis l'entreprise de Leroy, et les fontaines de la cité présentaient la même distribution. On lit en effet, dans l'acte ci-dessus, que Pierre Bailly s'oblige à conduire les eaux à la fontaine Bacchus (deux jets), à celle du Pilori (trois jets), à celle devant les boucheries du Bourg, à celle devant l'hôtel de ville (deux jets), à celle devant le couvent des RR. PP. Carmes, à celle devant Saint-Quentin, appe-

(1) M. De Noironte, V. M.

— 254 —

lée la Rousse (deux jets). En tout six fontaines et onze jets. Outre la condition de réparation des fontaines, la même pièce renferme celle de leur entretien pendant douze ans. La première de ces clauses fait allouer à l'entrepreneur une somme de 950 livres, et la seconde 240 livres de gages.

Le Magistrat était chargé de la fourniture des bois et de leur conduite, et l'entrepreneur du percement des tuyaux et de leur mise en œuvre.

Le droit de cité est octroyé à Pierre Bailly, comme à Michel Leroy : « Messieurs promettent de le recevoir au nombre de leurs citoyens, et lui permettent de travailler de sa profession de charron, et sera exempt pendant ces douze années de logement des gens de guerre. » Dans cette disposition, qui de prime abord ressemble à une faveur, perce évidemment l'intention de fixer, en la cité, des fontainiers intelligents ; et si la munificence du Magistrat n'est pas aussi large qu'en 1658, c'est sans doute parce que l'entreprise allait désormais offrir moins de difficultés, et l'entretien des fontaines moins de chances défavorables.

Après les préliminaires ci-dessus, Pierre Bailly reçoit l'ordre de donner suite à ses engagements, c'est-à-dire de se mettre à l'œuvre. Malgré ces conventions, les magistrats de Pontarlier s'opposent au départ de Bailly. A cette nouvelle [19 août], ceux de Besançon s'assemblent, délèguent MM. Richard et d'Orival, pour prier M. de Fontmorte d'écrire à Pontarlier, et de faire cesser une opposition qui mettait en péril les intérêts de la cité. Ce péril, aiguillonnant l'impatience du Magistrat, donnait lieu à la convocation du 9 septembre suivant : sur l'exposé complet des négociations relatives à Bailly, on décide d'attendre la réponse des magistrats de Pontarlier, avant de tenter d'autres moyens. Cette réponse arrive le 11 ; communiquée au conseil par MM. Richard et Maréchal, elle ne laisse percer qu'un désir, et bien que ce désir s'enveloppe des motifs les plus excusables, il ne rencontre aucune faveur auprès de l'Intendant.

Quinze jours après, Bailly était à Besançon et travaillait aux fontaines. Ce qui le prouve, c'est que le Magistrat délibérait d'amener, *en toute hâte,* les vernes nécessaires aux réparations projetées, ordonnant aux habitants grangers de La Vèze d'en amener chacun deux voitures (1). D'ailleurs le 18 décembre 1697, M. Philippe, conseiller au Magistrat, était chargé de demander des vernes à M. de Saône, *en payant,* et deux mois après [26 février], MM. de Noironte et de Boulot traitaient de

---

(1) Un mandat du 31 mars 1698 montre qu'ils avaient reçu 200 liv. à-compte pour le charroi. Suivant l'ordre reçu, c'était pour eux une véritable corvée, dérivant peut-être des conditions de leur établissement primitif. Le territoire de La Vèze a été acensé par différents actes successifs des anciens gouverneurs. Le dernier, en date du 29 avril 1495, est passé au profit des nommés Catin et Poncet, dont les descendants ont formé le hameau actuel, moyennant la redevance de 21 bichets et demi de deniers de cens, portant lods et seigneurie. Le froment ayant été cédé pour la fondation de la chapelle, le prix de l'avoine, qui, en 1764, représenta 68 liv. 8 s., se payait au trésorier de la cité.

l'acquisition d'une certaine quantité de vernes, à 5 sols la toise.

Maintenant, que s'était-il passé dans l'affaire de Bailly? quelle transaction était intervenue entre l'Intendant et les magistrats de Pontarlier? le consentement de ces derniers avait-il été absolu ou conditionnel? c'est ce qu'on ignore. Toujours est-il que Pierre Bailly ne jouit pas longtemps du bénéfice de la position que son talent et ses services lui avaient faite en la cité de Besançon. Dès le 29 avril 1699, et bien que M. de Boulot eût été autorisé à modifier, dans l'intérêt du fontainier, le traité du 27 juillet, l'entretien des fontaines était confié, pour douze ans (acte de Me Châlon), à Nicolas Bailly, sous la caution de son père, moyennant la somme annuelle de 500 liv.

J'ai dit que la construction du pont de Bregille avait déterminé le changement d'itinéraire de la conduite des eaux; ce changement, qui a une sorte de vérification dans le bail du fontainier de 1697, bail stipulant, pour la première fois, la condition du passage des tuyaux sur ce pont, exigeait diverses formalités.

On sollicite de M. de Vaubourg l'autorisation de réaliser ce dernier projet; mais outre son assentiment, il fallait aussi l'approbation de M. Robelin, ingénieur du gouvernement, dans ce qui pouvait toucher au service du roi. Suivant les conseils de l'Intendant, M. de Boulot, de la part du Magistrat, se rend auprès de M. Robelin qui, après échange d'explications, renvoie, à son tour, le représentant de la cité à M. de Rostaing, commandant supérieur. Ce sont les avis favorables à ce changement et les dispositions prises avec l'autorité militaire, pour le passage des eaux sur le pont et leur entrée dans la ville par la courtine du rempart, dont M. de Boulot rendait compte le 14 avril 1698. A ce sujet on lit dans la délibération du 24 (1) : « Et pour ce ont prié M. de Boulot de ne rien oublier pour diligenter la d. conduite des eaux par le pont de Bregille. »

Désormais toute amélioration, l'abondance exceptée, va paraître plus facile et moins dispendieuse. Aussi, peu après [septembre 1698], on s'occupe de réaliser le projet conçu en novembre 1690, relativement au nombre et à la disposition des fontaines. Les points arrêtés pour leur emplacement sont : au-dessus de la rue Saint-Paul, au coin de l'ancienne mairie (à l'entrée de la rue de Glères); à l'hôpital Saint-Jacques (encore en construction), rue Saint-Vincent (entre le couvent de Sainte-Claire et l'hôtel du Sauvage, n° 6), hôtel de l'Intendance (Grande-Rue, n° 14). M. de Boulot, commissaire aux fontaines, après un calcul exact du volume d'eau nécessaire à cet arrangement, faisait fouiller le coteau des Mandeliers où il mettait à découvert une source et un canal susceptibles d'être utilisés pour le service des fontaines publiques. La source, selon lui, pouvait fournir à la distribution générale un riche contingent, si les eaux en étaient concentrées dans un bassin en communication avec la con-

(1) M. Colonne, V. M.

duite des sources hautes. Le Magistrat, partageant les vues de M. de Boulot, fait acte solennel d'occupation aux Mandeliers, et, pour titre ostensible de son droit, il y dresse une pierre aux armes de la cité avec la date de 1698. Six semaines plus tard [4 juin], sur la proposition de MM. Pétremand et de Boulot, il votait les dépenses nécessaires à la construction d'un réservoir propre à recueillir les nouvelles eaux et à en relier le cours à celles qui, des sources de la Doin et du Moine, descendaient vers la cité.

Cette prise de possession avait lieu en vertu de cette prérogative qui avait légitimé l'expropriation des sources supérieures. Quant au bassin et au canal mis à découvert et annonçant un usage d'autant plus ancien que l'époque en était alors ignorée, leur origine est exposée dans la délibération suivante : « M. F. Dantre, oultre le marchef qu'il a faict à la cité pour la conduyte des fontaines nouvellement treuvées, à Burgilles, a convenu et marchandé de faire à ses fraiz ung conduyt ou canard de pierre, semblable à celui que déjà il a faict avec ung repositoire de pierre de taille tant au fond comme alentour faict à volte de pendant et la porte de mesme, le tout bien et deheument simenté ; lequel conduyt ou canard servira pour conduyre l'eau d'une petite fontaine, treuvée en la vigne du Saint-Esprit, jusques au d. repositoire qui sera faict de deux pieds et demy de toute escarrure, et posé à trois toises oultre la porte de la tournelle en devers de la cité, et ce pour le prix de soixante et dix francs » [lundi 19 septembre 1558] (1).

Je suis surpris que M. de Boulot n'ait pas trouvé l'origine du canal en question, quand alors un siècle et demi seulement le séparait de l'époque de son établissement, et que les journaux de l'hôtel de ville, si fidèles à recueillir les actes du Magistrat, étaient à sa discrétion. Au point de vue des droits et des intérêts de la cité, cette ignorance du passé pouvait, en certaines occasions, devenir une faute (2). Sous le rapport de l'utilité, s'il s'était rendu compte de l'objet de sa découverte, peut-être, sans fouiller dans les temps antérieurs, aurait-il préjugé des causes qui avaient amené l'abandon de cet appareil, et il n'aurait pas conduit le Magistrat à subir les mêmes conséquences. Après essai, on renonça en effet à son usage. Il résulte de ces faits et documents que déjà, deux fois, la source du *Marc-d'Argent* avait été mise en œuvre sans produire le bénéfice attendu. On attribue ce délaissement à la révulsion ou au ralentissement de vitesse que produisaient les eaux, au moment de leur concours avec celles des autres sources ; d'ailleurs le

---

(1) M. Monnyot, président.

(2) C'est un reproche généralement mérité par nos écrivains Franc-Comtois qui ont tant laissé à désirer sur certaines parties d'histoire locale, eux qui vivaient à une époque où tous les documents propres à confirmer ou à éclaircir leurs écrits étaient complets et à leur portée. Le vent de la révolution n'avait pas encore dispersé ces précieux monuments dont un grand nombre offrent, à la marge du catalogue d'inventaire où ils ont été enregistrés, cette terrible et irrémédiable sentence : *brûlé*.

tribut qu'elles apportaient à celles-ci, ne méritait pas une conduite séparée. M. de Boulot poursuivant ses recherches avise la source du *Marc-d'Or* ou *Fontaine-Quarrée* (au chemin actuel du Gravirot), et en propose l'expropriation. Par sa requête du mois d'octobre 1699, François Prévost, boulanger à Bregille, expose que la source et le cours d'eau font partie de son patrimoine, et il en administre la preuve; il ajoute à ce titre que ses auteurs en sont propriétaires depuis 1640, époque à laquelle la vente leur en avait été faite d'autorité de la régalie. Il demande, en tous cas, que le niveau du réservoir soit établi de telle sorte que, les exigences de la cité satisfaites, il lui reste assez d'eau pour abreuver la cressonnière joignant sa vigne et son verger. Nonobstant l'exposé de ses droits et son appel à la justice, Prévost dut être exproprié, à la suite du rapport de MM. Pétremand et Philippe [6 novembre], et il ne lui resta plus qu'à établir le chiffre de son désintéressement. Malgré les délibérations et les décisions relatives à cette affaire, entre autres celles du 6 novembre 1699, la sentence d'expropriation ne fut pas exécutée sur-le-champ. D'abord, elle ne l'était pas en 1701 [15 juin], si l'on en juge par l'autorisation qu'obtint Prévost d'adapter un tube de communication entre le réservoir et son verger, sauf à le fermer s'il en était requis. Elle ne l'était pas non plus en 1702; car, à cette époque, les fontaines ayant tari, M. Mareschal fut chargé de signifier à Prévost d'avoir à déverser, dans les tuyaux de conduite, la source dont il était détenteur. Si le moyen fut essayé, il ne semble pas avoir réussi, et cela sans doute pour les mêmes motifs qui avaient fait rejeter les eaux du *Marc-d'Argent*. Prévost et ses successeurs demeurèrent paisibles possesseurs du *Marc-d'Or,* en dépit de tous les projets d'accaparement des basses sources, projets agités, sans succès, pendant un siècle. Voici au surplus ce que je lis dans les petites affiches de Besançon, à la date du 2 avril 1773, sous le titre de *propriété à vendre à Bregille.* « Cette propriété, appartenant ci-devant à M. Dupuis (domaine Prevost) (1) est composée de pavillons, jardins, etc... avec une fontaine dont les eaux se déchargent dans une grande cressonnière. »

Cette tolérance du Magistrat n'indique pas que, par d'autres moyens, on obviait à l'insuffisance des sources hautes, mais que l'emploi des sources basses était ou impraticable ou si peu fructueux que tout essai, à cet égard, eût été, selon l'expression du temps, *une entreprise frustratoire.* Malgré cette insuffisance, le Magistrat, au commencement du dix-huitième siècle, donnait suite au projet élaboré en 1698 ; faute de la quantité d'eau nécessaire, il n'était réalisé que successivement, et sui-

---

(1) Elle occupe en partie le terrain renfermé entre le chemin du Gravirot et celui des forts. Cette indication est confirmée par la supplique même de Prévost [29 octobre], où les confins de ce domaine sont désignés comme suit : — touchant, de bise, un trage régnant au bout des jardins du bourg dessous. — Par dessous, Denis Noble et le chemin de la fontaine, — de vent, le nommé Morel, — et par dessus, le grand chemin.

vant un calcul de répartition telle, que, avec le même volume d'eau, on pourvoyait à une distribution plus nombreuse : évidemment la dotation partielle était en raison inverse du nombre. Au reste, sans me préoccuper désormais du plan de M. de Boulot, je vais retracer, dans l'ordre des temps, la création des fontaines qui complètent l'ancien système, et qui toutes datent du dix-huitième siècle.

MULTIPLICATION DES FONTAINES.

En 1698, deux fontaines, que je décrirai plus loin (pages 267 et 296), se construisent, l'une à l'angle de l'ancienne mairie, vis-à-vis de la rue des Granges, et l'autre près du couvent de Sainte-Claire. La première est supprimée vers 1736, lorsque l'ancienne mairie, tombant en ruine, fut démolie avec plusieurs bâtiments adjacents (1) et remplacée, pour le service de la justice, par cette maison, située à l'extrémité de la place des Bénédictines, où, depuis, a siégé le tribunal de la vicomté et ancienne mairie. Ce transport s'effectua par suite de l'échange opéré en 1735 (2), et que consacre, le 2 mars, une délibération ainsi conçue : « MM. les commissaires chargés de l'échange de la maison des Goguez d'avec l'ancienne mairie de cette ville, appartenant à M. le prince d'Isanghien, en ont apporté le contrat

---

(1) Effectivement, le 4 octobre 1729, la prison de la Mairie s'était déjà écroulée. C'est dans cette circonstance qu'on logea les prisonniers au grenier de la Ville, alors rue St.-Vincent. Quatre ans après, le 2 avril, une partie de l'ancienne Mairie s'écroulait elle-même ; c'est pourquoi, dès ce moment, on négocia avec le prince d'Isanghien pour transférer ailleurs la justice de la vicomté et ses archives.

(2) Le traité d'échange, en spécifiant la maison dont il s'agit, reproduisait parfaitement la physionomie des lieux. D'après cet acte, elle est assise entre la rue des Granges d'un côté, la rue et la petite rue de Glères de deux autres ; et par derrière elle s'adosse à plusieurs maisons de particuliers faisant face sur la place neuve.

dans la séance de ce jour. La compagnie en ayant pris lecture l'a approuvé et a prié de nouveau MM. les commissaires d'en procurer la ratification de M. d'Isanghien. »

En 1730, les Jésuites du Collége voulaient clore la cour des classes par la galerie qui règne aujourd'hui sur la rue ; or, depuis six ans environ, il existait un plan de distribution de fontaines qui en figurait une contre leur établissement. Dans la prévision de cet événement, les Jésuites désiraient connaître les dispositions arrêtées par le Magistrat, afin de régler en conséquence la façade à construire (1). Ils s'adressent donc à l'Intendant qui, le 4 mars, vient siéger à l'hôtel de ville et formuler, en l'appuyant de ses bons offices et de son autorité, la demande des Jésuites.

Le Magistrat s'excuse tout d'abord sur l'insuffisance des sources, et l'argument était irréfutable ; mais l'Intendant rappelle que les religieuses de Sainte-Claire se

(1) La galerie terminée, une charpente informe la couronne. Le Magistrat, par mesure de voirie, en ordonne le changement, et il est convenu d'abord qu'on la remplacera par une plate-forme ornée d'une balustrade dans toute la longueur. Sous différents prétextes, les Jésuites différant l'exécution de leur promesse, le Magistrat menace de donner suite à sa première signification. Un sursis est demandé pendant lequel deux architectes, les s^{rs} Trippard et Chalandre, sont chargés de dresser un plan. Dans l'intervalle, les RR. PP. cherchent à composer en proposant d'élever la corniche de la muraille pour dissimuler la toiture. Fatigué de leurs manœuvres, le Magistrat les fait sommer de démolir sans délai la *ramure* condamnée. Ceci avait lieu à l'époque de la pose de la fontaine, c'est-à-dire du 31 mai au 18 août 1732.

plaignent du voisinage de leur fontaine, qu'elles ont fait des démarches pour en obtenir l'éloignement, et qu'en donnant satisfaction à ces plaintes, on peut en même temps condescendre aux justes désirs des RR. PP. Les démarches des Clarisses étaient tardives et avaient perdu de leur gravité ; car, depuis trente ans, on gardait le silence, ce qui semblait prouver que l'inconvénient n'était pas intolérable, ou que l'habitude devait en avoir affaibli l'effet. D'un autre côté, le Magistrat ne voyait aucun moyen de répondre au vœu de l'Intendant, sans troubler quelque droit, peut-être sans rien faire dans l'intérêt public : de deux choses l'une, ou il fallait fixer ailleurs la fontaine, tout en la maintenant dans la même rue, ou la transporter au devant du Collége ; dans le premier cas, c'était déplacer une servitude, et la servitude est facile à perpétuer, non à imposer ; dans le second, c'était sacrifier sans motif suffisant un ordre de choses acquis aux citoyens de la rue Saint-Vincent ; aussi protestaient-ils d'avance contre l'enlèvement de leur fontaine. Le Magistrat se prévalant de ces réclamations, repousse les prétentions des Clarisses, et, pour le reste, se renferme dans son premier argument. L'Intendant insiste ; or parmi les expédients que lui suggère son dessein, voici celui qui vainc la résistance du conseil : il propose un réservoir à la place Saint-Jean, avec suspension d'écoulement aux fontaines pendant la nuit, et l'emploi de la source de Fontaine-Argent. Ce dernier moyen paraissait le plus fructueux et le plus sûr ; il séduit le Magistrat qui, après en avoir délibéré, l'accepte, mais sous réserve de pourvoir d'abord à la construction des casernes. Voici l'origine de cette restriction : on bâtissait les casernes sur les fonds des fontaines et du pont de Bregille, et de cinq écuries à édifier, trois seulement étaient à peine achevées.

Dans la perspective d'un moyen toujours possible, toujours à la disposition du conseil, et ne paraissant pas devoir entraîner de trop grandes dépenses, la cité s'engage à bâtir à ses frais la fontaine des Jésuites. Elle va plus loin, elle profite de cette circonstance, pour admettre l'établissement d'une conduite le long du couvent de Saint-Antoine et par la ruelle du Loup jusqu'à l'hôtel de l'Intendance (Grande-Rue, 14) : telle est l'origine de la fontaine et du jet d'eau qui distinguent cette maison jusqu'à l'érection de la nouvelle Intendance (1). La fontaine du Collége a été entreprise par Claude Baron. Il n'y avait pas de marché préalable avec lui ; c'est pourquoi, le travail terminé [1732], il fallut procéder à son estimation contradictoirement. L'hôtel de ville avait pour expert P.-F. Chalandre, qui évalua la totalité de l'entreprise à la somme de 1,639 liv. 9 s. 2 d. D'autre part, elle fut estimée 2,254 liv. 9 s. par Laurent Billey, expert de Baron. A la vue de ces deux résultats, on proposait de nommer un tiers-expert, afin de trancher la question ; mais le conseil, après avoir

(1) M. Dufresne, V. M.

discuté ces estimations, les rejeta toutes deux pour adopter et faire agréer celle de 2,050 liv. (1).

« La fontaine de la rue du Collége ne se compose que d'un bassin, d'une niche centrale toute nue, et de deux colonnes ajustées dans le style de l'architecture des Jésuites, qui avait un caractère particulier (2). »

Depuis l'érection de cette fontaine, bien des fois il avait été question d'en élever une qui remplaçât celle des Bénédictines, ainsi appelée parce que, au lieu d'être érigée au-dessus de la rue Saint-Paul, suivant les projets de 1698, elle s'était vue appliquée contre le couvent de ce nom, et déjà différents plans avaient été présentés au Magistrat. Ces plans, toujours renvoyés à d'autres temps, étaient, le 2 mars 1735, l'objet d'une attention particulière; néanmoins par décision de ce jour, le contrôleur chargé de faire plusieurs études *de la fontaine à dresser au-devant de la maison échangée contre l'ancienne mairie,* voyait encore ses projets refusés ou ajournés; mais les retards touchaient à leur fin : cette construction étant conforme aux vues de l'Intendant, les négociations entre lui et le Magistrat ne sont pas longues. Le vicomte mayeur annonçait, le 16 mai 1736, qu'il venait de recevoir les plans définitifs de la nouvelle fontaine; il les présente au conseil qui le charge d'en assurer la réalisation immédiate. Suivant le contrat

(1) M. Sarragoz, V. M.
(2) Notes de M. Marnotte.

d'échange, elle occupe le fond de la place, parallèlement à la façade de la vicomté et ancienne mairie. « Il est encore convenu, dit ce contrat, que la ville bâtira à ses frais le front du terrain par elle cédé, sur la place des Bénédictines, dans lequel sera incrustée une fontaine avec sa niche et ses dehors assortis de tels ornements que la ville trouvera convenables. » Après toutes mesures relatives à la mise en œuvre de l'entreprise, le 7 juillet (1), à l'issue de la séance du conseil, le vicomte mayeur était invité à se rendre sur la place des Bénédictines, pour procéder à la pose de la première pierre de cette fontaine (2). A la cérémonie d'inauguration, le conseil fait distribuer un louis aux ouvriers, et les trois commissaires aux fontaines (MM. Gillebert, de Vellerot et Rigoine) ajoutent un écu chacun à ce don de la munificence municipale.

Ce monument est une conception de Foraisse. Fillard, son adjoint, dut prendre part à ce travail, car le contrôleur était alors vieux et infirme. La maçonnerie en a été exécutée par Pierrot, entrepreneur à Besançon.

---

(1) D'Auxiron dit, que la première pierre de cette fontaine fut posée le 19 juin. L'Intendant qui devait présider cette cérémonie l'avait en effet fixée au 19 juin à midi. Mais après plusieurs remises successives, on était arrivé au 7 juillet, lorsque l'Intendant fit adresser ses excuses au Magistrat. D'un autre côté, l'entrepreneur avait assis ses fondations et attendait impatiemment l'exécution de cette formalité. Le conseil prend une résolution soudaine, le samedi, 7 juillet, laquelle s'accomplit immédiatement après la séance.

(2) M. Bouchet, V. M.

La fontaine et la place furent dédiées au Dauphin, Louis, né en 1729. Cette dédicace, après les fêtes données à Besançon, par suite de cet événement, avait pour but de perpétuer la mémoire de la naissance du père de Louis XVI. D'ailleurs, pour symboliser cet hommage, l'Intendant, M. de Vanolles, alors à Paris, donnait avis au Magistrat qu'il venait d'acheter des dauphins de bronze, pour la décoration de la fontaine nouvelle. Cela est manifeste par la correspondance du chevalier Louvet, lue en conseil, le 18 avril 1740, et par la lettre de change ordonnancée le même jour et destinée à payer l'acquisition faite au nom de la cité (1). Ce groupe, œuvre de Herpin, comprenait : antre, dauphins, enfants, rochers, roseaux et cul de lampe, et coûtait 3000 francs, que le chevalier Louvet, député à Paris, fut chargé de payer [14 mai]. Il faut ajouter à cette dépense 87 fr. pour différents frais, dont 30 fr. de pose, réclamés par un nommé Leur, et qui furent soldés le 13 juin.

Cette décoration a été détruite en 1792 : sa signification et la matière dont elle était composée la condamnaient à double titre au creuset de la monnaie; car la politique se faisait l'alliée du vandalisme.

Le cahier des charges donne une idée de l'ornementation de cette fontaine dans le résumé suivant : « Sur le dit arrasement du mur de fondation, il sera érigé l'élévation de la fontaine et observé tous les retours

---

(1) M. Belon, V. M.

d'angles, saillies, tables, pilastres lisses et aux refends ou bossages, bases, chapiteaux, architrave, frise et corniche de l'ordre Toscan, lequel sera mis en œuvre, suivant les proportions de cet ordre. — Observant en général toutes les décorations indiquées dans le dessin, savoir : bassin, niche, masque ou teste de monstre marin, coquille ; et pour attribut, les armes dauphines, avec les colliers des ordres de Saint-Michel et du Saint-Esprit, couronnes, cartouches, support et trophées d'armes maritimes et autres ; — idem, les piédestaux, balustres, tablettes et vases ornés de feuilles d'eaux. »

Le 17 mai 1824, sur le motif que cette fontaine pouvait durer encore, on en ajournait la réparation. Le 11 mai 1825 (1), même ajournement ; toutefois on cédait les fonds nécessaires pour la rejointoyer. Vers ce temps là, M. Marnotte en avait proposé la reconstruction intégrale : voici, par lui-même, le narré descriptif de son plan.

« Sur trois marches devait s'élever le bassin de la fontaine montant jusque sous la corniche du soubassement de l'ordre. Dans la partie centrale, aurait été pratiquée une niche pour recevoir une statue représentant l'abondance, et de son piédestal, un masque de lion

---

(1) C'est à la même séance du 11 mai 1825, qu'était proposée la reconstruction de la croix de Malpas. Dire que cette reconstruction de l'antique et pieux monument est due aux libéralités de M. de Camus, c'est faire connaître l'ajournement dont fut frappée cette proposition.

eût lancé l'eau dans le bassin. Cette niche devait être accompagnée de colonnes portant un fronton, et des colonnes semblables auraient été répétées aux angles de la façade pour l'arrêter convenablement en forme de contreforts. D'une colonne à l'autre on eût disposé régulièrement une série de pilastres du même ordre, reliés entre eux par l'impost de la niche. Les entre colonnements auraint été décorés alternativement, dans la partie supérieure, des armes de France et des armes de la ville; et, dans la partie inférieure, de dauphins enlacés dans des tridents. Enfin toutes les colonnes ainsi que les pilastres, la frise et le bassin de la fontaine eussent été exécutés en pierre polie de Sampans, se détachant sur des fonds en pierre blanche qui en eussent relevé l'éclat.

» Le montant des travaux ne devait s'élever qu'à neuf mille francs, non compris la statue dont une partie des frais étaient supportés par un généreux citoyen, M. de Camus, qui en avait fait l'offre à la ville (1). »

Il était encore question de la reconstruction de cette fontaine le 11 août 1838. Alors le conseil émettait le vœu que l'administration sût du propriétaire voisin, si la ville pourrait traiter avec lui de la cession de l'espace qui existe entre cette fontaine et sa maison. On pensait que, par l'agrandissement devant résulter de cette acquisition de terrain, il serait possible et convenable d'établir la nouvelle fontaine au milieu de la place, sans

---

(1) Notes de M. Marnotte.

obstacle pour la circulation. Aucun de ces projets n'a été réalisé; et depuis, après un siècle d'existence, ce monument affecte l'aspect d'une ruine, quand d'ailleurs sa situation en affiche la tristesse.

De 1618 à 1736, les démolitions effectuées au centre du Bourg, donnaient à la place neuve une étendue qui y permît l'établissement d'une fontaine dont le service devait obvier à la suppression de celles de 1557 et de 1698, dans cette bannière. Le plan en fut présenté au Magistrat par le sieur Longin, le 19 août 1743; et le 10 septembre, l'érection en était adjugée à Jacques Tournier (1). Cette fontaine avait une hauteur totale de huit pieds huit pouces, savoir : un pied huit pouces, formant les trois marches du palier sur lequel elle était assise; trois pieds pour la cuve et quatre pour l'ornement qui s'élevait au centre. Cette cuve, avec un profil d'un galbe très-simple, présentait, dans œuvre, un bassin de onze pieds et demi de diamètre, longueur coupée par une pièce de sculpture ayant elle-même quatre pieds : c'était un tertre partant du fond du bassin et composé de joncs et autres plantes aquatiques, au milieu duquel on voyait plusieurs cygnes, dont deux, placés symétriquement et que retenaient par le cou des enfants ailés, lançaient l'eau par le bec. Elle a été détruite en 1792.

L'année suivante [10 juin 1744], le plan de la fontaine Ronchaux était présenté au Magistrat. Ce plan

(1) M. Charle, V. M.

avait été approuvé le 24 juillet, par l'Intendant, M. de Serilly; on surseoit néanmoins à l'exécution, *à cause des circonstances* et non faute d'argent, comme le prétend d'Auxiron, car, sur le rapport même du trésorier [27 juillet], la ville pouvait faire face à cette dépense. En 1746, le 8 octobre (1), on délibérait de se mettre à l'œuvre au printemps suivant, alors tout était prêt : effectivement, dès le 16 janvier 1747, l'adjudication en est faite pour le prix de 850 livr. et le marché passé, par-devant maître Souret, notaire, entre Jacques Perrette d'une part, et MM. Mareschal et d'Orival, conseillers au Magistrat. Perrette avait pour associé et caution solidaire, Nodier, maître maçon. Le sculpteur était naturellement l'homme de l'entreprise, puisque la construction se pose, avant tout, en œuvre d'art ; aussi la décoration est-elle le seul point de vue de l'observateur. Il y a une délibération qui en énonce ainsi l'objet principal : « Une figure représentant un vieillard ou le Doubs qui verse l'eau [4 janvier 1747]. » On n'était pas fixé alors sur le choix du personnage, puisque, dans les mois de juillet et d'août, on discutait encore la question de savoir si on mettrait, dans la niche, la sirène déposée à l'Hôtel-de-Ville (2) ou

(1) M. Durand, V. M.

(2) Cette sirène, *déposée à l'Hôtel-de-Ville*, provenait sans doute de la fontaine remplacée alors, depuis quelques années, par celle de Longin, sur la place neuve. Je sais bien qu'on trouve, dans les statistiques modernes de la ville de Besançon, le mot *triton* et non celui de *sirène*; mais ne serait-ce pas là un abus de langage ? car la délibération primitive, celle qui règle la décoration de la fontaine, sur la place de la

le Doubs, sous la forme d'un vieillard. La conclusion de cette dernière épreuve est *qu'on ne se servira pas de la sirène*. Au surplus, le Magistrat ne prend cette décision qu'après avoir vu, sur une plus grande échelle, la maquette du groupe proposé. Elle conduit donc implicitement à faire croire que la statue symbolique de la fontaine Ronchaux représente le Doubs, suivant le modèle qu'on dit être l'œuvre de Devosges.

Le devis relatif à la décoration renfermait les dispositions suivantes : « La sculpture des trois figures, rocher, hurne, navois, joncs, roseaux, glaçons coquilles, vaze, guirlande, vermicules des bossages seront travaillés du meilleur goux, en toutes parties, le plus parfaitement que faire se pourra, conformément au devis et à la satisfaction de Messieurs du Magistrat. » Les conditions acceptées par Perrette prescrivaient la pierre de Dole pour la sculpture, et celle de Pouilley pour la maçonnerie. Un modèle de cire, et en relief, était fourni à l'adjudicataire, qui s'obligeait, par récépissé [19 juillet 1749], à le rendre au contrôleur, après l'entière exécution de son marché.

Cette fontaine, on le remarquera, anticipe sur la rue, dont elle tronquait l'angle d'une façon peu gracieuse (1). Le procureur général s'opposa vivement à cette violation

---

poissonnerie, dit, sans spécification : *un monstre marin*. Il est vrai que d'après la même délibération, il devait être de pierre ; mais sa *coulée* en bronze n'aurait rien d'étrange à une époque qui a produit le Charles-Quint et les aigles du Pilori.

(1) Elle devait être dressée devant la façade de la maison du sieur

d'alignement et, à ce sujet, intenta un procès à la ville ; il le perdit, sans doute parce que la disposition de la rue, à cet endroit, ne blessait que la régularité, la circulation trouvant, au débouché du carrefour, une largeur suffisante. L'échancrure opérée vis-à-vis de la fontaine provient d'une maison démolie en 1654, par ordre du Magistrat, pour agrandissement de la voie publique.

L'édification de cette fontaine dure près de quatre ans, ce qui tient aux contestations survenues entre les deux ouvriers qui avaient conjointement accepté les conditions de ce travail, aux modifications introduites dans l'objet principal de l'entreprise et enfin aux débats résultant de l'inexécution des clauses du marché.

Nodier qui, sur le rapport du contrôleur, avait déjà subi le refus de quelques parties de sa maçonnerie, est obligé de démolir et de recommencer l'ouvrage, ce à quoi du reste il se soumet sans autre avertissement ; mais bientôt un conflit s'élève entre le maçon et le sculpteur, qui ne peuvent s'entendre ni sur la dépendance mutuelle de leur travail respectif, ni sur l'ordre d'exécution entre la sculpture et l'élévation de la maçonnerie. L'entreprise, ralentie ou suspendue par ces querelles, provoque la signification du 17 avril 1748,

---

Marchand, qui reçut 120 livr. d'indemnité, à condition toutefois qu'il bâtirait sur l'alignement du terrain restant. Il est aisé de reconnaître aujourd'hui encore ces dispositions, dans les bâtiments adjacents à la fontaine. Le front de la rue Saint-Vincent n'offre aucun rapport avec les constructions qui sont en retraite.

ayant pour but d'obliger Perrette à reprendre son ciseau : l'artiste avait tracé ses *vermicules* sur la maçonnerie à démolir, et se refusait à les recommencer sans une augmentation préalable de salaire. Un autre incident suscite à l'entreprise de nouveaux embarras : dans l'origine, suivant le marché du 16 janvier 1747, la figure ne devait avoir que 4 pieds; plus tard elle est augmentée de 1 pied 1/2 ; enfin, le 19 juillet 1749, sous la direction du contrôleur Longin, elle recevait encore un pied d'augmentation. Ces changements donnent lieu à une modification dans le prix, qui s'élève, par suite, de 850 à 950 liv. Toutefois, ce n'est pas sans contestation que se règle la proportionnalité du prix avec ce surcroît de travail; car outre la première indemnité consentie par le Magistrat, Perrette affichait de nouvelles prétentions, et en étalait bruyamment le chiffre et la légalité.

Quant à la constatation des dimensions de la figure, elle est consignée dans deux certificats d'experts, dont l'un, du sieur Quenet, en date du 10 avril 1750, atteste que la statue a 6 pieds 1/2, contrairement à un procès-verbal d'expertise du 23 janvier 1750, qui ne lui attribue que 5 pieds 10 pouces. L'autre est signé Viotte, graveur à la monnaie, et porte que la figure a en effet 6 pieds 1/2 [10 août 1750]. Au surplus, l'artiste n'approuvait pas le modèle qu'on lui avait imposé, prétendant qu'il n'était pas *suivant le goux*, et mettait tout en œuvre pour en faire admettre un autre de sa composition, lequel, malgré de longues manœuvres, fut constamment repoussé.

Infatigable dans ses réclamations, Jacques Perrette, qui demandait un jour 66 livres 13 sous 4 d. par pied d'augmentation, veut, une autre fois, 500 livres pour toute indemnité et percement de l'urne, cette dernière circonstance n'ayant pas été prévue dans le devis. Enfin il portait ses recherches sur des retouches faites à des parties indépendantes de son propre travail et pour lesquelles il avait déjà reçu mandat. Il demandait justice partout et n'avait oublié aucune juridiction. Le Magistrat n'eut pas plus de peine à répondre à ses plaintes qu'à ses réclamations : toutefois, le procès suscité par le procureur général, relativement à l'emplacement de la fontaine, était, en apparence, favorable à Perrette, puisque, comme entrepreneur, il pouvait se prévaloir des retards qui en avaient été la suite. Néanmoins l'Intendant, parfaitement informé des calculs du demandeur, le condamna, et il ne reçut d'autres allocations que celles déjà réglées par le Magistrat. L'agitation de Perrette amène un autre résultat : au commencement de 1750 [23 janvier], une expertise, provoquée par le conseil, portait de lumineuses investigations sur la fontaine Ronchaux. Le sieur Viotte, qui devait y prendre part, au nom et pour le compte du sculpteur, n'ayant pu suivre l'opération à jour fixe, l'architecte Gallezot, chargé de vaquer pour le Magistrat, rédigeait, en attendant un examen contradictoire, un rapport où sont consignées ses appréciations. Dans le préambule de ce document, la façon dont il traite l'expert choisi par Perrette expliquerait facilement son absence ; il prétend que Viotte *n'étant ny ouvrier, ny figuriste, ny connaisseur au dit art,* n'agira, dans ses dires et jugements, que sous l'inspiration et suivant les notes de Perrette. Après ce coup porté à son collègue, il expose, sur la fontaine de la rue Ronchaux, de sévères et minutieuses observations qu'il résume comme suit : « Ayant reconnu que la jambe gauche, du côté de la niche, regardant en face est surcassée, et qu'ayant vu le modèle, les saillies de roseaux ne sont pas *saillants,* comme au modèle, et que les *vermicules* ne sont pas aussi enfoncés ; la coquille, au-dessus de la niche, qui était à trois rangs sur le modèle, n'a été faite qu'à deux pour abréger le travail ; que les enfants, au-dessus, ne sont pas traités selon l'art, ce qui fait la fin de mon rapport. » Signé Joseph Gallezot.

Voici la description sommaire de cette fontaine : « Elle est établie en pan coupé à l'angle des rues Ronchaux et Saint-Vincent. La façade est ornée de bossages vermiculés formant l'encadrement d'une niche dont une vaste coquille occupe toute la voussure. Cette niche sert à recevoir la figure du Doubs, appuyée sur l'urne qui verse l'eau dans le bassin de la fontaine et tenant à la main droite une rame, attribut de la navigation. La niche est couronnée par un amortissement supportant un vase d'où s'échappent deux branches de lis que des génies soutiennent de chaque côté. La partie supérieure de cette décoration se termine par un attique qui lui sert d'appui (1). »

Je n'ai pu déterminer d'une manière précise l'origine de la fontaine Saint-Jacques. Il en est question, pour la première fois, le 2 juin 1757. La seconde mention qui la concerne a lieu en 1764, lors de la demande d'un filet d'eau pour l'hôpital militaire ; car, à cette époque, on signale le danger qu'il y aurait, pour cette fontaine, de faire un nouvel emprunt à la distribution des eaux. Ces dates sont fort rapprochées de sa création : en effet, l'agrandissement du carrefour, pour en faire une place, est postérieur à 1719, et la place elle-même n'a pu se prêter à l'installation d'une fontaine qu'après l'établissement de la caserne d'Arènes. Or, les plans de Querret portent la date de 1738, et la rendue de la caserne, fondée en 1739, celle de 1747 : on peut donc, avec certitude, regarder, comme synchronisme, le milieu du dix-huitième siècle et la mise en activité de la fontaine en question (2).

« Avant 1825, dit M. Marnotte, cette fontaine ne se composait que d'un simple bassin circulaire, au centre duquel était une borne-fontaine. Celle-ci fut alors remplacée par une colonne reposant sur un piédestal circu-

---

(1) Notes de M. Marnotte.

(2) Ce n'était, dans le principe, qu'une modeste borne-fontaine. La cité faiblissant sous les charges de l'Etat ne pouvait faire davantage. Déjà, en 1728, elle avait dû renoncer à embellir ses fontaines ; mais après l'orageuse entreprise des casernes d'Arènes, elle commençait une suite de constructions (le pavillon Saint-Paul entre autres) qui exigèrent, de 1755 à 1758, une dépense de 305,489 liv. 5 s. 2 d.

laire, et formant, depuis le sol de la rue, une hauteur de 6^m,60. Le socle, la corniche, la base et le chapiteau étaient en pierre blanche. Le dé du piédestal ainsi que le fût de la colonne étaient en pierre polie de l'abbaye de Damparis. Au centre du piédestal, une tête de lion faisait jaillir l'eau dans le bassin, et le chapiteau, orné de feuilles d'acanthe, servait, comme une corne d'abondance, à recevoir des fruits dorés qui terminaient le sommet de la colonne. »

Dans l'origine, la série des fontaines s'était développée sur une ligne médiane, qui devenait un axe de symétrie à mesure que leur nombre se multipliait. Depuis le commencement du dix-huitième siècle, la partie sud-ouest de la ville, composée d'abord de jardins et de vergers, se couvrait de constructions qui jalonnaient les rues futures de ce quartier, et ces champs où cinquante ans auparavant on avait essayé, en Franche-Comté, les premières cultures de maïs, se rétrécissaient à vue d'œil. La ruelle Sainte-Anne, qui, depuis 1557, n'avait présenté d'autre édifice que la chapelle de ce nom, s'élargit [1690] à l'heure où s'édifia la porte Notre-Dame, destinée à remplacer celle qui existait au-dessus des Minimes (1). En 1739, on avait tracé la rue Neuve, et elle devait être mise en communication avec le centre de la ville, au moyen d'une rue perpendiculaire coupant les terrains

---

(1) Au magasin à poudre, où les traces en sont visibles. La chaussée elle-même apparait encore sur le glacis et derrière la brasserie Répécaud.

du collége, de l'abbaye des Bénédictins et de divers particuliers (assemblée des notables 1769). Il avait été question d'ouvrir cette rue de traverse à la porte claustrale qui s'appuie au clocher de Notre-Dame; l'opposition des Bénédictins et un plan mieux raisonné firent reporter plus haut cette embouchure : la ruelle des Carmes indiquait en effet le tracé le plus convenable; d'ailleurs les édifices déjà construits faisaient une loi de suivre cette direction (1). Or le nombre de ces édifices et la population considérable du quartier déterminent le conseil [1776] à élever une fontaine au *rond-point* décrit devant la nou-

(1) La ruelle des Carmes se souda à la rue de Traverse par une coupure effectuée, rue Saint-Vincent, entre le Séminaire et les Bénédictins. La maison à enlever appartenait au conseiller Faure, et fut payée 40,000 livr. Si la démolition ne s'accomplit qu'en 1772, cela tient aux procès suscités par les propriétaires des murs mitoyens. Les marques de cette démolition existaient encore, il y a peu de temps; c'est la maison Brugnon (n° 12) qui a effacé les traces des pignons imprimés aux murailles voisines. Enfin [1783] on compléta l'œuvre en rasant la maison située entre le palais et les Carmes, ainsi que l'arcade de communication bâtie en 1542.

L'ouverture de la rue Neuve fut décrétée le 6 juin 1739. Les fondations de la préfecture s'y jetèrent en 1740; mais la première pierre ne fut posée qu'en 1771, le 14 juin. On s'étonne et on regrette que le centre de la façade de cet édifice ne se trouve pas sur l'axe de la rue de Traverse. C'était aux constructeurs de la nouvelle Intendance à obvier à un inconvénient facile à prévoir alors, car, en 1739, les maisons de Valay et Isabey (n°s 19 et 21), venaient d'être construites, par conséquent les alignements de la rue étaient déterminés.

On projeta d'appeler *Lacorée* la rue de Traverse. Pourquoi la rue Neuve ne s'est-elle pas appelée *Vanolles*? A cet égard, les habitants de Pontarlier ont été mieux inspirés.

velle Intendance. Toute la partie circulaire de la place était presque entièrement bâtie à cette époque. Le séminaire, pour effectuer cette construction, s'était fait autoriser par le Magistrat, et n'avait obtenu l'agrément de cette compagnie que sur la production d'un dessin et la promesse de se conformer à certaines prescriptions, entre autres à l'obligation d'admettre la servitude d'une fontaine adossée contre le milieu de la façade circulaire, au nord de l'Intendance ; et en effet le plan dressé par les directeurs eux-mêmes mentionnait cette affectation. Or, le 22 avril, la construction touchant à sa fin, aucune place n'avait été laissée libre ; d'ailleurs, par requête du 1ᵉʳ mars, on avait sollicité le privilége d'ajouter un balcon à la partie moyenne de la façade, précisément au-dessus de l'endroit réservé. Le séminaire, en ne se préoccupant pas de la fontaine dont il avait accepté l'onéreux voisinage, n'avait sans doute pas compté sur sa prochaine érection. Quoi qu'il en soit, le Magistrat s'irrite de cette omission et se dispose à faire démolir et à reprendre les 9 pieds de longueur qu'il doit occuper, suivant le projet. Déjà les commissaires avaient reçu l'ordre de faire les préparatifs de ce travail, lorsque le séminaire, voyant une atteinte portée à sa propriété dans cette exécution et surtout dans les dégradations inévitables qui résulteront de l'épanchement des eaux, commence à comprendre l'étendue de l'obligation contractée et en sollicite l'affranchissement. Le 31 août, le conseil recevait une communication de l'Intendant à ce sujet. Mais le Magistrat, après avoir fait observer que les obligations du séminaire étaient fondées sur une convention admise de commun accord, et ratifiée par une ordonnance de voirie que le parlement pouvait seul réformer, persiste à poursuivre l'exécution de son projet.

Le 25 juin 1777 (1), les choses en étaient là, quand le conseil reçoit une nouvelle communication de l'Intendant. Cette fois il reprend la question au point de vue du droit, rappelle le cens dont le terrain est affecté, discute l'opportunité du choix de l'emplacement, et incline vers une concession à faire aux réclamants. L'intervention de l'Intendant a pour résultat de faire reporter à la ruelle des Dames, où nous la voyons aujourd'hui, la fontaine de la rue Neuve. Cette décision prise, les commissaires reçoivent l'ordre de faire travailler à la conduite [23 août], car les tubes destinés à l'établir venaient d'arriver. Le 20 septembre, cette conduite, partant de la rue Ronchaux et passant par la rue du Perron, touchait à la chapelle des Dames; mais le plan de la fontaine n'étant point arrêté, on se borne à fixer un poteau à cet endroit, puis on prolonge la tranchée jusqu'à la grande porte de l'hôtel pour une fontaine particulière. Telle est l'origine de la fontaine intérieure de la Préfecture. (*Voir* page 484, note 3.)

Deux mois après, différents plans de la fontaine étaient présentés au Magistrat par le contrôleur Longin et son

---

(1) M. Duhaut, V. M.

adjoint Bertrand. Or, les plans de ce dernier ayant obtenu les suffrages du conseil, une décision du 26 novembre exprime qu'il sera chargé du travail. Cette décision était une suite naturelle et nécessaire d'actes antécédents que je vais mettre sous les yeux du lecteur, tant pour compléter l'histoire de la fontaine que pour montrer l'origine de sa décoration.

Le 22 mai 1776, le conseil avait pris la résolution suivante : « La compagnie voulant donner suite à la délibération par elle prise d'établir une fontaine dans la partie circulaire, au-devant de l'hôtel de l'Intendance et au joignant des bâtiments du séminaire, a arrêté d'y placer la statue en bronze représentant une sirène, qui est déposée depuis longtemps dans la chambre des archives, et elle a chargé le sieur Breton, statuaire et professeur de l'académie de dessin, de donner un plan de fontaine et de décoration convenable à la statue (1). »

Cette résolution était confirmée, le 19 juin suivant, par la délibération que voici : « La compagnie persistant dans la délibération par elle prise de placer la statue en bronze, représentant une sirène, dans la fontaine qui doit être pratiquée au-devant des bâtiments du séminaire, a délibéré de mettre incessamment à exécution le plan de décoration analogue à cette statue, qui a été dressé par le sieur Breton, statuaire de l'école de dessin. »

Le relief de la sculpture (modèle en terre cuite) est

(1) M. Brenot, V. M.

approuvé le 27 octobre 1784, et le conseil en ordonne l'exécution en pierre, sur le module figuré au plan (1). L'entreprise est confiée au sieur Guyot, maître maçon, qui avait commencé le massif de la maçonnerie depuis longtemps, car il devait simultanément édifier le corps-de-garde adjacent. La marche de ce double travail est consignée dans différents mandats de paiements (400 liv., 23 décembre 1782; — 100 liv., 8 novembre 1783; — 200 liv., 21 février 1784). Au reste, je n'ai rien trouvé de plus sur les conditions et le prix total de cette entreprise.

« Sur un cadre couvert de congélations se détache un groupe de dauphins entrelacés, supportant une conque ouverte d'où sort une charmante sirène en bronze pressant ses mamelles pour en faire jaillir l'eau de la fontaine. La partie supérieure est terminée par un entablement dorique, ornée de triglyphes et d'une table de marbre où se trouve gravée la date de la fondation : MDCCLXXXV; cet entablement supporte un écusson encadré par un cartouche gracieusement contourné et surmonté d'une couronne de laurier. Avant la révolution, on voyait gravées sur l'écusson les armes de la ville, et sous la couronne de laurier, sur un bandeau, la devise de ses armes : *Utinam* (2). »

On lit au registre des délibérations de la commune,

---

(1) Ce relief est aujourd'hui déposé au musée de la ville.
(2) Notes de M. Marnotte.

sous la date du 19 janvier 1793 : « Le citoyen Chazerand fait rapport que le comité chargé de déterminer l'emplacement d'une ou plusieurs fontaines, a décidé d'en placer une à l'angle du cimetière de l'église Saint-Paul. » Telle est l'origine de cette borne-fontaine qui porte le nom de fontaine des Casernes.

La construction de la fontaine Baron suit de si près celle des Casernes, qu'elle semble être une conséquence de la délibération du 19 janvier 1793. En thermidor, an II, on s'occupait de son emplacement, lorsque la commune reçoit communication d'une lettre de M. de Grammont de Villersexel, en date du 17, même mois, par laquelle, au nom de son père, propriétaire de la maison formant l'angle de la ruelle Baron et de la rue des Granges, il offrait le terrain propre à cette construction. Le travail commencé, la commune s'effraie de la dépense et se propose de le suspendre, attendu la détresse financière du moment. Elle mande le contrôleur Lapret : celui-ci fait un rapport à la suite duquel la municipalité ajourne les travaux à faire ; mais, tenant à procurer un filet d'eau à ce quartier, elle fournira la somme de 4,120 fr., qui paraît nécessaire et suffisante pour rendre profitable la dépense effectuée jusqu'alors.

Le rapport du 4 floréal an III mentionne que les travaux faits s'élèvent à la somme de 10,753 fr., et ceux qui restent à faire à celle de 11,489 fr., ce qui donnait, pour la construction entière, un total de 22,242 francs.

L'arrêté du conseil général de la commune du 5 messidor an II, et celui de la municipalité du 13 germinal an IV, sont approuvés par l'administration centrale du département, le 18 brumaire an V [8 novembre 1796]. La disposition spéciale concernant notre fontaine est conçue en ces termes : « L'administration centrale du département du Doubs, convaincue de l'utilité de l'établissement de la fontaine dont il s'agit, approuve ledit arrêté ainsi que celui pris par le ci-devant conseil général de la commune, pour être l'un et l'autre exécutés selon leur forme et leur teneur. »

D'après les actes administratifs ci-dessus, on voit le long temps qu'il a fallu pour que cette fontaine fût mise en activité. Aussi les temporisations qu'elle subit donnent lieu à des plaintes multipliées, qui ne furent pas étrangères à l'achèvement de l'entreprise : elles ne manquaient pas de justesse, puisqu'en définitive les retards ne furent trouvés ni explicables ni légitimes.

« Elle formait pan coupé à l'angle des deux rues ; une grande niche en occupait le centre, cette niche cintrée en plan et carrée en élévation renfermait un rocher d'où l'eau jaillissait dans le bassin disposé en avant. Elle était accompagnée de deux colonnes d'ordre dorique surmontées de leur entablement à triglyphe, entablement qui se prolongeait sur deux gros pilastres dont les assises étaient à refend (1). »

Après les délibérations des 28 février, 18 avril, 8 juin,

---

(1) Notes de M. Marnotte. (Architectonographie de la fontaine Baron.)

23 juillet 1835, des 9 et 17 janvier 1836, l'élargissement de la rue Baron fut résolu. — On bâtissait en 1838, et, les constructions terminées, on remplaçait la fontaine par la borne-fontaine existante.

Un projet de reconstruction, discuté dans la séance du conseil municipal le 11 août 1838, fut ajourné.

J'ai suivi pas à pas l'établissement des fontaines, sans me préoccuper des stations choisies pour les fixer. Parmi ces stations, il en est qui, de leur nature, se recommandaient à l'observation du Magistrat pour demeurer invariables dans tous les temps, tandis que les autres, provisoires et incertaines, devaient dépendre du déplacement de la population ou de la hauteur des lieux.

La multiplication des fontaines ne remédiait pas à l'avarice des sources, puisque, en dehors des causes passagères qui pouvaient en altérer le rendement, les limites de leur produit étaient connues. Si l'on déplace quelques fontaines, c'est afin de pourvoir à une meilleure distribution, en les distançant suivant la population des quartiers et l'agencement des rues aboutissantes, ou afin d'obtenir un écoulement facile et continu.

J'ai mentionné le nouvel arrangement relatif à la fontaine des Bénédictines. Destinée d'abord à être dressée à l'entrée de la rue Saint-Paul, elle avait été portée au-devant des Bénédictines, où son service avait paru provisoirement plus utile. Dix ans avant son établissement définitif, il avait été question de l'appliquer contre le mur de clôture du jardin de l'hôtel Marivat (1), et finalement, en 1736, elle s'érigeait, au fond de la place, contre l'hôtel de la vicomté et ancienne mairie. La place agrandie et embellie prenait, ainsi que la fontaine, un nom politique. Cet honneur n'était pas encore un danger (2).

(1) N° 20 de la place. Les parcelles sur lesquelles est bâtie cette maison ont été achetées de la Commanderie à deux époques différentes : la première, la plus rapprochée du Temple, en 1639 ; la seconde, en 1702. Ces deux propriétés composaient des bandes parallèles, s'étendant de la place à la Grande-Rue, et appartenaient à MM. Monnier de Noironte. Les héritiers de ceux-ci en ayant passé vente à M^{elles} Borey, cette acquisition advint par alliance à M. de Marivat, qui avait épousé la fille et nièce de ces dames. Elle confinait avec la maison d'Etrabonne [1753], précédemment maison de Montureux [1700].

(2) Lors des fêtes données à Besançon, pendant trois jours (18, 19 et 20 novembre), en 1781, à l'occasion de la naissance du dauphin, fils de Louis XVI, cette fontaine fut splendidement décorée. Voici la description de ses ornements : « La fontaine était illuminée dans toutes ses dimensions, de manière que la lumière dessinait exactement l'ordonnance de l'architecture dorique qui la compose.

» Le milieu de la niche, d'où coulait un jet de vin uniquement affecté aux militaires, était orné dans sa partie circulaire d'un emblême de sculpture en bas-relief, dans la forme d'une médaille antique.

» Cet emblême, réunissant sous une allégorie la prospérité du règne de Louis XVI, représentait la France sous la figure d'une femme couronnée, assise sous le perron d'un temple antique, tenant d'une main le portrait de Mgr. le Dauphin, et de l'autre une couronne d'olivier ; deux pyramides, placées dans le lointain, désignaient, avec les mots de l'exergue et de la légende, l'éternelle prospérité de la France.

   Exergue : DELPHINI ORTUS.
   Légende : GALLIÆ ÆTERNITAS.

» Deux autres médaillons, de même forme, ornés de trophées en

Le 5 août 1681, on délibérait de faire à neuf la fontaine du Pilori, laquelle était en très-mauvais état. On voulait profiter de cette circonstance pour la placer au-devant de la fonderie royale (1), emplacement choisi comme le plus apparent ou le plus à la portée des rues et passages de ce quartier (2); mais, le 20 du même mois,

bas-relief, étaient placés dans les deux extrémités. Leur emblème était une suite de celui exprimé par la figure du milieu.

» Le premier, en annonçant le bonheur et la sécurité des Franc-Comtois, représentait la Franche-Comté sous la figure d'une femme assise, et appuyée tranquillement sur un siége de forme antique, tenant d'une main sa couronne de Comté, y ayant près d'elle un lion couché, allégorie de ses armes.

Légende: SEQUANORUM SECURITAS.
Exergue: MAX. SEQUAN. PROVINCIA.

» Le deuxième médaillon, annonçant la félicité publique de Besançon, représentait cette ville sous la figure d'une femme assise sur un stylobate, ayant sur sa tête une couronne murale, tenant d'une main la corne d'abondance, et de l'autre un bouclier sur lequel était gravée, en forme d'inscription, sa devise UNITAM; une aigle placée près d'elle était l'allégorie de ses armes.

Légende: FELICITAS PUBLICA.
Exergue: VESUNTIO. »

(1) Etablie en 1679, dans l'hôtel du comte de Soye, rue de Charmont, où est aujourd'hui l'école normale. Le comte de Soye avait acheté cette maison, le 10 octobre 1636, pour la somme de 20,000 fr. Elle lui venait des jésuites qui la possédaient, en vertu du testament du sieur d'Ancier. En 1740, elle appartenait à Mme de Précipiano qui faillit la vendre à la paroisse, car alors il fut question de bâtir l'église de Sainte-Madeleine sur cet emplacement.

(2) Ce motif est évident si on en juge par la délibération ci-après: « Messieurs ont résolu touchant la mesure du bois qui se doit vendre » en la cité qu'on affichera des crampons où seront marqués les pieds » et demi pieds dans les murailles qui sont à la place neuve au de-

M. Broche, conseiller, faisait rapport que l'Intendant s'opposait à ce changement, et la fontaine ne fut pas déplacée, mais elle nécessita une reconstruction.

Dans la même séance, il fut décidé que celle de devant les boucheries serait transférée sur la place Neuve. L'Intendant s'y opposa également (1).

Le 20 septembre 1743, la fontaine de la place Neuve, je l'ai dit en son lieu, était reconstruite sur les plans du contrôleur Longin; c'est depuis lors, sans doute, que la sirène, qui la décorait précédemment, et qui n'avait plus sa place dans la décoration nouvelle, est déposée aux archives.

Elle fut transférée au carrefour de la place, où elle est actuellement, pendant la révolution. Ce déplacement était considéré comme nécessaire au dégagement de la place. Dans sa position nouvelle, elle n'offrit rien de monumental jusqu'en 1822.

» vant de chez M. le baron de Soye et contre la chapelle de Saint-» Quentin, afin que chaque particulier puisse s'en servir à l'occasion » [24 novembre 1677]. »

L'affiche des mesures, indiquée ci-dessus, confirme l'exactitude de cette remarque de M. Guenard, relative à l'ancienne mairie, rue des Chambrettes, 8. — « On voit encore à l'angle de la façade de petites bandes de fer qu'on croit être les étalons des mesures alors en usage. (BESANÇON. *Description historique des Monuments et Etablissements publics de cette ville.*) Bien que cette précaution soit devenue inutile, attendu la généralisation du système métrique, on voit encore aujourd'hui, rue Richelieu, à Paris, un mètre fixé au mur de la bibliothèque impériale, conformément à l'ancienne coutume.

(1) M. Buson, V. M.

« Cette fontaine a été reconstruite en 1822 par M. Mathieu, alors architecte de la ville. Elle se compose d'un cippe supportant un vase. L'eau sort des flancs de ce cippe par une gueule de lion qui la déverse dans une petite cuve de forme antique (1). »

Ce ne fut pas au commencement du dix-huitième siècle, comme le dit d'Auxiron, que la fontaine de la Rousse est transférée au-dessus de la place Saint-Quentin, mais en 1698. La délibération qui prescrit ce changement et en règle les conditions est du 9 juin. La fontaine était précédemment adossée à l'hôtel du comte de la Tour de Saint-Quentin (Grande-Rue, 128 et 130). La partie du bâtiment qui lui servait d'appui menaçait ruine, et s'avançait hors de l'alignement général de la rue ou des façades adjacentes. En dégageant l'hôtel de cette servitude, il fut convenu que le bâtiment en saillie serait démoli et construit en retraite. C'était l'objet d'une convention particulière entre le Magistrat et le seigneur comte de la Tour de Saint-Quentin, représenté par M. Pierre Belin, conseiller au Parlement. La façade, retranchée de 2 pieds, fut reconstruite aux frais de la ville, et coûta 46 liv. 13 s. 4 d. par toise carrée (2).

J'ai dit plus haut que la décision du Magistrat [1681], relativement à la fontaine du Pilory, n'avait pu être exécutée, faute de l'approbation de l'Intendant. Mais en

---

(1) Notes de M. Marnotte.
(2) M. Colonne, V. M.

1746, à l'époque où l'on jetait les fondations de la Madeleine, elle dut être transférée à la rue de Charmont. Elle y occupait l'emplacement du corps-de-garde actuel, à l'angle de la rue de l'Ecole, et par contre le corps-de-garde était situé à l'endroit réservé aujourd'hui à la fontaine, près de l'entrée de la rue d'Arènes (1). Le projet de la rapporter de Charmont à l'angle de l'église remonte au 20 février 1754, et la décision en est prise le 2 mars (2).

Tout porte à croire que ces changements amènent la disparition momentanée des aigles ; car, pendant longtemps, la fontaine du Pilori, réduite à une simple borne, attendu son état provisoire, fut impropre à recevoir un ornement quelconque, et perdit son aspect monumental. Après la dernière installation, le groupe de bronze

(1) Le corps-de-garde dont il s'agit ici semble fort ancien : le 27 mai 1592, le Magistrat délibérait de faire une quête dont le produit devait être employé à diverses œuvres d'utilité publique, et entre autres à un corps-de-garde sous le portail de la Madeleine.

(2) M. Rance, V. M. — Ce long séjour à la rue Charmont s'explique par les lenteurs apportées à la construction de l'église. Le tableau suivant en indique les péripéties : 1734, visite de l'ancienne église et rapport sur son mauvais état. — 1736, on demande l'église des Carmes pour les offices. Premiers fonds votés par le Chapitre. — 1739, transport des tableaux à Saint-Claude. — 1740 à 1745, démolition. Plans. Discussions au sujet de l'emplacement. — 1746, plan de Longin et de Nicole. On préfère ceux de Nicole, qui se rend à Vesoul, sur l'ordre du Chapitre, pour examiner l'église nouvellement bâtie. Pose de la première pierre. — 1748 à 1759, débats et transaction entre les paroissiens et le Chapitre. Dons particuliers. Libéralités du Magistrat. Procès relatif à l'administration des fonds. — 1766, impôt sur les maisons — 22 juillet, inauguration.

s'adaptait à la nouvelle fontaine, bien qu'elle n'eût alors qu'un jet : ce qui le prouve, c'est l'information ordonnée le 2 mai 1765, au sujet des dégradations commises à ce bassin et à ses ornements. Au temps de d'Auxiron [1777], le groupe existait encore ; c'est donc postérieurement qu'un de ses débris est venu servir de support à l'ajutage. Cette transformation, selon toute probabilité, date de 1780 (page 111) (1).

« Cette fontaine ne consiste plus qu'en un simple bassin, au centre duquel s'élève le pied d'une vasque qui doit dater du temps de Charles-Quint. La forme de ce support est triangulaire, en plan, et a 1^m20 de hauteur. Il est en bronze et représente sur les trois côtés des cariatides, dont deux à figure d'homme et une à figure de femme, reliées entre elles par des dauphins et autres attributs des eaux, le tout d'un très-bon goût et dans le style de la renaissance (2). »

Il paraît que les dispositions prises pour asseoir ce monument, étaient de nature à nuire à la base du clocher ; les chanoines, frappés des avaries résultant de ce voisinage, portaient au Magistrat leurs réclamations le 5 février 1758. Rien ne prouve d'abord qu'on prit en considération les plaintes des chanoines, puisque la fontaine n'est pas déplacée ; mais ce qui justifie leur sollicitude,

---

(1) Aigles, dauphins, etc., allèrent, à coup sûr, à la fonderie des sous : dans l'espace de six mois, on porta à la monnaie 174,617 marcs de matières. La loi du 13 septembre an II acheva ce genre de destruction.

(2) Notes de M. Marnotte.

c'est que, le 16 juin 1760, les commissaires aux fontaines reconnaissent eux-mêmes que le bassin coule, et que d'ailleurs, étant trop petit, les eaux s'épanchent abondamment, et ruissellent tout autour. Ils proposent de le démolir et de faire replacer l'ancien [1681] dont les douves sont déposées à Granvelle (1). Ce moyen ne produit pas l'effet qu'on devait en attendre. Aussi, pendant près de quatre ans, le Chapitre de Sainte-Madeleine formule les mêmes plaintes et le même vœu. Mais en 1765 des dégradations considérables, survenues à cette fontaine, donnent lieu à un examen sévère et par suite au rapport du 15 juin de cette année. C'est, je pense, à cette date que l'ajutage, dégagé de ses aigles, était adapté à un poteau en avant de l'église, et que le bassin fut pendant quelque temps abandonné. Remise en activité peu de temps après, avec toutes les précautions suggérées par l'expérience, elle fut d'un bon service jusqu'en août 1783. Alors un nouveau déplacement ayant été obtenu par le Chapitre, la fontaine se reconstruisait dans des conditions telles qu'on n'eut pas à redouter l'effet de ces infiltrations qui minaient à la longue la base de l'édifice (2).

Un acte du 26 septembre 1698 dit que, entre autres

(1) M. Dunod, V. M.

(2) M. Laurent, V. M. — Le déplacement dont il s'agit ici consistait dans l'édification de la fontaine à l'angle du clocher : précédemment elle était plus à droite, où son adossement avait été accepté par le Chapitre le 11 mai 1754. Ce transport est la suite d'une requête de ce même Chapitre, demandant l'autorisation de construire le perron de l'église. La requête porte la date de 1680.

fontaines on en établirait une, rue Saint-Vincent, entre l'hôtellerie appartenant à l'abbaye d'Acey et le couvent de Sainte-Claire, et qui s'appuierait conséquemment au mur mitoyen des deux maisons. Ce projet avait été réalisé; mais en 1753 [19 novembre] on songeait à renouveler cette fontaine, vu son état; un événement inattendu vint hâter l'exécution de cette pensée du conseil : en 1754, il fallait construire le mur qui forme l'alignement de la rue, lequel servait de clôture à l'abbaye; on profite de cette circonstance pour déplacer la fontaine et la réédifier sur un nouveau modèle. Le 12 février 1755, on prenait la résolution de soumettre à l'approbation de l'Intendant (M. de Boync) le plan de la fontaine Sainte-Claire, qui déjà avait passé sous les yeux de son prédécesseur, M. de Beaumont. Ce même plan était représenté, au Magistrat, le 19 février (1), muni de l'autorisation nécessaire, et trois mois après il était en pleine exécution.

Ce travail est confié à Pierre-Joseph Vesy, ainsi que le témoigne l'acte du notaire Russin [16 avril], acte dans lequel MM. Gabriel d'Orival, avocat au parlement, Louis-Joseph Bouchet et de Vellerot, conseillers au Magistrat, représentent la cité.

Personne ne s'étant présenté à l'adjudication, toute l'entreprise fut en quelque sorte mise en régie. Le cahier des charges portait : « 20 livres la toise cube pour tra-

(1) M. Foraisse, V. M.

vaux de creusage, 85 livres la toise carrée du mur de décoration, 30 livres du mur à fenêtres masquées, 15 livres du pied d'*arreste* du bassin, 30 sous le pied d'*arreste* des marches du perron, 15 sous pour chaque pièce de borne. » Puis, sur le tout, l'entrepreneur, sous forme de rabais, admettait une diminution de 150 livres. Le prix total se manifeste dans la disposition ci-après : « Déclarant les parties que l'objet du présent contrat, formant la valeur des ouvrages et garnitures dont il s'agit, peut estre de la somme de 3,000 livres. »

La sculpture du cartouche et des glaçons dans la niche, celle des armes de la ville et des deux trophées, devaient être, d'après ce marché, entièrement conformes au dessin d'élévation et des modèles construits aux frais du sculpteur. Le travail, divisé en deux parties, se terminait à des époques différentes : la maçonnerie, le 15 août 1755 ; la sculpture, le 1er septembre suivant.

Le devis de cette entreprise indique par conséquent le système de décoration tel que nous le voyons aujourd'hui. Il mentionne que la pierre de Vergenne devra être employée pour la sculpture des glaçons de la niche, les armes de la ville, etc. En général il désigne, pour la maçonnerie, la pierre de la Combe-aux-Chiens, du Gravier-Blanc ou de la Coulue ; mais, pour la sculpture, celle de Chassagne.

« Le bassin de cette fontaine est adossé contre une large façade en pierre de taille, dont la partie centrale est décorée d'une niche de forme carrée en élévation.

» Le parement de cette niche est couvert de congélations, et dans le milieu on voit un masque de lion égyptien faisant jaillir l'eau dans le bassin.

» Ce masque est supporté par des consoles et des touffes de roseaux que surmonte une corne d'abondance. A droite et à gauche de la niche, on a disposé, sur un mur à refend, des panneaux sur lesquels se détachent en bas-relief des trophées formés par des tridents, des rames, des branches de roseau et autres attributs des eaux. Enfin, le tout est terminé par un entablement simple d'ordre dorique (1). »

Les Clarisses, profitant de cette réparation, avaient voulu réédifier leur infirmerie, formant l'aile gauche du cloître, afin de relier leur construction à la nouvelle muraille d'enceinte. Il n'y avait ni à tergiverser ni à attendre; ce corps-de-logis, endommagé par un incendie, ne demeurait debout que grâce à l'appui que lui prêtait la muraille antérieure, et elle allait disparaître. Or, ce bâtiment, attenant à l'hôtel du Sauvage, occasionne, par une démolition précipitée, la ruine d'une pièce d'habitation de cet hôtel. De là un procès avec M. de Vercel [14 juillet 1755], procès qui ralentit l'exécution du marché de Vesy, l'entrepreneur ayant été appelé en cause.

C'est par suite de ce déplacement que la fontaine de la rue Saint-Vincent, d'abord plus à gauche, a été rapportée

---

(1) Notes de M. Maruotte.

à droite, en face de la rue de la Prison (rue des Clarisses).

En parlant de la fontaine Bacchus, d'Auxiron dit qu'on fut obligé, en 1763, d'en transférer le jet beaucoup plus bas, à côté de l'église des RR. PP. Carmes déchaussés. Il a été sans doute trompé par la démarche de ces religieux qui, le 28 juillet de cette année, demandaient qu'on enlevât la fontaine de l'angle de leur église. Cette translation n'avait pas encore eu lieu en 1757, puisqu'alors on projetait la réfection de cette fontaine; mais ce transport était certainement effectué en 1761, car, dès le 30 juin, les Carmes se plaignaient de ce voisinage, l'eau endommageant le soubassement et l'angle de leur église. Il devait en être ainsi, car l'eau n'était reçue que dans une simple gargouille; aussi, le 12 juillet 1771, le contrôleur Pillot (1) proposait d'y faire un petit bassin, en attendant qu'on déplaçât la fontaine. Cette situation était provisoire, cela est évident, quand on considère les efforts que faisait alors le Magistrat pour remettre la fontaine Bacchus en état de fonctionner.

Suspendons un instant cette revue pour éclaircir un fait dont j'ai annoncé ci-devant l'examen (page 55). La tradition nous présente le Neptune de la fontaine des Carmes comme figurant le duc d'Albe : il y a là un hommage ou une erreur, et, dans ces deux cas, quelle en est l'origine? Quand on jette un coup d'œil sur nos an-

---

(1) Nommé contrôleur le 25 avril, puis révoqué et remplacé par Longin (admis à la retraite depuis un an), le 12 février 1772.

ciennes fontaines, en suivant l'ordre de leur édification, on saisit facilement le sens des attributs qui les décorent.

Place de la Poissonnerie : *Un Triton,* selon les uns, *une Sirène,* suivant les autres. — Le fils de Neptune et d'Amphitrite est un symbole des eaux.

Je parlerai plus loin de la sirène.

Au-devant de la sacristie des Carmes de l'ancienne observance : *Neptune.* — Le fils de Saturne et de Rhéa ayant eu l'empire des mers en partage, en devint naturellement la divinité principale. C'est l'emblème le plus caractéristique du règne des eaux.

A Saint-Quentin : *Une Naïade.* — Nymphe des eaux à la chevelure argentée et flottante, la tête couronnée de roseaux. Ces filles de Jupiter, comme on sait, présidaient aux fontaines et aux rivières.

Sur la place Saint-Pierre : *Charles-Quint.* — Figure politique offerte à la vénération et au souvenir des citoyens. La fontaine ci-dessus s'appelle, dès l'origine, fontaine de l'hôtel consistorial, dans les délibérations des gouverneurs ; et, depuis 1567, fontaine de Charles-Quint, de l'empereur ou de César ; mais fontaine de l'Hôtel-de-Ville, ou de la place Saint-Pierre, depuis qu'elle est veuve de son empereur, *d'heureuse et impérissable mémoire.*

Carrefour de Battant : *Bacchus.* — Le fils de Jupiter et de Semelé avait enseigné l'agriculture aux mortels et surtout la culture de la vigne, ce qui l'a fait adorer comme le dieu du vin. Il tenait d'une main une coupe et de l'autre un thirse dont il se servait pour faire jaillir des sources de vin : il était ainsi représenté sur notre fontaine. — Quant au genre du monument, il emprunte une signification particulière au quartier où il était élevé, l'industrie viticole étant l'occupation habituelle et héréditaire des bannières au-delà du pont et la principale source de la richesse publique. C'est un hommage à cette population de vignerons, race laborieuse, modèle vénérable de vertus domestiques et dont les rejetons s'éteignent, tous les jours, emportant ces mœurs pures qu'on ne trouvera bientôt plus que dans ces noëls, expression inimitable de la foi naïve et des coutumes de nos pères.

Au Pilory : *Groupe de trois aigles*. — Emblème des trois bannières, rapprochées étroitement d'intérêts, de situation et par conformité d'industrie. Dans ce faisceau symbolique, l'aigle est d'ailleurs empruntée aux armoiries de la cité, comme lien rattachant les trois bannières à celles dont le fleuve les sépare.

Dans la suite, quand on augmenta le nombre des fontaines, on voit le Magistrat, fidèle imitateur de l'ancien, poursuivre le même esprit dans ce genre de décoration.

Place des Bénédictines et plus tard place Dauphine : *Groupe de Dauphins*. — Symbole moitié politique et moitié mythologique. Sous ce dernier rapport, le dauphin, genre de l'ordre des cétacés, figure fréquemment dans l'histoire du dieu des mers.

Rue Ronchaux : *Le Doubs*. — On rendait aux fleuves

les honneurs dus aux divinités, chez les peuples anciens ; c'est donc là un emblème mythologique. Les poètes, les peintres et les sculpteurs représentent le fleuve sous la figure d'un vieillard, appuyé sur une urne et versant l'eau à laquelle il préside.

Rue Neuve et rue des Dames : *Une Sirène.* — Les sirènes étaient filles du fleuve Archélaüs et de la muse Calliope. Elles habitaient les bords de la mer, au cap appelé, de leur nom, Sirénusse. On les représente avec la tête et le corps de femme jusqu'à la ceinture, et sous forme d'oiseau, depuis la ceinture au bas. Quelquefois cette dernière forme s'adaptait à une tête de femme seulement. Sur notre fontaine, la partie antérieure de la sirène est un torse de femme ; le reste du corps se déroule en poisson, ce qui caractérise doublement un emblème des eaux.

Revenons à la fontaine des Carmes.

Si le Neptune qui orne cette fontaine était la statue du duc d'Albe, à côté de la tradition, il semble qu'on devrait trouver quelques actes publics donnant crédit à cette opinion populaire. Or, toutes les délibérations concernant cette fontaine ne la désignent que par l'expression de fontaine des Carmes ou fontaine de Neptune : fontaine des Carmes, dès son origine ; fontaine de Neptune, depuis les dernières années du seizième siècle.

Toutes les fontaines sont d'ailleurs indistinctement désignées, ou par l'emplacement qui leur a donné leur premier nom, ou par le symbole qui les distingue ; et, dans cette indication, on ne rencontre jamais le nom du duc d'Albe.

Il ne se rencontre pas davantage dans les baux d'entretien des fontaines, pas même dans ces actes particuliers, relatifs à la distribution des eaux, où il semble que cette dénomination devait naturellement figurer. Pour n'en citer qu'un exemple, je rappellerai le *toisement* fait par Claude Barrey, en 1698; on y lit : « Dois la maison de M. Reud, jusqu'à Baccus, y compris le Pilory, 171 toises.

» Dois le corps de guarde de Saint-Quentin jusqu'à Neptune, qui est devant les Carmes, 143 toises.

» Dois Neptune jusqu'à l'empereur, 89 toises. »

Dans nos annales et dans l'histoire particulière du duc d'Albe (1), on ne trouve ni mention ni allusion consacrant ou rappelant une pareille dénomination : on y trouve bien l'expédition des Pays-Bas, et conséquemment le passage du général espagnol en Franche-Comté; mais il n'est nulle part question d'un monument en son honneur à Besançon. Au contraire, aussitôt qu'il pénètre dans notre pays, les gouverneurs de la cité se réunissent et prennent la résolution suivante : « Il a été conclud que, pour l'honneur de la cité, on mettra, dès aujour-

(1) Voici la bibliographie consultée, à ce sujet, à la bibliothèque Sainte-Geneviève, à Paris : 1° un ouvrage en vers à l'adresse du duc d'Albe, in-4°, 1573; 2° *Vie du duc d'Albe*, 2 vol. in-12, 1698; 3° *Vie du duc d'Albe*, 2 vol. in-8, avec portraits, 1730; 4° *Tableau de la vie du duc d'Albe, avec son véritable caractère*, 2 vol. in-8, 1793.

d'hui, à chaque porte, une demi-douzaine de gens choysis et bien armés, oultre les deux soldats ordinaires. Aussi seront ordonnés quatre dizaines de gens d'élites pour le guet et l'escharguet [26 juillet 1567] (1). »

Ces précautions montrent que les Espagnols étaient reçus non comme des alliés ou des amis, mais seulement comme des étrangers. Et, bien que le Magistrat se soit proposé alors de faire porter un millier de piques à leur camp (dans le cas où l'on pourrait trouver ce nombre de piques en la cité) (2), la question serait encore de savoir si ce présent peut être regardé comme un hommage personnel au duc d'Albe. En tous cas, il y aurait loin de là à cette marque d'honneur la plus grande que l'homme ait accordée à l'homme, quand il ne lui a pas dressé des autels. Tout la justifie pour Charles-Quint, rien ne l'autorise pour le duc d'Albe. Il aurait fallu un bien grand intérêt ou de bien grands services pour provoquer une semblable détermination au sein de ce Magistrat qui, certes, ne péchait ni par l'esprit servile ni par les formes obséquieuses ; et, dans l'histoire comme dans la tradition, on trouverait quelque document à l'appui de cette hypothèse. Maintenant donc, puisque, en l'absence de la

(1) M. Casenat, président.

(2) Ce présent ne devait pas avoir grande importance aux yeux du duc d'Albe ; car c'est précisément cette année-là qu'il adoptait le mousquet pour l'armement d'un corps de troupes. En France, le fusil, employé comme arme des grenadiers en 1671, fut substitué aux piques et aux mousquets en 1703, pour l'infanterie.

cause, le titre doit manquer, d'où viendrait la préférence accordée au général espagnol? Au milieu des illustrations vivantes que la Franche-Comté pouvait glorifier, est-ce que le cardinal de Granvelle n'était pas seul digne de trouver place à côté de son ancien maître, *d'impérissable mémoire*? Le Cardinal rentré à Besançon, le 24 mars 1563, escorté d'une partie des gouverneurs et d'une foule de citoyens, ne quittait sa ville natale, six ans après, que dans la pensée d'y revenir encore. Or, c'est pendant qu'il occupait la dignité de vice-roi de Naples, ou quand l'élection capitulaire l'appelait à la tête de l'église de Besançon, qu'on aurait érigé une statue au duc d'Albe, et cela à la porte du palais de ces Granvelle qui n'avaient point de rivaux par la gloire et les bienfaits. Le simple bon sens se refuse à admettre cette tradition, même à titre de conjecture.

S'il n'est pas vrai que le Neptune de notre fontaine soit le duc d'Albe, d'où viendrait la cause et la propagation de cette croyance? Les uns pensent qu'il mérita cet honneur par la répression des révoltes, aux Pays-Bas : on voyait, dans cette répression, un châtiment infligé à ces doctrines qui, deux fois (1572 et 1575), avaient ensanglanté la cité de Besançon. Quant au symbole lui-même, ils croient qu'il fait allusion à cette circonstance que les pays vaincus étaient des provinces maritimes.

Les autres supposent que cette tradition a pour base la ressemblance accidentelle ou calculée entre le Neptune et le portrait du duc d'Albe. Si le sculpteur n'a pas pris à tâche de reproduire les traits du général de Philippe II, on peut justement s'étonner que le hasard ait fourni un pareil résultat, car, ainsi qu'on peut s'en assurer au Musée, la toile et la pierre accusent la même tête. Il n'en aurait pas fallu davantage pour le vulgaire, toujours si ingénieux à saisir ce que les faits ont d'extérieur, et à se créer des termes de comparaison dont son langage et ses jugements sont souvent si riches.

Mais pourquoi glorifier le hasard d'un fait qu'on peut facilement imputer à l'intelligence de l'artiste? N'était-ce pas alors l'usage d'introduire dans certaines compositions, peinture ou statuaire, les traits des personnages célèbres de l'époque? Le plus souvent ce fut un hommage : si, pour le cas présent, il faut repousser cette supposition, l'auteur, dans son choix, subit la double influence d'une haute réputation et d'un idéal dont il trouva le type dans la figure du duc d'Albe, et son Neptune prit le nom de ce personnage sans autre conséquence historique.

CONCESSIONS.

On a dit, d'après Frontin, que, à l'époque romaine, l'eau des distributions publiques n'était pas concédée aux habitations particulières pour le service domestique. Mais Frontin lui-même n'a-t-il pas affirmé que, dans la suite, en dérogation à cette loi, il fut permis aux citoyens d'avoir dans leurs maisons des eaux dérivées du réservoir commun? Aujourd'hui on connaît approximativement ce que ce genre d'impôt rapportait à la ville de Rome, et à en juger par son chiffre (évaluations dues à M. Dureau de la Malle), les distributions particulières devaient être fort répandues. Après les indications du surintendant des eaux, Vitruve a donné, sur ce sujet, les détails les plus explicites.

Que ce droit ait été concédé par les édiles, les censeurs ou les empereurs, il est certain que les distributions d'eau à domicile, contemporaines de notre canal d'Arcier, peuvent être considérées comme l'origine et le type de nos concessions. Elles s'achetaient d'ailleurs, et devenaient à la fois et un élément de bien-être privé et une source de richesse publique.

L'usage de l'eau n'est fructueux qu'autant qu'elle satisfait à toutes les exigences du besoin, je dirais presque au caprice de la fantaisie : elle veut être dépensée ; mais, pour cela, il ne faut pas que la peine de se la procurer fasse hésiter d'en prodiguer l'emploi ; c'est ce qui a lieu dans les villes où la distribution des eaux est confiée aux seules fontaines publiques : là, une partie de la population est continuellement répandue dans les rues, n'ayant d'autre objet, d'autre soin, que l'approvisionnement particulier de l'eau ; et parce qu'on est naturellement avare de ce qu'on a en petite quantité et avec une grande perte de temps, la parcimonie de l'usage devient une nécessité et un devoir. Et du reste cette avarice, si préjudiciable à tant de points de vue, devient presque légitime quand on met en ligne de compte cet emprunt fait au travail journalier des domestiques, emprunt qui, traduit en chiffres, tiendrait une large place dans les frais généraux d'une maison.

M. Terme, soumettant au calcul cette perte de temps et le préjudice qu'elle porte au salaire quotidien de la classe ouvrière de Lyon, s'exprime en ces termes : « Il est parfaitement évident que les administrateurs, assez heureux pour faire adopter les distributions de l'eau dans les domiciles à l'ensemble des habitants de Lyon, ajouteront, par ce fait seul, à la somme quotidienne du travail lyonnais, l'énorme supplément de 5,000 journées qui, à 1 fr. 25, donne à la fortune publique une somme de 6,250 fr. par jour, soit environ 1,000,000 par an, et ce bienfait est indépendant de tous les avantages qui résulteront de l'emploi d'une bonne eau.

A Besançon, ce calcul de temps ne serait pas difficilement appréciable; néanmoins je ne hasarderai rien sur les calculs économiques et le budget de nos ménages (1). Tout le monde sait que le puisage à nos avares fontaines y occasionne des lenteurs inséparables de ce concours de population dont la masse se porte, des divers points de la ville, vers les quartiers favorisés. Aussi *la fréquentation* des fontaines publiques, en été, se prolonge-t-elle bien avant dans la nuit, au détriment du repos public et de la morale. Ce dernier préjudice réagit jusque dans l'intérieur de nos maisons, parce que chaque famille a, plusieurs fois par jour, son représentant à la fontaine. Au milieu de ce concours, où les habitudes du foyer domestique sont jetées en pâture à la discrétion de tous, les déclamations effrénées pervertissent bientôt le serviteur honnête. Aussi quand vous voyez ses dispositions laborieuses, sa docilité et la pureté de ses mœurs faire place à l'irrégularité du service, aux velléités d'insubordination et au dévergondage, sachez-le bien, c'est à la station à la fontaine publique qu'il faut attribuer ce changement. Avec la fontaine publique, vous n'aurez plus ce domestique à l'abri de criminelles suggestions, personnifiant, pour ainsi dire, les intérêts du maître,

---

(1) La statistique publiée en 1852, à la suite du recensement ordinaire, donne, pour une population de 41,295 habitants, 2,301 maisons, 10,091 ménages et 2,455 domestiques.

et vieillissant sous le même toit, sans soucis ni convoitises, heureux de sa paisible infériorité. Un serviteur pareil n'est plus que quelque chose d'imaginaire, et propre seulement à nous rappeler ces actes de vertu dont les réalités, purement historiques, ne se rencontrent que dans le passé. L'inconvénient que je signale est, je le sais, de tous les temps; mais, il faut le dire, l'état de nos mœurs en rendait jadis l'effet moins pernicieux. Aujourd'hui, par l'affranchissement du respect de toute autorité, sous quelque forme qu'elle se produise, le serviteur ne voit que le côté matériel de sa condition, préférant aux inspirations de la morale ces théories qui caressent les instincts pour captiver l'esprit.

Dans cette peine de tous les jours et dans ces heures consacrées à l'acquisition de l'eau, il y a un véritable impôt, impôt en nature, sans tarif ni bordereau, et qui, à la faveur de cette obscurité, se dissimule aux yeux de celui qui le supporte : mais en définitive l'eau se paie.

Quand on évalue à plus de 4,000,000 de fr. le service des porteurs d'eau de Paris, on peut conclure d'après le tribut, *vectigal formæ*, prélevé sur les soins domestiques, que l'impôt le plus onéreux d'une maison c'est la gratuité de l'eau.

Par son prix vénal, il y a un moyen facile de vérifier les considérations précédentes. Voici des chiffres empruntés à un rapport du préfet de la Seine [1826] sur les eaux livrées au consommateur par la spéculation. Il se vendait alors 169,300 voies (environ 39,000 hect.) par l'entremise des porteurs d'eau, ce qui, suivant la population de cette époque, représentait 5 à 6 litres par habitant; la voie étant payée à raison de dix centimes, les 169,300 voies donnaient, à dix centimes, 16,930 fr. par jour, soit plus de six millions par an. Ce prix ne manquerait pas d'être doublé si on considère que, dans le total, 755,493 fr. 58 de la recette des eaux, en 1839, le produit des fontaines marchandes entre pour la somme de 433,498 fr. 05, à 9 centimes l'hectolitre.

Voici une autre appréciation non moins saillante et non moins caractéristique : elle est de lord Brougham dont les observations judicieuses et les aperçus pleins de finesse sur une multitude de questions sociales et économiques jouissent d'une éminente autorité.

« Lorsque le canal destiné à amener à Londres l'eau appelée la *nouvelle rivière* (dérivation des sources d'Amwell, de Chadwell et de la Lee, système ayant la plus grande analogie avec le canal de l'Ourcq) eut été creusé, et que les tuyaux de distribution eurent été posés, il est parfaitement clair qu'on n'eut plus besoin de ces porteurs d'eau. Lorsque les habitants de Londres purent avoir 200 gallons d'eau dans chaque maison pour deux pences (20 centimes), ils ne voulurent plus employer un homme pour en aller chercher un seau seulement à la rivière ou à la fontaine, pour le même prix de deux *pences*. Ils ne voulurent plus, pour le plaisir d'employer directement le bras de l'homme, continuer à acheter très-cher un article qu'à l'aide de machines ils pouvaient acheter à très-bon compte. Si, d'après des notions erronées sur le principe des machines, ils avaient pris la résolution de continuer à employer des porteurs d'eau, ils auraient été obligés de se contenter d'un ou deux gallons par jour au lieu de 200 ; ou bien s'ils avaient consommé une plus grande quantité, et avaient continué à la payer au prix du transport à la main, ils auraient été obligés de se refuser d'autres nécessités et d'autres jouissances. Ils auraient dû se passer d'une certaine quantité de nourriture ou de vêtements ou de combustible qu'ils sont à même aujourd'hui de se procurer, en économisant sur l'article de l'eau. » Et plus loin : « On n'aurait même pas pu songer à un approvisionnement tel que celui qui a lieu aujourd'hui, car pour fournir à chacune des maisons de Londres 8 à 10 gallons d'eau seulement (en allant chercher à des fontaines plus ou moins éloignées des habitations à desservir), il eût fallu y employer environ 12,000 hommes, à raison de 2 schellings par jour (2 fr. 40) ; mais pour 200 gallons il eût fallu plus de 240,000 individus, c'est-à-dire un nombre égal à celui de tous les hommes valides que renferme actuellement la métropole, ce qui toujours, à raison de deux schellings, occasionnerait une dépense d'environ 9,000,000 de livres sterlings (environ 210 millions par an). » Malgré ces labeurs du colportage de l'eau et les charges qui en résultent pour le consommateur, M. Emery pense que l'industrie du porteur d'eau ne périra pas ; ce qui semblerait ici une contradiction, vient mettre en relief la peine que coûte cet approvisionnement et la part qu'il prend dans les soins domestiques. « A Paris, dit-il, avec la division des maisons entre de nombreux locataires, et sous le régime de cinq, six et sept étages entassés les uns sur les autres, rarement les distributions d'eau s'élèveront avec des tuyaux intérieurs au delà du premier étage, de sorte qu'il faudra certainement monter à bras ou par des tuyaux extérieurs l'eau nécessaire aux étages supérieurs; et comme, à Paris, jamais les domestiques de la plupart des ménages n'accepteront la tâche de ces *coltivages* d'eau, la profession de porteur d'eau nous paraît devoir rester une des nécessités de la ville de Paris. » Ceci, je le répète, n'est point contradictoire : le colportage de l'eau sur tous les points où les moyens artificiels n'ont pu l'élever, n'est pour ainsi dire que l'extension, par des procédés manuels, du système des concessions.

Les fontaines publiques ornent nos places, arrosent nos rues, rafraîchissent l'air, et pourvoient à l'alimentation générale. Quel que soit leur nombre, elles n'empêchent nulle part le système des concessions de s'établir et de se propager, parce que rien ne satisfait mieux ce désir de commodité facile, qui n'aime pas la gêne et redoute le souci. C'est une de ces conditions qui semblent donner au bien-être plus d'activité et plus de place. Ce désir, évidemment, dérive de l'instinct qui nous porte à concentrer autour de nous et dans l'étroite enceinte de l'habitation, avec nos affections, les jouissances qui sont du domaine de la vie matérielle. Que cette recherche de satisfactions privées soit, en réalité, de l'égoïsme, peu importe : il est dans notre nature, comme une inspiration conservatrice, et n'exclut d'ailleurs aucune vertu sociale. Ainsi l'ambition de pourvoir, sans entraves et sans attente, à un besoin qui se produit sans cesse et sous tant de formes, conduit naturellement au régime des concessions; mais il y a un moyen de les rendre populaires, c'est d'en modérer le prix : « L'abaissement du prix de l'eau, dit M. Emery, est évidemment le moyen le plus puissant pour multiplier les bains, les lavages, les consommations d'eau en général, pour ériger la propreté au nombre des premiers besoins et créer des mœurs éminemment hygiéniques. »

A Paris, la recette brute des eaux alimentaires et industrielles s'élevait, en 1839, à 755,493 fr. 58 c.; les concessions du canal de l'Ourcq entraient dans cette recette pour 160,025 fr. Dans ce cas, il faut le dire, les abonnements annuels des eaux de cette origine étaient fixés à 1,000 fr. pour vingt kilolitres par jour, prix qui fait ressortir à 0, fr. 01375 chaque hectolitre, pour 1,700 concessions. M. Mary proposait d'établir, à Besançon, le prix de l'hectolitre à 5 francs, et en même temps de fixer le minimum à 4 hectolitres ou à 20 francs par an; mais il proposait aussi de modifier ce tarif à raison de l'emploi des eaux industrielles,

de 10 kilolitres à 20   —   4 fr. 50 c. l'hectolitre,
de 20   —   à 30 — 4 » —

de 30 kilolitres à 40 — 3 f. 50 c.
de 40 — à 50 — 3 »
au delà de 50 — 2 50

L'administration municipale, qui, subséquemment, a réglementé la matière, a arrêté le tarif ci-après :

Fourniture des quatre premiers hectolitres 30 fr.

de 4 hectolitres à 10	—	5 fr. l'un.
10 — 20	—	4 50 c.
20 — 30	—	4 »
30 — 40	—	3 50
40 — 50	—	3 »
50 — 60	—	2 50
60 — 70	—	2 »
70 — 100	—	1 50
100 et au dessus	—	1 »

L'expérience, qui réfléchit l'histoire pratique des choses, est le guide le moins trompeur des hommes. Si l'on en juge par ce qui se passe dans les autres pays, Besançon n'aura pas besoin d'une longue épreuve, pour comprendre et adopter le système des distributions d'eaux à domicile. Le document suivant, avant toute citation, peut servir de terme d'appréciation des services rendus par ce système, et de l'entraînement auquel cède tôt ou tard la faveur populaire, quand l'intérêt la sollicite. Dans l'espace de dix années, de 1830 à 1840, par suite de l'extension des seules distributions d'eau de l'Ourcq, les abonnements se sont élevés, à

Paris, de 74,098 fr. 50 c. à 189,743 fr., et le nombre des établissements de bains de 78 à 101.

Ces chiffres ont besoin de commentaires ; car ils n'auront pour le lecteur la clarté désirable qu'autant que par l'expression du prix de la quantité minimum, base de la concession, il pourra tirer de ces mêmes chiffres non-seulement le nombre d'unités distribuées, mais encore l'abondance ou la rareté de l'objet de la distribution et peut-être le degré de faveur dont jouit ce système.

A Paris, 40 francs l'hectol. — minimum, deux hectolitres et demi : 100 fr. Ce prix ne concerne que les eaux de sources et de Seine.

A Paris, 5 francs l'hectol. — minimum, quinze hectolitres : 75 fr. Ce prix ne concerne que les eaux de l'Ourcq.

On calcule d'ailleurs qu'un hectol. livré quotidiennement par les porteurs d'eau reviendrait à 150 fr. au moins.

A Toulouse, 20 fr. l'hectolitre, — minimum, deux hectol. : 40 fr.

A Londres, on estime que la moyenne de la dépense est de 38 fr. par maison : pour citer un exemple précis, l'une des huit compagnies qui approvisionnent cette capitale, livre à peu près six hectolitres et demi au prix d'environ 29 fr.; mais l'eau n'est pas clarifiée, ou bien ne l'est qu'imparfaitement, malgré le bill qui impose cette condition aux compagnies concessionnaires pour la fourniture des eaux de la Tamise.

Dans cette ville, une compagnie s'est organisée, comme dans certaines localités de la Grande-Bretagne, pour établir le prix de l'eau proportionnellement à celui de la location. Il varie de 5 à 7 1/2 p. o/o. La première taxe s'applique aux maisons d'un revenu de 2,500 fr. et au-dessus, et la deuxième à celle d'un revenu de 500 fr. et au-dessous.

A Liverpool, il est de 5 p. o/o, pour le loyer de 200 fr. et de 5 1/2 de 200 fr. à 1,000 fr.

A Manchester, il est de 4 1/2 pour le loyer ordinaire, et de 7 p. % si le loyer appartient à l'industrie.

A Glascow, il est de 5 p. % du prix de location, à partir du loyer de 200 fr. Au-dessous de ce chiffre, le tarif varie de 5 sch. à 6 sch. 1/2. L'industrie est taxée à part.

A Edimbourg, il est environ de 5 p. % dans tous les cas; mais l'industrie est réglée à part.

Parmi les villes où la distribution a été livrée à forfait, soit à titre de don rémunératoire ou de vente qui en ont rendu l'objet immobilier et transmissible, il faut citer Clermont-Ferrand, en France; Rome et Gênes, en Italie; Barcelone, en Espagne.

A Clermont, le pouce d'eau se vend aujourd'hui de 20 à 25,000 fr., c'est-à-dire cinq à six fois autant qu'à la création de la distribution des eaux de Royat; mais, pour ce prix, on a 200 hectol. d'eau. L'intérêt du capital employé représente, au 4 p. %, une charge de 800 fr. à 1000 fr. pour laquelle on aurait à Besançon un volume quatre à cinq fois plus considérable. A Rome, trois aqueducs alimentent la ville; prenant comme terme de comparaison le plus ancien, celui qui, par la qualité de ses eaux et le nombre des habitants qu'il abreuve, mérite à juste titre la priorité, je trouve que l'once de l'eau dite *Virgine* (à peu près 400 hect. en 24 heures) vaut de 3,000 à 5,000 fr. à forfait, ou, à 4 p. %, de 120 à 200 fr. par an.

Besançon donnera une quantité inférieure pour le même prix; mais cette infériorité n'est pas en rapport avec la somme totale et respective des eaux dans les deux villes : Rome a en général beaucoup plus d'eau que Besançon.

A Gênes où l'apport de l'aqueduc, en été, est de 216,000 hectol. en 24 heures, et de moitié en hiver, la distribution se fait par des tubes d'un calibre déterminé, et dont le rendement est plus ou moins considérable, suivant le point où la prise d'eau a eu lieu. En amont, ils produisent, en vingt-quatre heures et en hiver, environ 240 hectol., et en été 80; en aval, 175 en hiver et 62 en été. Dans les situations les plus favorables, le prix varie de 2 à 4,000 fr.; et dans le cas contraire, de 4 à 500 fr. Leurs fractions se vendent en conséquence. En prenant le plus petit volume [108,000 hectol.] et le distribuant à 90,000 habitants, la dotation par individu est de 1 hectolitre $\frac{2}{10}$; mais comme en réalité cette répartition, qui est un privilége, ne doit s'appliquer qu'à environ 30,000 habitants, la part afférente à chacun dépasse 3 hectolitres $\frac{1}{2}$. En calculant la moyenne du rendement et celle du prix, on trouve que le privilége de Gênes ne l'emporte pas de beaucoup sur le droit commun à Besançon et qu'il est souvent inférieur.

A Barcelone le filet d'eau, produit par un tube de $0,^m005$ environ, est vendu 1,000 fr. Ce genre de transaction n'a lieu qu'entre les propriétaires détenteurs de ce privilége. Les 500 plumes appartenant aux particuliers représentent le quart de la concession faite à la ville par le roi.

J'ai dû naturellement chercher le classement de Besançon dans le tableau des villes qui se sont pourvues de distributions proportionnées à leurs ressources locales. A ce sujet, voici un fragment d'une lettre de M. Mary, adressée à M. I.***, à Paris :

« Quant à la question que fait M. Droz, au sujet du
» rang qu'occupera Besançon parmi les villes où l'on a
» jusqu'à présent établi des distributions d'eau, je ne
» puis y répondre que d'une manière approximative,
» parce que les renseignements positifs me manquent.

» La ville de Marseille reçoit $5^{m.cb.}$ d'eau par seconde,
» ou 432,000,000 litres en vingt-quatre heures, pour
» une population de 200,000 habitants; chacun aurait
» 2,160 litres; mais la plus grande partie de l'eau est
» employée en irrigation sur le territoire rural de la
» ville, et j'ignore quelle portion sert aux besoins de la
» ville elle-même.

» La ville de Paris va avoir à sa disposition un volume
» d'environ 6,000 pouces ou 115,000,000 de litres, ce

» qui donne 115 litres par habitant, si la population est
» de un million d'habitants.

» A Bordeaux, on exécute un projet d'après lequel la
» part afférente à chaque individu (pour une population
» de 130,000 habitants) sera de 170 litres.

» A Besançon, on pourra disposer d'un volume d'en-
» viron 12,000,000 litres, de sorte que si la population
» est de 36,000 habitants, la part de chacun sera de
» 333 litres.

» A ma connaissance aucune ville de France ou
» d'Angleterre ne jouit d'une distribution aussi abon-
» dante, Marseille exceptée. Peut-être la ville de Dijon
» en approche-t-elle, si, comme on me l'a dit, l'aque-
» duc recueille dans son parcours des eaux abondantes,
» qui viennent se joindre à celles de la fontaine du
» Rozoir. Mais je ne suis pas au courant de cette affaire,
» et ne puis rien hasarder à ce sujet. »

En effet, eu égard au chiffre de la population et sans considérer si la distribution est le produit d'une vente à forfait, l'œuvre d'une compagnie ou le fruit des sacrifices d'une ville, la dotation individuelle se classe de la manière suivante dans le tableau ci-dessous.

Béziers donne 12 à 15 litres; Dole, 15 à 20; *Metz*, Saint-Etienne, 20 à 25; *Liverpool*, 25 à 30; Chaumont, 30 à 35; Angoulême, 35 à 40; *Lons-le-Saulnier, Le Havre*, Manchester, Gray, 40 à 45; *Clermond-Ferrand*, 42 (si une partie du volume total n'était pas aliénée, les $\frac{38}{67}$); *Edimbourg*, 50; Greenok, 50 à 60; *Montpellier*,

55 à 60; *Vienne, Grenoble*, 60 à 65; Philadelphie, 60 à 70; Toulouse, 62 à 78; Londres, Genève, 70 à 95; Narbonne, 80 à 85; Glasgow, 100; *Saint-Germain-en-Laye,* 100; id. 60; *Gênes,* environ 150 (hypothèse d'une distribution générale), et de 400 litres (pour les possesseurs du privilége existant); *Dijon,* de 2 à 400 litres (incertitude de détermination provenant du rendement très-variable de la source); Carcassonne, 5 à 400; Naples, 350 (si l'eau distribuée par l'aqueduc de Caserte n'était pas réservée au palais et aux jardins du roi); *Besançon,* de 2 à 1500; *Rome,* plus de 1500; mais la limite inférieure est extrêmement variable (1).

Dans ce tableau, Saint-Germain-en-Laye figure avec une double distribution d'eau de source et de rivière. La première donne 100 litres pour chaque habitant; la seconde, créée récemment, augmente de 60 litres la dotation primitive. Tant que cette question des eaux a été une simple théorie, les hommes spéciaux qui l'ont traitée ne se sont pas mis d'accord sur la quotité individuelle à dépenser. L'usage provoque l'usage : au commencement de ce siècle, un savant ingénieur établissait cette quotité à 7 litres par individu; et aujourd'hui, suivant l'exemple ci-dessus, un service hydraulique qui fournit 100 litres est jugé insuffisant.

Voilà des termes de comparaison empruntés aux dis-

---

(1) Les noms en italiques indiquent les villes abreuvées directement par des eaux de sources.

tributions modernes. Les distributions faites par les Romains ne dépassaient guère celles que fournissent de nos jours les aqueducs taillés sur les modèles de l'antiquité, quand on ne s'arrête qu'au volume d'eau débité, abstraction faite de son rapport à la population.

A Rome, le consul Frontin qui, sous Nerva, avait l'inspection des eaux, porta le nombre des aqueducs à neuf, leur parcours à 94 lieues, et leur produit à 271,880 mèt. cubes débités en vingt-quatre heures. Si ce calcul est exact, les six aqueducs aujourd'hui non restaurés ne devaient avoir qu'une médiocre importance.

A Metz, un architecte de cette ville essaya en 1767 de se rendre compte du rendement de l'aqueduc romain, et il estima qu'il devait fournir 42,840 mèt. cubes en vingt-quatre heures.

Quand le volume d'eau outrepasse la mesure des besoins, ce ne sont pas les fontaines publiques qui donnent l'essor à la dépense : c'est aujourd'hui une vérité élémentaire que la consommation croît indéfiniment avec la facilité d'y pourvoir, et cette facilité on ne la trouve que dans les concessions particulières. Au seizième siècle, à la création des fontaines actuelles, nos pères s'étaient interdit toute amélioration en restreignant leurs premiers sacrifices; et pourtant il faut les louer d'une initiative alors sans exemple. Du reste, ils comprirent l'utilité et l'agrément des concessions, car elles découlèrent, comme chose naturelle, indispensable, du premier établissement des fontaines. Le principe était bon, mais l'application prématurée : les gouverneurs eurent le tort d'admettre un mode de distribution que leur défendait l'état de leurs ressources ; ils aggravèrent ce tort par la prodigalité et la gratuité.

En 1542 [16 mai], le Magistrat charge deux de ses membres, MM. Valiquet et Montrivel, d'aller faire *don et présent* d'un filet d'eau des fontaines publiques à Madame de Granvelle, pour sa maison de la Grande-Rue (1). D'après les recherches de M. l'architecte Delacroix, sur les monuments historiques de Besançon, ce devait être à l'époque de la construction du palais Granvelle. D'un autre côté, le 20 février 1549, le Magistrat concédait, à M. Nicolas Perrenot de Granvelle, un filet d'eau, *de la grosseur d'un doigt commun et raisonnable*, et distrait à la conduite de Saint-Quentin. Si cette dernière concession fait double emploi avec la première, l'une n'est qu'une offre, l'autre en est la réalisation, parce que, à la première date, le palais, encore en construction, s'achevait lentement, marquant de millésimes successifs ses différentes phases, comme semble le démontrer l'ouvrage cité plus haut (2), et il devait être complète-

(1) M. Deschamp, président.

(2) « Le caractère général du palais Granvelle semble fixer la date de sa construction vers la fin du quinzième siècle, et cependant cette date est moins ancienne ; elle est écrite sur diverses parties de l'édifice. On lit le millésime 1534, dans le fronton d'une fenêtre au rez-de-chaussée de la façade, celui de 1539 sur deux chapiteaux ioniques de l'étage de la cour, celui de 1540 sur un autre chapiteau du même ordre. » (A. Delacroix.)

ment terminé à l'heure où il recevait un genre d'embellissement unique à Besançon, depuis les Romains.

Encouragé, sans doute, par ce précédent, M. de Thoraise demandait, le 28 février 1579, une fontaine pour sa maison de Charmont, promettant à la cité une somme de 200 fr. Après avoir examiné la demande et reconnu que cette indemnité était fort au-dessous des frais de premier établissement, les gouverneurs concluaient au rejet de la requête, à moins qu'il ne s'engageât à payer lui-même toute la dépense d'une conduite qu'il ferait passer par la porte de Battant. Depuis cette résolution, prise le 15 avril 1580, aucun témoignage ne prouve qu'il ait été donné suite à ce projet. Voici au surplus les délibérations concernant cette affaire :

« Pour ce que se les bornelz des fontaines de la cité estoient tirez et conduytz par la porte de Baptan; y a apparence qu'elles ne défauldroient ny seroient tant souvent fairiés qu'elles sont, à raison de la trop grande chasse et force qu'il faut à l'Eau montant le contremont du Petit-Baptan. Tant pour ce regard qu'aussi scavoir asseurément se le publique seroit aulcunement discommodé. Accommodant M. de Thoraise d'ung fillet de l'Eau desd. fontaines pour sa maison de Charmont. Pourquoy il offre donner deux centz francs à la cité. Sont commis les sieurs Gouverneurs et quatres des bannières Sainct Quentin et de Baptan, qui avec eulx appelleront telz qu'il leur semblera convenir. — Samedi dernier fév. 1579. »

Il recevait la réponse suivante, le 15 avril 1580 :

« Touchant la fontaine cy-devant demandée par M. de Thoraize pour sa maison, a esté résolu que l'on ne luy pouvoit accorder sinon au cas que à ses frais il face venir par la porte de Battan les bourneaux et l'eau des fontaines de la cité. »

L'année suivante, il renouvelle sa demande ; mais le Magistrat ne se départ point de sa première résolution.

« Sur aultre requeste du d. sieur de Thoraise tendant à avoir portion de l'eau des fontaines de la cité pour la commodité de sa maison, a esté appoincté ce que s'ensuyt :

« Messieurs déclarent que la résolution prinse le XVe d'apvril 1580 dernier sur le faict cy mentioné tiendra. Faict au conseil par l'advis des vingt-huictz y assemblez le Ve de X^{bre} 1581. »

Jusqu'en 1664, il n'apparait aucun exemple de concession dans l'histoire de nos anciennes fontaines : à cette époque, le Magistrat donnait aux Ursulines un filet d'eau, à condition toutefois que cette faveur ne préjudicierait en rien au service public, et qu'il serait supprimé par la communauté elle-même dès qu'elle en recevrait l'ordre. Cette concession prend date le 5 mai (1). D'Auxiron s'est donc trompé à ce sujet.

Les Carmes avaient obtenu aussi une concession des eaux des fontaines publiques, la même année. Les conditions n'en étaient ni moins sévères ni moins expresses :

---

(1) M. Flusin, président.

elles indiquaient la résolution, prise par le Magistrat, de concilier l'intérêt commun avec l'intérêt privé, et d'éviter conséquemment les abus, en se réservant la faculté de les réprimer. Pourtant, le 13 novembre, Michel Leroy, chargé de l'entretien des fontaines, s'alarmait de ces distractions, faites à son domaine, protestant contre des faveurs qui allaient compromettre son service. Le Magistrat, sur ces plaintes, *décidait qu'il n'en serait plus accordé qu'aux personnes relevées au-dessus du commun.* C'est à ce titre, il n'en faut pas douter, que M. Chassignet, docteur en médecine, obtenait un filet d'eau, le 8 août 1669 (1), (et non 1699 suivant d'Auxiron). Outre les obligations et les réserves précédentes, il devait payer à la cité une pistole par an.

Cette redevance, dont était frappé un homme jouissant, devant le Magistrat, de la plus haute considération, est un fait inexplicable, d'autant plus que c'est le seul impôt de ce genre que j'aie à signaler.

C'est vraisemblablement avant l'époque où Michel Leroy s'était plaint de la facilité avec laquelle le Magistrat distribuait des filets d'eau, que M. de Septfontaine avait obtenu, lui aussi, une concession. L'époque précise en est perdue; mais ce que l'on sait, c'est que, en 1685, M. de Septfontaine subissant, dans l'intérieur même de sa maison, quelques contrariétés relativement à l'usage de l'eau, venait, en septembre, demander à Mes-

(1) M. Maréchal, président.

sieurs la suppression de la conduite aboutissant à sa cour, sous réserve cependant de la rétablir quand il le jugerait convenable. Sa demande était fondée sur ce que les doméstiques de Mme de Barville faisaient couler à plaisir l'eau de sa fontaine, et occasionnaient ainsi des dommages à la voûte de ses caves (1).

Le Magistrat inclinait vers une facilité abusive et allait inévitablement tomber dans cet excès qui, précisément à la même époque, faisait péricliter le service hydraulique de Paris.

« Les trois aqueducs et cette pompe, dit Dulaure, ne pouvaient plus suffire à alimenter les fontaines existantes, elles tarissaient de toute part par les vices de l'administration, on faisait des générosités aux dépens des habitants : on détournait l'eau des fontaines publiques pour en gratifier des fontaines particulières. Depuis 1634, l'usage s'était établi de gratifier de 4 hectolitres d'eau chaque prévôt des marchands et chaque échevin sortant de charge. Ces générosités renouvelées faisaient tarir les fontaines. Alors l'administration, toujours imprévoyante, attendait que le mal fût à son comble pour y appliquer le remède; elle révoquait la plupart des concessions faites à des particuliers, remède souvent employé, mais qui n'empêchait pas le retour du mal. On recommençait à faire de nouvelles concessions, et même on établissait fastueusement de nouvelles fontaines,

---

(1) M. Cabet, V. M.

sans s'embarrasser si elles pourraient être alimentées. »

En 1699, le Chapitre métropolitain dressait une requête pour avoir de l'eau dans son quartier. Elle était remise au Magistrat par une députation. Les chanoines motivaient leur demande sur l'importance de leur personnel et l'éloignement des fontaines publiques. Malgré la solennité de la démarche et l'évidence du besoin, le rapport ne fut pas favorable (1). La hauteur relative du quartier du Chapitre suffirait pour expliquer ce refus. D'ailleurs, le rapprochement de la fontaine Saint-Quentin allait donner en partie satisfaction au second chef de la requête (2).

Deux ans après [1701], M. de Rostaing, commandant militaire, exposait ce besoin de fontaine pour la garnison. Un acte aussi recommandable par son motif n'eut pas la suite qu'il méritait : une fin de non recevoir, fondée sur l'étendue de la dépense, fait ajourner à des temps meilleurs la satisfaction demandée. Alors, comme aujourd'hui, la garnison de Besançon éprouvait ce besoin d'eaux salubres et abondantes, sans lesquelles il est difficile de se soustraire aux causes morbides, qui se développent si facilement et avec tant d'intensité dans ces agglomérations d'hommes, où la propreté la plus sévère est aussi bien hygiénique que réglementaire. En ce moment en-

(1) Cette démarche était faite, au nom du Chapitre, par MM. de Chavanne et Marin, ainsi que le prouve l'acte capitulaire du 14 août.

(2) L'installation définitive de la fontaine Saint-Quentin, provoquée par le Chapitre en 1699, n'a lieu que vingt-six ans plus tard.

core, n'est-il pas triste de voir le soldat puiser, sous le perron de l'abattoir, une eau louche dont le flot a longé Battant, Arènes, les barques lavandières et les embouchures de ruelles ? Faut-il dire que la citadelle, avec ses quatre citernes d'eaux pluviales et son puits, est mieux abreuvée que la caserne d'Arènes ?

En 1702 [2 novembre], M. de Bernage, intendant de la province, demandait un filet d'eau pour le couvent de la Visitation. Le Magistrat dut refuser, malgré cette haute entremise; on sait du reste *que l'Intendant se rendit aux bonnes raisons de Messieurs.*

Le 10 mars 1706, l'hôpital Saint-Jacques prenait rang parmi les solliciteurs. Son empressement eût été certainement l'objet d'une légitime déférence, s'il s'était agi de toute autre chose que d'un abus. La mère-maîtresse réclamait une seconde fontaine qui leur avait été enlevée ; mais le motif même de la suppression provoquait naturellement un refus. Cette modification dans la distribution de l'eau à l'hôpital devait remonter au 12 septembre 1701, époque à laquelle, la conduite des eaux ayant été remaniée, elle quittait la voie de la petite cour pour passer dans la grande. Quant à la concession primitive, elle date de 1698.

Le 8 juillet 1712, les RR. PP. Carmes réclamaient le bénéfice d'une concession dont ils faisaient remonter l'emploi à 1665, précisément à cette époque où le fontainier Michel Leroy avait prévu le péril auquel menaient fatalement les concessions. Ils fondaient leurs réclamations sur leur jouissance antérieure, jouissance interrompue par le travail des fortifications. Le Magistrat ne la reconnaît pas comme un droit, et refuse d'ailleurs toute concession nouvelle. — D'Auxiron place à tort cet événement en 1711.

Le sieur Rigoine, conseiller au Magistrat, par ses lettres d'avril, d'août et de septembre 1698, avait demandé un filet d'eau pour sa maison de Bregille. De prime abord, et jusqu'à ce qu'on en connaisse le véritable motif, cette insistance peut paraître aussi indécente qu'inopportune, si l'on se rappelle l'arrêt ci-après portant la date de 1686 : « Sur la plainte faite par Rigoine, imprimeur, que le Recteur de l'hospice du Saint-Esprit avait fait rompre les canaux qui conduisent l'eau à une fontaine de son enclos, défense a été faite d'attenter à cette propriété, attendu que ces tuyaux ne sont pas dans son fonds (de l'hôpital), ce qui a été constaté. »

A cette époque, il avait donc non-seulement les eaux qui jaillissent dans le jardin actuel, mais encore celles découlant du terrain supérieur, au bas des Mandeliers, et qui servaient à entretenir un jet d'eau.

Dans ses deux premières requêtes, il se prévalait d'avoir cédé une portion de son terrain pour élargir la voie publique que l'eau du Marc-d'Argent rendait impraticable. Le Magistrat délibère qu'il ne pourra être donné suite à la demande du solliciteur qu'après que les fontaines faites et à faire (ces dernières étaient en construction) (1), seront mises en état de couler abondamment pour le service du public. Dans sa dernière requête, il rappelle la modestie de ses prétentions, car il ne veut alimenter qu'un jet d'eau et ne réclame que l'eau perdue. Il obtient enfin un appointement favorable à son placet : c'est une permission provisoire, avec cette condition de ne pas s'approcher de plus de 2 pieds des tuyaux du Marc-d'Argent [27 septembre] (2). Cette réserve s'évanouit avec la suppression du système qui versait les eaux de ladite source dans la grande conduite de Bregille. La liberté acquise surexcite l'activité de l'habile voisin qui va bientôt donner à sa première concession une importance longtemps convoitée.

En 1719, l'Intendant de la province, locataire de la maison Rigoine, à Bregille, travaillait aux embellissements de cette résidence, et se proposait d'y faire affluer la source du Marc-d'Argent : cette usurpation semblait facile à l'ambitieux propriétaire, soit parce que la source était abandonnée, soit parce qu'il croyait pouvoir tout oser sous la considération de son protecteur. Aussi, comme il ne lui reste à craindre que des mésintelligences de voisinage, il achètera, s'il le faut, la portion de vigne

---

(1) L'acte dit : « Savoir sur la place Saint-Quentin, devant les pères Carmes, devant la maison de ville, à la poissonnerie, au Pilory, à Bacchus, au-dessus de la rue Saint-Paul, au coin de la mairie, à l'hôpital, dans la place vuide entre les sœurs de Sainte-Claire et l'abbaye d'Acey, et chez M. l'Intendant. »

(2) M. de Noironte.

du Saint-Esprit où, vingt-un ans auparavant, M. de Boulot avait fait construire le réservoir. Il comptait que la légitimité de cette possession lui livrerait naturellement les eaux dont ses jardins devaient tirer tant de relief. M. de La Neuville, prévoyant les difficultés qui pouvaient surgir de cette tentative, s'oppose à toute exécution jusqu'à ce qu'il soit établi, ou que la source n'appartient pas à la cité, ou que la cité renonce à ses droits. Cette affaire était l'objet de la délibération du 24 mars 1719 (1). Les commissaires aux fontaines prennent la parole; l'un d'eux, M. Philippe, rappelle qu'en 1698, lors de la prise de possession du Marc-d'Argent, on n'avait payé aux religieux du Saint-Esprit que l'indemnité compensant les dégâts occasionnés par les travaux du réservoir et la pose des tuyaux; car, à cette époque, lorsque sur les instances de M. de Vaubourg, intendant, on réparait les fontaines, les eaux du Marc-d'Argent avaient été dirigées sur la mère-conduite. Or, les religieux n'avaient pas même songé à contester les droits de la cité. Suivant M. Philippe, il ne restait donc à délibérer que sur la question de savoir si on la conserverait ou si on en laisserait la jouissance à l'Intendant.

Le sieur Rigoine était présent : on le fait sortir pour discuter plus librement, puisque, comme partie intéressée, il ne pouvait prendre part à ce débat spécial. Voici la résolution prise relativement à l'objet en

(1) M. Guegain, V. M.

discussion : « La chose mise en délibération, il a été conclu que la compagnie ne peut point et n'a pas le droit de donner, vendre, ni aliéner la propriété de la source du Marc-d'Argent, attendu qu'elle appartient au public. »

Le sieur Rigoine rentre dans la salle où il entend lecture de la solution donnée à la question de l'Intendant, et la séance continue. Il est reconnu, bien que M. de La Neuville n'ait pas voulu paraître dans cette affaire, qu'il n'agit qu'en vue des sollicitations du sieur Rigoine ; aussi prie-t-on ce dernier de ne pas insister sur ses prétentions, dans la crainte qu'elles ne brouillent l'Intendant avec le Magistrat. Cette promesse obtenue, on conclut d'abandonner le Marc-d'Argent et d'en laisser la jouissance à l'Intendant, tant que la nécessité publique n'en exigera pas le retrait.

Cette concession précaire était loin de remplir les vues de M. de La Neuville, qui faisait à Bregille de grandes dépenses. Sur le rapport du sieur Rigoine, relativement à la séance et à la décision du 24, l'Intendant demande que des députés lui soient envoyés pour apprendre d'eux et d'une manière officielle le résultat de cette délibération. MM. Philippe, Mareschal et Gilbert se rendent auprès de lui avec ordre de ne s'engager en rien et de faire rapport de l'entrevue. Ce compte-rendu avait lieu le même jour, 27 mars, à 2 heures après midi. Ils avaient exposé à l'Intendant que ce n'était pas par esprit d'opposition, mais par un sentiment sincère de leur devoir, qu'ils avaient agi contrairement à ses désirs; que leur conduite avait un précédent : le même refus avait été fait au père de leur collègue, M. Rigoine. Après avoir démontré leur droit, quant à la propriété de la source, ils ajoutaient que, en qualité de hauts justiciers sur le territoire, il leur serait toujours loisible de s'en emparer, si cette possession pouvait leur être contestée. Aucun de ces arguments n'avait trouvé faveur auprès de l'Intendant, il persistait donc dans ses désirs et surtout dans ses soupçons de malveillance du Magistrat. Ce jour-là on confirme la délibération du 27 ; mais on y ajoute une clause plus favorable : c'est que, en se réservant de reprendre la source, on s'engageait à payer au sieur Rigoine une indemnité pour les travaux qu'il y aurait exécutés. Le Magistrat était victorieux, l'Intendant et son protégé cherchent une retraite honorable dans une nouvelle requête à laquelle il est répondu par la délibération du 29. Le Magistrat repousse cette nouvelle pièce comme mettant en doute les priviléges de la cité ou les restreignant; toutefois, à titre de tempérament, elle y fait droit en ce sens que l'expropriation n'aura lieu qu'autant que le besoin de la source aura été constaté, et que l'appareil de la traite des eaux aura été posé.

Si on incline vers un sentiment de blâme, en face de concessions qui semblaient autant d'abus, on est forcé de croire que la nécessité avait dû en être reconnue, et qu'elles n'existaient qu'à cette condition. Quant à la justice distributive et à l'énergie du Magistrat, personne n'oserait les mettre en doute à l'heure où on voit aux prises son devoir avec ses sentiments particuliers de déférence pour M. de La Neuville. Et pourtant c'est à lui que s'adressaient ces paroles du Magistrat, dans une question de fontaines : « Nous avons l'honneur de vous dire que vous nous trouverez toujous prêts à suivre exactement vos ordres, et que nous aurons même une attention continuelle à aller au-devant de tout ce qui pourra vous donner quelque satisfaction [1722]. »

Le 20 septembre 1721, il était encore question de cette affaire au Magistrat. Le sieur Rigoine, pour se soustraire aux difficultés sans cesse renaissantes que lui suscitait le recteur de l'hôpital, s'était vu dans la nécessité d'acheter trois quarts d'ouvrée de la vigne de l'hospice pour établir son réservoir. Il demandait que ce surcroît de dépense fût compris dans l'engagement du 29 mars 1719, ce qui lui est accordé (1).

Ce réservoir existe aujourd'hui, sous le nom de château d'eau, dans un jardin aux Mandeliers, et séparé par le chemin d'une autre propriété plus importante, servant actuellement de restaurant. Celle-ci renfermait la maison Rigoine, cette demeure louée par l'Intendant, et aux agréments de laquelle il pourvoyait avec un soin si luxueux. On retrouve des traces de sa splendeur passée dans ses statues mutilées et moussues, ses terrains effondrés et des caves qui se cachent sous des ruines. Des bassins bien dessinés sont envahis par des végétations

(1) M. Belou, V. M.

sans frein ; un jet d'eau maigre et timide, qui s'alimente au réservoir des Mandeliers, sert encore de liaison entre les deux propriétés. Le jardin du château d'eau est sur le terrain de la vigne du Saint-Esprit, laquelle se prolonge à l'est, au joignant de ce jardin, sous le nom de vigne de l'hôpital, parce que l'annexion de l'hospice du Saint-Esprit à l'hôpital Saint-Jacques concentre, dans le domaine de ce dernier, toutes les propriétés des malades pauvres et des orphelins (1).

Après une transaction qui sauvegardait les droits de la cité et l'honneur de ses représentants, ceux-ci font hommage à l'Intendant d'un filet d'eau, le 17 mars 1727 (2). Soit rancune, soit indifférence, il ne répond point aux avances du Magistrat ; mais l'année suivante, un jour qu'il s'entretenait, avec quelques conseillers, des affaires de la cité, il trouve l'occasion de dire qu'il s'était dégoûté de Bregille, faute d'y avoir une quantité d'eau suffisante. Ce propos, rapporté au Magistrat, était, le 24 mai, l'objet d'une délibération dans laquelle on renouvelle la disposition du 17 mars 1727 ; toutefois on repousse la proposition d'aller lui faire une offre ; on lui adressera un mémoire pour lui rappeler qu'un filet d'eau lui a été réservé. On prévoit, au surplus, le cas où il en

---

(1) Cette propriété, après avoir appartenu successivement au président Michottey et à Mme Bridant, fut ruinée, avec la partie basse de Bregille, en 1814. Suivant le procès-verbal du 25 février 1816, le dommage était évalué à 14,200 fr. pour ce domaine.

(2) M. Richard, V. M.

demanderait la perpétuité : il lui sera répondu *qu'il y a délibération contraire* (1). Après cette entrevue, bien que l'Intendant affectât un dédaigneux oubli, personne ne regarda ce refus tacite comme absolu ; on attendit donc ses ordres ; mais ce dut être en vain, car rien ne prouve que les dispositions mutuelles des deux pouvoirs aient subi le moindre changement. L'acte, qui le mettait en possession d'un filet d'eau, limitait cette jouissance au temps où il cesserait d'administrer la province [14 et 24 août 1728], ce qui eut lieu en 1734 ; M. de Vanolles le remplaça.

L'hôtel de Montmartin (page 354, note), résidence du lieutenant général, commandant pour le gouverneur de la province, et le palais Granvelle, réservé au lieutenant du roi, durent avoir leur fontaine ; leur affectation réclamait cet honneur. La fontaine de Montmartin, établie après celle des Clarisses, vers 1701, se divisait en trois jets, pour les cuisines, les bains et autres usages ; celle de Granvelle est antérieure à l'acquisition du palais (2). C'est à M. de La Tour que d'Auxiron attribue la restauration de la fontaine de Granvelle dans la cour où elle avait été établie dès l'origine. Suivant les actes de l'hôtel de ville, le maréchal de Tallard, sur la demande du Ma-

(1) M. Biétrix, V. M.
(2) Le palais Granvelle, loué d'abord 500 écus blancs, a été acheté du comte de Saint-Amour, en 1712, moyennant 60,000 liv. Cet édifice, comprenant sept corps de bâtiments, trois cours et un jardin, a été vendu, comme bien communal, le 15 juillet 1793, pour 98,200 liv.

22

gistrat [8 mai 1726], consentait que cette fontaine fût remise à l'endroit que lui avait assigné M. de Duras, c'est-à-dire à la petite cour du palais d'où elle a été plus tard transférée à la cuisine du lieutenant du roi. Le premier établissement d'une fontaine à Granvelle remonte à 1549, le second à 1688. C'est à la dernière de ces époques qu'il faut rapporter le jet d'eau : en effet, le 20 novembre 1688, Mme de Duras demandait *un petit jet d'eau*, pour *un petit parterre* dans le jardin, et M. de Falletans était chargé de le faire exécuter (1).

C'est ici que se place chronologiquement la concession faite à l'ancienne Intendance en 1730, lors de l'établissement de la fontaine du collége (2).

En 1741, M. de Grammont fut plus heureux que ne l'avait été le Chapitre quarante ans auparavant. Il est vrai de dire qu'il n'obtint une concession qu'après examen : on s'occupait dans ce moment d'un projet de fontaine pour la rue Ronchaux, et des observations étaient faites à la source pour constater la possibilité de cette double création.

L'hôpital Saint-Jacques, on se le rappelle, réclamait, en 1706, un supplément dans sa distribution d'eau. Rien ne démontre mieux la convenance de

---

(1) M. Buson, V. M.

(2) L'Intendance, après avoir été successivement à la Tour-de-Montmartin [1682], à la rue Saint-Vincent (maison Maistre) [1687], était, en dernier lieu, Grande-Rue, maison Thiébaud, délaissée le 1er septembre 1778, après la construction de l'hôtel de la rue Neuve.

cette réclamation que la requête adressée au Magistrat le 25 juin 1757. Le besoin n'ayant fait qu'augmenter, la détresse était si profonde que l'hospice avait intéressé à sa cause de puissants protecteurs. Aussi, cette fois, le Magistrat est obligé d'y envoyer des commissaires pour exposer l'état de situation de ses finances, qui ne permet pas même de continuer les embellissements commencés à Chamars (1).

En 1764, le 16 janvier, M. Bernier, inspecteur des hôpitaux, demandait une fontaine pour l'hôpital Saint-Louis; M. de Lacorée en écrivit lui-même au Magistrat [12 janvier]. Cette demande, longtemps débattue, faillit être rejetée, car, à cette époque, les fontaines de Bacchus et de Saint-Jacques ne coulaient pas; et puis on craignait d'énerver la conduite principale par cette soustraction faite à son volume, dès son entrée dans la ville. Au surplus, les commissaires aux fontaines étaient chargés d'obliger le concessionnaire à l'établissement de l'appareil et à son entretien.

(1) M. Dunod, V. M. — Vers ce temps-là, en effet, on faisait à Chamars des améliorations considérables : en 1754, on travaillait à compléter l'exhaussement et les plantations de cette promenade; l'année suivante, on demandait l'autorisation de transporter en amont le pont conduisant au moulin de la ville (pont de la gare), afin de relier le grand Chamars au petit. Cette dernière condition exigeait qu'on coupât le rempart : le gouvernement militaire ne s'y oppose pas; mais l'entreprise en est confiée au constructeur du génie, et s'exécute aux frais de la ville. Telle est l'origine du passage, du pont et du corps-de-garde, près du jet d'eau actuel. La soumission de la ville est du 25 juillet 1757, et l'approbation de la même date.

Suivant le rapport de M. l'architecte Lapret, en date du 28 décembre 1792, cette concession était supprimée et donnée à l'hôpital de la Visitation. Le 19 novembre, il avait été question de n'établir qu'une seule conduite pour les deux hospices ; mais sur la réclamation portée au conseil par celui de la Visitation, on renvoyait l'affaire au contrôleur le 24 décembre, et quatre jours après il faisait statuer comme je viens de le dire.

Vers le même temps, la prison militaire de Chamars était dotée de la même faveur, et le Maréchal de Lorges en consacrait l'établissement par son approbation du 12 juillet 1768.

La délibération relative à cette concession est ainsi conçue : « Considérant qu'il est de l'humanité d'accorder aux prisonniers une eau pure et salutaire, a délibéré de donner à Messieurs de l'Etat-Major, pour une seule fontaine, dans l'intérieur des bâtiments, une ligne d'eau à prendre du tuyau de conduite qui passe au-devant de ces prisons, et qui porte les eaux à l'hôpital Saint-Jacques, sous la condition que Messieurs de l'Etat-Major feront toutes dépenses à ce sujet, qu'ils resteront chargés de l'entretenir à perpétuité, que la fontaine sera à soupape, telle que les fontaines de Paris, de manière qu'elle ne coule que dans le besoin, et que l'évier qui jette les eaux sales des prisons dans la rue sera supprimé » (1).

La dernière concession date du 8 mars 1775 : elle

---

(1) Lobereau, V. M.

était faite au profit de l'académie d'équitation et nécessitée par l'éloignement de Tarragnoz et le besoin de dégager la fontaine Saint-Quentin de l'obligation de desservir cet établissement. La prise d'eau avait lieu sur la conduite de la fontaine Ronchaux, et se dirigeait depuis la rue du même nom dans le jardin de l'académie.

L'historique de ces concessions ne serait pas complet, si je ne mentionnais ici la demande du comte de Saint-Amour, en date du 5 avril 1715. A la suite de l'acquisition du palais Granvelle [14 août 1712], par le Magistrat, le comte de Saint-Amour, en qualité d'héritier de son père, eut à faire valoir certaines prétentions sur l'objet vendu, et elles étaient le sujet de la transaction du 7 août 1715, dans laquelle on trouve la disposition suivante : le Magistrat doit, « en considération des présentes, accorder, par préférence à tous autres, au d. seigneur comte de Saint-Amour, la permission de tirer un filet d'eau des canaux des fontaines de la cité les plus voisins, pour le faire conduire à ses frais, dès les d. canaux, dans le jardin de son hôtel, situé dans la rue des Granges de cette ville, et cela seulement lorsque Messieurs du Magistrat feront venir les eaux de la fontaine des Dames (1) ou de celle de Fontaine-Argent. »

---

(1) Le Magistrat était sans doute de bonne foi dans l'intention ci-dessus énoncée, car ce projet a été bien des fois agité depuis 1538. En voici un exemple remarquable que nous révèle une délibération des gouverneurs, le 8 octobre 1610. « M. de Valimber a faict entendre à nostre compagnie que Messieurs l'avoient faict assembler

Le bilan que je viens de dresser laisse pressentir l'influence qu'avaient, sur la distribution des eaux, ces embranchements parasites, avec leurs sécrétions arbitraires et multipliées : ils atténuaient la dotation des fontaines publiques, et ruinaient le bénéfice de leur établissement. Abandon de sources, concession de filets d'eau étaient, à la vérité, temporaires et révocables ; mais la facilité de comprimer les abus aida tout au plus à prévenir les envahissements, et quand le Magistrat mit une barrière entre lui et les solliciteurs, il ne fit que déplacer le but des obsessions, sans en diminuer la mesure : on se disputa le trop plein des fontaines ou *les eaux perdues,* comme on les appela.

La première concession d'eau pure, ainsi que je l'ai montré, avait eu lieu en faveur du chancelier Nicolas Perrenot de Granvelle [1549] ; la première concession

pour avoir leur advis sur ce qu'estant arrivé en ceste cité ung personnage fort ingénieux, nommé Pierre Tissot, dit Sans-Fin, résidant à Payerne, duquel il ne falloit doubter de science et expérience, qui promettoit et asseuroit de facilement et à petits fraiz faire entrer en la cité, avec bournaulx, l'eau de la fontaine des Dames, etc., etc.

» Que le d. personnage ne demandoit aulcune chose pour son salaire au cas la chose ne réussisse à contentement, et qu'avant entreprendre telle affaire mes d. sieurs avoient commis le d. C^n de Valimber, prés. avec les C^{ns} Buzon et de Domprel qui, par information bien certaine et expérimentée, avoient recogneu l'eau de la d. fontaine très-bonne voyres meilleure que celle de Bregille, et sur le tout ouy le rapport des C^{ns} commis, a esté unanimement résolu que l'on marchanderoit la d. besoigne ; et pour entendre à la construction et à la perfection d'icelle sont commis, etc., etc. »

Ce projet, comme tous les autres, n'a pas été exécuté.

d'eaux perdues s'octroyait au cardinal de Granvelle. Là cette faveur était offerte spontanément, ici elle est humblement sollicitée. La requête qui a pour objet cette dernière concession mérite d'être connue : je vais la citer avec son préambule :

« De la part de Monseigneur l'Illustrissime Cardinal de Grandvelle et de Pierre d'Anvers escuyer Cogouverneur sont esté présentées divisement requestes à Messeigneurs pour avoir de la d. Eau, dont et des appointemens sur icelles renduz les teneurs s'ensuyvent :

» A très-honorez seigneurs Messeigneurs les Gouverneurs de Besançon.

» Expose en debvoir Anthoine Cardinal de Grandvelle que luy et furent d'heureuse mémoire Messeigneurs et dame de Grandvelle ses père et mère, seigneur de Luxeul son oncle et aultres de sa maison sont tousiours esté zélateurs du bien, honneur et advancement de lad. cité, l'ayans démonstré par effect selon que voz citoyens le scavent assez ; et entre aultres ont aorné la dicte cité de magnifiques bastimens ; à quoy désirant continuer, il auroit acquis puis naguères la Tour de Montmartin en laquelle il faict dresser beau et singulier édifice. Pour l'ayde et commodité duquel, il vous supplie luy permettre de pouvoir prendre de l'eau que s'escoule et perd, tombant de la cuve de la fontaine de devant vostre maison de ville comme aussi de la fontaine du Collége, après tout effoys que pour l'usaige d'iceluy en sera retenu ce que conviendra ; d'austant mesme que lesd.

eaux sont inutiles, se despendent et souvent incommodent lad. cité et les citoyens; et n'en peult réussir aulcung proffit, sinon d'en faire proffit aud. seigneur suppliant qui pour ce sera de plain occasioné s'employer pour lad. cité sa patrie ou le moyen se présentera. Et priera Dieu pour vous.

Signé comme ayant charge : Guybourg. »

Décision prise par les gouverneurs au sujet de la susdite demande.

« Messieurs ayant vehu ceste requeste pour les considérations cy portées; jointtes aultres bonnes à ce les meuvans, ont permis et permettent à Monseigneur l'Illustrissime Cardinal suppliant, pouvoir prendre et accommoder à son meix ci mentioné du résidu de l'eau de la fontenne de Cæsar située devant la maison de céans, s'escoulant et tombant de la petite cuve d'icelle et de celle du Collége de ceste cité proche sond. meix, a conduyre et entretenir par bourneaux aux frais de mond. seigneur le cardinal, mesme dez lad. fontenne de Cæsar par la ruelle neufve joignant à lad. maison jusques en sond. meix, sans incommoder le publique ny Pierre d'Anvers escuyer cogouverneur en ce que dud. résidu d'eau luy a esté ce jourd'hui permis pour son vergier joignant à lad. ruelle. Faict au conseil de ladicte cité par l'advis des vingtz huictz notables d'icelle y congrégez le douziesme jour du moys d'aoust l'an mil cinq cens quatre vingtz et ung. *Signé :* Galiot. »

La fontaine de l'Hôtel-de-Ville était assortie de deux bassins : le second, alimenté directement par le premier, servait d'abreuvoir, et ne devait pas, évidemment, fournir des eaux d'une grande propreté ; pourtant, ce sont celles que, suivant l'appointement du Magistrat, on accordait au cardinal. Cette circonstance donne lieu à une nouvelle démarche ; voici la teneur de la réclamation qui en est l'objet :

« Requeste de M. de Chavirey au nom et comme commis aux affaires de Monseigneur l'Illustrissime Cardinal de Grandvelle pour le fait de lad. eau de la fontenne de Cæsar.

» A très-honorez seigneurs Messeigneurs les Gouverneurs de la cité impériale de Besançon.

» Vous remonstre en debvoir Anthoine Cardinal de Grandvelle que dernièrement sur requeste sienne, facilment et libéralment luy auriez permis et accordé du résidu des eaux des fontaines de Cæsar et du Collége de ceste cité à conduyre en son meix dit vulgairement la Tour de Montmartin selon qu'il est porté par l'appointtement sur ce. De quoy il se tient envers vous obligé. Mesme qu'il est en opinion que voz bonnes intentions et volontez soient que ledit résidu d'eaux quant à la fontaine de Cæsar se doibgent prendre de celles tombant du grand bassin ou cuve d'icelle. Délaissant ce qu'il en fault et est nécessaire pour l'abbrevoir ou petite cuve joignant sans incommoder le publique. Sur quoi a fin cy après n'y ayt occasion de plainte (pour n'estre telle permission possible par aulcungs, bien entendue). Recour à vous pour en avoir déclaracion a fin il ne face chose de préjudice a vous et au peuple ausquelz il désire donner tout contentement et s'employer pour l'advancement de lad. cité sa patrie. Et si priera Dieu pour vous. Soubsignée comme commis aux affaires de mond. seigneur Illustrissime C. — DE CHAVIREY. »

Voici la résolution prise par les gouverneurs :

« Sur quoy estant veue lad. permission accordée cy devant le douzième jour d'aoust dernier. Et retiré led. sieur de Chavirey, M. Vigoureux, M. Désirey Guybourg parens et facteurs de mond. seigneur l'Illustrissime et Jehan Tappin père du Besaugeur M. de Thoraise s'estans pour ce tenuz suspectz, a esté résolu déclairé permis et accordé que lad. eau de la fontaine de Cæsar se prendrait de celle tombant du grand bassin ou cuve. Demeurant l'abbrevoir tousiours plain et compelemment assorty de lad. eau pour la nécessité publique sans icommoder icelluy a conduyre et entretenir come par lad. précédente permission » [5 décembre 1581].

Ce document révèle trois concessions : la première à Pierre d'Anvers, dont l'hôtel, situé dans la Grande-Rue, avait pour dépendances les terrains longeant la rue de l'Arbalète (autrefois ruelle Neuve); la deuxième et la troisième au cardinal de Granvelle qui demande à la fois le trop-plein de la fontaine de César et une prise d'eau à la fontaine du Collége. Cette dernière concession nécessite, pour l'intelligence du fait lui-même, des détails qui font la matière de la note (1) à laquelle je renvoie le lecteur.

En 1698, le 26 septembre, on voit surgir la première demande relative à l'usage des eaux du Marc-d'Argent. Le sieur Rigoine jouira seulement et *provisoirement de l'eau qui s'écoule dans la rue,* parce que la cité est en voie d'organisation de ses fontaines, *tant anciennes que*

(1) La requête du cardinal de Granvelle est antérieure de peu d'années à la construction du collége de Besançon, puisque la première délibération, *pour reformer et redresser le collége de la cité,* remonte au mardi, 19 juillet 1594. Jusqu'au dix-huitième siècle, l'aspect de ses dépendances offre peu de changements notables : alors le lycée actuel et ces mêmes dépendances faisaient partie d'un vaste enclos, borné au nord-est par la rue, au nord-ouest par la ruelle des Cordeliers, au sud-est par la tour de Montmartin et au sud-ouest par les terrains de l'hôpital Saint-Jacques. Toutefois la partie adjacente à cette dernière limite, en dedans de l'enclos, appartenait à un nommé Buthier, dont le terrain se trouvait ainsi enclavé dans celui des Jésuites. C'est dans ce vaste enclos qu'on a tracé l'élégante promenade qu'on appelle le jardin du lycée. Le long du mur de clôture au sud-est et au sud-ouest, régnait un *trage* conduisant de la rue de l'Orme de Chamars à la ruelle des Cordeliers. Depuis la tour de Montmartin jusqu'à l'hôpital, l'espace comprenait quatre maisons : elles appartenaient, dans l'ordre suivant, à MM. Perron, Libry, de Chamigny et Brullon. Ces habitations, avec leurs dépendances en jardins et en vergers, sont occupées aujourd'hui par le Refuge qui s'est installé en leurs lieu et place de 1697 à 1706. L'ancienne ruelle des Capucins ou de l'*Horme de Champmars*, a pris l'alignement que nous lui voyons, en 1709. C'est dans la première de ces maisons que commençait le *trage* (l'hôpital en obtint la fermeture le 24 septembre 1681); or, en le suivant, on rencontrait un ruisseau coulant vers Chamars et assez large pour nécessiter un pont. Il sortait de l'enclos précité où une source copieuse lui donnait, dès sa naissance, un volume considérable. Cette source, c'était la *fontaine du Collége* ou

nouvelles. C'est de cette concession toute précaire que le Magistrat se prévaudra en 1719.

Le 14 septembre 1701, huit jours après la présentation de sa requête, le sieur Robelot, hôtelier à l'enseigne du Sauvage, obtenait le trop plein de la fontaine des Clarisses, et se mettait immédiatement en devoir de dériver, vers sa maison, ces eaux qui se perdent dans

des Jésuites, dont il s'agit dans l'acte ci-dessus : on conçoit dès lors l'avantage d'une prise d'eau à laquelle le voisinage et l'abondance donnaient assez de prix pour avoir été l'objet de l'humble requête du Cardinal. Elle existe de nos jours dans la portion de l'ancien enclos, derrière ce pavillon qu'on appelle la grande buvette du lycée ; elle n'a plus d'écoulement, encaissée qu'elle est dans des talus de gazon, et servant de vivier ou de réservoir au jardin particulier des proviseurs.

Pour compléter historiquement la physionomie de l'ancienne ruelle des Capucins, je rappelle au lecteur que, vis-à-vis de l'hôtel de Montmartin, on voyait, au commencement du dix-huitième siècle, une maison et un jardin occupés par les chapelains des Clarisses. Sur la demande du duc de Duras, gouverneur militaire de la province, cette maison et ce jardin étaient achetés pour y construire les écuries dont le bâtiment existe encore, dans la partie en retraite de la rue, devant le Sacré-Cœur. L'achat de la propriété et la construction des écuries eurent lieu aux frais de la ville. Les premiers pourparlers entre le Magistrat et les Clarisses, relativement à cette affaire, datent de juin 1739, et l'arrêt du conseil, autorisant l'acquisition, est du 4 novembre. Voici l'usage que faisait le Magistrat de cette propriété : la première partie fut destinée aux écuries dont il s'agit, et à un corps-de-garde (maison n° 5, cédée en l'an XIII à M. Gaume) ; la seconde aux prisons royales; la troisième aux Capucins, pour y transférer leur draperie. Cet établissement, situé précédemment au sud du monastère, venait d'être détruit pour l'ouverture de la rue Neuve, et, au moyen de la cession présente, les Capucins se trouvaient en partie indemnisés de l'expropriation qu'ils avaient subie.

un puits voisin. Pendant l'exécution des travaux, la permission donnée par le Magistrat avait été révoquée [18 septembre], attendu que le concessionnaire ne s'était pas conformé aux prescriptions requises. Sur ses réclamations et un nouvel informé, ce droit lui était rendu le 16 novembre suivant.

En 1716, M. Belin, conseiller au parlement, demande une concession d'eaux perdues, à l'époque où le défaut d'appropriation faisait songer à tirer des Carmes l'Université. Après différentes recherches, il fut question de construire, exprès, un édifice, et, pour cela, d'acheter l'emplacement occupé aujourd'hui par notre théâtre, et appartenant à M. Belin. Les premiers pourparlers relativement à cette acquisition datent du 5 février 1716. M. Belin demandait 4,000 fr. et un filet d'eau pris à l'Université (s'il y avait une fontaine) ou au bassin du palais Granvelle. Il avait d'abord indiqué le trop plein des Carmes [9 mai]; cette prétention est repoussée, parce que les personnes les plus considérables de la cité avaient subi un refus pour l'eau des Carmes, et que le conseil ne ferait jamais entrer cette concession dans les conditions d'un achat quelconque. Le 16 mai, nouvelle tentative, quand les délégués du Magistrat allaient exposer à M. Belin les résolutions définitives du conseil et la volonté de l'Intendant; c'est alors qu'intervient cette laconique et péremptoire réponse à la demande d'un filet d'eau des fontaines mentionnées : « Il a été résolu qu'on ne lui accorderait ni l'un ni l'autre. » M. Belin cède enfin et passe vente au Magistrat le 18 mai 1716 ; mais il n'obtient pas les eaux qu'il désirait.

La concession d'eaux perdues, faite à l'hôtel du Sauvage, se renouvelait le 11 septembre 1726 (1) ; mais les conditions en étaient plus rigoureusement stipulées. Cette disposition particulière du Magistrat tenait sans doute aux infractions commises par l'hôtelier Robelot, en septembre 1701, et à l'arrêt prononcé contre lui le 18 de ce même mois : aussi la convention nouvelle exprimait qu'il serait passible de trois cents livres d'amende, s'il venait à toucher aux agrès de la fontaine des Clarisses.

M. de Marivat, commissaire provincial, demandait le 19 octobre, même année, qu'on adossât à son jardin la fontaine des Bénédictines, et, par compensation de cette servitude, aurait voulu qu'on lui accordât le trop plein de cette fontaine. Cette proposition agréée d'abord, sauf ratification de l'Intendant, n'eut pas de suite, car, deux jours après la délibération du Magistrat, l'Intendant s'opposait à cet arrangement. Deux démarches successives avaient été faites à ce sujet; si l'Intendant ne donne pas son assentiment immédiat, c'est que le déplacement de la fontaine était en question, attendu les projets d'agrandissement et d'embellissement de la place. La demande de M. de Marivat était donc prématurée : ce qui le prouve, c'est que, à l'époque de l'installation défini-

(1) M. Arnoul, V. M.

tive de la fontaine, c'est-à-dire lors de sa réédification au fond de la place [1736]. M. de Marivat revint sur sa demande qui fut couronnée du succès.

On se rappelle les longues négociations entamées entre M. de la Neuville et le Magistrat, au sujet de la concession d'eau vive qu'il demandait pour sa résidence de Bregille. Après la résolution de 1719, le Magistrat avait tempéré la rigueur de son refus par une concession personnelle [1727], faveur à laquelle l'Intendant ne paraissait guère sensible, puisque, d'une part, il ne s'empressait pas d'en jouir, et que, de l'autre, il profitait de toutes les occasions que le hasard lui présentait pour se plaindre de l'esprit d'indépendance et de l'aspérité des résolutions du conseil. Le dernier prétexte qu'il trouve de revenir sur cette affaire date du 14 août 1728. Il s'agissait alors de donner à M. le duc de Levy, à l'hôtel de Montmartin, le trop plein de la fontaine de Saint-Pierre, pour faire une pièce d'eau dans le jardin, ce qui est en effet résolu.

Voici l'incident qui en procure l'exécution : en 1726, un nommé Chapuis (probablement le constructeur de la grille de l'hôpital) proposait de faire une grille pour fermer la cour de l'hôtel de Montmartin, et d'en avancer les frais. Le Magistrat en fait l'offre à M. le duc de Levy; mais celui-ci répond que son corps-de-garde suffit à sa sûreté, et qu'il préférerait, en échange de cette dépense, l'eau du bassin de Saint-Pierre pour son jardin. Elle lui est accordée le 17 juillet 1728.

Lorsqu'en 1730 on établissait la fontaine du Collége,

les Jésuites profitent de la circonstance pour solliciter les eaux perdues de cette fontaine ; l'occasion était favorable et pour la priorité de la demande, et pour la facilité de l'appropriation. Telle est l'origine de la pièce d'eau qu'on a vue dans leur jardin.

Malgré le rude échec subi par M. le conseiller Belin en 1716, son fils obtenait enfin le trop plein de la fontaine du jardin Granvelle. La délibération relative à cette affaire, et qui concède le privilége dont il s'agit, est du 11 février 1745. Si cette jouissance ne prend date que plus tard, c'est qu'il fallut l'agrément de M. le duc de Tallard, agrément obtenu seulement le 3 août. Les faits qui se rapportent à cette concession sont parfaitement explicables. La maison Belin était située rue Saint-Vincent (n° 47), et le jardin botanique occupait tout l'espace où s'est élevée la salle de spectacle. Si l'Université, bâtie sur cet emplacement, avait obtenu qu'on y établît une fontaine, M. Belin n'aurait eu qu'un pas à faire pour en partager l'eau ou en recueillir le trop plein. Or, l'Université installée aux Carmes, en 1692, et que, depuis 1716, on songeait à placer ailleurs, ne fut transférée ni dans le terrain vide de la rue Saint-Vincent, comme on le proposait alors, ni dans la maison de l'abbaye des Trois-Rois (1), et même les plans de 1740 se bornèrent

---

(1) — La maison de l'abbaye des Trois-Rois est facile à reconnaître d'après ses confins (la rue au septentrion, M. de Gevigney au levant, M. de Ligneville au couchant) : c'est la maison de la Grande-Rue n° 106. Elle a été bâtie en 1631. — Quant au jardin botanique, les profes-

à un simple frontispice. M. Belin fut donc forcé d'avoir recours à la fontaine de Granvelle.

En 1747, le Magistrat cédait une portion de l'eau des Chaprais, pour une blanchisserie, au sieur Marin, comme déjà cela avait eu lieu en faveur de son oncle, en 1686. La dérivation dont il s'agit, prise au bief du Vanois, est énoncée sous le nom de *filet*, terme modeste montrant avec quelle réserve le Magistrat disposait de l'eau du domaine public dans cette localité (1).

La même année, les Bénédictins prenaient les eaux perdues de la fontaine Ronchaux. L'acte de concession est passé par-devant Me Archeret, le 24 juillet : dom Ant. Sornet, prieur, et Ch. Binétruy, procureur, représentent les Bénédictins; MM. Dufresne et d'Orival, commissaires aux fontaines, sont délégués pour le Magistrat (2).

En 1755, l'Intendance ajoute à sa première conces-

---

seurs de l'Université en réclamait un depuis 1698. En 1725, on délibérait de prendre, pour l'établir, un terrain de Chamars, près des Capucins; on y renonça, faute de pouvoir traiter avec le propriétaire, le sieur Morel. On revint donc au terrain de M. Belin en 1726.

(1) Suivant les mêmes errements, on concluait en 1834 : « que la source de Fontaine-Argent ne sera point enlevée à la population des Chaprais. »

(2) Le réservoir, de forme octogonale, ayant 40 m. de périmètre [page 469, note (2)], existe au jardin de la Banque. L'appareil des conduites encore intact avait déterminé, un jour, M. de Valay à réclamer l'ancienne concession.

sion un filet d'eau, pris au trop-plein de la fontaine du collége et destiné aux lieux de l'hôtel. La décision qui l'autorise est du 16 décembre 1754.

M. de Vercel venait réclamer le trop-plein de la fontaine des Clarisses, le 24 juillet 1756, pour l'hôtel du Sauvage. Cette concession était renouvelée pour la troisième fois depuis 1701. La fontaine ayant été reconstruite (*V.* page 296), il en était résulté une interruption de jouissance qu'il tenait à faire cesser, dans la crainte que son privilége ne passât en d'autres mains.

Les eaux du trop-plein de la fontaine de Charles-Quint se divisaient en deux branches, l'une se rendant au jardin du Gouvernement (1), l'autre accordée à M. le premier président de Grosbois, en 1763. Quant

---

(1) Les dénominations de *Gouvernement* et de *Commandement* sont quelquefois appliquées à Granvelle; mais elles conviennent surtout à l'hôtel de Montmartin. Cet édifice, héritage du comte de Cantecroix, appartenait à la ville depuis le 4 décembre 1618. Quand celle-ci succombait sous les charges que lui imposa Louis XIV [1677], elle voulut vendre cette propriété; le gouverneur, M. de Duras, s'y opposa, vu l'utilité de l'académie d'équitation. L'Intendant, M. de Chauvelin, choisit cet hôtel pour résidence en 1682, et le manége qui y était installé fut transféré à la Tour-de-Saint-Quentin. Le marquis de Montauban, en 1687, y remplaça l'Intendant, et depuis, cette maison n'a pas porté d'autre nom que celui de *hôtel du Gouvernement*. Elle était occupée par les lieutenants généraux remplissant les fonctions de gouverneurs de la province, tandis que Granvelle était habité par les *lieutenants de roi de la cité*. En 1793, lors de la vente des biens nationaux, la Tour-de-Montmartin fut adjugée au sieur Clerc pour 65,000 liv.

à la part afférente à ce dernier, elle était soumise à diverses conditions. Les frais d'appropriation jusqu'au bassin étaient acquittés par le trésor municipal, et s'élevèrent à la somme de 800 liv.; mais le bassin, les accessoires et l'entretien de tout l'appareil demeuraient au compte du concessionnaire. Au surplus, cette conduite d'eau ne devait être maintenue au profit de la maison occupée par lui (rue des Bains, n° 1), que jusqu'à l'époque où il cesserait d'en faire sa résidence. Le 13 mars, M. de Grosbois souscrivait l'engagement de se soumettre à ces conditions; cet acte, qui existe encore sous le titre de Billet de M. de Grosbois, était lu en séance publique le 16 du même mois, et agréé dans ses termes.

Le 28 décembre 1771, le trop plein de la fontaine de Saint-Pierre est laissé à M. de Chifflet, premier président, aux mêmes conditions qu'à M. de Grosbois. La délibération qui consacre ce privilége est des plus honorables pour l'homme qui va en être pourvu, car elle stipule que la concession dont il s'agit est réservée non au président, non à la maison, mais à la personne de M. de Chifflet (1).

Les boucheries eurent naturellement les eaux perdues des fontaines de leur voisinage. C'est une mesure que réclamaient à la fois la propreté et la salubrité publique, car alors elles cumulaient l'étal et l'abattoir : c'est ainsi que la fontaine Saint-Quentin fournissait l'eau aux bou-

(1) M. Demenou, V. M.

cheries de ce quartier ; celle de la place Neuve, aux boucheries du bourg. Cette affectation est rappelée dans une reconnaissance faite par Longin en 1765.

Enfin, le 17 octobre 1777, le trop plein de la fontaine de la rue Neuve était laissé à M. Blanchard, premier secrétaire de la Nouvelle-Intendance, aux conditions ordinaires, mais avec cette clause particulière qu'il se dessaisirait immédiatement de son privilége si l'eau concédée était reconnue nécessaire à l'hôtel ou au jardin de l'Intendant.

Toutes concessions ayant été supprimées par arrêté du 1ᵉʳ mars 1792, le régime des exceptions s'évanouissait en donnant à cette mesure un caractère d'intérêt public. Néanmoins, douze ans après, le 22 germinal an XIII, on accordait encore le trop plein de la fontaine de la rue Neuve à M. Badoulier, commissaire des guerres, pour sa maison située en face. Cette tolérance était fondée sur ce motif qu'elle n'offrait aucun inconvénient ; mais pareille considération ne fut certainement pas seule à diriger le conseil : l'autorité de la personne, comme toujours, entra pour quelque chose dans cette décision.

SOURCES (STATISTIQUE).

La banlieue de Besançon se compose de cinquante-trois hameaux et d'une innombrable quantité de métairies ou de maisons de campagne auxquelles se rattache, à titre de dépendances, la plus grande partie du territoire. Ce qui reste du sol productif, spécialement celui qu'embrasse la circonférence des servitudes, est, en parcelles morcelées, consacré aux cultures jardinières ou maraîchères. Or, à part les propriétés riveraines du ruisseau de Fontaine-Argent et de la rivière du Doubs, tout le pays est privé de ces eaux vives et copieuses qui engendrent les frais ombrages et la végétation active et précoce. Qui n'a pas observé les labeurs de ces métayers du nord et de l'ouest de la ville, dans les années de sécheresse, lorsque les avares citernes manquent de l'eau nécessaire à l'alimentation des hommes et des animaux? Sur ces plateaux arides et brûlés où la configuration du terrain accuse en relief d'anciennes carrières, tout languit et meurt. Là, où la culture des légumes n'a pu s'établir, et, bien qu'il ne reste à satisfaire que les besoins domestiques, la provision d'eau est l'objet d'une exploitation quotidienne, dispendieuse et pénible. Autrefois cette situation avait attiré les regards du Magistrat ; c'est pourquoi les sources, quel qu'en fût le rendement, n'étaient pas seulement sauvegardées par le respect et l'instinct du peuple, elles jouissaient encore d'une protection qui témoigne de leur rareté et de leurs services : partout où un filet d'eau venait à jaillir ou à suinter, le Magistrat consacrait son usage et sa conservation. Voici, dans une rapide esquisse, l'énumération de ces sources.

La fontaine de Saint-Léonard appartenait à la cité depuis le quinzième siècle. Les Bénédictins, ses premiers possesseurs, s'étaient soumis au droit suprême des gouverneurs, mais ce n'est pas sans résistance et sans un sentiment profond de répugnance ou de regret. La source était une dépendance de l'ermitage voisin, approprié aujourd'hui en maison d'habitation. Les pignons et les fenêtres, en changeant de forme, ont fait disparaître la physionomie de son ancienne destination ; aussi le torrent seul vous le fera reconnaître.

D'Auxiron a consacré l'article suivant à la fontaine Saint-Léonard :

« On voit par les journaux de 1669, qu'au lieu d'être ouverte, comme elle l'est à présent, à l'usage de tout le monde, elle s'amodiait autrefois au profit de la cité pour moitié et pour l'autre à celui des RR. PP. Bénédictins de Besançon, à la charge d'entretien de l'ermitage qui y était contigu. »

Dans l'origine, Saint-Léonard appartenait à l'abbaye Saint-Vincent, sans servitude et sans partage. Quant à la source ci-dessus, ce n'est que depuis 1491 que le Magistrat, sans doute en vertu de sa prérogative de haut justicier, en était possesseur. Ce qui le prouve, c'est que, le 12 mars 1435, il n'y avait encore aucun droit, car alors messire Jacques de Roches, de l'abbaye Saint-Vincent, amodiait à Jehan Besançon, de Savoyeux, la pêche de la fontaine de Saint-Léonard. Cette amodiation, dit l'acte, comprend « la paicherie de la fontaine estant en la roiche devant Saint-Lyenard appartenant au dit secretain accause d'icelle chappelle et tant comme elle s'estant du long et du large, tant en son nom comme chappelain de la chappelle de Saint-Lyenard, etc., etc. pour le prix et somme d'iceluy an durant de 2 florins monnoye coursable et mettable du comté de Bourgoigne. »

Au dix-septième siècle, les Bénédictins n'étaient plus les propriétaires exclusifs de Saint-Léonard ; ce qui rend évidente leur situation nouvelle, c'est la réclamation du 25 janvier 1670, adressée au Magistrat par les religieux de l'abbaye Saint-Vincent, relativement à la moitié du revenu qu'ils ne percevaient pas depuis 1636. Après avoir rappelé leur entière et légitime possession, « néanmoins, disent les réclamants, les gouverneurs ont jugé à propos de la faire amodier (la source) tous les ans, depuis un temps très-considérable. »

Quant au prix de location, il est facile de l'estimer d'après la restitution qu'effectuait, au profit de l'abbaye, le trésorier du Magistrat, le 1ᵉʳ mars 1670 (10 fr. pour trente-quatre ans).

L'entretien de l'ermitage, de la chapelle et du domaine était une affaire d'arrangement laissée aux Bénédictins eux-mêmes. Tous les baux de 1491 à 1718 montrent que les ermites de Saint-Léonard étaient de véritables tenanciers de l'abbaye Saint-Vincent, obligés à payer une redevance et surtout à entretenir la chapelle. Ces baux indiquent l'étendue et la nature de la propriété : elle comprenait, outre la chapelle et l'ermitage qui paraît fort restreint, un jardin, deux pièces de pré, dont l'une, à l'extrémité du jardin, avec une oseraie; l'autre, entre les deux chemins (celui d'Arcier et l'ancienne rampe encore visible); enfin, un terrain de broussailles assez étendu, puisque, en 1697, ces broussailles étaient louées à un nommé Laviron, qui devait permettre à l'ermite d'en couper pour son usage.

Dans le revenu, on tenait compte surtout de la *noyeroye*, ou plantation de noyers. Très-multipliées autrefois sur le territoire de Besançon, ces *noyeroyes* occupaient utilement ces terrains nus et rocailleux dont l'aspect aride donne à nos paysages un air de pauvreté qui attriste. Les derniers de ces arbres séculaires disparaissent tous les jours et sont rarement remplacés (1).

---

(1) C'est pour prévenir cette extinction que, le 13 janvier 1738, on mettait à l'ordre du jour de la séance du Magistrat le régime des plantations sur le territoire. Ce projet fut mis sous les yeux de l'Intendant afin qu'il le revêtît de son initiative.

Le 26 juin 1565, le Magistrat prescrit la conservation de la source de la *Crapauldine,* près de Chailluz (1). Sous le laconisme de l'acte et un nom peu recommandable, on retrouve l'intérêt qu'inspirent les eaux publiques.

Sur l'emplacement actuel de Casamène existait autrefois un domaine sous le nom de Grange-Calf : vous avez vu, il n'y a pas bien des années, la grille qui en fermait l'entrée, auprès du bac de Velotte. Au joignant de ce domaine et du pré La Tour, coulait la fontaine Richebourg, source qui s'échappe du versant sur lequel s'appuie la route de Lyon. Quoique dans un vallon peu habité, de temps immémorial elle était l'objet de la vigilance et des soins du Magistrat ; car elle était sur le territoire de la cité. On en trouve la preuve dans un arrêt de 1531, condamnant à l'amende les habitants de Beurre pour avoir fait paître leur bétail dans ce terrain. C'est pourquoi aussi, en 1686, la commune de Beurre ayant imposé, comme son contribuable, le sieur Calf, la cité prend fait et cause pour ce dernier. Après avoir repoussé ces prétentions, le Magistrat, toujours conséquent avec lui-même, s'opposait à ce qu'on creusât un vivier

---

(1) Alors aucune source apparente n'existait dans la forêt ou sur ses bords. Il n'en est pas de même aujourd'hui : le 7 septembre 1846, le conseil municipal votait une somme de 600 fr. pour la construction d'un bassin propre à recueillir les eaux des *Trois-Charmées.* Ce bassin, de 450 hectolitres, regorge quelquefois sous la masse d'eau qui y afflue. Une autre source, dite *la Chaudière,* mériterait les mêmes moyens de concentration. La première suffit à treize familles de bûcherons installées dans la forêt.

dans le pré contigu, parce que ce vivier ôtait au public la jouissance de la source (1). Vingt-cinq ans plus tard, une autre tentative soulevait les réclamations des propriétaires voisins; car alors ils perdaient non-seulement la source, mais encore le sentier qui conduit de la route à la rivière. Cette fontaine obstruée, dans la suite, par les débris de son propre bassin et par des éboulements de terre, puis foulée aux pieds par les passants, cessa d'attirer l'attention, parce qu'elle semblait avoir perdu de son utilité. Elle retrouve aujourd'hui son abondance et ses agréments dans une élégante propriété où l'art est allé au-devant de la nature.

Une source jaillissait autrefois à Montboucon. Le censitaire du sol, suivant d'Auxiron, tenta de la détruire en 1688. Cette assertion paraîtra aussi incroyable que peu rationnelle à quiconque connaît les lieux, car la rareté de l'eau eût conseillé le contraire au cultivateur voisin. J'ai lu le titre où d'Auxiron a puisé ses renseignements, et rien n'indique, de la part du censitaire, l'intention de supprimer cette source. Effectivement il en gênait l'approche par le dépôt de ses fumiers; mais il y avait loin de là au désir supposé. Quoi qu'il en soit, la cité s'émeut de cette apparence de destruction, et dépêche à Montboucon ses agents de police. Après cette démonstration, peut-être précipitée, la conduite du Magistrat montre que l'acte ainsi dénoncé n'était pas aussi

(1) M. Pétremand, président.

incriminable qu'on l'avait cru d'abord. Cette affaire se termine par une cession de terrain nécessaire au dépôt des fumiers de la métairie, afin de préserver la source de toute atteinte et de la rendre désormais libre et commune [12 août] (1). Si une information suit cet événement, c'est afin de faire ressortir la vigilance du Magistrat, et d'exciter le respect des citoyens pour les sources publiques. Aujourd'hui, une flaque d'eau fangeuse, au pied de la côte, est tout ce qui reste de la fontaine de Montboucon.

On rencontre au-dessous de Palante, recueillie dans des excavations marneuses, une source dont les suintements se perdent dans les fossés de la route qui a enfoui la mare lui servant autrefois de réceptacle. Mais un bassin situé plus bas, près de la berme opposée, recevait une source abondante, et formait ainsi un abreuvoir où les grangers de Palante conduisaient leur bétail. D'Auxiron rapporte que le Magistrat sut en maintenir l'usage aux censitaires voisins, et il fait mention d'une descente de lieux effectuée en 1767, et d'un procès-verbal rédigé le 30 avril contre le sieur (point de nom), qui avait comblé cette fontaine. Ce récit est tout-à-fait incomplet. Et d'abord la plainte portée contre MM. Onsbourg, frères (c'est le nom des propriétaires de l'héritage), avait un autre caractère : l'abreuvoir, dont les censitaires voisins craignaient la destruction, se trouvant situé dans les li-

(1) M. de Jouffroy, V. M.

mites apparentes de la propriété de MM. Onsbourg, le Magistrat pouvait en prononcer l'expropriation; mais ce n'était pas là ce que les plaignants demandaient : ils affirmaient que la source et l'abreuvoir ainsi enclavés ne provenaient que d'anticipations, et, par ce motif, revendiquaient les droits de la commune. Les conseillers commis pour l'enquête s'assurent que les terres voisines étaient l'héritage de MM. Onsbourg, héritage provenant de leurs auteurs qui en jouissaient eux-mêmes depuis l'année 1692. Suivant les titres d'acquisition, le prétendu abreuvoir commun (c'est l'expression des commissaires), n'a pas changé de place, et si le chemin de Baume n'a pas changé lui-même, l'abreuvoir est enclavé dans le domaine, et, par suite, n'est pas sur le terrain de la commune. Tel était en substance le rapport des commissaires qui ne purent, en tous cas, certifier l'anticipation. Au milieu de cet embarras, le Magistrat consigne cette sentence dans son journal : « Il est délibéré que l'on renverra les particuliers à se pourvoir comme ils trouveront convenir (1). »

(1) M. Chaudot, président. — La délibération du 2 mai s'exprimait ainsi : « Messieurs les commissaires de Battant et aux limites sont invités à prendre tous les éclaircissements sur cet objet, dans les journaux et papiers aux archives, et de se transporter sur les lieux pour vérifier les faits et en faire rapport. » Quant à la disposition de l'abreuvoir, telle que je l'indique, elle est justifiée par le titre même de possession des frères Onsbourg. D'après l'acte (décret fait d'autorité des requêtes du palais en 1692) : « Ce terrain doit toucher, de septentrion, le chemin tirant à Baume ; de levant et de midi, le finage de Chalzeule ; et du côté de Besançon, plusieurs particuliers. »

Ces faits se passaient les 2 mai et 17 juin 1767. Vous avez peut-être remarqué la source de Palante ; mais, dans son état actuel, elle ne laisse préjuger de son importance antérieure que par les faits que je viens de rapporter. Dans ces derniers temps, les habitants de Palante se sont pourvus devant le conseil municipal pour obtenir la restauration de cette source. L'insuffisance du rendement actuel a motivé le rejet de leur demande.

A l'époque où se fonda l'enceinte fortifiée de Chamars [1677], on mettait à découvert des sources d'eaux minérales sur la dérivation du moulin de l'archevêque. Plusieurs médecins sont délégués [21 juillet] pour en reconnaître les propriétés. « Après avoir raisonné fort amplement et doctement sur les vertus et qualitez des eaux minérales, exprime la délibération à ce sujet, les médecins ont été priez d'en vouloir faire une anatomie particulière et d'appeler avec eux les sieurs Gascon et Perron apothicaires » [22 juillet]. Ils sont unanimes pour en proclamer l'excellence, « leurs qualitez estant, suivant eux, d'estre ferréez et vitrioléez. » En conséquence, des commissaires sont nommés pour veiller à la conservation de ces eaux [12 août]. Deux jours après, quelques conseillers vont trouver l'archevêque pour le prier d'arrêter ses moulins, afin de faciliter l'appropriation des sources nouvellement découvertes. Ces commissaires faisant leur rapport, rendent compte du mécontentement exprimé par le prélat de ce que des travaux ont été exécutés à Chamars avant qu'aucune requête lui ait été adressée, rappelant que pareil procédé avait eu lieu à l'égard de Monseigneur d'Achey, quand on voulut bâtir la chapelle des Dames de la Conception. Le conseil, voyant une erreur dans cette prétention, la repousse avec énergie : « Ce qu'a été fortement inficié, dit le rapport, par M. le vicomte comme très-mémoratif de ce que se passa pour lors qu'on planta les dites filles et qu'on n'avait présenté aucune requeste mais fait seulement une civilité. » Néanmoins, le 4 septembre, deux commissaires sont chargés des travaux, et doivent les faire exécuter en présence d'un délégué de l'archevêque, pour qu'aucun préjudice ne soit porté au moulin.

Or, le 7 septembre, on délibérait sur le choix d'une dernière source, récemment découverte, et qui, à une abondance plus grande, joignait l'avantage d'être éloignée du canal du moulin. Ce choix arrêté, sur l'avis des médecins Bavoux, Guillemin, Bergeret, de Saint-Germain, Broche, Simonin, d'Auxiron et des apothicaires Gascon et Perron, il ne s'agissait plus que de dégager la source et d'y approprier une construction (1). A cet égard, on consulta un capucin, le P. Zovite, qui passait pour fort expert en la matière, et qui reconnaît, attendu le niveau de cette source, l'impossibilité de lui

(1) Le 13 décembre 1677, on règle les émoluments des apothicaires qui avaient analysé les eaux de Chamars. Perron reçut seul deux pistoles, Gascon ayant refusé tout salaire. On alloue à l'hôpital Saint-Jacques deux pistoles pour le charbon fourni, et deux écus blancs aux domestiques qui avaient transporté l'eau.

donner aucun écoulement. On se borne donc à l'enceinte de maçonnerie, et à pratiquer un escalier pour y descendre. Malgré son origine, cette eau a servi de boisson plutôt que de remède. Aujourd'hui, peu de personnes pourraient vous montrer l'emplacement de cette source, perdue qu'elle est sous les remblais qui appuient et revêtent le rempart. Vous foulez sous vos pieds le réservoir, le moulin et son canal, sans comprendre le charme qu'ils prêtaient à ce Chamars si recherché autrefois, et que peuvent seuls regretter les témoins de sa splendeur passée (1).

(1) Les fortifications de Vauban, avec leurs servitudes, excluaient naturellement de Chamars ses premiers et légitimes propriétaires : en 1694 les sentinelles en repoussaient les promeneurs. Là, comme ailleurs, Louis XIV tailla à merci sur les priviléges, le sol et le trésor de la cité. Ce n'est toutefois que par composition et après de longs tiraillements que le Magistrat abandonne ses anciens droits : il ne cède qu'en vaincu. En 1726, quelques arbres ayant été renversés par le vent et enlevés par ordre du lieutenant général de police, cette circonstance vint mettre en relief une dépossession qu'une lettre de M. de Louvois, à M. d'Aoust, premier Major depuis la conquête, établissait de la manière la moins équivoque, avant le règlement de M. d'Asfeld, à la date du 8 août 1717. Du conflit de 1726 résulte, trois ans après, un accommodement qui, longtemps débattu et par suite modifié, aboutit à une transaction qui règle les droits respectifs des parties. Ce traité ayant pour base un compromis dressé par le duc de Duras, porte la date du 16 janvier 1740. Il laisse à la ville la jouissance de Chamars pour le prix de 500 liv. de loyer annuel, abaissé, depuis, à un chiffre minime, mais suffisant pour réserver le droit.

Autrefois, on menait à Chamars les décombres de la ville pour faire disparaître le marécage de ce canton. Les délibérations relatives à l'acte que je viens de mentionner, expriment que la ville, dans cet

Dans la statistique de nos sources, il en est une que sa position dut recommander au Magistrat, c'est celle de Saint-Martin, située derrière la fabrique de faïence au port de Rivotte. Ses eaux s'échappent des fissures du rocher, et se perdent actuellement dans les jardins et vergers contigus, n'étant utilisées que par le propriétaire du terrrain où elles viennent tomber directement. L'acte le plus ancien concernant cette source est de 1669, c'est une amodiation en faveur d'un nommé Revillard. Cette amodiation était-elle la retenue à bail du terrain dépendant de la source, ou le privilége exclusif de la jouissance de l'eau? C'est ce qu'on sembla mettre un jour en question; toutefois il serait difficile d'admettre ce genre de monopole, quand on voit le soin

arrangement, a pour but de parvenir *à la désinfectation de l'air et à l'établissement d'une promenade*. C'est sans doute pour favoriser l'assainissement par la ventilation, que la première enceinte fut abaissée. Avant cette époque, on avait déjà exhaussé le sol et planté les arbres (les tilleuls des remparts en 1686); mais de 1740 à 1759 Chamars est complètement créé. L'architecte Bertrand restaure et embellit cette promenade qu'il ne put toutefois orner d'un jet d'eau. Le prince de Condé (1786) envoya quelques couples de cygnes pour le canal sur les bords duquel on vit, dans la suite, des bosquets, une volière et des bains. Un arrêté de germinal an IV prescrit la conservation et l'entretien de Chamars. Aussi jusqu'en 1823, sous l'influence des faveurs municipales, les fêtes publiques y attirent une population nombreuse et satisfaite. Depuis lors, Chamars, un instant menacé par le canal, semblait se rassurer; mais la ruine des moulins, le comblement de leurs dérivations, la suppression des bains, le creusage de la gare, la construction de l'arsenal et la conversion en chantier du jardin botanique, ont amené graduellement la décadence d'une promenade qui fut, pendant un siècle, les Champs-Elisées bisontins.

qu'apporte le Magistrat à rechercher et à conserver les sources sur le territoire de sa juridiction, et surtout l'empressement qu'il met à en laisser l'usage à tous les citoyens. En effet, sur les réclamations des habitants du faubourg, qui, en 1736, se plaignent des obstacles qu'oppose à cette communauté d'usage le nommé Faivre, propriétaire du terrain de la source, le Magistrat délègue des commissaires aux fontaines (MM. Gillebert et de Prantigny) pour étudier et régler cette question [15 février].

Voici ce qu'ils auraient dû savoir : le 14 août 1669, le Magistrat accordait à un sieur Revillard l'autorisation d'annexer à son domaine le sentier qui conduit de la route à *la fontaine de Rivotte*. Ce chemin séparait l'ancienne clouterie du faubourg et un verger qui s'étendait jusque sous *les roches de Saint-Etienne*, or la maison comme le verger appartenait à Revillard. L'autorisation d'enclore ainsi, dans un domaine particulier, une partie de la voie publique, avait sa compensation, car il fallait concilier la suppression du chemin et l'usage de la fontaine. Le propriétaire favorisé devait amener l'eau de la source jusque sur la rue (devant la faïencerie actuelle), y créer un réservoir, et l'entretenir.

Quoi qu'il en soit, la source devint insuffisante (1), ou

---

(1) J'ai dit précédemment (page 190) que le faubourg de Rivotte, ayant dû être détruit par mesure de sûreté, se rebâtit un siècle après. En 1685 les habitations y étaient encore peu nombreuses, puisque le Magistrat, voulant construire une maison, dans un lieu isolé, pour l'exécuteur des hautes œuvres, choisit la vigne des pauvres, à Rivotte.

bien elle avait disparu, puisque, en 1767, les habitants de ce quartier demandaient le rétablissement d'un puits. Cette demande, souvent à l'ordre du jour, se reproduit à différentes époques, notamment en 1843 [23 novembre] et en 1847 [11 juin]. Bien que cette dernière soit écartée, en prévision de l'arrivée des eaux d'Arcier, elle se réitère le 5 juin 1848, et amène un vote de 1,040 fr. pour l'installation d'une pompe, qui est aujourd'hui remplacée par une borne à repoussoir.

Nous verrons plus tard que depuis l'abandon de la source de Fontaine-Argent, après un siècle d'usage, on revint, à diverses reprises, sur la question de savoir s'il ne serait pas convenable d'abreuver la ville des eaux de ce vallon. Ces discussions avaient lieu dans les années 1706, 1716, 1719, 1722, 1730, 1743, 1767, 1771. Ce sont ces propositions réitérées qui déterminent le Magistrat à acquérir le verger au bas duquel est située la source, soit comme moyen de conservation de cette source, en prévision de son emploi futur, soit enfin pour en favoriser l'approche. Ce verger (portion de terrain provenant de MM. Morel et Valimber) fut acheté de J.-J. Bouverel, vigneron, moyennant la somme de

---

En 1736, la population s'était assez accrue pour que le besoin d'eau fût, dans ce faubourg, le sujet de bruyantes démonstrations. Les successeurs de Revillard, qui avaient pu se débarrasser de la fontaine, au-bas du versant, comme d'une servitude, virent dans cette suppression la déchéance des droits du public. Les commissaires du Magistrat ne trouvèrent donc à Rivotte que des traditions et pas un titre.

139 liv. 6 s. 8 d., par acte du notaire Souret, le 22 juillet 1743 (1). Ce moyen de conservation ne parut pas toutefois remplir entièrement le but qu'on se proposait, et c'est pour le rendre plus efficace que ce terrain était loué en juin 1747. On pensait prévenir les dégradations et les envahissements, en confiant à la vigilance privée ce qui paraissait mal assuré sous la sauvegarde de la loyauté publique. Aujourd'hui la source est convertie en fontaine jaillissante, et le trop plein continue de porter jusque sous les murs de la ville ses fertiles arrosements. Par cette création, le conseil municipal juge en dernier ressort l'opinion de ceux qui voulaient naguère déposséder les Chaprais au profit de la ville. Fidèle héritier de ce Magistrat, qui poussait l'intégrité jusqu'à la rudesse, il s'est rappelé que, en 1686 et en 1747, une blanchisserie n'avait obtenu qu'avec peine et sous toutes réserves un filet d'eau du vallon, tant on craignait de toucher à cet élément de la richesse locale. Cette source n'avait pas changé de forme depuis l'acte de 1743, lorsque survint, dans ces derniers temps, une demande des habitants de Fontaine-Argent, tendant à obtenir la modification de leur fontaine. La commission chargée du rapport exposait [12 février 1833] de la manière suivante les motifs qui la déterminaient à proposer l'ajournement de ce travail : « La chambre de source de Fontaine-Argent est dans un état qui doit avant toute

---

(1) M. Charle, V. M.

chose fixer l'attention du conseil et de l'administration. Les eaux produites sur ce point sont très-peu volumineuses et ne doivent fournir à peu près que 45 litres par minute. L'abondance assez notable des eaux inférieures, démontre que d'autres sources se réunissent à celle de Fontaine-Argent qui donne son nom à toutes ces eaux. On a lieu de présumer que toutes celles qui pourraient arriver dans la chambre prennent une autre direction. Il serait à craindre que les constructions demandées (fontaine, lavoir, abreuvoir) fussent établies infructueusement, si l'on ne s'assurait d'abord de la position de la source et du volume d'eau qu'on en peut tirer. On propose donc de faire procéder préalablement à cette vérification par des fouilles à proximité de la chambre de source, sauf à statuer sur les améliorations et constructions qui pourront être votées. »

Fontaine-Argent n'est pas le seul point de la banlieue où le concours du conseil ait été sollicité. Il est peu d'agglomération de population qui ait plus à souffrir de la pénurie d'eau que le hameau de Saint-Ferjeux, dont les habitants (830, recensement de 1852), généralement livrés à l'agriculture, doivent bientôt épuiser leurs citernes dans les années de sécheresse. De tout temps ce besoin a excité les recherches et les plaintes de cette population. On en trouve la preuve dès le dix-septième siècle : alors le Magistrat portait défense d'abreuver le bétail aux réservoirs de la tuilerie de Saint-Ferjeux appartenant à la ville, car la nécessité avait rendu sourds aux réclamations et à l'opposition du fermier dudit établissement les cultivateurs de ce canton. Pressés par la détresse, ils ont souvent porté leurs vues sur Chamuse, malgré toutes fins de non recevoir : différents actes prouvent, de leur part, cette constante préoccupation. Pour ne citer que les plus récents, je rappellerai qu'en 1825, ils venaient demander une fontaine en indiquant cette source pour l'alimenter. Ce n'était que la reproduction d'une requête en quelque sorte traditionnelle. Aussi, en 1827, l'administration de la ville (1) chargeait M. l'architecte Marnotte de donner satisfaction à un vœu dont les siècles semblaient impuissants à modérer l'ardeur. Peu après, M. Marnotte fournissait un projet ayant pour but de recueillir les deux sources des Vallières et de Chamuse, et, au moyen d'une conduite unique, de les faire jaillir en un point déterminé du hameau. Le travail de l'architecte répondait en tous points au vœu de l'administration qui l'avait ordonné; mais suivant M. Marnotte lui-même, « la petite quantité d'eau fournie par ces sources, surtout en été, n'était pas en rapport avec les dépenses à faire pour établir une conduite (d'ailleurs d'un très-petit diamètre) à travers un sol rocailleux et difficile à fouiller, et nécessitant le *syphonnement* des tuyaux dans une vallée profonde. » Ces difficultés qui, du reste, en entraînaient naturellement beaucoup d'autres, firent renoncer à cette entreprise.

(1) M. de Terrier-Santans, M.

En 1852, ils renouvelaient la demande de 1825 ; mais l'exécution de cette entreprise ayant été jugée impraticable, on adopta le projet du creusage d'un puits, et, par suite, le 13 mai 1853, on votait 1,800 fr. pour cet objet (1).

Au nord de Saint-Claude, comme à l'est de cette localité et de Saint-Ferjeux, le versant général des terrains, coupé de bas-fonds et de fissures, verse ses eaux vers la rivière du Doubs. De là ces sources qui s'échappent des escarpements du calcaire jurassique de l'étage inférieur, et qui, peut-être, servaient jadis au roulement du moulin des Arènes. Elles sont nombreuses dans la partie occidentale du canton nord où leur écoulement est quelquefois rendu sensible par un bruit souterrain qui en accuse le volume. On en rencontre surtout, le long de Canot, près du bastion d'Arènes, au Port-la-Fontaine, et depuis la rue Champron à la source de la

---

(1) A cet égard, certaines prévisions géologiques de M. l'architecte Delacroix se sont pleinement réalisées. L'acte suivant peut être regardé comme la confirmation historique de ces prévisions. On lit au journal du Magistrat, à la date du 5 juillet 1681 : « La nécessité d'eau causée par la grande sécheresse qu'il a faict cet esté, ayant faict connoistre la bonté et *l'abondance* du puit qui est au village de Saint-Ferjeux, a porté Messieurs à prendre la résolution de faire mettre en estat le d. puit, et pource ont commis M. de Recologne, pour faire venir à lui tous les chefs de famille du d. lieu, pour déclarer que Messieurs veulent qu'ils fassent des margelles de pierre autour du d. puit, et tiendra notte de ce qu'elles cousteront et en répartira la somme entre les d. familles, etc., etc. » Les habitants de Saint-Ferjeux se refusèrent à toute contribution [20 septembre].

Moulière. C'est l'origine de cette fontaine d'Arènes que l'ancien Magistrat avait fait approprier au service du quartier voisin. Elle était recueillie dans un bassin, sous voûte, lequel était engagé dans la muraille d'une maison. Elle a fait donner à la ruelle qui y conduit le nom de *Port-la-Fontaine*. Quoique réparée en 1772, il ne restera bientôt plus d'autre témoignage de son existence que cette dénomination : depuis la construction de l'abattoir, elle est en partie détruite, et disparaîtra entièrement sous les travaux des quais projetés. Le 10 mai 1822, le maire de Besançon était invité à rechercher les droits que la ville pouvait avoir sur cette source ; car, mise en bon état, elle eût été une utile succursale de la fontaine de la place Saint-Jacques. Le 6 mai de l'année suivante, une commission fut nommée à cet effet ; mais elle ne fit point de rapport, et la pensée d'en tirer parti a été abandonnée.

Les considérations géologiques que je viens d'émettre se justifient encore par la note suivante : « Lors de la construction de l'abattoir, en 1833, dit M. Marnotte, j'avais à établir un puits pour le service de cet établissement. J'indiquai donc le lieu où ce puits devait être creusé ; par un hasard merveilleux, on tomba directement sur une ancienne fontaine romaine fondée en cet endroit (1). La source, qui s'échappe d'un rocher, étant fort abondante et limpide, devient, au moyen de la pompe qui est

---

(1) Les indices rappelés à ce sujet n'annonceraient-ils pas plutôt un ancien puits ? *Voyez* page 101, note.

établie au-dessus, d'une très-grande utilité pour l'abattoir et même pour les habitants du quartier. »

En 1785, on construisit une fontaine derrière Bellevaux, sur le bord du Doubs, où jaillissait une source très-abondante et recherchée pour la qualité de ses eaux (1). Cédant à l'entraînement du vulgaire, toujours si observateur et si pratique, on lui donna le nom de Fontaine-des-Vieillards, que portait déjà la source depuis plus d'un demi-siècle, et qu'elle devait à l'hospice voisin. En effet, deux institutions charitables s'étaient installées, dans les premières années du dix-huitième siècle, à la rue du Petit-Battant, et avaient pour but, l'une, la distribution de secours à domicile (l'aumône), l'autre, l'entretien de vingt-quatre vieillards indigents (2). Telle est donc l'origine de cette dénomination. Cette source, connue anciennement sous le nom de Fontaine-du-Petit-Battant, était en usage avant même que des constructions spéciales lui donnassent l'aspect d'un monument ; car, le 2 septembre 1769, Longin présentait au Magistrat un plan de barrage propre à la préserver de l'inondation.

Autrefois, depuis la ruelle Mayence jusqu'à la tour de la Pelotte, régnait, sur la rive droite du Doubs, une espèce de quai avec un mur de soutennement et des rampes pour descendre à la rivière. Aujourd'hui, ce mur, enseveli sous les déblais qui en ont rompu l'alignement, ap-

---

(1) M. Bressand, M. — Elle a été construite par Etienne Martin, sur les plans de Longin.

(2) *Voyez* la note (1), page 489.

paraît, quelquefois encore, derrière le jardin des Carmes, quand les grandes eaux en mettent à découvert les vestiges. C'est contre ce mur, haut, vers l'hospice, de 3ᵐ,48, et dont le parement était encore conservé sur une longueur de 55 m., qu'était adossée la fontaine en question. Là, son corps rectangulaire, à corniche et à panneau (2ᵐ,40 de haut sur 1ᵐ,50 de large), était embrassé à sa base par un bassin de 2ᵐ,60 de long sur 1ᵐ,65 de large, dans œuvre, et de 0ᵐ,40 de profondeur, ses parois ayant 0ᵐ,25 d'épaisseur.

M. Marnotte, en 1829, avait proposé la restauration de cette fontaine, il jugeait de son importance par sa *fréquentation;* mais le conseil municipal, qui n'y a pas vu le même degré d'utilité, l'a laissé envahir par les décombres; le mur de soutennement lui-même s'est écroulé en partie, et il ne reste en ce moment, comme point de repère de son emplacement, que les pilots de l'abreuvoir, en face desquels elle se trouvait élevée. Au reste, pour avoir une idée de son enfouissement et, par conséquent, de la masse de remblais qui élargit le chemin, il me suffit d'ajouter, d'après les cotes d'un plan spécial, que l'espace situé entre la fontaine et la muraille de Bellevaux n'avait que 4ᵐ,25.

Depuis sa destruction, une autre source, dérivation de la première, ou du moins ayant la même origine, au pied de la rue Champron, a été appropriée d'une façon toute modeste aux usages du public. Vous la reconnaîtrez à la foule qui, à toutes les heures du jour, se presse autour de son bassin, attendant le tour du puisage. Malgré son état de dégradation et la propreté plus qu'équivoque des fontaines découvertes et sans ajutage, elle supplée, dans certaines limites, à l'insuffisance évidente de la borne-fontaine de la rue Champron, seule chargée de desservir la partie haute de Battant.

Le 18 juillet 1786, le sieur Klein, brasseur à Bregille, demandait au conseil municipal l'autorisation d'ériger à ses frais, et adjacente à sa maison, une fontaine qu'il alimenterait avec une des sources basses, et dont il laisserait la jouissance au public. Cette fontaine, dont les plans avaient été dressés par Bertrand, fut construite à pan coupé, à l'embouchure de la ruelle du Gravirot. D'après l'arrangement intervenu à ce sujet, le concessionnaire devait couper l'angle occidental de sa maison, sur une ligne de 4 pieds 8 pouces, construire la niche en pierres brutes de dimensions requises, donner passage aux fontainiers pour leur service, et ne prétendre, dans aucune mesure, à la propriété de la source. La ville, de son côté, prenait à sa charge tous les frais de l'appareil des eaux. La fontaine, dans son élévation, figurait une série de roches superposées, d'où le jet s'écoule encore par une fissure. Sous les versants de Bregille et si près des sources, cette imitation de la nature faisait illusion. A l'époque du blocus [1814], la brasserie ayant été détruite, la rustique décoration fut en partie renversée : il n'en reste que ce qu'il faut pour maintenir le jet ; mais son état ruineux est bien en harmonie avec tout ce qui l'entoure. La brasserie est remplacée par un lavoir délabré (1).

La découverte de la source de Billecul remonte au 4 brumaire an XI [26 octobre 1802] (2). Le rapport fait à ce sujet relate tous les avantages que la ville se promet d'en tirer. Il y est exprimé surtout le désir de la voir saillir plus haut, afin qu'elle puisse abreuver une partie

(1) Il y en avait un plus bas, créé en 1787. Un troisième, non moins dégradé, a été construit postérieurement à 1814. Il en existait un autre, bâti sous voûte, et alimenté par le trop plein des sources. Dans un état parfait de conservation, il sert aujourd'hui de cellier à M. Martin, propriétaire du jardin sous lequel il est situé.

Après le blocus, des experts dressent le tableau des pertes subies par les habitants de la banlieue; le procès-verbal qui mentionne ces pertes [25 février 1816], y fait figurer le sieur Klein pour 28,855 fr. 50 cent.; mais la valeur industrielle de sa propriété entre, dans cette évaluation, pour le chiffre de 10,859 fr. 58 cent.

(2) Les eaux de Billecul viennent des versants de Saint-Claude, des coteaux de Bregille et de Fontaine-Argent, d'où elles s'écoulent par les marnes calcaires du vallon des Chaprais, pour sourdre à la surface du sol sur les bords du Doubs. Dans une terre si fréquemment remuée et offrant peu de profondeur, l'eau pluviale pénètre rapidement; ces infiltrations faciles n'ont pas seulement la propriété de troubler l'eau, elles en altèrent encore la qualité. Cet inconvénient, que j'ai déjà signalé pour la ville de Saint-Etienne, peut disparaître sur un espace déterminé de terrain, par la suppression de l'engrais, et permettre l'essai du drainage pour l'accaparement des eaux pluviales. Le drainage, sous notre climat pluvieux, abreuverait ainsi nos campagnes; car ce système est employé aujourd'hui au service des fontaines publiques. Appliqué à l'épuration, c'est une véritable substitution de la source artificielle à la source naturelle; il rend facilement à l'eau la limpidité et la fraîcheur : la limpidité, puisque l'eau trouve un filtre immédiat et tout approprié dans la masse du sol choisi; la fraîcheur, car sans doute cette qualité est promptement reconnue

des fontaines de la ville, d'autant plus, ajoute l'acte, qu'elle se trouve à portée des ponts que l'on doit construire (1). Elle est environ treize fois plus abondante que les sources hautes de Bregille; mais elle est à 1^m,84 au-dessous du point de repère que j'ai déjà mentionné; elle ne peut donc être utilisée *intrà muros;* mais circonscrite et protégée par une maçonnerie spéciale, qui

par le passage de l'eau dans les couches souterraines d'une température plus basse. Cette double condition fera conséquemment du sol le meilleur des filtres.

L'opération consiste à fixer un réseau de tuyaux collecteurs de drains à 1^m,5 environ au-dessous de la surface du sol, lesquels communiquent à un aqueduc qui, du terrain aquifère, les rend à un lieu déterminé. Farnham, située à quelques kilomètres de Londres, alimente 2,500 habitants avec un hectare de terre depuis 1837, et l'écoulement n'a pas subi d'arrêt. Pour cela, il faut que la facilité d'absorption diminue d'abord l'évaporation, d'où résulte le double avantage d'une humidité moindre dans le milieu atmosphérique et d'un apport plus riche dans le terrain aquifère; d'ailleurs les travaux préalables, tout en disposant le sol à cette absorption, ont fait connaître et choisir la nature des couches filtrantes. Quant à la quantité absorbée, il est facile de la calculer, sachant ce qu'il tombe d'eau sur un espace donné en un climat donné, et si le produit de l'appareil n'est pas d'accord avec le calcul, car il le dépasse toujours, c'est qu'il faut tenir compte de la quantité d'eau fournie par les terres voisines, tributaires naturelles des lieux bas et encaissés, et ce sont ceux qu'on recherche d'ordinaire pour en faire le réceptacle des eaux. Farnham n'est pas la seule localité qui ait adopté ce régime : Paisley, Rugby, Sandgate, Ottery et Saint-Mary se sont déjà procuré cet avantage.

Cette note n'avait d'autre but que d'enseigner à la banlieue, qui se développe de Chailluz à Saint-Ferjeux, un procédé facile, peu dispendieux et consacré par l'expérience, pour se procurer de l'eau.

(1) La première proposition relative à cette construction remonte au 2 mai 1724. Elle fut souvent débattue de 1789 à 1802.

la défend des souillures et des érosions du Doubs, elle abreuve les habitants de la Moulière, lorsqu'elle n'est pas, comme les deux précédentes, cachée par les grandes eaux (1).

En 1827 parut, pendant quelques jours, à la surface du bassin de cette source, une couche d'un fluide mat et gras, qui en troublait la transparence et le miroir. Or, à cette époque, des résidus huileux, provenant de la fabrique de bleu, aux Chaprais, ayant été déposés dans une fosse creusée à cet effet, on attribua l'altération de l'eau à cette circonstance. C'est à l'expérience à savoir si les absorptions du sol supérieur si souvent labouré, influent toujours sur le goût et la limpidité de cette eau. L'événement ci-dessus était rappelé en ces termes à la séance du conseil en juin 1836 : « Les eaux de la Moulière et de Billecul se chargent de limon et s'altèrent par la nature des objets déposés dans le sol qu'elles traversent. Il y a peu d'années que des poursuites correctionnelles ont été intentées contre les syndics de la faillite Bonnet qui, en faisant enfouir des débris de produits chimiques, avaient occasionné l'altération des eaux de ces fontaines. »

Je viens de dire que la source de Billecul, lors de sa découverte, apparut comme une réserve utile et dont on profiterait dans un temps donné. Cette situation expectante ne fut pourtant pas sans profit pour les habi-

---

(1) La garniture en pierre à la source de Billecul ne remonte qu'à 1848. La lettre du colonel, chef du génie de la place, annonçant l'autorisation ministérielle, est du 16 février.

tants de Besançon : à ce sujet je révèlerai un fait sinon inconnu, du moins oublié, et qui va s'élever comme un argument vivant pour prouver l'unanimité et la persévérance des plaintes du quartier de Battant, vers la fin du dix-huitième siècle.

A peine la source de Billecul était-elle mise à découvert que, sans s'effrayer de la distance ou de la fatigue, les habitants du haut Battant allaient y puiser. Si le besoin rend aveugle sur les difficultés, il suscite l'industrie. Quelquefois, au lieu de sortir de la ville par la porte de Battant et de se rendre à la Moulière par les routes ordinaires (et c'était la voie la plus fréquentée), les quêteuses d'eau descendaient en groupe la rue Champron, et, au moyen d'une barque des tanneries voisines, organisaient un service de transport jusqu'à Billecul. Leurs seaux étaient déposés au fond de la barque, et l'une d'elles, ou un batelier improvisé, se chargeait d'aller faire de l'eau et de ramener la cargaison aux intéressées.

Voilà ce qui se passait, il y a cinquante ans, dans ce quartier, et ce qui aurait encore lieu, si, à la longue, ses habitants ne s'étaient point habitués à venir aux fontaines du canton sud où ils augmentent cette affluence, cause du trouble et de la longueur de ce genre de station.

La construction de la fontaine de Château-Farine (fontaine du Cerisier), sur le chemin d'Avanne, remonte au 25 avril 1812. La source abondante, située dans une propriété appartenant à Mademoiselle Lombard, au vallon de Château-Farine, donna lieu à ce projet. La délibération qui en amène la réalisation est du 10 février.

Le plan de cette fontaine, signé D.-J. Bon, porte la date du 25 avril; le devis qui l'accompagne s'élève à la somme de 827 fr. 95 centimes.

La fontaine elle-même s'adosse à un versant rapide où un bouquet de bois, récemment planté, l'encadre assez heureusement. Elle se compose d'une borne et d'un double bassin (abreuvoir et lavoir), le tout d'une grande simplicité. Mais son aspect rustique convient très-bien à son objet et à sa situation. La naïade solitaire du Cerisier avait donc échappé aux regards de l'ancien Magistrat.

PUITS.

Les puits sont peut-être aussi anciens que les premières habitations dans la presqu'île bisontine. Si l'usage des eaux actuelles n'en a pas amené la suppression, cela tient à l'insuffisance de nos sources, et surtout à l'instinct qui nous fait cumuler, dans le rayon étroit de notre demeure, tout ce qui tend à nous rendre faciles les satisfactions de la vie. Il fallait que cette insuffisance fût généralement sentie, pour qu'elle perpétuât cet état de choses, puisque, sauf de rares exceptions, les eaux des puits de Besançon affectent des propriétés peu favorables, sinon mauvaises. Les analyses de M. Deville viennent à l'appui de cette assertion. Abstraction faite de la constitution géologique, il en sera toujours ainsi dans les villes où, faute d'égouts, la densité des habitations multipliant les puisards, l'eau souterraine des puits est toujours le véhicule d'infiltrations malfaisantes, car le sol s'adultère non-seulement par les substances de toute nature qui s'y dissolvent, mais encore par les combinaisons qui s'y opèrent. Un extrait des délibérations des notables du 22 septembre 1771, énonce comme un objet urgent de remplacer les puits *qui ont excité quelquefois des plaintes sur la qualité de leurs eaux.* Précédemment [1768], quand l'Etat-Major de la place demandait un filet d'eau pour la prison militaire, le Magistrat regardait comme un acte d'humanité de faire droit à cette requête, vu la mauvaise qualité de l'eau de puits. En 1769, le commissaire des guerres portait plainte sur l'insalubrité des eaux des puits situés près de la Visitation et de la rue de Bregille, et, par suite, le Magistrat était appelé à assister à l'analyse de ces eaux. Cette opération avait lieu, en effet [15 mai], en présence de diverses autorités militaires et de MM. Duhault et Monniotte, délégués par le conseil. Le résultat de cette expertise, sans être favorable, démontra que l'eau en question n'était pas inférieure à celle des autres puits qui se trouvaient tous jugés par cette évasive appréciation. En tous cas, les conseillers présents peuvent s'excuser sur ce que ces puits avaient été creusés par le Génie du roi; et tout en indiquant la fontaine Dauphine comme capable de remédier au mal, ils annonçaient que le Magistrat, occupé de la multiplication des fontaines, se proposait d'en établir une sur la place des Casernes (1).

(1) Ce projet, auquel on doit la fontaine au bas de la rue Saint-Paul, a souvent été débattu, et notamment depuis 1753, époque à laquelle la ville, l'archevêque, les avocats, les officiers au bailliage et divers particuliers contribuèrent à l'érection de la caserne Saint-Paul. Il fut agité surtout après le vote consacrant l'édification du pavillon de Bregille [11 juin 1770]. Il en fut fait une mention spéciale à l'assemblée des notables du 1er septembre 1771; en dernier

D'ailleurs, la disposition des puits sur la voie publique les exposait à toutes sortes de souillures (1), créait un embarras à la circulation, peut-être même un danger pour la sûreté personnelle des citoyens (2). Leurs agrès massifs nécessitaient, pour l'extraction de l'eau, une manœuvre difficile et longue. Enfin leur voisinage constituait une servitude contre laquelle on protesta, même au temps où l'usage des fontaines dut rendre cette servitude moins onéreuse.

lieu, on le retrouve dans les plans de Longin [1780], quand il s'agissait de construire deux casernes symétriques et parallèles au rempart, comme on les voit aujourd'hui. Ces plans indiquent une fontaine sur la place et devant le front de chacun de ces bâtiments.

(1) Dans le concours de 1769, sur les *Embellissements de Besançon*, un des Mémoires, qui signale cet inconvénient, rapporte qu'un jeune homme fut condamné à la prison pour avoir jeté dans un puits *un chat crevé*. Le même délit était imputé à des soldats de la garnison en 1678; l'infection fut telle, que, le 22 juillet, les commandeurs des bannières eurent ordre de faire vider tous les puits.

(2) On cite plusieurs exemples de cadavres trouvés dans les puits de Dijon, du seizième siècle au dix-huitième : celui de la rue Verrerie fut comblé pour ce motif. Aussi, le 4 novembre 1678 et le 17 juin 1744, il était enjoint de mettre à chaque puits une fermeture dont les voisins auraient la clef.

Les inconvénients, signalés dans les deux notes ci-dessus, ne sont pas les seuls. Voici, au sujet des puits de Dole, ce qu'on lit dans le *Dictionnaire géographique, historique et statistique des communes de la Franche-Comté* : « Les puits obstruaient les rues et occasionnaient souvent des accidents très-graves. L'eau qu'on y puisait était insalubre et malpropre. Toujours entourés de beaucoup de monde, chaque instant y voyait naître de nouvelles querelles entre les habitants et les soldats. C'était là que se tenaient les femmes de mauvaise vie

Il ne reste plus aucune trace des citernes et des puits de l'époque où Besançon était bâti sur la montagne de la citadelle. Aujourd'hui la forteresse a quatre citernes, offrant ensemble une capacité de 1,300 m. cubes, et un puits de 130 m. de profondeur. Au temps de l'ancien Chapitre, les résidences canoniales, espacées sur le versant, renfermaient sans doute des citernes particulières; mais il est certain que l'enceinte ou *district capitulaire* avait ses puits communs. Le premier titre à ma connaissance où il en est question date du 13 mai 1316 : il s'agit, dans cette pièce, de l'emplacement d'une maison située *près du puits au-devant de Saint-Jean.*

Dans le cours de l'année 1711, suivant les actes du 15 juillet, du 23 septembre, du 9 novembre et du 24 décembre, on fait de nombreuses réparations aux puits du Chapitre. Le 8 juillet de la même année, les chanoines faisaient rouvrir le puits situé devant la maison de M. Demesmay.

En 1712, les actes capitulaires renferment la disposition ci-après, à la date du 6 avril : *Domino Boudret facultas conceditur claustris ligneis muniendi et claudendi*

pour suborner les domestiques. Le 25 mai 1574, le syndic de la ville condamna Jeanne Guyon, d'Aiglepierre, et Jeanne Quaisdry, de Saint-Lupicin, à être exposées au carcan, aux halles, dès les neuf heures jusqu'à dix heures du matin, avec un écriteau au-dessus de leurs têtes, portant cette inscription : « Puiseuses bannies perpé-
» tuellement de la ville, pour icelles être convaincues de suborner
» les servantes des bourgeois et de prendre d'elles du pain et autres
» choses pour leur aider à tirer de l'eau des puits. »

puteum, in districtu, prope ecclesiam, anno presente excavatum.

Le Chapitre avait donc ses puits, et les exemples ci-dessus, choisis dans des conditions différentes, me paraissent suffisants pour le démontrer. Leur nombre et leur emplacement échappent aujourd'hui à toutes les recherches : toutefois on peut affirmer qu'ils occupaient la partie basse du versant, au niveau de la rue du Chapitre, où se développait une vaste ceinture de maisons canoniales. Ici les puits étaient largement alimentés ; plus haut et dans le voisinage de la chapelle Saint-André, des citernes pourvoyaient aux besoins de ces quartiers culminants, comme cela devait s'être pratiqué à la suite des invasions du cinquième siècle, lorsque la population tout entière vivait réfugiée sur la montagne. Cette circonstance expliquerait l'abandon des eaux d'Arcier, si la ruine du canal n'en était pas la véritable cause ; car, pour l'attribuer à nos ancêtres, il faut oublier la colonne du Pilori.

Quant aux puits de la plaine, on n'en peut suivre que bien tard l'administration et le régime, parce que leur entretien figure, avec d'autres dépenses, sous le titre de *frais des bannières,* au budget des divers quartiers de la ville (1). Ce n'est qu'au seizième siècle qu'ils se détachent

---

(1) Pour avoir une idée de ces dépenses, il suffira de lire le tableau ci-après, à la date du 17 février 1590 : « Battant, 5 fr. — Chamars, 6 fr. — Le Bourg, 10 fr. — Saint-Quentin, 15 fr. — Arènes 10 fr. — Charmont, 8 fr. — Saint-Pierre, 10 f.

de cette obscurité ; mais alors ils nous montrent tous les inconvénients et toutes les difficultés d'un pareil service.

Déjà, au milieu du quinzième siècle, une ordonnance du Magistrat prescrit que les margelles des puits seront faites aux frais des voisins de ces puits, servitude dont le cercle arbitraire n'embrassait peut-être pas toujours les voisins les plus intéressés. Dans la suite, cette dépense fut de nouveau mise à la charge des bannières, et ce régime ne parut pas un impôt moins onéreux ni moins inégal, puisque les Vingt-Huit, discutant cette question en 1667, regardaient cette taxe comme injuste et mal assise. De là cette disposition : « *A esté résolu pour de an prochain et jusqu'à aultre ordre de les entretenir aux frais de la cité et deniers publics.* » Elle fut réalisée, car, le 31 janvier 1677, les puits étaient laissés à bail d'entretien, à raison de 6 fr. 6 gros chacun, à Jean Bertrand, de Besançon (1). Etienne Bertrand reprend cette entreprise le 22 janvier 1680, moyennant 4 fr. 5 gros 3 blancs, *en bloc*, et ne laisse, pas plus que le bail précédent, préjuger du nombre des puits. Cet entretien ne devait consister, je crois, qu'en une sorte de surveillance, et ne laisser au compte de l'entrepreneur qu'un petit nombre de réparations déterminées, par conséquent les dépenses considérables et imprévues étaient le partage de la cité. Par exemple, quand, en 1680, le Magistrat ordonne le

(1) Le gros valait un sous un denier trois neuvièmes.

curage général des puits (1), quand, en 1681, un sieur Gerdy s'oblige à réparer le puits au bas de la rue Saint-Paul (moyennant 50 fr. et sa réception gratuite au nombre des citoyens), c'est le Magistrat qui pourvoit directement à ces dépenses. Cela n'exclut pas le bail de la régie dans les limites indiquées plus haut. Malgré cette double garantie, l'entretien général semblait loin d'être irréprochable : entre autres preuves, je rappellerai les poursuites dirigées par l'échevin Bouvet contre le nommé Cornette, chargé de cet entretien. A cette époque [27 juin 1757], les puits étaient en très-mauvais état, mais particulièrement celui qu'on voyait entre les deux corps de caserne, place Saint-Jacques, et qui paraît avoir provoqué l'action du Magistrat contre l'entrepreneur. Ces rigueurs avaient lieu à la suite d'une visite effectuée, le 2 juin 1757, par M. Bouchet, membre du Magistrat et pourvu de la charge de *commissaire aux pompes*. Si les irrégularités de ce service ne pouvaient échapper à l'active surveillance du Magistrat, cela tient à ce que, à des intervalles inégaux et suivant les circonstances, les puits donnaient lieu à des investigations spéciales, sous le titre de visite ou de reconnaissance, qui étaient presque toujours suivies de réparations et de curage [1677, 1678, 1680, etc.].

Bien que la répugnance qu'inspirait l'eau des puits publics fût aussi profonde que générale, les réparations

---

(1) M. Mareschal, V. M.

étaient presque toujours réclamées ou provoquées par les citoyens eux-mêmes, juges naturels de l'étendue de cette nécessité. Les habitants de la bannière de Saint-Pierre venaient solliciter, en 1537, l'autorisation de réparer, à leurs propres frais, le puits de l'hôtel consistorial. Le 17 mai 1679, on demandait la reconstruction du puits devant l'église Saint-Vincent, et les signataires de la requête, pour obtenir une réponse favorable, s'offraient de prendre à leur compte (4 écus blancs) le nettoyage de ce puits. En 1753, le faubourg Rivotte réclamait avec instance le rétablissement d'un puits, indispensable à ses besoins, lequel avait été comblé à l'époque sans doute où la fontaine Saint-Martin le rendait inutile. Or cette fontaine paraissait n'être plus en usage, puisque la réouverture dont il est ici question se fonde *sur ce que le faubourg n'a que de l'eau de rivière* (1). En 1761, la réfection du puits de la rue de la Lue était jugée d'autant plus urgente que celui de la rue du Clos était presque hors de service. « Il a été délibéré, lit-on au registre de l'hôtel de ville, qu'attendu que les réparations sont nécessaires et urgentes, à cause du cas de feu, elles seront incessamment exécutées. » Nous verrons plus loin [1767] la pétition des habitants de Battant, ayant un but analogue; nous verrons aussi que, en 1780, les commissaires aux fontaines présidaient au curage d'un puits trouvé en ce quartier, tant le besoin d'eau s'y

---

(1) M. de Saint-Germain, V. M.

faisait sentir. Pour en fournir un exemple, il suffit de rappeler que, en 1783, on donnait ordre aux particuliers d'avoir des cuves pleines d'eau dans les maisons, et aux charretiers, des *bosses* prêtes pour amener l'eau de la rivière, en cas de feu, pendant les sécheresses. Les puits conservés offraient l'avantage d'être une ressource à l'heure du sinistre, et de parer, autant que possible, à l'inconvénient du chômage si fréquent des fontaines. Après l'inondation du 26 septembre 1778, qui emporta le pont de Bregille, le conseil prit un arrêté qui enjoignait aux propriétaires de maisons pourvues de puits de laisser libre l'usage de ces puits, dès huit heures du matin jusqu'à quatre heures du soir, durant la réparation du pont et de la conduite des eaux. C'est le même esprit de prudence qui, il y a soixante ans, inspirait l'arrêté municipal auquel on doit l'inscription du mot *puits* sur la façade des maisons.

Pour concilier la sécurité publique avec la suppression des puits, la fermeture de ces réservoirs était pourvue d'un regard ayant pour objet de favoriser l'extraction de l'eau en cas d'incendie. J'en trouve la preuve dans divers actes du Magistrat, notamment en 1772. Ailleurs, au contraire, vu la distance des fontaines, on faillit de revenir aux puits, même à l'époque où leur temps semblait passé : au mois de ventôse an II, on songeait à construire une pompe à Battant et une autre devant le séminaire. L'archevêque avait autorisé ou accepté la servitude de cette dernière; tout était prêt, un ajournement fit tomber ce projet dans l'oubli.

D'un autre côté, dans la crainte du tarissement des pompes à Besançon, il fallut approfondir les puits que l'abaissement des écluses [1829] vint mettre à sec ou dont il fit descendre le niveau. Vers le même temps, au milieu des études et des recherches dont la ville se préoccupait, un étranger arrive à Besançon, proposant un système de citernes propres aux localités qui, comme Saint-Claude et Saint-Ferjeux, n'ont ni source ni rivière à leur portée. Ces citernes, dites vénitiennes, se composent d'un puits dont le tube est embrassé par un autre qui forme un manchon cylindrique avec le premier auquel il communique, sa partie inférieure étant percée d'une ouverture latérale. Le tube excentrique, jusqu'à une certaine profondeur, est un filtre dont les voûtes distillent l'eau tombée à la surface du sol ; cette eau passe du cylindre filtrant dans le réservoir qui forme la citerne. Ce procédé, appliqué peut-être aux cent soixante citernes publiques de Venise, est l'origine du nom donné à ces sortes d'appareils.

Quant à la servitude du voisinage des puits, elle est manifeste dans bien des circonstances : les réclamations qu'elles soulèvent rappellent toujours la même gêne et la même dépréciation de propriété. En 1751 [5 juin], les Dominicains portaient leurs plaintes au sujet de l'emplacement d'un puits contre la muraille de leur enclos. Leur opposition est motivée sur ce qu'il ne leur sera plus possible de bâtir ou de modifier le front de cette muraille. Les conseillers en délibèrent, et par suite on le reporte à la ruelle du Moulin. Mais la servitude ne se montrait pas toujours sous la même forme : le 23 juillet 1681, un sieur Barrey recevait l'ordre de déplacer une poulie fixée à la lucarne de sa maison, rue du Chateur, parce que le puits au-dessous s'emplissait de foin qui corrompait l'eau.

Ils gênaient la voie publique; mais, à cet égard, les intéressés n'étaient pas toujours bons juges dans l'espèce : le puits, au-devant de la maison de Mme de Falletans, cité plus haut, en est un exemple. Sa suppression était vivement réclamée; le Magistrat, après un examen attentif, se décide à le maintenir [1730]. Au contraire, quand l'inconvénient fut incontestable, la justice du conseil ne se fit pas attendre : c'est à ce titre qu'on voit supprimer celui de la rue Ronchaux en 1746, celui de la rue des Granges, au-devant de la maison Thiébaud, en 1772, et déplacer celui du bas de la rue Saint-Paul en 1771. Les jeunes filles cessèrent, depuis ce temps, de l'orner de feuillage et de le fêter par des rondes le jour de la Saint-Donat (1).

(1) Avant les diplômes de Charles-Quint [1503] et de Maximilien [1535], qui abolissaient le droit d'asile, dans l'enceinte de l'abbaye Saint-Paul, d'autres priviléges avaient été détruits comme injustes ou abusifs : celui de faire partie de la cité et de n'en pas supporter les charges pouvait exciter les regrets d'une population favorisée et mériter l'hommage d'un souvenir; mais pourquoi le choix de ce puits? Est-ce parce que sa forme et sa situation rendaient cette manifestation plus facile et plus ostensible, ou parce qu'il était, comme quelques-uns le croient, la limite du terrain privilégié?

Le 16 janvier 1771, il était transformé en une pompe adossée à la maison voisine de la raffinerie. Celui de la rue du Chateur, sujet de tiraillements en 1730, avait dû être fermé, puisqu'on réclamait sa réouverture sous forme de pompe, en 1784 [19 juillet]. C'est que, alors, un grand changement venait de s'accomplir, les puits publics avaient disparu devant la multiplication des fontaines, et s'étaient effacés de l'axe des rues ou des trottoirs pour ne survivre que sur les places ou dans les carrefours. Afin de compléter le progrès, il fallait les dégager des autres inconvénients inhérents à leur service, c'est le sujet de la délibération du 22 septembre 1779 : « Sur le rapport de MM. les commissaires aux fontaines, il a été délibéré d'établir des pompes pour tirer de l'eau des puits publics dans les différents quartiers de la ville les moins à portée des fontaines, d'en faire une chaque année jusqu'à ce qu'il y en ait une quantité suffisante, et de commencer en la présente année par l'établissement d'une des pompes sur le puits dans le quartier des Jacobins, au-devant de la maison de ces religieux » (1).

La transformation des puits a été lente et mesurée, si l'on en juge par l'acte que je viens de rapporter ; mais elle a dû être plus facile que leur suppression, car l'opinion publique, rarement d'accord sur cette question, suscita souvent, au sein même du Magistrat, ces irrégularités nées des sollicitations d'intérêts contraires.

---

(1) M. De Vaux, V. M.

D'après les divers documents recueillis à ce sujet, on peut dresser, de la manière suivante, la statistique des puits depuis le dix-huitième siècle.

Deux, rue de la Madeleine : au-devant de la maison où prenaient naissance les rues de Chartres et du Petit-Charmont, et près de la rue de Vignier.

Deux, rue d'Arènes : près du chevet de l'église et vers le bastion (1).

Deux, place Saint-Jacques : entre les corps des casernes et à l'embouchure de la rue de Vignier.

Un au Petit-Battant, quoi qu'en ait dit l'un des concurrents qui, en 1769, traitait la question *des embellissements de Besançon* : « Dans l'espace d'environ 320 toises, dit-il, de la porte Duras (Arènes) à la porte Battant, il n'y a que trois fontaines et quatre mauvais puits, qui y sont construits, dont l'eau est altérée par les édifices qu'on y a faits. Ces quatre puits, qui sont à découvert, sont situés, l'un auprès des casernes, à l'entrée de la rue de Vignier, du côté de la place, et les deux autres en montant Charmont. Je n'en connais aucun dans la rue de Battant. » Il est possible qu'il n'y en eut point alors, mais outre celui du Petit-Battant, si près d'ailleurs, il en avait existé précédemment. Il paraît bien étrange que l'auteur du Mémoire dont je viens de citer un extrait, n'ait pas même constaté cette circonstance, quand les

(1) Ce dernier était sur une place semi-circulaire, dite place de la Carotte, dont il est facile de préciser l'emplacement : d'après un plan de Querret, elle était à 28 toises de la rue *Reviremantez*.

habitants du quartier, précisément dans le cours de l'année 1769, demandaient *la réouverture de leur puits,* sans aucune autre spécification.

Si, vers le milieu du treizième siècle, Battant fut, par l'extension de son enceinte, circonscrit entre de nouveaux fossés et de nouvelles murailles, qui lui donnèrent la même étendue qu'aujourd'hui, comment admettre que tout cet espace demeura sans puits publics, quand les autres bannières en étaient pourvues? On objectera, je le sais, que la source de Fontaine-Argent fut d'abord exclusivement dévolue à ce quartier, où elle devint l'objet d'une espèce de souscription. Cette ressource, tout en n'excluant pas absolument le malaise, eut peut-être pour effet d'arrêter la multiplication des puits, inconvénient que mettent en relief les incendies et l'inconstance des fontaines. Quoi qu'il en soit, il est certain qu'en demandant la réouverture de leur puits, ils proclamaient que son existence était de notoriété publique. D'un autre côté, en juillet 1780, les commissaires aux fontaines faisaient rapport au Magistrat qu'ils avaient découvert, au-dessus de Battant, un puits très-profond, taillé dans le roc; le Magistrat ordonne que ce puits soit curé et que les eaux en soient essayées (1). La même année, pendant une sécheresse désastreuse, quand on obligeait à fermer les fontaines particulières, le même ordre

---

(1) Celui du fort Griffon, qui a 34 mètres de profondeur, est également taillé dans le roc.

prescrivait de *rouvrir les puits anciennement fermés à Battant*. Donc il y avait eu des puits à Battant. A cette légitime conclusion, on peut ajouter une preuve plus sensible, et qui rend inexcusable l'ignorance de l'auteur : il en existait un, au Petit-Battant, sous le nom de *Puits-des-Vieillards*, vis-à-vis de la maison portant le n° 25. Il servait encore naguères en temps de sécheresse.

En deçà du pont, voici l'emplacement des anciens puits :

Rue Poitune : un au n° 27 (pompe actuelle).

Rue du Collège et rue des Chambrettes : un à l'encoignure (pompe actuelle).

Deux, rue Saint-Vincent : l'un devant la maison des Bénédictins et l'autre près de la rue du Perron. Aujourd'hui il y a une pompe au théâtre ; tout en desservant le public, elle peut, par une manœuvre particulière, porter l'eau jusqu'à un réservoir près des machines et assortir les pompes en cas d'incendie. Cette pompe remonte à la construction du théâtre (1).

Au Transmarchement : un en face des Minimes (2).

Place Labourey : un près de la maison d'Auxon, n° 12.

---

(1) Inauguré en présence du prince de Condé et du duc de Bourbon, le 9 août 1784.

(2) La rue Neuve en avait d'autres, ainsi que le prouve un mémoire présenté à l'académie — concours de 1769. — Il y est dit : « On y compte quatre ou cinq puits dont l'eau est, sans contredit, d'une qualité au-dessous de celles des fontaines, soit pour boisson, soit pour cuite des aliments ; outre que ces puits, qui sont à découvert, ne sont point à l'abri des immondices que les vents peuvent y

Un, rue de Glères (pompe actuelle).

Trois, rue des Granges : depuis le n° 14 à l'entrée de la rue Saint-Paul; le dernier est converti en pompe.

Un, au fond de cette même rue : il est également converti en pompe.

Un, rue du Chateur, en face du n° 12.

Sept, Grande-Rue, savoir : au Puits-du-Marché (pompe actuelle), près de la rue d'Anvers, deux de l'Hôtel-de-Ville à Granvelle, près de la rue Ronchaux, à Saint-Quentin et vers l'Archevêché.

Un, rue des Martelots.

Deux, rue du Clos : au n° 9, et au n° 7 de la rue de la Vieille-Monnaie.

Un, rue de la Lue, contre le n° 7.

Aux Jacobins (pompe actuelle).

---

envoyer ni de celles que la fureur des libertins peut induire à y jeter. »

Pour démontrer, par un acte public, la répugnance qu'inspirait l'eau des puits, je citerai une délibération du 28 juillet 1657 : « Les sieurs Vingt-Huict ont prié Messieurs de mettre ordre à ce que les fontaines de la cité soient mieux entretenues que par le passé et que l'on ne jette point d'ordures dans les puidz, ce qu'aultrement pourroit causer de l'infection et beaucoup d'incommoditez aux citoyens. A quoy M. le président a répondu que l'on avoit jà pourvu au premier chef de leurs remonstrances, tant par édict qu'aultrement, et que l'on ne manqueroit d'apporter les ordres convenables quant au second. » On prenait immédiatement la résolution ci-après : « Et instamment les sieurs Vingt-Huict s'estant retiré, Messieurs ont résolu qu'il seroit deffendu à tous par édict et à peine arbitraire de jetter aulcunes ordures ou immondices dans les puidz, d'y laver des linges et aultres choses sales, et d'y abreuver le bestial. »

On peut ajouter à cette nomenclature les puits dont le creusage ne remonte qu'à l'époque de la construction des casernes. D'après les plans de Longin, il y en aurait eu trois sur la place, si des fontaines n'avaient pu y être établies. On en voyait d'ailleurs trois à la rue de Bregille : les deux premiers sont convertis en pompe [1770]; le troisième, qui n'existe plus, était derrière l'ancien corps-de-garde, près de la porte, à l'angle des vieilles écuries.

Ils étaient nombreux, eu égard à la surface de la ville; cela tient surtout à leur rareté dans les habitations. C'est aussi ce qui explique les tiraillements suscités par les demandes de suppression. Par exemple, ces débats auxquels j'ai fait allusion plus haut, se renouvelaient en 1736, à la rue du Chateur, et donnaient lieu à une curieuse statistique des eaux de ce quartier (1).

Nos puits, comme je l'ai dit au commencement de cet article, ont un usage bien antérieur à celui des eaux d'Arcier; car le canal n'a été édifié que deux cents ans environ après la conquête romaine, et jusque-là les Ro-

---

(1) Depuis la place des Bénédictines à la rue Saint-Paul, on trouve comme n'ayant point de puits, d'un côté : les maisons Humbert, Jourdain, Sarragoz, Coste, Saunier, Barrey, De Chaillot, Destot et celle du prieur de Vallorbe. Du côté opposé : les maisons d'Amonin, Dumont, Mourey, De Boulot, Bichot, veuve Miconnet et Chambert.

Le puits de cette rue est topographiquement rapporté aux points de repère ci-après : il est à 29 pieds de la maison du grand-chantre Boisot, à 34 de la maison de Mme de Falletans, et à 95 de la maison de M. l'abbé de Boulot. Cette indication correspond au n° 9.

mains eux-mêmes, avant qu'ils ne possédassent des eaux vives, avaient dû creuser des puits dans cette ville qu'ils avaient faite grande et importante. On en a, en effet, trouvé des restes dans le sol de Besançon. Vers 1835, un puits romain fut mis en évidence aux fondations de la halle : M. Marnotte en a consigné la description dans le recueil des *Documents inédits* pour servir à l'histoire de la Franche-Comté. La même circonstance s'étant produite lors des fouilles et creusages nécessités par l'ouverture de la rue Neuve-Saint-Pierre, il rédigea un mémoire sur un second monument de ce genre, mémoire encore inédit ; mais l'*Album franc-comtois* a publié, à ce sujet, un dessin lithographié qui représente un ornement de bronze, appartenant à un char et trouvé avec des fragments de poterie, en tout pareils à ceux de la nouvelle halle. La rareté de ces découvertes provient des exhaussements considérables du sol ; il faut le fouiller profondément, pour retrouver, dans ses stratifications, les vestiges que de grands désastres y ont ensevelis. Historiquement, elle s'explique par l'époque où ces puits ont disparu ; car leur suppression, contemporaine du canal d'Arcier, est antérieure à toutes les révolutions qui ont bouleversé le terrain de notre presqu'île. Ce qui n'était que dissimulé, est perdu sous une masse de ruines (1).

(1) Plusieurs de nos puits ne sont qu'une appropriation de ceux de l'époque romaine, lorsque ces derniers correspondent à une perforation moderne. C'est ce qui a lieu à l'abattoir et à la Faculté des sciences.

ÉGOUTS.

Quand le sol d'une ville a disparu sous une couche de pierres, les eaux qui tombent à la surface ont besoin de canaux et de réceptacles qui en facilitent la disparition, les eaux stagnantes étant une des causes les plus actives d'insalubrité (1). La nature, par des pentes justement ménagées, eût-elle pourvu à l'évacuation naturelle des eaux surabondantes, l'écoulement à ciel ouvert aurait encore l'inconvénient de laisser une trop large part à l'évaporation qui engendre l'humidité, et permet à toute matière impure, précipitée et décomposée, de devenir un foyer d'infection. Que les industries, considérées comme établissements insalubres avant même que la loi les eût classées ainsi, aient recherché le voisinage des cours d'eau pour y déverser leurs résidus, ou qu'elles se soient, par une instinctive précaution, éloignées des centres

---

(1) A Milan, le pavé se compose d'un cailloutage serré, coupé longitudinalement de larges dalles de granit, servant d'ornières. La compacité de ce pavé laisserait à la surface toute l'eau pluviale, si des conduits souterrains ne la faisaient disparaître. — Ce système d'égout n'a pas été créé pour les fontaines, puisque Milan n'en possède qu'une.

populeux, les eaux pluviales et surtout les eaux ménagères offrent par elles-mêmes assez de danger pour qu'on apporte autant d'intérêt que d'empressement à leur expulsion.

Rome était encore bien près de son origine, quand Tarquin construisit ses égouts, « mais déjà, dit Rollin, les eaux des pluies et des fontaines inondaient les rues et les places situées dans les bas lieux, et incommodaient fort les habitants par les boues et la fange qu'elles y formaient, et encore par les mares d'eaux croupissantes d'où il sortait des exhalaisons qui infectaient l'air, et causaient de fréquentes maladies. »

Quand les aqueducs amenèrent à Rome des eaux lointaines et à grand volume, les égouts prirent un nouveau caractère d'utilité; aussi Agrippa en fut-il regardé comme le second fondateur, parce qu'un jour les eaux des sept aqueducs ayant été lâchées par son ordre dans les égouts, ces torrents improvisés les nettoyèrent et les rendirent à leur usage primitif.

L'établissement des aqueducs avait provoqué cette restauration : les égouts doivent être en effet une conséquence des fontaines, lorsque celles-ci, outre les usages alimentaires et industriels, ont la double fonction de rafraîchir l'air et de déterger le sol de nos rues.

L'aqueduc d'Arcier, qui fournissait une vaste distribution, ne pouvait manquer de donner lieu à des égouts en rapport avec la profusion de ses eaux. En théorie, on pouvait les supposer; mais jusqu'en 1840, rien n'avait attesté leur grandeur et leur disposition. Or, à cette époque, M. Lafosse, chargé de la conduite des travaux du nouvel arsenal, découvrit, sous la place dite Plaine-des-Capucins, un égout romain dont il donne la description suivante : « Sur l'emplacement du bâtiment L, à 2 mèt. 30 centimèt. de profondeur, on a découvert un égout demi-circulaire de 1 mèt. 15 centimèt. de rayon. Les voussoirs, formés de pierres très-minces et assez régulières, ont 60 centimèt. de hauteur; les pieds-droits sont soutenus jusqu'à l'extrados par des contre-murs noyés dans un béton indestructible. Dans ce bloc énorme de maçonnerie ($4^m,30$ sur $1^m,90$), aucun outil n'ayant pu pénétrer, il a fallu faire jouer la mine, pour y pratiquer une ouverture.

» Cet égout est dans un état parfait de conservation; on l'a parcouru sur une longueur de 45 mèt.; plusieurs petits égouts et des tuyaux en plomb y aboutissent; il fait un coude du côté de la ville, et paraît remonter vers la place Granvelle, tandis que l'autre extrémité doit se terminer dans l'ancien marais de Chamars. »

Voici un autre exemple d'égout romain découvert à la rue du Chateur :

« Dans la cour, au fond de la maison n° 4, dit M. Marnotte, il existe la fondation et l'égout d'une fontaine de l'époque romaine. Cet égout faisait le tour d'une enceinte ayant 26 pieds de côté, mesuré dans œuvre. J'ai parcouru cette enceinte seulement sur trois côtés, le quatrième étant obstrué par un dépôt de matières fort anciennes. J'ai pu reconnaître qu'il était construit en petites pierres bien échantillonnées, à peu près semblables à celles du canal d'Arcier; qu'il avait 2 pieds de largeur, 6 de hauteur, et que le fond était à 15 pieds plus bas que le sol de la cour. La voûte était bien construite et bien établie sur des murs ayant 2 pieds et demi d'épaisseur, et il était divisé dans sa longueur, sur chacun de ses côtés, par quatre arcs-doubleaux qui servaient probablement à supporter le soubassement de la fontaine. »

Dans certains climats, et sous une constitution atmosphérique particulière, les eaux pluviales seules nécessiteraient ces conduits souterrains. A Paris le développement total des égouts est de 163,000 mètres (1) [1852]; mais à Paris il tombe annuellement 0^m,53 d'eau; on y compte en moyenne cent quatre-vingts jours de brouillards et cent quarante de pluie. De 1689 à 1824, trois mois seulement se sont écoulés sans pluie (janvier 1691, février 1725, janvier 1810). A Besançon, suivant les calculs de MM. Marchand et Barrey, continués par M. Bulloz, calculs basés sur vingt ans d'expériences, les vents méridionaux soufflent plus souvent que les vents boréaux, et présentent le rapport de $\frac{2236}{1965}$. Les premiers contribuent à nous donner une atmosphère habituellement humide,

---

(1) Malgré ce chiffre énorme, 270 kilom. de voie publique sont privés d'égouts; mais l'enlèvement parfait des immondices et le lavage dissimulent ce défaut. Du reste, les publications récentes du Préfet de la Seine et de M. Beaudemoulin prouvent qu'on s'occupe de leur généralisation.

aussi compte-t-on, sur l'année commune, deux cent vingt-six jours de pluie, de brouillard ou d'un ciel nuageux. Dans cette somme, les jours de pluie revendiquent la priorité du nombre : en effet, par exemple, l'année 1822 à elle seule en donne deux cent neuf ; 1823, cent quarante-six ; 1824, cent quatre-vingt-douze. Si l'on n'en trouve que cent cinquante-un pour 1816, de funeste mémoire, il suffit d'ajouter qu'il y en eut quatre-vingt-huit de pluies continuelles. Il tombe à Besançon $1^m,16$ d'eau. Ce chiffre diffère très-peu de celui que fournissent les observations faites à l'académie des sciences de Besançon, et résumées dans une moyenne comprenant la période de 1846 à 1852. Dès-lors on peut se faire une idée du volume d'eau susceptible de couvrir l'aire superficielle d'une ville qui a 1,700 mèt. de longueur sur 1,300 mèt. de largeur. Ce volume qui dépasse deux millions de mètres cubes, et conséquemment plus de vingt millions d'hectolitres, mérite bien qu'on lui prête les débouchés les plus nombreux, les plus rapides et les moins incommodes.

En 1538, quand Jehan Dahy proposait d'amener dans la cité les eaux de la Moulière, il indiquait, pour chacune de ses dix fontaines, un moyen d'évacuation du trop-plein ou des eaux perdues ; ce moyen, il le réglait d'après la déclivité du sol et par des rigoles ménagées dans l'axe des rues. Jusqu'à nos jours, on n'a pas suivi d'autre système dans les endroits où la nature des lieux traçait au Magistrat cette vulgaire pratique. Celles des parties de la ville qui ne se prêtent pas à ces dispositions, furent plus tard pourvues d'égouts ou de puisards. Les égouts, au nombre de quatre (1), ne traversaient dans l'origine que des jardins et des vergers; et quand, dans la suite, des habitations s'assirent sur leurs parcours, elles durent le respecter et adopter cette servitude. Les puisards n'eurent jamais à Besançon qu'un médiocre succès, puisqu'ils suscitèrent autant de réclamations que l'embarras des eaux et la servitude des égouts.

Depuis l'époque romaine, les égouts étaient peu nombreux sous le sol de notre ville; cela tient, d'une part, à l'absence des eaux d'Arcier ou à l'insuffisance de celles qui les ont remplacées, et, en second lieu, à la disposition particulière de notre presqu'île. Les anciens égouts étant ruinés ou perdus, nos ruelles versèrent directement au Doubs les eaux de la zône circulaire que circonscrivaient ses bords. Aussi à l'établissement du canal [1827], lorsque le chemin de hallage dut s'appuyer aux courtines de la place, menaçant de fermer ces débouchés séculaires, on obtint que son massif fût percé de quinze aqueducs pour l'écoulement des eaux de la ville. Mais, dans tous les temps, le centre, surchargé de ses propres eaux et de celles que lui déversaient les parties déclives, subit tous les inconvénients d'une servitude incommode autant qu'insalubre. Ce doit être là l'origine du petit

(1) 1° A la rue du Perron, celui dont le tronc bifurqué embrasse l'encoignure occidentale du carrefour Ronchaux, 2° aux Bénédictins, 3° au bas de la rue St-Vincent, 4° à l'hôpital. Celui-ci date du 17e siècle.

nombre d'égouts postérieurs à l'époque romaine, et dont la date est perdue, lesquels ont leur naissance à la rue Saint-Vincent et débouchent à Chamars, le *maxima cloaca* de la cité de Besançon.

Au dix-huitième siècle, le Magistrat qui s'était occupé si activement des fontaines, ne pouvait manquer de régulariser l'écoulement des eaux surabondantes ou nuisibles. Aussi voit-on, en 1735, le plan des rues, qui aboutissent au carrefour Ronchaux, disposé et réglé de manière à en diriger les eaux vers l'égout de la rue du Perron. Longin, en 1768, dressait des plans pour obtenir le même résultat au quartier Saint-Quentin. Pillot, un instant contrôleur, en 1771, travaillait à un projet d'écoulement devant la munitionnaire; Longin, en 1774, faisait la même opération à l'Orme-de-Chamars, en ayant recours au conduit de l'hôpital. Ce dernier projet avait été agité en 1689 : on se proposait alors de diriger les eaux dans un puisard à la basse-cour de l'hôtel du gouvernement; mais, sur l'opposition de M. de Renty, il fut question de l'abaissement du sol de la rue vers Chamars. En 1785, apparaissent et se discutent les projets ayant pour but de relier, par un souterrain en maçonnerie, le canal de la rue Saint-Vincent, au bras de rivière de Chamars. Cette entreprise dont le chiffre est de 11,108 liv. 2 s. 8 d., amène l'arrangement intervenu entre la ville et l'hôpital à ce sujet [30 août].

L'absence de ces exutoires de la salubrité fit souvent tolérer que la voie publique devînt un égout qui attendait la puissance détersive des pluies torrentielles ou de l'évaporation : c'est ce qui avait lieu en 1542, près de Granvelle ; en 1690, rue d'Arènes ; en 1700, rue de Glères ; en 1715, rue du Clos, chez Mme de Villette, et, la même année, rue Saint-Vincent, où un menuisier obtenait la faveur de faire dégorger dans la rue toutes les eaux de sa maison ; ce privilége était fondé sur ce qu'il avait bâti dans les terrains vides, et qu'il avait embelli le quartier. En 1719, la même permission était accordée dans la rue Baron (chez M. de Chastillon), où cette tolérance existait déjà. Le sieur Raclet, à l'angle de la rue d'Anvers, obtenait, en 1728, l'autorisation de faire un égout sur cette rue. Je pourrais citer encore d'autres tolérances de ce genre. Il faut ajouter toutefois que partout où ces concessions n'étaient pas indispensables, le Magistrat se montrait justement sévère dans tout ce qui tient aux règlements de voirie. De 1525 à 1550, on le voit prescrire de jeter *les eaux de seches et de harengs au port des Cordeliers*, défendre de laisser des immondices devant les maisons, empêcher les bouchers de répandre leurs eaux dans les rues, de puiser aux fontaines ou de s'en servir comme d'abreuvoir.

Ces concessions, si elles étaient nécessaires, accusent un mal organique qui devait subsister jusqu'à ce que les plaintes vinssent révéler l'insuffisance ou le mauvais système des égouts. Le vice de leur construction favorisait les avaries, sinon leur anéantissement. On a une idée de leur fragile établissement, quand, en mai 1691, on voit les riverains de l'une de ces artères d'évacuation demander qu'on lève les bois et les planches qui la couvrent pour la nettoyer. En mai 1695, les habitants de la rue Saint-Vincent portaient leurs réclamations au Magistrat, parce que l'égout de la section basse de cette rue, ne débitant pas, le quartier était inondé ou infecté. Les plaintes se renouvellent en 1702, car ce même égout était obstrué à son passage sur la propriété des Capucins, et, du reste, son mauvais état provoquait une réparation qui fut exécutée en 1704. Néanmoins, après cinquante ans, l'agitation durait encore : le Magistrat, cette fois, ordonne des poursuites contre ceux qui refusent ou négligent de contribuer à la réparation de ce même égout. Les résistances manifestées par les propriétaires de la rue Saint-Vincent (Estiard et Mussot, 1685, — Estiard et de Montmahou, 1702), semblent montrer que la servitude de l'égout était mal définie : aussi, le 4 fructidor an XIII, le sieur Drouhard négligea l'ordre de nettoyer et de réparer le canal sur sa propriété ; mais en 1809, quand on avait résolu de curer les égouts publics, tout en obligeant les particuliers à exécuter, à leurs frais, ce travail, sur leur terrain, un procès surgit entre la ville et le sieur Drouhard. Les Capucins, qui, en 1702, avaient encombré ce conduit, cherchèrent, en 1750, à profiter de son voisinage pour y déverser leurs eaux, ce à quoi l'administration dut mettre obstacle. Ces débats devaient se renouveler jusqu'en 1786.

Des plaintes, bien autrement vives, se faisaient entendre à l'entrée de la petite rue Saint-Pierre (*trage* actuel), et, par suite, l'égout auprès de la cure fut réparé et agrandi en 1712. Malgré ce travail, il a toujours été insuffisant. La même cause amène la fermeture d'un conduit débouchant du manége sur la rue Ronchaux [1785].

Depuis 1719, la rue Saint-Maurice et la maison des PP. de l'Oratoire (Grande-Rue, n° 119) se trouvaient fréquemment inondées. On rechercha la cause de cet épanchement, sinon insolite, du moins plus rare dans le passé : il paraît que des travaux de plantation ayant eu lieu dans le jardin de l'hôtel de Malte, le conduit de l'égout en avait été obstrué. Sur la constatation de ce fait, le Magistrat envoyait au sieur Guerrin, commandeur, l'ordre de remettre les choses en leur premier état; ce qu'il exécute sans autre avertissement ni contrainte (1).

Le Magistrat, sur les requêtes et réclamations verbales des propriétaires adjacents, donnait l'ordre [25 avril 1735] de curer celui des Bénédictines. Près de là, les religieuses de la Visitation adressaient [1760] une plainte

---

(1) Le temple (place de l'Etat-Major, 18), occupait un terrain en forme de trapèze dont l'un des côtés parallèles confinait à la ruelle Saint-Maurice. Le long du côté opposé et derrière l'église, se développait en équerre un jardin potager. Contre la bande contiguë à l'hôtel Marivat (n° 20), il y avait au fond un bâtiment et une chapelle, puis, en avant, sur la rue du Chateur, un petit corps de logis. Près de l'angle de droite, un autre bâtiment précédé d'une cour faisait face à la rue et s'appuyait sur l'alignement de la ruelle. Depuis cette construction, tout l'espace, au joignant de la ruelle, présentait un verger où s'étaient faites les plantations dont il s'agit.

au Magistrat, parce qu'elles étaient inondées par les eaux venant de la rue de la Lue, de la place et de la ruelle des Casernes. Déjà, quinze ans auparavant, elles avaient percé leur mur pour que l'entrée du couvent ne fût pas rendue inabordable par le développement des eaux; mais le puits de leur cour n'absorbant pas assez rapidement, l'épanchement avait lieu dans l'intérieur de leur maison. Le 13 septembre 1762, le Magistrat leur accordait 250 livr. pour la construction d'un égout.

Dans le même temps, le quartier Saint-Quentin, gravement incommodé par un puits perdu situé dans le voisinage des boucheries, et dont l'absorption n'était plus en raison de la quantité d'eau qui s'y déversait, obtenait le curage de ce puits, d'où les matières animales, provenant des boucheries, répandaient une odeur fétide et préjudiciable à la santé des habitants. C'est probablement pour ce motif que, le 26 messidor an IX, on déviait les eaux pluviales de la boucherie pour les empêcher de tomber au puits perdu. Elles pouvaient être en excès, car déjà le trop-plein de la fontaine Saint-Quentin affluait dans cet établissement (1).

C'est par suite du séjour des eaux sur la voie publique et dans le but d'apaiser les clameurs des citoyens contre le danger des eaux stagnantes, qu'on décidait de perforer

(1) Cette opinion, que j'ai énoncée dans l'article des *Concessions*, est rendue évidente par la *reconnaissance* de 1765. Il est écrit en marge du procès-verbal : « N^{ta}. La conduite qui donne l'eau dès le bassin de la fontaine Saint-Quentin à la tuerie des boucheries est en plomb. »

un puits perdu au pilori [1706] et près de la munitionnaire [1760], où cet inconvénient était habituel. La même mesure s'appliquait au bas de la rue Ronchaux, au Point-du-Jour et à la rue Saint-Maurice. Ces précautions n'avaient qu'un succès éphémère; car à certaines époques et au bout d'un certain temps, faute d'une infiltration suffisante, ces puits devenaient un foyer d'infection pour le voisinage et une cause de ruine pour les maisons : cette dernière circonstance est signalée au palais Granvelle, en 1742.

C'est aux réclamations des citoyens qu'on dut souvent ces actes de voirie qui intéressaient la santé publique. Ainsi la ruelle qui conduisait à l'abreuvoir du port Chavirey fut nettoyée sur la demande de Mme de Recologne, qui s'engageait à l'entretenir désormais [1686] (1). Quelquefois ces mêmes citoyens poussaient le zèle jusqu'à devancer l'initiative du Magistrat dans ces sortes de mesures : le conseil votait, en 1777, une somme de 48 liv. à la souscription pour le curage du canal à Chamars, curage qui n'avait pas eu lieu depuis 1735.

Les égouts qui, par situation, s'imposaient en servitude aux propriétés particulières, n'étaient pas une source moins considérable de sollicitude et d'embarras, car ici le mauvais vouloir luttait sans cesse contre la jus-

---

(1) Sa maison (rue d'Arènes, n° 45) longeait le port Chavirey que j'ai trouvé, dans quelques actes du 17e siècle, sous la dénomination de port Recologne. — On peut préjuger de l'état de ce passage d'après l'ordre de 1679 prescrivant d'enlever les fumiers des rues et des ruelles.

tice et même contre son intérêt. Après l'égout du bas de la rue Saint-Vincent, celui de la partie haute de cette même rue en offre de fréquents exemples. Ce canal, qui s'étend du carrefour Ronchaux à la rue Neuve, inondait le voisinage de son parcours, malgré les avertissements et la surveillance de la police. C'est pourquoi, le 22 juin 1761, le Magistrat exige que le curage en soit exécuté, et menace les riverains, passibles de cette servitude, de les y contraindre en cas de délais ou de résistance. Plus tard (6 décembre 1780), Longin reçoit l'ordre d'obliger les propriétaires de maisons à un nouveau curage, et de dresser procès-verbal contre les récalcitrants. Or pourtant, cet égout devait, à cette époque, se prêter à un facile entretien, d'après les faits que je vais rapporter.

Lors de l'ouverture de la rue du Perron, parut une ordonnance de police ayant pour objet de faire construire en pierre et voûter l'égout débouchant vers le jardin de M. le conseiller de Chifflet. Voici le préambule de cette ordonnance, qui porte la date du 5 septembre 1735 : « Les égouts qui aboutissent à l'extrémité du jardin de M. de Chifflet, proche du rempart, n'ayant pas leurs écoulements dans la rivière, forment un marais dont l'odeur causera infailliblement des infections dans tout le voisinage. Les nouveaux bâtiments qu'on construit dans la rue du Perron (1) nous ont fait apercevoir de ce

---

(1) En effet, à l'époque dont il s'agit, on venait de bâtir la maison

danger. Pour y remédier, etc., etc. » (1), M. de Chifflet, à qui cette mesure imposait une charge qu'il trouve plus onéreuse que la servitude antérieure, car il estime à 4,000 fr. la dépense que nécessite la part d'égout afférente à sa propriété, appelle de l'ordonnance du 5 septembre. Il publie d'ailleurs un mémoire auquel répond l'administration municipale. A la suite d'incidents et de délais provoqués par des artifices de chicane, l'affaire allait être déférée au parlement de Metz, lorsque, suivant un arrêt du conseil du 12 janvier 1736, les parties

Courbouzon (n° 18). Toute la partie sud-ouest de la rue actuelle se composait de jardins et de vergers appartenant aux Bénédictins. La propriété de ces religieux était séparée de celle de M. de Chifflet par la ruelle des Capucins. Cette ruelle, tracée du chemin du Porteau à l'hôpital Saint-Jacques, s'enfonçait, par une inflexion à l'ouest, vers l'emplacement où a été bâtie la préfecture; puis, par un angle de retour, allait aboutir près du couvent des Capucins.

(1) M. de Chifflet, conseiller honoraire au parlement, habitait cette maison de la rue du Porteau, où a existé longtemps une brasserie. Elle est séparée du rempart par le chemin de ronde, et conserve une partie de son ancienne construction. Les jardins et vergers de cette habitation renfermaient tout l'espace mesuré de la rue du Porteau à la rue des Dames, et de la rue Neuve jusqu'au rempart. Toutefois la propriété avait des dépendances au-delà de la rue des Dames; car, en 1769, le 27 septembre, les notables approuvèrent l'indemnité de 10,000 liv. à payer à M. de Chifflet pour le jardin sur l'emplacement duquel se devait bâtir la nouvelle Intendance.

On voit que Chamars n'avait pas perdu son ancienne physionomie. On était pourtant loin de l'époque où, après des contestations de vieille date [1255] un nouveau canal divisait ce canton entre l'Archevêché et la Mairie. Jusqu'au dix-huitième siècle, on n'y avait vu d'autres constructions que les moulins à blé dont l'origine est perdue,

sont appelées par-devant M. de Vanolles, intendant de la province, chargé de l'instruction.

L'égout de la rue Saint-Vincent, sous la maison n° 48 (à M. Monnot-Arbilleur aujourd'hui, à M. Duchesne en 1735), avait été créé pour une boucherie qui, plus tard, fut transportée à Saint-Quentin (1). Il allait rejoindre celui de la maison n°s 14 et 16 de la rue du Perron (ancienne maison de Boussières). Le premier était destiné à recevoir les eaux de la rue Saint-Vincent et de la rue Ronchaux. Le second recevait celles des rues de Billon (Vieille-Monnaie), Sainte-Anne (comprise entre la rue

les moulins à écorces [1436], l'hôpital des pestiférés [1527], vendu en 1571 et sans doute démoli peu de temps après. La maison Chifflet était donc seule, à l'extrémité de ce territoire, dont l'aspect est parfaitement décrit dans une vente faite en 1736 : « D'une pièce de terre que soulait être en vigne, assise en la cité de Besançon et au lieu dit à Chamars, ensemble d'un vergier et noyeroye y joignant, contenant le tout environ 4 journaux : ce qui est touchant d'une part, de vers le vent, à la dite dame acheteresse tout du long, et de tous les autres costels les chemins communs. »

Le marais, cité dans l'ordonnance, s'étendait surtout à l'emplacement actuel de la poudrière, où les traces de l'égout sont encore visibles.

(1) En 1699 on demandait le déplacement de la boucherie dite de Ronchaux, parce qu'elle était au bas de cette rue, où elle occupait la maison Muzy, depuis 1654. On projeta d'abord de la reléguer derrière Granvelle en 1702; mais après de nombreuses recherches et de longs débats, elle était transférée à Saint-Quentin, en 1705. Là, comme ailleurs, son voisinage souleva de vives réclamations, nécessita des indemnités, et finalement, en 1769, le 22 janvier, on proposait de l'établir près des Minimes, afin d'en écouler plus aisément les résidus dans la rivière. On alla jusqu'à intéresser à ce projet le cardinal de Choiseul pour en assurer le succès.

Saint-Vincent et la rue Sainte-Anne actuelle, appelée alors rue des Minimes). Dès leur réunion, les eaux se portaient dans un jardin dit la Colombière, touchant la ruelle des Capucins ; et, de là, répandues dans la propriété Chifflet, elles s'y perdaient librement, entraînant d'infects résidus qu'elles étendaient à la surface ou qu'elles dissolvaient dans des eaux croupissantes.

Il n'en fallait pas tant pour exciter la sollicitude du Magistrat. Quoi qu'il en soit, cette affaire donne lieu à de nombreux mémoires publiés de part et d'autre ; mais, le croira-t-on ? elle ne se termine qu'en mars 1753, au moyen d'un arrangement qui met la construction de l'égout au compte de la ville, tandis que le curage et l'entretien sont laissés à la charge de M. de Chifflet.

Le Magistrat pouvait au besoin tolérer la création soit de rigoles, soit de canaux, propres à déverser, vers la rivière ou les puits perdus, les eaux stagnantes ou surabondantes ; mais il ne devait pas permettre la suppression de ces moyens artificiels de vidange. En avril 1697, on défendait aux Bénédictins de mettre une grille à l'aqueduc qui faisait passer l'eau dans leur propriété, parce que cette grille ralentissait ou même suspendait l'écoulement. Fatigués de cette servitude, ces religieux tentèrent de supprimer l'égout, en 1701 ; le Magistrat y mit opposition. Les Capucins avaient essayé vainement d'obtenir le même résultat dans leur enclos. Les Bénédictines, à leur tour, cherchèrent à se débarrasser du canal qui recevait les eaux de la rue des Martelots, pour les rejeter sur la rue Saint-Paul. Malgré l'intervention de l'Intendant, elles échouèrent dans leur entreprise.

Ailleurs, d'autres abus provoquent d'autres mesures.

En 1679, le Magistrat ordonne au contrôleur de citer tous ceux qui ont des conduits dans la rue. Plus sévère encore en 1696, il prescrit la destruction de ces égouts particuliers, mais notamment un canal pratiqué à la ruelle Henry (1) par M. de Saint-Gille. Là il pousse la rigueur jusqu'à faire griller, *à barreaux droits,* une fenêtre de cette ruelle, et l'autorité du propriétaire est impuissante à modérer l'action de la police. Un peu plus tard, MM. Henry et Guillemin, méconnaissant ces prescriptions ou comptant sur leur désuétude, sont cités de nouveau, parce qu'ils enfreignent une défense qui leur est devenue toute personnelle.

Dans une autre circonstance, il faisait dresser procès-verbal contre les PP. Capucins, pour avoir créé un canal ayant pour objet d'écouler leurs eaux dans l'égout de la ville [mars 1758].

Après la conquête, le Magistrat sollicitait de l'autorité militaire la création d'égouts ou de rigoles propres à déverser les eaux de la partie méridionale de la ville vers la rivière, et désirait que, du Saint-Esprit aux Cordeliers, les fortifications fussent réglées en conséquence. Il y eut en effet des pourparlers entre le Magistrat, l'Intendant et M. Robelin, ingénieur du roi, qui en réfère à

---

(1) Ruelle Henry, effacée par la rue Neuve-Saint-Pierre.

M. de Vauban ; mais quelle que fût l'instance du conseil, cette dépense était laissée au compte de la cité. Il en fut de même du percement de la courtine du Saint-Esprit, dans laquelle on voulait aussi pratiquer un égout. Les commis de la bannière du Bourg furent chargés de discuter avec Cailler, entrepreneur, les arrangements nécessaires pour cet établissement qui prit bientôt de vastes proportions. Cailler dut construire un égout au port Gillot et un autre sur la place Labourey ; de plus, les portes de la boucherie, de la tuerie, et généralement tout ce qui, dans cette édification, faisait front sur la rue, et dont la profondeur atteindrait au contrefort du quai [1692]. Quant au nouvel égout du Saint-Esprit, comme il nécessitait l'enlèvement d'une masse considérable de décombres, ce travail était imposé à la corvée : un arrêté du vicomte-maire prescrit 60 *sols d'amende contre les défaillants*. Dans cette organisation, le port Mayeur demeura le même, celui des Cordeliers était déjà modifié (1).

Les ruelles ou ports de la rive droite étaient certainement les meilleurs débouchés pour l'écoulement des eaux, aussi faut-il attribuer à la pente de la rue Battant

---

(1) L'égout de la place Labourey est situé sous le grenier d'Abondance ; il fut réservé lors de la construction de cet édifice [1724]. Il y en eut un autre affecté spécialement aux boucheries. Il remonte à 1716. — Quant au port des Cordeliers (aujourd'hui égout, rue Poitune, n° 38), il changea de forme sans changer de destination. Il portait en dernier lieu le nom de Port-Naime, du propriétaire voisin (comme c'était l'usage). Antoine-François Naime, le 1er février 1670,

la suppression de l'égout pratiqué sous la halle et qui, en 1762, était l'objet des études du contrôleur Longin (1).

En 1769, le système des égouts était encore si imparfait que, dans la question des embellissements de Besançon, proposée par l'académie, il n'est pas un concurrent qui ne signale la nécessité de ce genre d'exutoire, et qui n'en conseille la création. Sous ce rapport, notre époque ne laisse rien à désirer : la beauté de nos égouts répondra sans doute à la splendeur de nos fontaines. Il y a dès aujourd'hui deux égouts principaux : le premier (1582 mèt. de développement et dix-neuf bouches d'ab-

obtenait la permission de bâtir sur l'arcade voisine de sa maison, au port des Cordeliers ; et, en 1686, il y construisait encore une galerie sur piliers, en vertu d'une nouvelle autorisation. Cet égout fut maintenu après la décision qui règle la façade des quais [août 1692]. Réparé en 1768 par le nommé Curty, l'un des successeurs de Naime, il n'avait pas cessé d'être une des servitudes de la maison assise sur son passage.

(1) Cet égout remplaçait sans doute une ruelle qui disparut vers 1435, lors de la construction des halles. « La cité fournit un meix lui appartenant, et loué 10 liv.; plus un meix de Regnaud Galliain acquis de Jean de Vienne, auquel la cité transporta deux piles du pont pour y bâtir, ce qui était estimé 100 liv.; *plus la ruelle estimée* 100 *liv.* » Telle est la mention puisée dans un titre relatif aux droits indivis du Magistrat, de l'archevêque et de l'abbé de Saint-Paul, sur la halle. Dans une autre pièce, on trouve reproduit l'aspect du quartier où était située cette ruelle : l'archevêque Guillaume permet à quelques citoyens de bâtir au bord du pont, « du côté de Saint-Laurent qui était une petite chapelle bâtie sur le continent, au-delà du pont, à main droite, et du côté du septentrion, dans l'enclos de ce que l'on appelle aujourd'hui les halles, et laquelle a été démolie, depuis quelques années seulement, pour l'agrandissement et l'embellissement des dites halles. »

sorption), suit les rues Casenat, du Clos, Saint-Quentin, des Martelots, traverse la place de l'Etat-Major, où il reçoit l'égout de la rue de la Lue, reprend les rues du Chateur et des Granges, longe la place Labourey et aboutit au pont par la rue des Boucheries ; le second (1,507 mètres de développement et onze bouches d'absorption), descend les rues du Cingle, de la Vieille-Monnaie, Saint-Vincent, des Chambrettes et la Grande-Rue jusqu'au pont. Telle est la marche de l'artère méridionale ; l'artère septentrionale monte, par les rues de la Madeleine et de Chartres, au bassin du fort Griffon. Ces deux grands aqueducs d'évacuation versent les eaux dans la rivière du Doubs, sur laquelle ils débouchent à des points opposés de ses rives.

Les poternes n'ont pas cessé d'offrir un moyen d'écoulement aux eaux pluviales. Mais aussi, dans les parties basses de la ville, elles devenaient, en temps de grandes eaux, une cause immédiate d'inondation. A l'époque où ce genre de sinistre était plus fréquent, on avait été conduit à percer plus haut l'ouverture du rempart destinée au passage des eaux de Bregille [1713]; le même motif faisait clore hermétiquement les poternes, et pour cela on introduisait des plateaux dans les rainures pratiquées verticalement aux parois de leur entrée : ces pales improvisées mettaient un frein aux envahissements de la rivière.

DERNIER ASPECT DES FONTAINES.

Sous ce titre, je comprends l'ensemble des événements qui signalent le service des fontaines dans les trois derniers siècles. La variété de ces événements me faisait une loi de les exclure des articles spéciaux qui précèdent, pour les classer dans une revue où ils prennent part à l'ordre général des faits, sans interruption et sans déplacement. Leur exposé renferme l'état et la marche de notre ancien système de fontaines jusqu'en 1852.

On lit dans d'Auxiron : « Il faut croire que les sources n'étaient ni murées ni fermées en 1691, puisqu'on fit alors défense de laver aucun linge dans les sources à peine d'amende (1). » Ceci n'est qu'une conjecture : peut-être étaient-elles fermées, mais non défendues des approches du public. D'abord leur encaissement ne paraît pas douteux, si l'on en juge par l'obligation imposée à Michel Leroy, restaurateur des fontaines en 1658, de construire aux sources un bassin de 6 pieds de long sur 3 de large. En dehors de ce travail, la haute source, par

---

(1) La défense dont il est question est du 22 décembre 1690.

sa situation, avait dû nécessiter la construction d'une chambre, et son existence est manifeste, d'après une délibération du 25 mai 1691, relative à la réparation des sources. Il faut toutefois le remarquer, les droits de la ville, sur la propriété de cette construction, paraissaient si peu évidents que, le 7 juillet, avant de voter cette dépense, il avait été agité la question de savoir si elle devait tomber à la charge de la cité ou des propriétaires des vignes adjacentes (1). A cette époque, en effet, MM. Reud et Cabet, conseillers au Magistrat, commis à la visite des eaux de Bregille, reconnaissent que la voûte de la haute source menace ruine. Sur leur rapport, ordre est donné de s'assurer si cette réparation doit s'imputer au compte de la ville ou des particuliers. Une expertise constate que la construction a été faite pour les sources et non pour le soutien des vignes supérieures : on exonère les propriétaires dont il s'agit de la réparation présente et de l'entretien à venir. L'existence de ce travail était donc complètement inconnue à d'Auxiron. Rien ne s'oppose à ce qu'on la fasse remonter à l'époque où le fontainier Dantre prenait l'eau des Mandeliers pour les fontaines publiques : c'est pour moi un fait des plus vraisemblables (2). On sait d'ailleurs que ce

---

(1) M. Tharin, V. M.

(2) « MM. Nasez et Recy sont commis pour faire fermer la Doys de la fontaine de Burgilles venant en cette cité, avec tout pouvoir de signer billetz pour le payement des ouvriers. (Lundi 22 mai 1559). » — Jehan Nardin, président.

même ouvrier, d'accord avec le Magistrat, et en prévision de l'usage de la source du Marc-d'Argent, y construisait un canal en septembre 1558, pour en amener l'eau à un réservoir commun. « Par l'advis du maître fontainier besoignant aux fontaines nouvelles de la cité, a esté advisé et conclud que dois *le repositoire* des eaux nouvellement treuvées l'on fera venir les fontaines jusques à la ville en deux divers cors séparez, etc. » Ce n'était pas là un fait insolite ni un procédé d'invention récente ; le premier soin que nécessite l'usage d'une source, c'est d'en concentrer la richesse et la puissance d'éruption. M. de Boulot avait découvert le Marc-d'Argent le 14 avril 1698, et, dès le 4 juin, il obtenait, de concert avec son collègue aux fontaines, M. Pétremand, les fonds nécessaires à la construction d'un réservoir. D'ailleurs, peu après l'époque de 1691, les bassins des sources étaient pourvus de clôtures. Dans une pièce intitulée : *Toisement pour la fontaine de Burgille,* à la date du 20 juillet 1698, on lit : « Dois le Mas-d'Argent jusqu'à la fontaine *fermée,* dite au Moyn, 104 toises. » Ce document est signé Barrey.

Elle paraît la seule fermée, et tel est le titre précis, incontestable qui mentionne cet état de choses. Mais voici venir une époque [1725] où l'on s'occupe des sources si spécialement et avec tant d'activité qu'il ne serait guère hasardeux d'admettre que les sources *murées et fermées,* telles qu'elles sont aujourd'hui, ne sont pas postérieures à ce temps. Le 16 avril, le Magistrat ordonne la construction d'un réservoir neuf aux sources, et ce réservoir coûte 460 fr. par adjudication à Michel Munier. D'un autre côté, une note du 4 août, consignée au registre du Magistrat, est ainsi conçue : « On donne *un à bon compte* de 150 fr. au nommé Bonté, entrepreneur des réservoirs de Bregille. » Cette double entreprise est de nature à indiquer un travail considérable, et ce qui justifie pareille conséquence, c'est que, intermédiairement [16 juillet], l'Intendant lui-même va faire une visite aux sources. Au surplus, il existe encore un plan du contrôleur Longin, figurant les sources, les réservoirs, les bâtiments et leur clôture, sous leur aspect actuel. Le plan est signé et porte la date du 19 août 1741. Aussi, à partir de cette époque, il n'est plus question de construire, mais seulement de réparer, car le dessin ci-dessus n'avait été dressé que dans ce dernier but : on le consulte, en 1744, quand les sources, dégradées par les torrents, ne laissent plus voir les limites des terrains adjacents. Le 14 juin et le 15 août 1752, on trouve une requête de M. de Saint-Même demandant indemnité de la valeur de deux tiers d'ouvrée, pris dans sa vigne, *pour la commodité du réservoir*, et M. de Saint-Même reçoit 150 fr. [13 septembre], pour terrain enlevé et non jouissance résultant de l'agrandissement des dépendances de la source de la fontaine de Bregille (1). Dans le bail de Lefèvre, pour l'en-

---

(1) M. de Saint-Germain, V. M.

tretien des fontaines [de 1755 à 1765], il est dit qu'il tiendra les sources, les réservoirs et les regards exactement fermés (article 5).

D'un autre côté, pareille condition est imposée à Simon Guenin, successeur de Lefèvre en qualité de fontainier. Enfin une reconnaissance, opérée à la date des 7 et 8 juin de cette même année [1765], met dans tout son jour l'existence de l'établissement et de l'appareil des sources dans l'état où nous les voyons en ce moment. Cette reconnaissance, qui est la matière d'un rapport au Magistrat, constate que le réservoir de la première source et celui de distribution sont en bon état. Dix ans plus tard, 31 août 1775, le contrôleur Longin procédait à une autre visite aux sources, et après avoir reconnu que le réservoir de distribution perdait l'eau, il indique les travaux propres à parer à cet inconvénient.

Enfin, le 3 décembre 1787 (1), le Magistrat faisait rédiger un règlement d'administration relatif aux fontaines. Il prescrit le tracé d'un plan des sources, des conduites et des canaux; les couleurs qui figureront les tubes des fontaines, doivent distinguer ceux de fonte et ceux de plomb, les robinets et les regards. L'architecte Bertrand sera chargé de son exécution. D'Auxiron avait signalé l'absence d'un *plan carté*, dans une description de l'itinéraire de la conduite des eaux de Bregille et de ses branchements; le croquis grossier et

---

(1) M. Bressand, M.

construit sans échelle, existant à l'Hôtel-de-Ville, est sans doute l'œuvre de quelque fontainier qui aura vu dans ce dessin un guide et un moyen de renseignement. Il faut en conclure que le dessin de Bertrand est perdu, ou qu'il n'a jamais été exécuté.

J'ai dit que le plan de 1741, dressé pour la réparation des sources, nous les figure telles qu'elles sont aujourd'hui. Un autre plan, d'un siècle plus tard [1844], nous les représente sans aucun changement. A côté de la source haute, existe encore un canal fermé d'une grille à l'endroit où il pénètre sous les vignes : il paraît destiné à recevoir les eaux supérieures et le trop plein de la source voisine; il descend à ciel ouvert jusqu'à la source basse, et mesure, dans ce trajet, 114 mètres. Le bassin de concentration, avec la source basse qui en est éloignée de 7 mètres, est compris dans une enceinte, en forme de trapèze, murée et fermée, où leurs chambres spéciales sont séparées par un hangar. Ces constructions étant appuyées contre l'un des murs de clôture, une cour irrégulière règne entre ces bâtiments et le mur opposé : tel est l'aspect des sources de Bregille.

La conduite aboutissant au réservoir ou bassin de concentration, se développe sur une ligne de 650 mètr. environ, depuis son point de départ jusqu'à l'entrée du pont de Bregille. Ce parcours comprend la rue du village côtoyant les Mandeliers, les jardins au-dessous, le glacis, l'aqueduc du fossé et l'avant-pont. L'ancienne conduite pénétrait dans l'enceinte de la ville, par la muraille de Battant, et cet état de choses dura depuis 1559 jusqu'à 1690. On faillit revenir à ce système en 1778. Dans le mois de mai de cette année, on attribuait la cessation d'écoulement de la fontaine Bacchus au changement de la direction primitive des eaux, énervées qu'elles étaient par un long parcours et appauvries par une division inconsidérée. A cette époque, on allait adjuger l'entretien des fontaines, et il était déjà convenu qu'on ne donnerait aucune indemnité dans le cas *d'une nouvelle conduite* (pour les eaux basses) *ou d'un changement de la conduite actuelle.* Le sieur Vivant, chargé des travaux des sources, avait mission d'étudier lequel conviendrait mieux ou d'amener ces eaux par la porte de Bregille ou de les diriger vers la porte de Battant. L'accaparement et l'emploi des eaux des sources basses n'ayant pas eu lieu, la distribution générale continua de présenter le même système d'itinéraire dans sa direction et ses ramifications.

La conduite-mère, après avoir pénétré dans la ville par l'ouverture pratiquée à droite de la porte, suivait la rue de Bregille, celle de la Lue et la place Dauphine, la rue des Martelots, celle du Rondot et la place Saint-Quentin ; elle descendait la Grande-Rue, du côté gauche, traversait le pont et montait Battant jusqu'à Bacchus. Sur cette ligne tourmentée, s'adaptait la série des robinets donnant naissance aux différentes branches du réseau des conduites secondaires ; les points de suture étaient distribués dans l'ordre suivant, sans tenir compte des fontaines touchant la ligne de passage : Sur la place des Casernes, pour l'hôpital Saint-Louis; sur la place Dauphine, pour l'Archevêché; au-dessus de la rue Ronchaux, pour la fontaine Ronchaux ; vis-à-vis de la porte de la petite cour de Granvelle, pour le palais ; à l'entrée de la rue de l'Arbalète, pour les Clarisses, l'hôtel de Montmartin, les prisons et l'hôpital ; à l'entrée de la rue d'Anvers, pour la fontaine du Collége, d'où une conduite particulière se porte vers le jardin et les écuries de l'Intendance; à l'entrée de la rue des Boucheries, pour la place Neuve; à l'angle des halles, pour la place Bacchus, le Pilori et la fontaine Saint-Jacques, cette dernière conduite passant par la rue d'Arènes.

Ce qu'il y a de général dans ce tracé n'a pas changé avec le temps; il est donc facile d'y rattacher les concessions particulières dont je n'ai pas fait mention. Il ne sera pas moins facile de greffer sur ce système les fontaines qui sont postérieures à 1770, car le tableau précédent représente notre distribution à cette époque. Ainsi, pour avoir l'idée complète du réseau distributeur au temps où va finir la consommation des eaux de Bregille, il suffit d'ajouter que la fontaine de la rue Neuve est alimentée par une conduite partant du bas de la rue Ronchaux et passant par la rue du Perron; celle de la rue des Granges, par une dérivation de la conduite principale prise à l'embouchure de la rue Moncey; celle du bas de la rue Saint-Paul, par une prise d'eau effectuée à la porte de Bregille et dont les tubes traversent diagonalement la place des Casernes.

Jusqu'au dix-huitième siècle, l'itinéraire des eaux, dans ses divisions artérielles, se composait de tubes de bois et d'un très-petit nombre de tubes de métal, appliqués aux subdivisions de la distribution. Toutefois, d'après le bail d'entretien de 1595, il y avait déjà, dans le système de conduite, des tubes de cuivre, de plomb et de fer; sans doute les agrès de ce genre n'appartenaient qu'aux branchements secondaires, la conduite-mère continuant à être de bois, coupé dans les aulnaies de Saône et de la Vèze. Leur peu de durée obligeait le Magistrat à avoir un atelier permanent, outillé aux frais de la ville, où l'on s'occupait du percement et de la préparation de ces bois (pag. 446, note). Cette disposition se trouve tout entière énoncée dans le bail d'entretien, passé en 1682 : « Avec quoy, y est-il dit, sera laissée la boutique ordinaire, réservée pour les d. fontaines, pour s'en servir à ce qu'il trouvera lui estre nécessaire, à charge néanmoins de rendre les d. outilz, attelier et boutique, en bon estat. » Malgré ces précautions, il n'était pas possible de relever le moindre segment de la conduite-mère, sans amener, dans le service, des fériations plus ou moins préjudiciables à la santé publique. Cet inconvénient était d'autant plus sensible que Besançon voyait depuis peu sa population s'augmenter : le parlement [1676] et l'université [1691] venaient de s'installer dans la cité, et ces deux institutions entraînaient naturellement un personnel nombreux destiné à graviter autour d'elles tant de loin que de près.

Dans le mécanisme général, l'élément le plus fragile et le plus difficile à régler, sous le rapport de l'égalité de conservation, celui où l'imprévu bravait l'habileté rationnelle ou pratique, c'était l'ancien tubage (le bournel de bois); c'est donc par là qu'il fallait attaquer le système.

La première proposition relative à des tuyaux de fonte est présentée au Magistrat le 15 octobre 1703 (1). MM. Pétremand, Philippe et Henry d'Orival sont chargés d'étudier la question et de faire rapport. Quelle difficulté présentait cette innovation? Je ne sais; mais après trois ans d'étude, il y avait encore à ce sujet délibération au Magistrat [26 avril 1706], et ce jour-là, comme trois ans auparavant, il ne s'agissait que d'un essai sur le pont de Bregille. Ce travail avait deux fins : la première, de prévenir les avaries résultant des déperditions très-considérables qui se produisaient dans cette traversée où les tuyaux, fatigués par les cahots et le roulement des voitures, laissaient échapper l'eau par leurs emboîtements déchirés; la seconde, de faire une application propre à servir de modèle dans le cas d'un établissement complet. Cette opération était décidée et réglée dans son exécution, le 26 juillet suivant (2). L'hôpital Saint-Jacques, on le sait, demandait en vain, au mois de mars de cette année, le rétablissement d'un second filet d'eau,

(1) Les tubes de fonte n'étaient en usage que depuis 30 ans (1672).
(2) M. Maillot, V. M.

supprimé comme abus ; mais il obtenait, sous réserve de l'entretenir, le prolongement de l'itinéraire des eaux de sa fontaine jusqu'à la porte de la grille récemment posée, car cette conduite aboutissait alors à la petite cour, à côté de l'emplacement du Refuge. Si les résistances du conseil tenaient à l'étendue de la dépense, il était démontré une fois de plus qu'il était indispensable d'en finir avec un système rapidement destructible et à coup sûr ruineux. Il fallait, pour cela, un effort de patriotisme et une démonstration pratique ; un bon citoyen se charge de cette double tâche (1).

Le sieur Bouchet propose à M. Billerey, commissaire aux fontaines, de faire épreuve de tuyaux de fonte pour les fontaines, s'offrant d'essayer leur emploi à ses frais, risques et périls. Le marché est accepté [28 août 1708]. Le Franc-Comtois n'est pas facile en fait d'innovations,

---

(1) Ces conditions se conçoivent de la part de la cité : il ne s'agissait pas d'une fondation municipale, car l'hospice avait ses intérêts distincts et son administration particulière. Son bureau comprenait l'archevêque, le premier président du parlement et le maire, directeurs-nés, puis, comme assesseurs, trois conseillers au parlement, trois membres du chapitre métropolitain et cinq nobles ou gradués.

En réprimant un abus, le Magistrat n'avait pas méconnu ses devoirs envers les malheureux. A cet égard ne l'avons-nous pas vu, en 1764, accorder une fontaine à l'hôpital Saint-Louis, sur la simple requête du sieur Bernier qui, avec le titre d'inspecteur, n'était en réalité qu'un régisseur à forfait? C'est par suite des obligations de son entreprise qu'il s'était rendu acquéreur du dit hôpital, immeuble revendu au chirurgien Faivre, son successeur, puis racheté par le roi en 1782, moyennant 51,975 livres.

et, soit dit sans critique, il n'a pas dégénéré : il avait fallu trois ans pour prendre une décision, relativement à la traversée du pont de Bregille, il s'en écoula dix avant que le plan du sieur Bouchet fût pris, au Magistrat, en considération sérieuse. Afin d'agir prudemment, c'est-à-dire avec la certitude de ne rien livrer au hasard, on écrivait à Genève, au commencement d'août 1719, pour être renseigné sur la forme, la disposition et l'usage des tuyaux de fonte employés dans cette ville. Le 14 du même mois, on lisait à l'Hôtel-de-Ville la lettre suivante :

« Messieurs, nous vous envoyons le mémoire ci-joint pour servir de réponse à votre lettre du 6 de ce mois. Nous embrasserions également toute autre occasion de vous faire plaisir, étant véritablement,

» Messieurs, vos très-humbles serviteurs.

» 14 août 1719. *Les Syndics et Conseil de Genève.* »

Cette lettre courtoise était effectivement accompagnée d'un mémoire dans lequel il paraît évident que l'épreuve n'a produit à Genève qu'une déception. Suivant les détails de ce rapport, cela tient à la nature du fer, au trop grand diamètre des tubes, à la pression d'une colonne liquide de 120 pieds d'élévation et surtout aux deux fusions successives, nécessitées par chaque tube (la première pour le cylindre, la seconde pour les extrémités ou *oreilles*). Les deux fusions ayant produit un tiraillement dans la matière, il en est résulté une liaison difficile et incomplète et par suite le coulage de l'eau. Le mémoire exprime pourtant une opinion favorable sur ce système et ne met pas en doute ses résultats, si l'on modifie les conditions qui en ont empêché le succès.

En 1724, les tuyaux de fonte étaient encore l'objet des délibérations du Magistrat, depuis le mois de mai au mois de novembre. Enfin, après quatre ans d'études, leur emploi était admis et généralisé, grâce à l'active insistance de l'Intendant (1). Le progrès ne s'arrête pas là ; le 10 janvier 1725, les commissaires aux fontaines étaient autorisés à traiter avec le sieur Bouchet, pour la fourniture de tuyaux de plomb nécessaires au complément de la réforme commencée : c'est pourquoi *Messieurs* avaient écrit à Bâle, pour connaître le prix du plomb (2). A peine ce changement est-il effectué [15 novembre 1726], que je retrouve encore l'Hôpital réclamant le bénéfice d'une conduite en fer. Ce jour-là, il met en campagne ses patrons les plus influents : l'Archevêque lui-même est sollicité d'employer ses bons offices auprès de l'Intendant, comme si les administrateurs se défiaient du succès de leur démarche, surtout depuis la délibération du 10 mars 1706. Pourtant l'Hôpital obtient cette réponse : « M. l'Intendant et les Magistrats consentent à soulager l'Hôpital des frais de conduite. » La nouvelle canalisation devait avoir, comme la précédente, son point de suture devant l'hôtel du

---

(1) M. Rigoine, V. M.
(2) M. Duhaut, V. M.

Gouvernement. Quatre ans après, cette amélioration n'était pas encore réalisée, puisque, le 19 juin 1730, l'hôpital venait en réclamer l'accomplissement, sur la foi de la délibération mentionnée ci-dessus.

Alors, le Magistrat ne bornait pas là ses projets : l'entreprise en voie d'exécution promettait assez à l'avenir la certitude d'une distribution à l'abri désormais de l'état précaire antérieur, pour l'enhardir jusqu'à la pensée d'embellissements en rapport avec le nouvel ordre de choses. « En 1728, dit le P. Prost, l'on a fait construire différents bassins pour recevoir les eaux, et on doit les orner de quantité de belles statues; cette dépense se monte à plus de 80,000 livres. »

A Bregille, la conduite avait une dépendance qui ne pouvait échapper à la sollicitude du Magistrat : c'est le trop-plein qui descend des sources et traverse ce hameau.

Déjà, le 16 février 1697, le Conseil enregistrait cette décision dans son journal : « Le ruisseau qui coule à Bregille est fort sale, Messieurs ont chargé MM. les commissaires de la bannière de Battant de le faire nettoyer par corvée et d'y faire ce qu'ils jugeront nécessaire. » Cette corvée rencontre peu de dévouement : la docilité aux exigences de l'intérêt public semble un mécompte ou une faiblesse, toutes les fois que le corvéable ne voit pas, dans l'obligation qu'on lui impose, égalité ou compensation. Les commissaires ne trouvent partout que résistance passive ou faux-fuyant; personne ne discute le droit des représentants de la cité ; mais chacun en conteste l'application, et, le 20 novembre, l'ordre n'était pas encore exécuté. Le Magistrat réitère l'expression de sa volonté, et ordonne que le ruisseau *sera nettoyé par ceux qui habitent le dit Bregille, tant d'enhault que d'embas* (1).

En discutant la convenance de cette mesure, ils auraient manqué à la justice, car la jouissance des eaux perdues était pour eux un domaine dont ils recueillaient journellement le bénéfice. N'allèrent-ils pas un jour [18 janvier 1758] jusqu'à présenter requête au Magistrat pour avoir le droit exclusif de poser des bancs à lessive sur le ruisseau, au profit de la fabrique? Le Magistrat se refuse à ce genre d'aliénation et maintient le curage comme une servitude inhérente à cette localité. Le 16 septembre de la même année, il prescrivait, pour cela, une corvée générale à Bregille.

Parmi les améliorations apportées aux dépendances des sources, il faut remarquer l'exhaussement de la conduite entre les deux réservoirs. Ce travail s'effectue à la fin du dix-septième siècle, et donne lieu à un procès entre la cité et M. Neveu, professeur à l'université et propriétaire de la vigne dont le mur de soutènement avait été emprunté pour servir d'appui à la conduite. Dans cette affaire, M. Neveu se plaint du droit que s'arroge le Magistrat de faire acte de possession sur tout ce qu'il croit utile à l'intérêt public. « C'est sur ce principe,

(1) M Dufresne, V. M.

dit-il, que les anciens magistrats de la cité de Besançon disposèrent d'une source d'eau vive et très-légère que la nature produisit dans la vigne du suppliant, et que pour en conduire les eaux jusque dans les fontaines publiques de la cité, ils firent creuser dans une partie de la dite vigne une espèce de fosse jusqu'au roc pour y poser des tuyaux propres à la conduite des eaux dont on voit encore les anciennes marques, formes et vestiges, tels qu'ils furent faits dès leur commencement, et qui ont été continués sans interruption jusqu'au mois de juin de l'an passé [1698]. »

C'est en effet à cette époque que le canal, souvent mis à découvert et bouleversé par le torrent ou obstrué par les terres, était reconstruit sur un autre niveau. Quant au procès, une transaction intervenue entre les parties le termine en 1702.

Après l'établissement des réservoirs et du nouveau tubage, examinons la régie et la marche des fontaines.

Cette transformation opérée dans le système organique des eaux de la cité n'avait eu lieu qu'à la suite d'un long malaise et des crises déjà signalées. La plus terrible, celle qu'amène l'invasion française, met en relief la commission des fontaines, dont l'organisation et l'importance méritent une place particulière, bien que déjà ses services soient, à chaque pas, mentionnés. Le désastre que je viens de rappeler commence en 1678, lorsque la conduite-mère fut rompue, à l'époque du camp des Chaprais; le désordre était à son apogée dix ans après environ (1). Aussi voit-on dans la période des années qui terminent ce siècle les commissaires aux fontaines faire de prodigieux efforts pour le rétablissement et le maintien des eaux, malgré les difficultés du moment et la pénurie des moyens. Parmi eux, il faut distinguer M. de Falletans, qui s'est véritablement illustré par son activité, son intelligence et peut-être surtout par la proposition à laquelle il a attaché son nom [27 juillet 1681]. J'ai dit plus haut, en définissant le Magistrat, que, dans la série des commissions qui décomposaient cette compagnie, il y en avait une spécialement affectée à l'administration des fontaines. Ces subdivisions semblaient offrir l'inconvénient de rompre l'unité du gouvernement administratif, en décentralisant ses éléments; mais cet inconvénient était plus apparent que réel : il suffisait de maintenir chacun de ces rouages dans la sphère qui lui était spécialement dévolue, et de l'obliger à converger vers le centre unique d'où émanait toute décision, toute autorité. Par exemple, en juillet 1652, quand il s'agissait de la réparation à la fontaine de Bacchus, les commissaires aux fontaines se trouvaient en conflit avec les gouverneurs de Battant. Le Magistrat décide que le droit est pour les commissaires en ce qui concerne le travail des fontaines, et que le surplus est aux gouverneurs.

---

(1) Le 25 juillet 1687 MM. Rochet et Maréchal étaient commis par le Magistrat pour aller complimenter M. de Vauban qui venait tracer les fortifications. Bientôt l'édification des murailles nouvelles intercepte les eaux publiques.

J'ai indiqué dans une note (page 148) un exemple de la décomposition du Magistrat en commissions spéciales. Jusqu'à la conquête, celle des fontaines est purement accidentelle ; sa permanence n'apparaît qu'à la réforme du régime municipal, réforme née de l'adjonction de la Franche-Comté à la France. Jusque-là, et longtemps après la conquête, chaque bannière avait ses représentants choisis dans son sein ; mais suivant les exigences du service, certains intérêts, vu leur importance et leur généralité, réclamaient des commis particuliers chargés de leur gestion, sous l'autorité du conseil. C'est ainsi que sont traitées les fontaines. Précédemment, la cité se créait des délégués dont les fonctions cessaient avec le besoin du moment. « MM. Raulcourt et Tissot, dit une délibération du 2 octobre 1559, sont commis pour, avec Pierre Lestourmel, avoir le regard sur le faict des fontaines de la cité, et ordonner ce qu'ils verront au cas appartenir, et commander aux ouvriers toutes choses nécessaires, tant sur le cours de l'eau comme sur le rabillage du pavement sur le pont de la cité. » Un peu plus tard : « Pierre Lestourmel est commis pour avoir le regard sur l'entretenement des fontaines, et quand il y fauldra quelque chose, les faire reparer aux fraiz de la dite cité. » (Délib. du 26 octobre 1559.) C'est encore ce qui est manifeste dans la résolution du 11 février 1588. Il y est dit : « Attendu la longue maladie de Nicolas Vichot, contrôleur, et la nécessité de pourvoir à la réparation des fontaines de la cité, l'on a commis Estienne

Paris pour regard des dites fontaines. » Six mois après [26 août], *la superintendance* des fontaines était confiée à ce même Estienne Paris. Enfin, pour dernier exemple : « M. Thomas Montrivel est commis pour pourvoir aux fontaines. » [21 juillet 1638.]

Ces dispositions rappellent et confirment ce que j'ai dit de l'institution de ces *curatores aquarum*, dont j'ai fait voir la première origine. Mais, je le répète, la permanence de leurs fonctions ne prend date que depuis les premières années de la conquête. Aux élections de 1676, on trouve dans le conseil, avec la division par bannière, très-peu d'affectations spéciales ; en 1678, le grenier, l'imprimerie et le logement s'ajoutent seuls à cette division ; l'année 1680 ne diffère des précédentes que par l'adjonction d'une commission qui donne à ses deux membres le titre de *capitaines de la garde du feu* (un pour *delà le pont*, un pour *deçà le pont*). A partir de 1683, les commissaires aux fontaines, après n'avoir été que des délégués éventuels, créés pour telle ou telle nécessité, forment une institution régulière, qui se perpétue, en figurant annuellement au tableau des officiers du Magistrat. — Voici l'ordre nominatif et chronologique de ses membres jusqu'en 1789 :

1683. MM. Pétremand et Belin.
—84. — Pétremand et Broche.
—85. — Id.
—86. — Maistre et Tinseau.
—87. — Maistre, Pétremand et Perrinot.

1688. MM. Maistre et Pétremand.
—89. — Maistre, Pétremand, Philippe et Tinseau.
—90. — Pétremand et Tinseau.
—91. — Philippe, Pétremand, Richard, Reud et Tinseau.
—92. — Philippe, Pétremand, Richard, Tinseau, Reud et de Vezet.
—93. — Pétremand, Richard, Reud, Philippe, Tinseau et de Vezet.
—94. — Pétremand et Maréchal.
—95. — Pétremand et Philippe.
—96. — Pétremand et de Boulot.
—97. — Pétremand et Paris.
—98. — Pétremand et de Boulot.
—99. — Pétremand et Philippe.
1700 à 1702. MM. Pétremand, Philippe et de Boulot.
—03 à —08. — Pétremand et Philippe.
—08 à —13. — Billerey, Pétremand et Philippe.
—13 à —16. — Philippe, Maréchal et Billerey.
—17 et —18. — Philippe, de Sauvagney, Maréchal et Gillebert.
—19 à —25. — Maréchal, Philippe, Gillebert, de Vellerot et de Sauvagney.
—26 à —33. — Maréchal, Philippe, Gillebert, de Vellerot, de Sauvagney et Rigoine.
—34 et —35. — de Sauvagney, Philippe, Gillebert, de Vellerot et Arnoul.

1736 et —37. MM. de Sauvagney, Philippe, Gillebert, de Vellerot et Rigoine.
—38 et —39. — Philippe, de Vellerot, de Sauvagney, Dufresne et d'Orival.
—39 à —44. — Rigoine, de Sauvagney, de Vellerot et Dufresne.
—45. MM. de Sauvagney, Dufresne et de Vellerot.
—46 à —49. MM. de Sauvagney, Dufresne, d'Orival et Caseau.
—50. MM. de Sauvagney, d'Orival et Durand.
—51 à —54. MM. de Sauvagney, d'Orival, Marin et Durand.
—54. MM. de Sauvagney, d'Orival, de Vellerot et Dunod.
—55. — d'Orival, de Vellerot, Bouchet et Dunod.
—56 à —59. MM. d'Orival, Bouchet, de Vellerot et Guillemet.
—59 et —60. — Reud, d'Orival, Bouchet, de Vellerot et Guillemet.
—61 à —66. — d'Orival, Bouchet, de Vellerot et Guillemet.
—66. « Il y sera pourvu s'il est nécessaire. »
—67 et —68. MM. Monniotte et Libry.
—69 à —72. — Monniotte, Libry et d'Auxiron.
—72 et —73. — d'Auxiron et Foraisse.
—74. MM. Foraisse, Charlot, Daclin et Le Maillot.
—75 à —78. MM. Foraisse, Charlot, Daclin et de Saint-Germain.
—78. MM. Foraisse, Charlot, Daclin et Le Maillot.

1779. MM. Foraisse, Charlot, Daclin et de Saint-Germain.

—80. — de Guiseul, Foraisse, Daclin et de Saint-Germain.

—81 et —82. MM. Chalon, de Guiseul, Daclin et de Saint-Germain.

—83. MM. Huot, de Guiseul, Daclin et de Saint-Germain.

—84 à —89. MM. Chalon, de Guiseul, Daclin et de Saint-Germain.

Les commissaires aux fontaines remplissaient une importante fonction : ils étendaient leur régie sur tout le système hydraulique et avaient sous leurs ordres des fontainiers, sorte d'entrepreneurs des eaux. C'est depuis 1595 que l'entretien des fontaines publiques est confié sans interruption à ces agents qui traitent à forfait avec la cité, se chargeant de pourvoir à la conservation et à la distribution des eaux. Généralement, dans ces sortes d'entreprises, la durée du marché est en raison de l'habileté de celui qui le contracte, c'est du moins une remarque qu'on peut faire aujourd'hui. Celui de Michel Leroy [1658] était un contrat à vie. Son successeur, Antoine Meunier [1670], jouit de la même faveur. Ce sont les deux seuls exemples d'un pareil privilége; mais, en aucun temps, la cité n'avait plus justement vanté *le gazoillement, l'artifice et la commodité des fontaines publiques et privées*. C'est pourquoi, pendant longtemps, comme nous l'avons vu, les succès de l'ingénieur d'Avignon servirent de base aux conditions imposées aux fontainiers (1). L'entreprise de Meunier ayant eu prématurément son terme en 1676, le service des fontaines, à partir de cette époque, tombe dans la plus déplorable décadence, et, jusqu'à 1697, il présente un malaise qu'augmentent les événements politiques qui signalent les vingt-cinq dernières années du dix-septième siècle. Les rigueurs qui atteignent alors les fontainiers laissent pressentir le mauvais état du mécanisme de la distribution aussi bien que l'irrégularité du service et l'ignorance des hommes. La sévérité dut s'accroître quand Michel Leroy eut démontré la possibilité d'un entretien irréprochable : aussi, moins de trente ans après [1684], les fontainiers étaient emprisonnés, mis à l'amende et *déjetés*. Toutefois, le châtiment n'inspira que la crainte, sans tirer l'ouvrier bisontin de sa première incapacité : c'est pourquoi le Magistrat courut

---

(1) Michel Leroy arrivait à Besançon le 29 avril 1658. L'année précédente, l'état des fontaines est parfaitement indiqué dans la délibération du 24 juillet. L'eau manquant partout, le mépris populaire s'en prenait aux fontaines qu'on dégradait, comme pour se venger de leur inutilité. Voici la teneur de cet acte : « Messieurs, voulant apporter du remède aux désordres qui se rencontrent en ce que les fontaines de la cité ne coulent nonobstant les frais que l'on apporte à les entretenir, mesme ensuitte des plaintes de Jean Godinot Bonnelier, à ce commis, ont resolu de deffendre à tous par edict de rien attenter ou gaster aux tuyaulx servants aux dites fontaines, à peine d'en estre punis arbitrairement et de tous intérêts, aux déclarations que les père et mère respondent à cet égard des actions de leurs enfants et serviteurs. »

cette alternative, ou d'être privé de fontainier, ou d'être rançonné. Il subissait cette dernière chance (1), quand, après un appel publié dans toute la province, Pierre Bailly vint ranimer un service languissant et menacé d'une ruine prochaine. Malgré les avantages de son marché, il recevait une indemnité en 1698, et obtenait la remise de son service à son fils qui, lui aussi [1700], était gratifié d'une récompense à cause de l'étendue de ses travaux. La bienveillance du conseil se manifeste par d'autres actes : en 1711, le bail de Pierre et Nicolas Bailly se renouvelle sans enchères; l'approbation de ce marché est suivie de cette curieuse disposition : *On leur accordera l'entrée franche d'un chariot de vendange, pour une fois seulement, en cette considération.*

Comme après Michel Leroy, le rétablissement des fontaines par Pierre et Nicolas Bailly rend le Magistrat plus sévère sur le choix des fontainiers et plus exigeant quant à leurs obligations. Dès cette époque, les clauses de leur marché sont plus explicites, plus multipliées et plus périlleuses : elles se résument toutes dans le bail de 1765. On y trouve les dispositions suivantes : Obligation d'entretenir non-seulement les fontaines publiques, mais encore celles qui *sont et seront dans les hôtels et jardins de MM. les Gouverneur, Intendant et Commandant* (art. 1). Visite quotidienne (art. 2). Attention *de donner les eaux aux fontaines suivant et à proportion de*

---

(1) Bail provisoire de Simon Poulet [avril 1694].

la quantité qu'elles en doivent fournir, sans fériation de l'une à l'autre (art. 3). Surveillance des robinets et des regards (art. 4). Sources et regards à tenir fermés (art. 5). Conservation des agrès des fontaines (art. 6 et 7). Prévenir l'épanchement des eaux et l'inconvénient des glaces (art. 8). Propreté (art. 9). Grilles fermées et marche à suivre en cas d'incendie (art. 10). Rapport avec les commissaires aux fontaines (art. 11). Règle à suivre pendant et après l'incendie (art. 12 et 13). Réparations (art. 14 et 15). Rendue du service (art. 16 et 17). Calcul et enregistrement, dans chaque saison de l'année, des eaux qui seront trouvées dans les sources (art. 18). Fermeture des sources (art. 19). Formation d'élèves dans la connaissance de l'hydraulique (art. 20). *Défense de désemparer la ville* sans la permission de MM. les commissaires (art. 21). Les autres articles terminant ce contrat renferment les conditions communes à toute espèce de convention.

Le 3 décembre 1787, l'organisation du service des fontaines était réglée avec un luxe insolite. Il était décidé qu'un double journal, tenu respectivement par le contrôleur et par le fontainier, présenterait constamment l'état et la marche de cette entreprise. Ce journal devait renfermer en effet le tableau du matériel et des approvisionnements du fontainier (1), l'emploi des matériaux de

---

(1) Dans les baux d'entretien, il est souvent question de la boutique où s'entreposaient le matériel et les outils appartenant à l'administration des eaux. Cette boutique occupait à l'Hôtel-de-Ville

toute espèce, la nature et la valeur des travaux à exécuter. Le même règlement prescrit la confection d'un plan figuratif du réseau des conduites. Ce dernier travail, dont j'ai parlé ci-devant, était déjà réclamé du temps de d'Auxiron qui se plaignait lui-même de cette absence *d'un plan carté*, que ne pouvaient remplacer ni les toisés, ni les informes esquisses des fontainiers, ni les rapports des contrôleurs.

Après avoir pourvu à la surveillance et à la conservation des fontaines, il fallait assurer leur perpétuité, en leur consacrant des ressources suffisantes et surtout immanquables. Or, avant d'être l'objet d'une pareille prévoyance, les eaux de la cité étaient frappées d'un impôt de 3,000 liv. [1696], elles qui devaient recevoir au lieu de donner. Cette ruineuse inversion précipita peut-être une mesure depuis longtemps en projet.

D'Auxiron dit que la multiplication des fontaines et la construction du pont de Bregille nécessitant de grandes dépenses, on eut recours au roi pour obtenir un octroi destiné à cette double charge : on choisit celui des boucheries. On ne le créa pas, il existait déjà précédemment, car, en 1677, quand il s'agissait de payer à Louis XIV cent mille écus, on prit 6,000 liv. sur cette partie des gabelles. Lorsqu'il fut établi par arrêt du conseil, le

---

le local situé derrière la fontaine (actuellement salle des adjudications). D'après leur marché, les fontainiers en jouissaient à titre gratuit ; mais ils étaient obligés d'en laisser le devant libre les jours de foire, parce qu'on y étalait des marchandises.

3 juin 1704, cet octroi avait pour but de faire face aux dépenses publiques; mais, sous cette désignation générale, il devait être en effet la ressource principale des fontaines et du pont de Bregille auxquels, il faut le dire, il ne prêta en réalité qu'un médiocre secours, attendu la fréquente distraction de ses recettes, et cela depuis 1704 à 1790. Ainsi, il était prorogé, le 7 mars 1716, pour être affecté à la construction d'une boucherie et à celle du pont de Bregille (1). Ce même octroi était prorogé pour six ans, à partir du 1ᵉʳ janvier 1823. Jusque-là on avait payé 3 livres par bœuf et vache; 12 sous par veau et génisse; 4 sous par mouton, brebis, bouc et chèvre; mais les besoins du temps font augmenter l'impôt : dès-lors on dut payer 2 liv. 6 sous pour bœuf et vache; 3 s. 4 d. pour mouton, brebis, bouc et chèvre; 6 sous pour porc, *outre et par-dessus l'ancien droit patrimonial sur les viandes de boucherie.* Il s'agissait alors plus particulièrement de l'entretien des casernes. La nouvelle prorogation, sollicitée dans l'année 1727, en vue du pont et des fontaines, fut peut-être la plus stérile pour ces deux objets, car la recette entière fut employée 1° à la réparation des écuries du Saint-Esprit, 2° à l'appropriation d'une salle au Gouvernement pour des concerts, 3° à

---

(1) En 1721, cet octroi avait 54,000 liv. en caisse pour le pont de Bregille; l'insuffisance de la somme fait ajourner le projet. La réserve ci-dessus représente six années de ferme : la moyenne était donc de 9,000 liv. par an. Cela est assez vraisemblable, quand 1726 donne 8,986 liv. (*Voyez* page 450, note.)

la reconstruction d'un bureau incendié à l'intendance [1728], 4° au pavage de la place Neuve (1). Ces dépenses devaient être bien urgentes et surtout bien opportunes, puisque le Magistrat, pour témoigner sa gratitude des quatre ordonnances qui les avaient autorisées, fit don à l'Intendant de 100 livres de bougie.

En décembre 1736, lors du renouvellement du même octroi, la requête spécifie de la manière la plus explicite l'application de la recette future : elle aura lieu *pour bassins, statues et autres ornements nécessaires à la décoration des eaux publiques*. La prorogation, objet des démarches du Magistrat en 1749, était suivie de l'arrêt du conseil qui maintient pour vingt ans cette perception. Il s'agissait alors du logement des officiers généraux et des casernes qui, déjà en 1679, absorbaient la plus grande partie du revenu des gabelles. Enfin, le 9 janvier 1790, on annonçait à la séance du conseil l'expiration de l'octroi des fontaines, accordé en 1772, et cette affaire était renvoyée à la municipalité nouvelle qui allait prendre [11 janvier] la direction des affaires de la commune. L'impôt sur les boucheries n'a donc réalisé aucun

(1) La même année, l'autorité militaire, qui harcelait le Magistrat, obtenait en outre un corps de garde pour trente cavaliers au Saint-Esprit. Pourtant la ville en avait un sur la place, dans un local qu'elle prenait à loyer. Pour se soustraire à cette dernière servitude, elle en bâtit un autre sur l'emplacement de la maison du peintre Gaillot, en 1741. Le poste, après avoir été transféré à l'entrée du pont, puis ramené sur la place, a, en dernier lieu, occupé le corps-de-garde construit en 1809, à côté de la fontaine actuelle. Il a disparu avec la rue basse, et le poste a été installé aux halles.

des avantages qu'on s'en promettait : lorsqu'il perdit son nom, il ne laissait déjà plus aucun souvenir de son but primitif.

L'affectation de l'octroi des boucheries au pont de Bregille n'est que trop justifiée par les fréquentes réparations dont il était l'objet. Quant à l'annexion du pont aux fontaines, dans le même budget, elle se justifie à son tour par une subordination merveilleuse, car la fériation du pont entraînait celle des eaux. Les causes principales de cette fériation sont, à toutes les époques, l'inondation et la débâcle des glaces. Il était possible de prévenir cet inconvénient par une construction susceptible de résister à ces deux causes de ruine; mais on se rappelle que l'octroi ne fournissait qu'une moyenne de 9,000 liv. par an, et qu'une réserve de 54,000 liv. avait été jugée insuffisante pour un pont de pierre (1). En face d'une difficulté pareille, on se demande encore pourquoi le Magistrat, par une de ces résolutions qu'il savait prendre dans les moments suprêmes, n'a pas mis un terme à ces dépenses multipliées qui, depuis tantôt un siècle, absorbant un capital immense, ruinaient le trésor sans profit ni garantie pour l'avenir. Apparemment un autre système de construction ne lui était pas permis, et

(1) En effet, en 1721, le sieur Galezot, architecte de la ville, avait rédigé un devis s'élevant à 166,386 liv. Dans ce chiffre, il est vrai, se trouve comprise l'indemnité à payer aux moulins de Rivotte et de Saint-Paul; car il fallait suspendre leur roulement pendant la durée de la construction.

on le préjuge sans hésiter, d'après le fait suivant : le Magistrat ayant un jour besoin de quatre chênes propres à consolider le pont de Bregille, il fallait, pour couper ces chênes en forêt, l'autorisation de l'Intendant. Celui-ci, se fondant sur certains règlements administratifs, refusait toute espèce de concession, et pourtant la réparation à faire s'opposait aux retards. Dans cette extrémité, le Magistrat, réformant sa précédente requête, se présente à l'Intendant, et, par un revirement subit, demande l'autorisation de construire en pierre le pont de Bregille. Pour réponse, l'Intendant accorde l'objet de la première démarche.

Toutes les recettes de l'octroi des boucheries s'étaient, depuis cette création, dissipées en dépenses étrangères à leur affectation primitive (1). Cela prouve que la facilité d'oublier les maux passés est propre aux générations comme aux individus. Par une disposition coupable à accepter le mal sans le prévenir, on réparait les désastres présents en attendant les désastres futurs. Aussi depuis 1689 jusqu'à 1789, c'est-à-dire pour la période

---

(1) Depuis la construction des boucheries du Bourg, adjugées pour 8,500 liv. [1716], l'octroi ci-dessus servit à l'élargissement du pont de Battant [1730], à l'entretien des casernes [1741], à l'établissement de la rue Neuve [1767], et aux dépenses indiquées dans les prorogations dont je viens de faire l'historique.

La boucherie dont il est ici question comprenait la tuerie que le port Gressot (ainsi appelé du nom de l'architecte) mettait en communication avec la rivière. C'est là que, suivant la reconnaissance de 1765, se rendait le trop plein de la fontaine de la place Neuve.

d'un siècle, on trouve vingt-quatre années où les réparations sont nécessitées moins par les avaries de l'usage que par suite de sinistres. Les plus considérables de ces sinistres marquent les années 1704, 1709, 1734, 1740, 1751, 1757, 1758, 1765, 1770, 1778, 1781 et 1789. Deux exemples suffiront pour faire connaître leurs conséquences.

Le 25 octobre 1778, la partie du pont vers Bregille s'affaisse à la suite de l'inondation ; ce qui avait hâté et grossi le désastre, c'est que les pilots d'arrêt, destinés à fixer le barrage du bois flotté, en face du faubourg de Rivotte, ayant été arrachés, 4,000 cordes de bois (qui furent perdues) étaient venues se heurter au pont et le battre en brèche.

Alors [28 octobre], le contrôleur Longin proposait au conseil l'établissement de chevalets, propres à soutenir les tubes des fontaines et à rétablir la communication ; il demandait quinze jours pour obtenir ce résultat ; quinze jours de privations et de malaise durant lesquels, faute d'avoir à sa proximité un puits public, il fallait aller aux puits particuliers demander l'eau comme un service, sinon comme une aumône ! L'hygiène locale avait à souffrir bien d'autres inconvénients : c'est pour prévenir les plus habituels, qu'on desséchait les casernes après chaque débordement (en 1781, le Magistrat fournit dans ce but 18 cordes de bois).

Aucun document ne nous révèle l'époque à laquelle les fontaines sont remises en activité ; tout ce qu'on sait, c'est que la reconstruction du pont se discutait en juin 1779 (1).

C'est à l'époque de ce sinistre que les sieurs J.-Cl. Henryet et P.-F. Belin viennent offrir deux barques, une grande et une petite, pour effectuer le passage des personnes et des denrées. La requête de ces deux citoyens est accueillie favorablement; toutefois, pour prévenir ce qu'aurait d'onéreux et surtout d'arbitraire l'impôt forcé résultant d'un pareil service, le Magistrat décide qu'il leur sera alloué, à titre de salaire, la somme mensuelle de 40 livres, à charge par eux d'effectuer gratuitement le passage.

Ce service improvisé donne lieu à un procès entre l'Archevêque et la Ville, relativement au droit à exercer sur la rivière entre les moulins Saint-Paul et ceux de Rivotte. La ville s'autorisait d'un précédent qui semblait avoir garanti son repos sinon son droit (2).

(1) Les délibérations relatives à cette affaire nous apprennent que le pont de Bregille avait 20 pieds de largeur, et que la partie ruinée avait été réduite à 16.

(2) M. de Villette, grand-chambrier de l'Archevêque, avait attaqué Henryet et Belin. Un jugement intervient le 14 novembre; il était défendu aux entrepreneurs du passage, comme à M. de Villette, de percevoir aucune somme pour le passage du bac sur cette portion de la rivière, aux peines portées par l'ordonnance des eaux et forêts du mois d'août 1669. D'après la délibération du 25 novembre 1778, la mairie s'en tient à la provision que renferme le jugement, à moins que le chambrier de l'archevêché ne donne suite à l'instance commencée, auquel cas, dit la délibération, l'on demandera à être jugé sur le fond.

Le 17 septembre 1766, tandis qu'on reconstruisait le pont de Bregille, deux commissaires de police (les sieurs Jacquemard et Tastevin) sont envoyés auprès des gens qui effectuaient le passage, pour savoir de qui ils tiennent cette autorisation. Sur le rapport de ces commissaires [20 septembre], MM. Bobilier et Didelot sont délégués pour aviser aux moyens de maintenir la Ville dans son droit de donner pareille permission, comme propriétaire de la rivière, la pêche qui appartenait au Chapitre métropolitain n'étant qu'une servitude.

La ruine du pont de Bregille en 1789 s'effectue dans la nuit du 26 au 27 janvier. Le 31 du même mois, le sieur Lagrange, fermier du moulin Saint-Paul, et un nommé Revillon viennent offrir au conseil deux barques pour le service de passage, lesquelles sont acceptées et leurs propriétaires conjointement gratifiés de 60 livres par mois. Cette fois aucun conflit ne survient entre le Chapitre et la Ville; leurs droits respectifs s'étaient sans doute conciliés (1).

(1) Le 16 mai, c'est-à-dire trois mois et demi après la ruine du pont, Bertrand présentait son plan d'un pont provisoire de 8 pieds de large pour les piétons et les tubes des fontaines, en attendant la construction d'un pont de pierre avec une rue de 40 pieds prenant son alignement sur les maisons Jeannin, Cornet et Boichard (place Saint-Pierre n°s 2, 4, et 6), et traversant l'hôtel des Fermes, la maison des chapelains de Saint-Pierre, celle de la veuve Daclin, le jardin Saint-Amour (offert gratuitement par le marquis de Choiseul la Baume) et les hangards.

Voilà des projets qui ne s'accordaient guère avec l'état des caisses publiques. En février, quand on songea à rétablir la communication

Les inondations étaient d'autant plus fréquentes et plus ruineuses que les écluses les favorisaient. C'est pourquoi ces écluses furent, à différentes époques, une source d'agitations et de débats. Ainsi en 1697, les propriétaires des terrains des Prés-de-Vaux venaient protester contre l'exhaussement du barrage de Rivotte. En 1706, le Magistrat faisait porter au Chapitre ses propres réclamations pour le même fait, à Tarragnoz; et comme on ne répondait point à cette démarche, il réunissait un conseil d'avocats pour régler sa conduite en pareille circonstance. Malgré l'ouverture pratiquée aux écluses en 1713 et en 1728, le débordement de 1734 ranime l'agitation, et l'année 1759 commence une suite de luttes qu'une première réduction de la hauteur des eaux va suspendre un instant. Après l'inondation de 1781 [15 et 16 novembre], il fut pris acte de l'événement pour servir dans le procès de l'exhaussement des écluses, procès qui amène l'arrêt du parlement à la date du 30 août 1782 (1). Les difficultés renaissent bientôt et se perpétuent : le

---

des eaux, la municipalité sollicita des secours, ses ressources ne lui permettant pas d'entreprendre ce travail.

J'ajoute à ce sujet que, le 21 de ce même mois, M. l'abbé Grillet, missionnaire à Beaupré, présenta un mémoire sur le moyen de rétablir la conduite des eaux à la traversée du Doubs.

(1) Pour concevoir les inondations de ce temps-là, il faut les rapporter à celles de notre époque. Sous ce rapport, voici une comparaison qui a le mérite d'être significative dans ses termes autant qu'elle est frappante par son actualité. En 1770, l'eau s'éleva de trois pieds quatre pouces, au rez-de-chaussée de la caserne Saint-

20 mai 1810, on rédige un mémoire à ce sujet. Le conseil de l'Hôtel-de-Ville avait formulé un projet dont il devait solliciter l'approbation. Le but de ce projet se révèle dès le premier article qui est ainsi conçu : « Les trois barrages des moulins de la ville, de l'Archevêque et de Saint-Paul seront démolis. » Malgré une disposition si hautement annoncée, les écluses subsistent encore pendant près de vingt ans : leur suppression n'est due qu'à la décision du mois d'avril 1827 concernant la canalisation de la rivière. Les barrages des moulins de Rivotte, de l'Archevêque et de la ville furent démolis, celui de Tarragnoz fut modifié et celui de Saint-Paul reconstruit. Mais en définitive la baisse des eaux fut de 1 mètre entre les moulins de la ville et de l'Archevêque, de $1^m,60$ entre ceux de l'Archevêque et de Saint-Paul, de 1 mètre entre ceux de Saint-Paul et de Rivotte, et enfin de $2^m,30$ entre Rivotte et la Malâtre.

Après le désastre de 1789, la construction du pont de Bregille fut souvent et longtemps discutée. C'est ce

Pierre, suivant la reconnaissance qu'en fit le Maire lui-même, car, au moyen d'une nacelle, il s'était transporté sur les différents points de l'inondation. D'après cette reconnaissance, l'eau s'éleva donc à 108 centimètres à la caserne Saint-Pierre, le 27 juillet 1770, et elle ne marquait, au même lieu, que 82 centimètres, le 19 septembre 1852.

Mais cette dernière inondation avait lieu vers la fin de septembre, tandis que la première se produisait à une époque où toutes les récoltes étaient entraînées ou détruites par les torrents, ce qui provoqua une visite générale des réserves de subsistances à Besançon.

qui avait lieu particulièrement le 25 fructidor et le 18 brumaire an VIII, le 5 nivôse, le 28 messidor et le 16 fructidor an X, le 28 vendémiaire et le 25 ventôse an XI. Les débats et décisions concernant cette affaire traitent surtout les questions d'emplacement et de péage. Quant à cette dernière, il avait été résolu, en fructidor an X, que l'entrepreneur (le sieur Klein) serait remboursé de ses frais si le péage n'était pas obtenu. Il ne l'a pas été en effet; néanmoins le pont fut construit et la dépense totale s'éleva au chiffre de 24,512 livres. La solidité très-équivoque de ce pont donna lieu, dans le cours de l'an XII, à de longues et bruyantes expertises.

Sa dernière phase d'existence a duré environ vingt-cinq ans : interdit d'abord aux voitures, attendu son état suspect, le pont de Bregille devient une simple passerelle, oscillant sous les pas des piétons qui semblaient s'être rendu familier le danger de passage. Bien que le temps eût aggravé ses brèches et imprimé un cachet des plus pittoresque à cette masse délabrée, ce n'est pas au temps qu'il doit sa ruine suprême. Les grandes eaux du 8 février 1830 ayant enlevé une arcade, le reste de la charpente, disloqué et pourri, ne fut pas jugé digne de réparations. Ce pont, œuvre de Coquard, architecte et entrepreneur à Dijon, comptait cent quarante et un ans depuis sa première construction.

Les hivers rigoureux que j'ai signalés ne donnent pas la somme de toutes les intermittences de nos fontaines, dans l'intervalle de 1689 à 1789 ; je n'ai compté que ce qui peut être considéré comme fléau dans les éphémérides bisontines. Par exemple, l'hiver de 1740 dure sept mois avec un froid intense qui suspend le cours des eaux, et couvre le sol de 6 pieds et demi de neige. La saison inverse, par sa température brûlante, causait une égale souffrance dans le service des fontaines. L'été de 1718 tarit toutes les petites sources, met le Doubs presqu'à sec, et épuise ou corrompt les citernes. Les sécheresses n'offraient pas toujours l'inconvénient d'un arrêt absolu dans l'écoulement des fontaines; mais, doublement pernicieuses, elles affectaient l'ordre public et la santé des citoyens. L'économie et la surveillance sur la distribution ne remédiaient pas au mal; elles pourvoyaient à la répartition, sans procurer l'abondance. Ces mesures, d'ailleurs, suscitaient une agitation que la plus rigoureuse impartialité était impuissante à contenir. Vainement donc les commissaires, dans leurs bannières respectives, réglaient la dépense des concessions, vainement on inspectait les conduites pour éviter les déperditions, il fallait recourir aux puits souillés et séléniteux ou à la rivière. Pour juger de la fréquence du mal, il suffit de compulser les années de sécheresses, dans un laps de temps donné. La période de 1700 à 1800 fournit les suivantes : 1700 à 1705, 1718, —23, —24, —38, —43, —48, —54, —58, —60, —61, —66, —72, —75, —75, —80, —91, —93. Cette influence a dû croître en raison du déboisement qui s'est produit sur notre territoire comme ailleurs, malgré les prédictions sinistres de Sully et de Buffon (1).

Dans ces conjonctures, l'administration des fontaines ne demeurait pas inactive. Il suffit de la voir à l'œuvre pour apprécier ses efforts et aussi pour juger, par ses actes, de l'intensité du mal.

En 1761, le rendement des sources de Bregille ayant diminué considérablement [28 septembre], il était recommandé de ménager l'eau dans les hôtels et au besoin de fermer les robinets. Les commissaires de chaque bannière étaient chargés de prendre les mesures propres à assurer une égale répartition des eaux disponibles. C'est du reste un procédé qu'on employait, quelle que fût la cause du ralentissement du débit. Le 5 décembre 1766, la fontaine de la place Saint-Jacques ayant cessé de couler, M. de Bognon, conseiller, allait, par ordre du Magistrat, prier l'Intendant de se contenter du robinet de sa cuisine pour ses écuries, ou au moins de suspendre son jet d'eau (2).

On ne trouvait pas toujours *les puissances*, suivant

(1) Il a fallu à différentes époques conjurer le mal comme l'ont fait Colbert [1669], Turgot [1776], Calonne [1785], et Napoléon Ier [1807-1810]. « Le reboisement, dit Jacques Valserres, mettrait un terme aux inondations, amortirait les vents et les orages, rendrait les climats plus favorables, donnerait aux rivières un cours plus régulier, rétablirait les sources qui ont disparu, et raviverait celles qui sont sur le point de disparaître. » C'est sans doute là l'une des causes du tarissement de nos petites sources et de l'inconstance ou de la faiblesse des autres.

(2) Demenoux, V. M.

l'expression de d'Auxiron, dociles à la voix des commissaires, quand, par un coupable égoïsme, *ces puissances* fermaient les yeux sur la détresse publique. En 1738, 22 septembre, M. de la Tour refusait de laisser diminuer la fontaine de Granvelle. Le fontainier Guinchard s'étant plaint de cette résistance, le Magistrat fait adresser à cet officier supérieur une nouvelle prière, menaçant au surplus d'en écrire à M. le duc de Tallard, si l'on n'obtient pas entière et immédiate satisfaction (1).

En dernier lieu, comme preuve de l'activité des commissaires dans ces circonstances, on peut citer la conduite qu'ils tenaient en 1775. Le 5 août, ils avaient reçu ordre de visiter les fontaines tant publiques que particulières, avec mission de prendre telles mesures qu'ils jugeraient convenir. Deux jours après [7 août], ils faisaient rapport des dispositions dont on leur avait laissé le choix et l'étendue. Leur mission, vu l'urgence et la détresse commune, était une véritable dictature, et ils l'avaient exercée avec une impartialité inexorable. Ils avaient fait fermer les fontaines de l'archevêché, de Granvelle, de l'hôpital Saint-Louis, de l'académie d'équitation, et celle du jardin de l'Intendant. Les mêmes précautions avaient lieu en 1791, époque à laquelle on conjurait le fléau par des prières publiques.

Certes, les concessions étaient, dans les temps ordinaires, une distraction grave à l'alimentation générale;

---

(1) M. Bouchet, V. M.

dans les sécheresses, ce détournement eût été une criante injustice si les gouverneurs s'étaient ôté le droit d'en surveiller l'usage. Les conditions mêmes de leur octroi donnaient au Magistrat la latitude de réprimer l'abus, de modérer la consommation, et au besoin ou suivant son bon plaisir, d'y mettre fin. Or, supposez l'absence des concessions, c'est-à-dire le service des eaux ramené au seul usage des fontaines publiques, la hauteur à laquelle on est forcé de maintenir trois d'entre elles aurait toujours permis aux sécheresses de mettre en souffrance la distribution. Pour ne donner de préférence à aucun exemple, combien de fois ne les avons-nous pas vues tout à fait taries et abandonnées, tandis que, dans les autres, l'écoulement ralenti semblait à la veille de s'évanouir, bien que la suppression de la fontaine de l'hôtel Montmartin [26 mai 1790] et de toutes les concessions particulières (arrêté de la commune du 1er mars 1792) (1) vint augmenter leur débit?

L'inconstance des fontaines élevées dépendait d'une cause qui en rendait l'inconvénient non passager, comme tant d'autres, mais perpétuel et irrémédiable. Il donne lieu à une époque des plus orageuses : en attendant le précis de ces événements, je dois signaler ici une circonstance qui a compromis longtemps le service des eaux, malgré le zèle des commissaires, la vigilance et l'habileté des fontainiers. Je veux parler des abreuvoirs.

(1) Citoyen Louvot, maire.

Les anciennes fontaines ne fournissaient en eaux alimentaires qu'une faible partie de la consommation : vainement puisait-on les eaux perdues pour compenser l'insuffisance habituelle, ce n'était là que le superflu de la pauvreté. D'ailleurs il fallait le disputer aux animaux, car la ville n'avait pas assez d'abreuvoirs, et leur petit nombre péchait par la disposition. Le Doubs, au long de sa vaste ceinture, offrait quelques points convenablement abordables ; mais pour certaines parties de la cité, cet avantage disparaissait devant la distance à parcourir. Et puis, il était force d'y renoncer, dans les jours de débordement, soit à cause du danger, soit à cause de l'insalubrité des eaux limoneuses. En 1691, l'abreuvoir du Saint-Esprit paraissait le plus fréquenté, les fortifications menaçaient néanmoins de le supprimer ; déjà l'Intendant s'occupait du projet d'en créer un à Chamars, lorsque la ville s'en émeut et obtient encore un abreuvoir au même endroit, moyennant un sacrifice d'argent et de main-d'œuvre. En effet la conservation de l'ancien n'ayant pas été prévue dans le plan des fortifications, le trésor municipal contribue à une construction nouvelle, et les terres sont enlevées par corvées.

Cet abreuvoir, qu'on regardait comme le plus commode, en 1691, et qui le serait encore de nos jours, a disparu devant les inexorables prescriptions du Génie militaire. On a fermé cette poterne du Saint-Esprit et par conséquent son abreuvoir, ce bassin inépuisable en cas d'incendie. On a supprimé un passage favorable à la circulation, un ventilateur si bien disposé pour l'assainissement d'un quartier acculé au rempart qui l'étreint de ses hauts terrassements, et dont, à part la place des halles, les débouchés consistent dans une ruelle et un chemin de ronde (1).

L'abreuvoir, qui ôtait au public la faculté de puiser aux fontaines les eaux de certains services, empêchait le lavage des rues et leur arrosement. Pourtant les fontaines avaient eu certainement cette affectation, la requête du cardinal de Granvelle [1581] en fait foi. En 1687, on réparait la grande et la petite cuve de la fontaine de César, ce qui prouve que l'abreuvoir y avait été maintenu. Cet exemple d'une double cuve ne se rencontre que là et à Bacchus. Cette dernière appropriation date du mois d'août 1653, suivant le titre dont voici les termes : « Messieurs ont accordé à Jehan Godinot Bonnelier, ayant charge de l'entretien des fontaines de la cité, la somme de 100 fr. pour la réparation de la cuve de celle de Bacchus, où il en a faict une de bois, à charge et condition de l'entretenir en bon et deheu estat pendant vingt ans, à quoy il s'est soubmis et obligé. » Ailleurs la cuve ordinaire pourvoyait à toutes les exigences.

Il y avait dans cet usage une cause habituelle de danger, de sujétion, de conflit, de dégradation et de mal-

---

(1) La délibération qui vient de prescrire l'ouverture de l'impasse sur ce chemin date du 6 janvier 1853.

propreté. Le 23 avril 1707, plainte est portée au Magistrat contre la sentinelle qui s'oppose à ce que les bourgeois abreuvent leurs chevaux à la fontaine de Saint-Quentin. Cette affaire donne lieu à une information beaucoup plus grave que ne semblait le comporter son objet. A cet égard, ce qu'il faut savoir d'abord, c'est que ce bassin, à peine suffisant pour l'académie d'équitation, aurait laissé en souffrance les écuries de cet établissement, si les chevaux des bourgeois avaient pu y avoir accès : de là cette consigne, fruit de connivence entre les officiers de la garnison et le directeur de l'académie. Le Magistrat, quoi qu'il fît, ne put concilier sans embarras l'intérêt d'une institution placée sous son patronage et celui des citoyens. Pendant neuf ans cet incident lui arrache une suite de mesures inexplicables, parfois contradictoires et finalement infructueuses, puisqu'il est forcé de les rapporter (1).

(1) L'académie d'équitation avait été fondée, en 1655, par Jean-Arnauld d'Avignon, à qui le Magistrat en avait concédé le privilége. Pour encourager l'entreprise, on lui avait accordé une somme de 600 fr. payable moitié à son entrée en fonction, et moitié l'année suivante avec six ans de logement à la tour de Montmartin, où d'ailleurs s'établit le manége. Ces six années-là ne représentent pas le temps que l'académie demeure dans cette maison, puisque le 30 novembre 1677, M. de Duras s'opposait à la vente de cet hôtel, vu les services que l'académie rendait à la jeune noblesse. Et puis quelle somme aurait retirée le Magistrat de cette vente ? La tour de Montmartin, avant d'être affectée à cette institution, était louée 76 fr., et son jardin 44. Quoi qu'il en soit, le manége était en mauvais état et l'appropriation insuffisante. Malgré la pauvreté du trésor, on pourvoyait aux réparations les plus urgentes dans les années 1663 et 1664.

Pour éviter pareils conflits et donner une preuve d'intérêt au sieur de Miserey, le Magistrat, qui avait fait clore d'une grille le bassin de la fontaine, en remet la clef à l'académie. Cette faveur soulève des plaintes qui vont jusqu'à l'Intendant, et leur explosion devient bientôt si générale et surtout si bruyante qu'elle dégénère en scandale, quand on apprend que différentes personnes sont, par l'entremise de M. de Miserey lui-même, pourvues de clefs, et peuvent ainsi profiter de l'abreuvoir réservé. L'extension du privilége n'en amoindrit pas l'injustice, les clameurs recommencent avec les sollicitations, et ces dernières, pour la plupart, étaient, par le nom de leurs auteurs, un véritable défi porté au Magistrat. Les clefs sont changées ; M. de Miserey se plaint de cette mesure [13 août 1746], bien qu'il soit la cause du désordre. L'Intendant propose de choisir un dépositaire de la clef, et de limiter la communication de cette clef à M. de Beaumarché seul ; mais l'abus ramène le même moyen de répression, et, de guerre lasse, le Magistrat, par une résolution soudaine, révoquant toute

---

M. de Seccati, directeur en 1671, ayant quitté Besançon pour aller s'établir à Bruxelles, MM. d'Arquinvillier et de Beaumarché étaient agréés pour le remplacer. Or le premier ne s'étant pas rendu à son poste, en dépit des réclamations du Magistrat, M. de Beaumarché fut pourvu du titre de directeur. C'est sous son administration qu'eut lieu le transport du manége à la tour Saint-Quentin [1682] (louée 700 fr.), et qu'il n'a pas quittée jusqu'à la révolution. Alors cette propriété de Claude-Marie Marc de la Poipe, comte de Saint-Quentin, ayant plus de 60 toises de long sur la rue Ronchaux, était divisée, le 11 germinal an III, pour être vendue en quatre lots.

décision antérieure, conclut de laisser la fontaine libre et ouverte à tous (1).

L'interdiction des bassins comme abreuvoir pouvait certainement prévenir tous les inconvénients que j'ai signalés ; mais il en est un autre, particulier à cette fontaine : une consommation trop considérable ôtait au trop plein le contingent nécessaire aux boucheries, et les forçait à la fraude ; c'est sans doute l'origine de l'accusation portée un jour contre les bouchers qu'on soupçonnait d'altérer la pureté de l'eau en la souillant de sang. L'ordre donné vers 1755 de mettre des grilles aux autres fontaines trouve cette mesure établie à la place Dauphine (2) et à la place Neuve (3). La fontaine de cette dernière place, isolée de toute part, plus exposée par conséquent aux souillures et aux dégradations, nécessitait ce genre de défense. Cette mesure existait déjà en 1687, sur la place Saint-Pierre, comme le témoigne le marché passé par les commissaires Tinseau et Perrinot pour la réfection des cuves de la fontaine de César. La grille n'était sans doute ouverte qu'à des heures déterminées.

Malgré l'ordre du Magistrat, toutes les fontaines n'a-

(1) M. Durand, V. M.

(2) Le 18 juin 1740, M. Dufresne, commissaire aux fontaines, propose d'entourer celle de la place Dauphine d'une grille avec un tourniquet pour empêcher le bétail d'y boire.

(3) L'adjudication de la grille de la fontaine de la place Neuve est du 10 avril 1745. Cette grille a été construite par Georges Saint, de Besançon.

vaient pas été fermées : effectivement, l'un des commissaires, M. Bouchet, venait faire rapport au conseil, le 6 août 1757, que la fontaine des Clarisses servait d'abreuvoir, et que le bétail en brisait les escaliers. Le Magistrat donne charge aux commissaires de parer à cet inconvénient, et leur laisse le choix des moyens en leur faisant pressentir toutefois qu'une grille, celle qui avait été enlevée à Saint-Quentin, par exemple, pouvait empêcher les mutilations dénoncées, mutilations inévitables, le bassin de cette fontaine n'étant nullement approprié à un abreuvoir (1).

Le retard apporté dans l'accomplissement de cette utile décision, semble montrer que, sans dépense, on cherchait à arriver à la suppression des abreuvoirs aux fontaines. Les commissaires la poursuivaient avec activité, et bientôt l'abus est assez restreint pour qu'on puisse regarder comme exception ce qui échappe à leur vigilance.

Dans le même temps [1754 à 1756] le Magistrat faisait construire à la porte Notre-Dame un abreuvoir destiné au haras, alors au Transmarchement (2).

(1) M. Dunod, V. M.
(2) Transmarchement, espèce d'entrepôt tenu par le fermier de la gabelle des marchandises. Divers règlements, celui de 1681 entre autres, en contiennent l'organisation et le tarif. Vers le milieu du dix-huitième siècle, les haras du roi y étaient installés [1753]; plus tard ses écuries, après avoir été souvent mises au service des troupes en passage, étaient louées aux enchères (250 fr. en 1774). Ce sont ces dernières affectations qui avaient provoqué l'établissement d'un

Quinze ans plus tard [1770], on lisait au conseil une lettre du maréchal de Lorges et la copie d'une autre émanant du duc de Choiseul, qui autorisait l'ouverture du rempart pour l'établissement d'un abreuvoir à Saint-Paul. Malgré cette multiplication de débouchés vers la rivière, le 26 thermidor an III la police n'avait pas encore complètement raison d'un abus enraciné par le temps et l'habitude; mais à cette époque, il était refoulé dans ses derniers retranchements : un arrêté du conseil de la commune supprimait les abreuvoirs aux fontaines, et des affiches spéciales annonçaient au public cette décision qui a été, depuis, rigoureusement exécutée. Cette disposition, bonne en soi, n'a fait qu'aggraver un genre de malaise, comparable à celui qu'engendrait l'insuffisance des fontaines : aussi l'administration municipale, qui ne l'a jamais perdu de vue, demandait quatre abreuvoirs publics lors de la création du canal. La prétention était modeste; néanmoins ces abreuvoirs sont forcément abandonnés ou détruits; mais les eaux d'Arcier suppléeront à leur défaut.

Revenons aux fontaines situées aux points culminants de la ville.

De tous temps les fontaines de Bacchus, de Saint-Jacques et de Saint-Quentin n'avaient eu qu'un cours irrégulier, au grand dommage des quartiers adjacents.

abreuvoir à Tarragnoz. Le Transmarchement a été vendu, comme propriété communale, au sieur Launay, pour 20,000 fr., au mois d'avril 1793.

En 1754, celle de Bacchus, qui depuis vingt ans ne rendait à peu près aucun service, tarit tout à coup ; il est vrai qu'on était à l'une de ces années de sécheresse que j'ai énumérées plus haut. Par les soins du nommé Lefèvre, ferblantier, l'eau afflua pendant quelque temps à cette fontaine ; mais un nouveau tarissement ayant prouvé l'impuissance de son procédé, on fut obligé d'avoir recours au déplacement de la fontaine, malgré toutes les réparations dont elle avait été l'objet en 1757 (1). L'écoulement momentané qu'on avait obtenu ne servit qu'à mettre en évidence la cause du mal : on soupçonne que le fontainier, réglant l'écoulement général des fontaines, avait, par une sorte de fraude, augmenté le volume et la vitesse des eaux de celle de Bacchus, au détriment des autres, et que le résultat dont il se prévalait dut cesser avec la manœuvre (2).

Simon Guenin reprenait l'entretien des fontaines, en

---

(1) La fontaine de Bacchus avait été d'abord descendue et adossée à l'église des Carmes. Plus tard, et sans doute par suite des plaintes de ces religieux, elle en avait été isolée. Dans cet état, embarrassant le passage, gênée elle-même dans son service, et souvent heurtée ou mutilée par les voitures, elle provoque l'arrêté du 22 ventôse an IX, qui prescrit son adossement à l'angle des Carmes contre le pilastre de l'église. — Les Carmes n'étaient plus là pour s'en plaindre.

(2) Le ferblantier Lefèvre avait été recommandé au Magistrat, attendu son habileté dans la conduite des eaux. C'est lui qui avait établi celle des Bénédictins, lorsque ces religieux avaient obtenu le trop plein de la fontaine Ronchaux. Cette dernière entreprise avait lieu de concert avec le maçon Nodier (entrepreneur de la fontaine Ronchaux), le 19 octobre 1747.

mai 1765. Sur les réclamations du nouveau fontainier, le contrôleur, après une information approfondie, conclut à imputer au compte de Lefèvre, fontainier sortant, les dépenses extraordinaires nécessitées par le mauvais état de ce service [décembre]. Ce résultat était conforme aux données fournies par la reconnaissance des 6 et 7 du mois de juin; le procès-verbal exprimait qu'on n'avait pu établir l'inventaire des outils et matériaux remis à Lefèvre, ce qui tenait sans doute au désordre de l'établissement de cet agent. Lefèvre dresse une requête, comptant se défendre des imputations dont il est l'objet; mais un second rapport du contrôleur maintient les premières appréciations et en aggrave les motifs, car on lui reproche d'avoir manqué à ses engagements pendant neuf ans [mars 1766]. Le contrôleur ne pouvait transiger avec son devoir, et surtout avec l'évidence; les fontaines étaient, quant à leur *fonctionnement*, dans un état déplorable. Déjà, dès le mois d'août 1765, les habitants de Battant portaient leurs plaintes au Magistrat, et, dans cette extrémité, le fontainier étant malade, on était forcé d'avoir recours à ce même Lefèvre, si maltraité dans les rapports de Longin, pour travailler à la fontaine de Bacchus. L'année suivante, celle de la place Saint-Jacques ne coulait pas non plus, et comme l'insuffisance de l'eau paraissait être la cause de ce tarissement, les commissaires veillaient avec un soin scrupuleux sur toutes les distributions, au risque de blesser de puissants intérêts.

Déjà, pour éviter les fuites signalées au passage du Doubs, le contrôleur était chargé de dresser le plan d'une conduite, enfermée dans une caisse, et attachée latéralement à la charpente du pont, en dehors du tablier. Il paraît que la mesure prise en 1706 n'avait pu sauver les tuyaux des dislocations résultant du choc ou des secousses, et que les avaries provenant du coulage ajoutaient, aux interminables réparations du pont, des remaniements fort dispendieux. Le projet du contrôleur était approuvé, le 9 novembre, par les notables.

D'un autre côté, de graves dégradations, survenues à la fontaine du Pilori, avaient nécessité la reconnaissance du 15 juin 1765 et le devis du 28 mars 1767. A cette dernière époque, toute la partie de la ville située sur la rive droite du Doubs était privée d'eau. Pour apprécier la situation des habitants de ce quartier, il faut lire la pétition adressée au Magistrat, le 2 mars 1767. Voici ce document dont la citation est calquée sur toutes les formes de l'original :

« Messieurs les Vicomtes Mayeurs Lieutenant Général de Police Echevins et Conseillers assesseurs de la Cité Royale de Besançon

» Suplie très-humblement les habitants Citoyens, et Residans au grand et petit Battant de cette Ville et disent que les accidents d'incendie assés fréquant (1) qui sont

---

(1) La crainte du feu, si naturelle dans tous les temps, était rendue bien impérieuse par le manque d'eau. Mais la fréquence des incendies ne prouve pas qu'on prît moins de précautions qu'aujourd'hui.

survenus dans leur canton leurs donnent tout lieu de croire qu'ils aurons peine à s'ans soustraire par les manquement des eaux, si vous n'avez la bonté d'y pourvoir au point qu'ils puissent rétablir leurs tranquillité qui jusqu'à

Depuis 1537, j'ai trouvé de nombreuses ordonnances multipliant et réglant ces précautions. Les objets auxquels s'appliquent ces prescriptions montrent jusqu'à quel point on poussait le scrupule de la surveillance. D'un autre côté, une décision du 27 octobre 1568 classe de la manière suivante les primes à accorder à ceux qui viennent *à la rescousse du feug* : au premier, 1 florin ; au deuxième, 8 gros ; au troisième, 6 gros. En 1740, les gardes pour le feu demandent une marque de distinction. Vers le même temps, la répétition des heures et des demies s'impose aux guetteurs, comme indice de vigilance. On organise, en 1752, les escouades, tant de soldats que de bourgeois, pour arrêter les incendies : un règlement à ce sujet est consacré par un arrêt du parlement en date du 9 juillet 1753. Les instructions se répètent à différentes distances, et se modifient suivant l'époque. On peut citer, entre autres, celles de 1737, le règlement du 28 août 1779 pour les *garde-feu,* les lois du 24 août 1790 et du 22 juillet 1791, les arrêtés de 1802 et de 1804, mais surtout celui du 15 juin 1809 (M. Daclin, maire), document complet sur la matière, rédigé en soixante articles, et qui, avec les lois et règlements précédents, a servi de base à tous les actes de l'espèce.

L'apparition des premières pompes à incendie avait lieu vers le commencement du dix-huitième siècle, car, en 1706, le Magistrat écrivait à Strasbourg et à Paris, où l'introduction en était récente [1705], pour se renseigner sur leur utilité. Quant à la pratique de leur emploi, elle avait dû être longue à s'établir, puisque, en 1760, les commissaires aux pompes écrivaient de nouveau à Strasbourg pour savoir le prix des tuyaux et la manière de les entretenir. En 1770, la ville qui, jusqu'alors, n'avait eu qu'un très-petit nombre de pompes, en acheta deux de Cupillard, de Morteau ; leur mécanisme particulier attira l'attention publique ; mais rien n'indique aujourd'hui en quoi consistait l'invention ou le perfectionnement. Besançon en possède à présent dix-huit, douze grosses et six petites.

ce tems a été totalement ébranlée. L'evenement trop récent occasionné par un incendie l'an dernier dans la maison de feu sieur Bernard a tellement effrayé les supliant qu'ils ne peuvent se rassurer par une perte prochaine qu'ils croyent inévitable, si l'on ny apporte les secours qu'il convient pour les incendie. Personne ne doute les progres quelle fit, puisqu'elle porta ses flames jusque dans les maisons du petit Battant. Celle arrivée précédenment dans la maison de la Dlle veuve Martin sise en ladite Rüe en laisse encore un triste souvenir, incendie qu'a peine pouvait ont éteindre par l'imposibilité et l'éloignement des Eaux où l'on étoit, et sans un secour aussi pront que celui qu'on y apporta il y aurait eu une perte des plus considérables qui auroit plongé dans un état de mendicité les propriétaires et Locataires de ces maisons.

» Il n'y a pas bien des années Messieurs que par vos attantions ordinaires vous y avez pourvü suffisanment d'eaux.

» Les supliant qui sont en assez grand nombre les bassin qui se trouvent placés au dessus de cette rüe au dessus de laquelle était élevée la statue de Bacchus en forme une preuve.

» Les supliant sur un dépourvu de ce genre ce sont déjà retiré par devant vous Messieurs il y a quelque année pour vous suplier de vous pretter au rétablissement de leurs fontaine dans le même état qu'elle était, vous exposant qu'une fontaine placée proche les Carmes n'était pas capable de fournir à leurs besoins.

» Comme des lors il y a eû un changement en entier dans l'ordre des suppots de la Magistrature ils ont étés consultés de vous exposer de nouveau leurs besoins et l'état déplorable où ils sont occationné par une telle disette qui ne peut concourir qu'à leurs perte pourpuoi ils ont l'honneur de recourir.

» A ce qu'il vous plaise Messieurs prenant garde aux circonstances des faits déclarées que la fontaine où se trouve le Bassin avec sa statüe (1) sera rétablie incessanment et fera justice. — 2 mars 1767 (2). »

Comme en 1765, le Magistrat prend en considération la requête des citoyens de Battant, et, dès le 3 avril, un rapport détaillé venait informer le conseil des causes qui empêchaient la fontaine Bacchus de couler. Ces causes sont attribuées au calibre des tuyaux, à l'angle formé devant l'hôtel du Chapeau-Rouge (n° 71) et à la multiplication des fontaines. Le rapport mentionne qu'on avait fait l'essai d'un tube de 4 lignes de diamètre, et que le jet

---

(1) C'est l'abandon de la fontaine qui a fait enlever la statue. On la sauvait par là des injures et des dégradations auxquelles l'exposait la fériation des eaux. Entreposée à l'Hôtel-de-Ville, elle aura été donnée sinon vendue. Ces libéralités sont très-concevables : sous le titre de vieux matériaux, les débris de nos monuments se recommandaient mal à l'attention publique; et peut-être, eu égard à la place qu'ils occupaient, étaient-ils un embarras. Je puis, à ce sujet, citer un exemple de ce genre de concession : sur un simple désir du prince de Bauffremont, on lui donnait, le 3 avril 1786, une colonne de granit déposée à l'Hôtel-de-Ville.

(2) Suivent environ quarante signatures. Elle rappellent quelques familles encore connues à Battant.

s'affaissa après avoir atteint une hauteur verticale de 3 pieds. Or, autrefois où l'appareil était dans le même état, le jet s'élevait à 6 pieds de l'aire du pavé. Le contrôleur, au lieu de reconnaître cette insuffisance de l'eau, indiquait un laborieux remaniement des tuyaux depuis la halle jusque vis-à-vis de la maison de Bognon (rue de Battant, 37). Moins préoccupé de ces théories que de la crainte d'une tentative infructueuse et d'une dépense sans profit, le Magistrat, pour conclusion pratique de ce mémoire, pensa qu'il fallait se procurer de l'eau. De là le projet d'amener les sources de Fontaine-Argent et celui de recueillir les eaux basses ou perdues de Bregille, double question soumise aux notables de cette époque. En effet, le conseil et les notables étaient convoqués par M. Binétruy de Grandfontaine, vicomte-mayeur, le 30 août 1767. Cette assemblée charge MM. Duhaut et Monniotte de dresser un état des dépenses nécessaires à la mise en activité de la fontaine de Bacchus : ils devront, s'il le faut, aviser au moyen d'*y conduire les eaux de Fontaine-Argent, ou de rassembler celles qui se perdent à Bregille.* L'intention manifestée dans la délibération précédente, donne lieu, sans doute, au projet collectif des sieurs Lefèvre et Guenin, qui s'obligent à rassembler les eaux perdues de Bregille, à alimenter Bacchus, et à construire une fontaine sur la place des Casernes, le tout moyennant la somme de 14,968 liv. 4 s. Ce plan est renvoyé au contrôleur pour en faire rapport à la première assemblée des notables.

Après avoir réduit l'estimation précédente à 13,974 liv. 9 s. 1 d., il distrait la valeur représentative de certains travaux étrangers à l'art du fontainier, tels que charpente, murailles, pavé, etc., de sorte qu'il n'attribue aux soumissionnaires que 12,512 liv. 1 s. 5 d. A la suite de ces amendements l'affaire revenait par-devant les mêmes juges, le 6 septembre 1768, où il était pris la résolution suivante : « L'assemblée considérant toute l'importance de la proposition et la nécessité de faciliter à la plupart des habitants de cette cité les moyens d'avoir de bonne eau qu'ils sont contraints, dans les circonstances présentes, d'aller chercher bien loin, approuve le projet, et, avant d'en délibérer l'exécution, nomme MM. Monniotte et Libry, commissaires aux fontaines, et MM. d'Auxiron et Baudot, notables, pour en concerter, etc., etc. »

Ces nouveaux délégués avaient, à leur tour, à faire un rapport sur l'objet soumis à leur examen ; par une résolution regrettable, ils se séparent sans avoir rien arrêté, parce que, suivant eux, le temps était trop court jusqu'à la prochaine assemblée des notables, et que d'ailleurs les finances de la ville ne permettaient l'exécution d'aucune entreprise.

Par cette décision inattendue, les habitants de Battant, trompés dans leurs espérances, s'affranchissent de toute patience comme de toute discrétion, et adressent au conseil une troisième requête. Ils reconnaissent l'inutilité de leurs réclamations, quant à ce qui regarde leur fontaine, puisque les magistrats, ceux mêmes qui sont chargés de sauvegarder leurs intérêts, se laissent abattre par les difficultés. La pétition suivante, à laquelle je garderai sa physionomie orthographique, est l'expression la plus significative de la détresse et du découragement.

« Messieurs les vicomte Mayeur Echevins et Conseilliers assesseurs de la Cité Royale de Besançon....

» Suplients très-humblement tous les citoyens et propriétaires de la rüe de Battant et disent.

» Qu'il a pleû à messieurs vos prédécesseurs faire fermer et boucher un puid placé sur la place de Bacus ; mais comme les inconvénients de feu qui arrivent journellement dans ladite Rüe, où l'eau n'est pas commune pourquoy les supliants se trouvent obligé de recourir.

» A ce qu'il vous plaise Messieurs faire déboucher et donner ouverture au puid cy dessus comme aussi faire aller la fontaine dans son ancienne place eut égard que les incendies sont très-fréquentes dans la dite Rüe de Battant. Comme chez Perrot qui arriva nuitamment que s'il avait fallu aller prendre l'eau au doulx, la maison serait été réduitte en cendre sans pouvoir luy donner aucun secours et comme celuy qui vient d'arriver dernièrement dans la maison du sieur Jolitru (1). Si ledit

(1) L'incendie de la maison Jolitru avait lieu le 6 octobre 1768. Les maisons contiguës (Clerc et Perrot) furent gravement endommagées. On loua beaucoup dans cette occasion l'activité et la présence d'esprit du maire de la ville, M. Binétruy de Grandfontaine. Le lendemain, le Magistrat vote 200 liv. aux soldats de la place et des remerciements au commandant.

puit avait été ouvert les incendies ne serait pas été si considérables attendu que ledit puit ne porte préjudice à personne au contraire qui est d'une très-grande utilité aux public. Le public continuera leurs vœux au ciel pour vos conservations. — 17 mai 1769. »

La fériation produite à Bacchus avait eu lieu à Saint-Quentin : l'identité de la situation et des causes amenait les mêmes conséquences. Le 20 juin 1770, suivant la délibération de ce jour, « M. Monniotte est prié de vouloir bien procurer les réparations nécessaires à la fontaine de Saint-Quentin pour qu'elle ne distribue ses eaux qu'à proportion des besoins des citoyens. »

A ce sujet, d'Auxiron prétend que cette fontaine était à robinet, il croit même y avoir vu des traces d'une machine de ce genre. Ce n'est évidemment qu'une illusion, née d'un désir ardent et invariable; car, nulle part, on ne trouve l'établissement ou le souvenir d'un pareil usage; d'ailleurs les termes de l'acte que je viens de citer s'expliquent par les baux d'entretien des fontaines à cette époque (1). Ils veulent une distribution méthodique, équilibrée et propre à imprimer à l'eau l'impulsion suffisante pour la faire affluer aux points culminants.

---

(1) « Le fontainier donnera aux fontaines les eaux en proportion de la quantité qu'elles en doivent fournir, sans aucune fériation. Il aura attention de ménager et distribuer l'eau de manière qu'en tout temps elles se portent dans toutes les fontaines, même en celles des lieux les plus élevés, celle de Battant, de la place Saint-Jacques et de Saint-Quentin » (art. 3 du bail de Caillier, ferblantier, passé par-devant Me Belamy, le 13 juillet 1791).

Au 1er janvier 1771, d'Auxiron entrait à l'administration comme échevin et commissaire aux fontaines. C'est dès-lors que les eaux de Fontaine-Argent viennent, grâce au zèle du nouveau commissaire, prendre une si large place dans les questions à l'ordre du jour. Le 14 janvier, dans une reconnaissance dressée par le contrôleur Pillot, il en est d'abord fait mention : ce document, où l'auteur s'occupe surtout des incendies et des moyens de concentrer l'eau vers le théâtre de ses ravages, renferme la proposition de diviser les sources de Bregille. La haute source serait réservée à Battant, la basse source à la partie méridionale de la ville, et, en cas d'insuffisance, on aurait recours à Fontaine-Argent.

C'était pour le contrôleur une question secondaire ; mais d'Auxiron, qui caressait alors cette idée, rehaussa l'importance de la proposition en disant : « Mais de tous les projets, celui qui lui parut le mieux convenir, fut de rassembler, dans de grands réservoirs, les sources de Fontaine-Argent, et de les conduire, par la porte de Battant, pour fournir aux fontaines qui sont au-delà du pont. »

Il y avait dans ce projet des éventualités et des délais à appréhender qui s'accordaient mal avec les nécessités présentes : Bacchus ne coulait pas. A l'assemblée des notables tenue le même mois et ayant pour objet de faire monter l'eau à cette fontaine, Guenin présente, dans ce but, une soumission dont le chiffre, d'abord de 3,287 livres, se réduit, par la reprise des anciens tuyaux, à 1,805 livres. D'un autre côté, il s'adjoint de nouveau à son collègue Lefèvre, et les deux entrepreneurs reviennent au projet des basses eaux de Bregille, et y introduisent celles de Fontaine-Argent. C'est par l'inspiration de d'Auxiron qu'agissent nos fontainiers. Incertains toutefois de la réussite, à la vue de l'opposition que soulève Fontaine-Argent, ils cherchent à concilier leur intérêt et l'opinion publique. Cela ressort de l'aveu même de l'échevin qui a dit : « Je communiquai ce projet aux anciens fontainiers pour savoir d'eux quelle dépense pourrait entraîner son exécution ; mais au lieu de m'en instruire ils préférèrent de remettre sur le tapis, au mois de juin 1771, le même projet qu'ils avaient présenté en 1768, à cela près qu'ils proposaient, avec les eaux basses de Bregille, de faire une nouvelle fontaine sur la place des Casernes, et qu'ils ajoutaient que si on voulait avoir de l'eau en abondance, en tout temps, il serait à propos de prendre l'eau de Fontaine-Argent pour la conduire au-dessus de Battant, etc. » De son côté le contrôleur faisait un nouveau rapport où il s'occupait exclusivement de la fontaine Bacchus et du projet de la reporter à son ancien bassin. C'est dans cette circonstance qu'il propose une gargouille pour recevoir l'eau de la borne adossée à l'église des Carmes, parce que la ville s'était déjà vue forcée de reconstruire l'angle de l'église de ces religieux.

Le projet de Guenin [janvier 1771], fondé sur les expériences énoncées dans le rapport du 3 avril 1767, faillit avoir son exécution ; car à l'assemblée des notables du 22 juillet on délibéra sur la mise en affiche de la conduite d'eau pour Bacchus. Lefèvre, à son tour et sans la participation de son associé, apporte une soumission ayant le même objet que celle de juin 1768, c'est-à-dire qu'au moyen de la collection des eaux basses de Bregille, il se proposait de contrebalancer l'effet produit par la multiplication des fontaines, et répondait d'alimenter celle de Bacchus. Ce projet, qui offrait un chiffre de 15,866 liv. 8 s. était déposé le 16 août et lu en conseil le 18. A ce sujet, l'assemblée des notables du 1er septembre s'exprimait ainsi : « Convaincue de l'utilité et même de la nécessité d'augmenter le nombre des fontaines, et de distribuer, par ce moyen, l'eau aux casernes Saint-Paul, à la rue Neuve et surtout à la rue Battant, charge de nouveau les commissaires d'examiner le projet proposé. »

Ce projet soumis au contrôleur, au commencement de septembre, donnait lieu à un rapport très-étendu, où apparaît un système qui dénature le plan dont il s'agit, et auquel se substituent les propres idées de son auteur. Ce système comprenait l'emploi des sources basses et des eaux perdues de Bregille, avec réservoir près de la *Fontaine-Quarrée* ; mais la dépense totale s'élevait à 17,437 livres, au lieu de 15,866 liv. 4 s. Ce chiffre, chose à remarquer, avait subi la critique du contrôleur, attendu les erreurs qu'il renfermait, quant à l'évaluation de la quantité de matériaux employés et à la disposition de ses éléments.

Malgré ces corrections et changements, le plan du contrôleur était rejeté le 8 septembre, et l'on revenait au projet élaboré par Guenin et Lefèvre en juin 1771. Ceux-ci adressent aussitôt [11 septembre] un mémoire au Magistrat pour expliquer que, dans leur premier projet, ils n'avaient entendu ajouter que quatre fontaines à celles d'alors (deux à la place des Casernes, une à la rue Neuve et la dernière à la nouvelle Intendance); mais qu'en prévision de l'avenir, puisqu'il faudrait plus tard en ériger une de plus à la rue Neuve, une autre à la rue de Traverse et un jet d'eau à Chamars, leur soumission devait se modifier en raison de cette éventualité; et dès-lors ils conseillaient l'accaparement des eaux perdues de la source haute de Bregille. Cette innovation dans leur premier projet pouvait fort bien être une inspiration des commissaires aux fontaines qui, pour la plupart, réclamaient un nivellement, l'emploi des eaux basses, l'accaparement des eaux perdues et un château d'eau. Ce second projet des entrepreneurs, accueilli avec faveur au Magistrat [12 septembre], fut renvoyé à l'examen des commissaires qui, vu l'importance de l'affaire, demandent l'adjonction de quelques-uns de leurs collègues, afin de chercher dans ce concours plus de lumière et de sécurité. MM. Chaudot, Brenot, Archeret et Coignet venaient en effet prendre part aux travaux de cette commission. « En interprétation du dernier projet, dit d'Auxiron, ils fournirent des soumissions d'amener à la ville, par un nouveau train, un volume d'eau aussi considérable que celui qui y était amené par l'ancien, et de faire toute fourniture et main-d'œuvre (les excavations et réfections de pavé exceptées), moyennant 20,000 livres (1), et cela seulement pour amener les eaux depuis Bregille au regard placé à l'angle de la place Saint-Pierre, indépendamment des dépenses à faire pour l'établissement des nouvelles fontaines sur l'ubiquation desquelles on ne s'était pas encore expliqué. » Mais au moment où les commissaires, avec leurs collègues du Magistrat et des notables cités plus haut, se réunissaient [18 septembre], Guenin et Lefèvre donnent à leur avant-projet les développements nécessaires à son intelligence et à sa discussion. Il consistait à réunir, dans un bassin particulier, le trop plein des sources hautes et celles des sources du jardin de Mme Michotey (2), et de les amener, par une conduite spéciale, au cœur de la ville. Ces eaux ajoutées aux anciennes, malgré leur itinéraire distinct et séparé, devaient contribuer à la dotation de quelques anciennes fontaines, tout en concourant à en former de nouvelles.

Suivant leur expression, le premier train alimentait les fontaines de la place Dauphine, de Saint-Quentin, de l'archevêché, de Ronchaux, de Granvelle, des Carmes, de Saint-Pierre, de l'Intendance actuelle (à supprimer plus tard), de la place Labourey, de la Madeleine, de

---

(1) D'Auxiron aurait pu dire que ce chiffre avait été réduit à 18,812 livres 12 sous.

(2) Aujourd'hui jardin Coulon.

Saint-Jacques, de Bacchus, *de la place des Maréchaux* (1), *du puits du Marché* et *de Charmont*, vis-à-vis de la ruelle Cabet (2).

Le second train devait alimenter les fontaines de l'hôpital Saint-Louis, *de la place des Casernes* (deux font.), *des Dames de Battant*, des Clarisses, de l'hôtel de Montmartin, des prisons, de l'hôpital, *de la nouvelle Intendance* (3), *de la rue Neuve* (4) et du Collége.

(1) Les noms en italiques indiquent les fontaines alimentées par les nouvelles eaux.

(2) C'est précisément à l'endroit indiqué en 1538 par Jean Dahy, sous la désignation de *grande quinterne* de Charmont. Pour se rendre compte de la signification de ce mot, il suffit de rappeler une décision prise en 1680, sur la demande de M. de Randans, gouverneur militaire. Elle veut que les quinternes ou poteaux soient enlevés, puisqu'il n'y a plus de chaînes à soutenir; quinze jours seront donnés pour cela, y est-il dit, et, entre temps, on affichera ailleurs pour y habituer le public.

Quant au nom de ruelle Cabet (aujourd'hui Saint-Canat), il peut provenir d'un ancien gouverneur de la cité qui aurait habité cette ruelle. Effectivement, j'ai trouvé, enregistrée au journal du Magistrat, la mort de Jehan Cabet, co-gouverneur de la bannière de Charmont, à la date du 15 mars 1594.

(3) D'après une soumission du sieur Lombard, maître de forges à Larians, pour la fourniture de tuyaux de fonte [16 avril 1777], j'ai pu indiquer approximativement l'origine de la fontaine de la rue Neuve, et par suite de celle de l'Intendance (page 283). Cette indication est vérifiée par un titre que j'ai découvert depuis; c'est une lettre de l'Intendant, à la date du 29 mars 1777, et lue en conseil le 1er avril : elle a pour objet la demande de l'établissement de cette concession. Le conseil en délibère, et décide que le vœu de l'Intendant sera rempli. Elle existe à la grande cuisine de la préfecture.

(4) On la trouve quelquefois sous la dénomination de *fontaine des*

Le chiffre total de cette entreprise était de 25,634 liv. 5 s. 7 d. qui fut d'abord réduit, par le contrôleur Pillot, à 24,125 liv. 15 s. 4 d. [21 septembre].

Ce projet, dans l'assemblée du 22 septembre 1771, est approuvé 1° quant au train et par les endroits où il faut passer, 2° quant au diamètre des canaux, 3° quant au nombre des fontaines à établir. La même délibération s'occupant des moyens de réalisation, elle exprime qu'il sera demandé une prorogation de l'octroi des fontaines pour une période de vingt ans.

Le service des eaux comprenait alors onze fontaines publiques et sept particulières; les premières étaient celles dites de Saint-Quentin, de la place Dauphine, de la rue Ronchaux, des Carmes, de Saint-Pierre, des Clarisses, du Collége, de la place Neuve, du Pilori, de Battant et de Saint-Jacques. Les secondes, réservées aux hôtels de l'administration religieuse, civile et militaire, aux hospices et aux prisons, étaient celles de l'archevêché, de l'Intendance, de Granvelle, de l'hôtel de Montmartin,

---

Dames, dénomination provenant de la chapelle bâtie en face, vers 1645, et réédifiée précisément à l'époque des événements que je viens de retracer, puisque le 16 décembre 1771, on accordait à MM. de Chifflet et de Vaux des indemnités pour les terrains par eux cédés aux Dames de la Conception. La rue des Dames, qui est adjacente, s'appelle rue des *Bains-de-Chamars*, depuis la révolution, à cause des bains établis, vers l'emplacement de la gare, sur un terrain concédé temporairement pour cet objet. La dérivation du moulin de la ville, à deux pas de là, était d'ailleurs, en été, le bain des dames de Besançon.

de Saint-Louis, de l'hôpital général et des prisons (1).

Le remaniement de cette distribution, d'une insuffisance séculaire (2), reposait sur un projet d'augmentation aidé du mécanisme d'une double conduite, à branchements distincts, dont les uns alimenteraient treize fontaines et les autres dix. Cette combinaison ne produisait un volume guère plus considérable aux fontaines publiques, et n'était point en rapport avec l'appareil de son établissement. En face de ce résultat, l'assemblée des notables émettait l'avis suivant : « Le bien du service des troupes, la construction d'un premier pavillon d'officiers, celle d'un second, auquel on travaille, l'ouverture d'une rue de traverse, de la rue Saint-Vincent à la rue Neuve, l'hôtel de l'Intendance qu'on y bâtit, les maisons particulières qu'on voit s'élever dans les terrains vides de la rue Neuve, rendent de plus en plus l'exécution du projet dont il est question d'une nécessité indispensable [22 septembre 1771]. » Il fallait que la détresse fût bien profonde et le désir d'y mettre un terme bien vivement excité, pour que la situation des fontaines arrachât à l'assemblée une décision si pleine de périls. Pour quatre ou cinq jets de fontaines, que de hasards à courir et à braver ! Bouleverser un système dont

(1) L'almanach historique de Besançon et de la Franche-Comté, pour 1772, compte onze fontaines publiques à Besançon. — L'almanach pour 1776 n'en rapporte que dix, mais il omet celle du Collége.

(2) Effectivement, dès 1559, le conseil décide que « l'on marchandera avec Nicolas Dantre d'amener de l'eau en la cité oultre celle desja y venant. »

les conditions étaient connues ou éprouvées; compter, pour la dotation des nouvelles fontaines, sur les eaux basses de Bregille, quand un échevin écrivait ces paroles : « Serait-ce une inquiétude déraisonnable que de douter de la possibilité des eaux basses de faire jet à Besançon? » par conséquent, hasarder une dépense considérable, sans avoir la certitude d'obtenir un résultat utile, car les entrepreneurs n'en avaient point établi scientifiquement la possibilité; et dans l'hypothèse d'un succès, donner purement et simplement des succursales aux fontaines de Saint-Quentin, Saint-Jacques et Bacchus dont le sort n'était pas changé; fonder ces succursales en des lieux où le bénéfice de leur existence n'était point une nécessité, voilà, en fin de compte, où conduisaient tant d'agitation et de calculs.

Suivant l'échevin d'Auxiron, « Les commissaires aux fontaines étaient d'avis que l'ancienne conduite continuât à servir aux fontaines actuelles, et qu'on n'en fît aucun mélange avec les nouvelles eaux, de peur d'être privé d'un avantage certain en courant après l'incertain, de peur de perdre les fontaines des Clarisses, du Collége, du Gouvernement, de l'hôpital et des prisons, en les livrant à être servies par la nouvelle conduite qui, à raison du niveau peu élevé et du peu de volume des eaux basses, passe pour incapable d'y fournir du moins une très-grande partie de l'année. »

Ces faits étaient loin de manquer d'exactitude; mais l'empressement que met ici l'échevin d'Auxiron à faire ressortir et à justifier l'opinion des commissaires, a un tout autre but que d'améliorer et de faciliter les conditions des moyens proposés. Dans la conjoncture présente, il ne voit de salut que dans la source de Fontaine-Argent. Zélé et convaincu, partout il l'oppose ou la défend; aveugle sur la dépense, sans scrupule sur la dépossession des maraîchers des Chaprais, l'amour de son idée le rend systématique; aussi, soit prévention ou justice, il ne put, malgré sa position et un certain éclat de patriotisme, faire triompher sa cause. C'est dans cette idée et les projets du temps, qu'il a puisé les éléments de l'ouvrage qu'il a publié en 1777. Ce travail, ayant pour titre : *Collection relative aux fontaines*, était présenté au Magistrat le 9 janvier 1773. Dans la séance de ce jour, « les commissaires aux fontaines sont invités à se rendre chez M. d'Auxiron pour le remercier de ses soins et de son zèle pour l'intérêt de la cité. »

Le 30 août suivant, sur le rapport de ces mêmes commissaires, le Magistrat faisait déposer aux archives le manuscrit de l'auteur (1).

(1) M. d'Orival, V. M. — J. B. d'Auxiron, entré au conseil au commencement de 1769 (bannière de Saint-Quentin), — désigné le 6 juillet pour être envoyé à Paris en qualité de député, — rendu à son poste deux mois après, — de retour à Besançon vers le 20 septembre 1770, — échevin le 31 décembre, et commis aux fontaines à la distribution des commissions. — C'est à ce double titre qu'il s'est occupé des fontaines de la cité, et qu'il a écrit un opuscule sur ce sujet. L'ouvrage de d'Auxiron n'avait qu'un but, c'est de faire prévaloir les eaux de Fontaine-Argent. Cela posé, tous ses efforts concourent à cette fin; de sorte que les bigarrures historiques de son

Aucun des projets qui avaient si profondément remué l'administration intérieure de la ville ne fut réalisé. La fontaine de Bacchus, cause principale de tant de plans et de menées, n'en coula pas mieux; mais, par une inconséquence peu concevable, ce dut être vers le même temps qu'une fontaine est donnée à Bellevaux. Faut-il s'étonner de la lettre, si empreinte d'aigreur, qu'écrivait M. de Lacorée au Magistrat, en juin 1783, pour se plaindre du manque d'eau dans cet hospice, et accuser de cet inconvénient le fontainier Guenot? Ce besoin y était intolérable; car Bellevaux, suivant cette lettre, renfermait alors deux cent soixante personnes (1).

livre ne sont là que pour en encadrer l'idée principale. Il met tant de prétention à la rappeler au lecteur qu'elle ne se produit jamais qu'en lettres italiques. Pour lui les eaux de Fontaine-Argent se présentent non comme une ressource, mais bien comme l'unique salut des fontaines, et ses assertions ont le tort de n'avoir d'autre autorité que celle des faits contemporains où il a joué un si grand rôle. Pourtant, faute d'avoir compulsé avec un soin plus scrupuleux les documents qui ont servi de base à ce travail, certaines circonstances ont été omises, au détriment même de la cause qu'il soutient; d'un autre côté, il n'a pas toujours fait un choix judicieux de ceux qu'il met au jour; de là le manque de clarté, souvent même d'exactitude. Ces inconvénients peuvent tenir à son ignorance en paléographie et aux lacunes du catalogue de nos archives; car combien de faits ont dû lui échapper, quand aucune indication, aucune lecture, même superficielle dans chaque titre, ne venaient éclairer ses recherches! Il n'y a de complet que ses trois derniers chapitres. Leurs proportions et leurs détails, mais surtout l'argumentation, justifient en tous points mon opinion, relativement à l'objet que se propose l'auteur.

(1) Après diverses ordonnances, et particulièrement celles de 1666, 1673, 1678, sur les bohémiens, les vagabonds et les mendiants, les

Dans l'exposé des débats qui précèdent, j'ai mentionné le plan d'un réservoir de distribution, près de la *Fontaine-Quarrée* à Bregille, ce projet n'était pas nouveau : dès le commencement du dix-huitième siècle, les sources de Bregille, dont la pauvreté et l'inconstance s'augmentaient de l'accroissement numérique de la population, étaient l'objet de l'attention commune. A voir l'agitation populaire, on aurait dit que, par sentiment de son ancienne omnipotence dans les affaires publiques, chacun voulait venir en aide au Magistrat. A la création de l'octroi des

hospices commencèrent à recevoir ces malheureux. C'est ce qui avait lieu en Franche-Comté en 1685. L'aumône générale, rue du Petit-Battant, date de 1708 ; elle fut approuvée en 1712. Elle comprit d'abord l'hôpital des mendiants et la maison de Saint-Jean l'aumônier, pour les pauvres âgés. Le 18 juillet 1724, à Saint-Jean l'aumônier fut annexée la maison voisine, propriété de l'abbaye de Bellevaux, louée d'abord 266 liv. 13 s. 4 d., et plus tard [23 juin 1744] achetée par les administrateurs de l'aumône, moyennant 17,000 fr. Alors on projetait d'y joindre l'œuvre du Bon-Pasteur, pour les filles débauchées ; mais le Magistrat, voyant une déviation coupable dans cette transformation d'un établissement de charité en une maison de force, dresse requête [1744] pour empêcher l'exécution de cette mesure. Le parlement refuse [1777] l'enregistrement des lettres-patentes obtenues à ce sujet ; elles donnent lieu à des débats qui remplissent la fin de ce siècle. C'est dans ces débats qu'on reconnaît l'indépendance de Bellevaux dans ses charges et ses revenus ; ce qui explique comment la création d'une fontaine dans cet hospice n'a laissé aucune trace à l'Hôtel-de-Ville. Déjà, en effet, le conseil, se prévalant de cette indépendance, se refusait, en 1782, à reconstruire l'aqueduc de Bellevaux, après la première réduction des écluses.

Il est une autre fontaine dont l'origine offre la même obscurité, c'est celle de la prison civile. Avant 1789, tout ce qui concernait cette maison était du domaine du Parlement ou de l'Intendance.

boucheries, la perspective d'un revenu spécial et certain excite les recherches et enhardit les tentatives. Parmi les plans qui affluent de toutes parts, on trouve un projet anonyme où apparaît la première idée d'un réservoir près des sources hautes de Bregille ou sur le cimetière de Saint-Jean-Baptiste. Le choix de l'emplacement devait être déterminé, après un nivellement préalable, entre les places de Saint-Quentin et de Bacchus. C'est sans doute par suite de ces inspirations que, sur le rapport de M. Billerey, on décide qu'un réservoir sera construit sur la place Saint-Jean, et qu'on y travaillera incessamment [30 juillet 1708] (1). Quelle opposition est venue contrarier l'exécution de ce projet, ou quel revirement s'est opéré dans les desseins du conseil (2)? Il n'en était plus question jusqu'en 1722.

(1) La décision exprime que, sur le rapport de M. Billerey, il sera fait un réservoir au cimetière Saint-Jean pour conduire l'eau plus facilement à Bacchus. Il se serait trouvé en face et au niveau de celui des Romains. L'ancien canal aboutissait là, après un parcours d'environ 8400 m. sur une pente de $4^m,80$. Le canal moderne, situé en moyenne à $16^m,075$ au-dessus du premier, domine les points culminants.

(2) D'Auxiron présume que si ce réservoir n'existe pas, c'est que la fabrique s'opposa au bouleversement ou à la destruction du cimetière. Mais il trouve un singulier expédient pour concilier l'intérêt de la paroisse avec celui de la cité. « Aujourd'hui, dit-il, que la ville est propriétaire d'une maison à côté de la fontaine, rien n'empêcherait qu'au lieu d'être amodiée à des locataires (elle était louée 150 fr.), les portes et les fenêtres n'en fussent murées, et que le tout ne fût converti en un vaste réservoir. » Qu'aurait dit Bélidor de ce projet?

La maison dont parle ici d'Auxiron est celle de la place Saint-

Dans l'intervalle, les tarissements de Bregille continuaient leur imperturbable périodicité. Le mois de juin 1719 ayant aggravé la situation, on remit à l'ordre du jour le système d'une conduite en fonte agréé en 1708 par l'Intendant de Bernage, qui avait promis son concours et une subvention. A la même époque, après diverses recherches et expertises tendant à amener les eaux de Fontaine-Argent à Besançon, on décide [25 juin] d'écrire à M. de La Neuville, alors à Paris, pour le prier d'envoyer de la capitale un ouvrier fontainier, non-seulement pour diriger l'exécution de cette entreprise, mais encore pour en donner le plan. A quoi l'Intendant répondait, le 2 juillet : « On cherchera avec plaisir un homme capable de diriger cet ouvrage de manière même qu'on puisse élever quelques sujets au pays, dans la connaissance des eaux et de ces sortes de conduites (1). »

Cette insuffisance de l'eau venait renverser un autre calcul : le Magistrat avait fait aux sources des expériences, il en résultait que le nombre des fontaines

---

Quentin, n° 2. Il y avait une cour derrière ayant pour limite, au fond, l'église de Saint-Jean-Baptiste ; à gauche le cimetière, dont une barrière la séparait ; et à droite un corps-de-garde ayant son entrée sur la rue. Il s'augmenta d'un étage en 1727, et comme cette construction dépendait de la fontaine, les commissaires furent chargés de l'adjudication.

(1) L'embarras n'était pas nouveau : F. et N. Dantre étaient de Savoie, Leroy venait d'Avignon, Bailly avait été arraché à Pontarlier. Au 17e siècle, Lons-le-Saulnier, après avoir emprunté les fontainiers de Besançon, se voyait forcé de recourir à une machine hydraulique.

alimentées par Bregille et Fontaine-Argent ne pourrait s'élever qu'à vingt, et « de ces vingt fontaines, disait la lettre à M. de La Neuville, citée plus haut, il en faut ôter quatre, tant pour le palais Granvelle que pour l'hôtel de Montmartin, pour le vôtre (l'Intendance), et pour l'hôpital, il n'en restera que seize pour le public. »

L'*amenage* des eaux de Fontaine-Argent était pourtant une affaire arrêtée, et le besoin faisait passer sur le peu d'avantage qu'on s'en promettait, puisque l'Intendant s'étant plaint du retard qu'on apportait dans cette entreprise, le Magistrat lui répondait : « Nous attendions votre retour pour savoir lequel serait le plus convenable, ou de commencer par cet ouvrage ou d'entamer la réparation du pont de Bregille. » Or, le 13 juillet, M. Fleury, prêtre et fontainier (1), affirmait que les sources de Bregille étaient suffisantes, et d'autant plus que des expériences à ce sujet avaient eu lieu après un mois de sécheresse, et que le déficit de l'eau provenait uniquement du mauvais état des tuyaux et par suite des pertes éprouvées dans la grande conduite ou ses rameaux. Il trouvait donc leur produit en mesure d'approvisionner la ville, du moins ses calculs le démontraient,

---

(1) L'épithète de fontainier ne veut pas dire ici qu'il était chargé de l'entretien des fontaines. — C'était l'abbé Paramel de l'époque. — Je le trouve désigné ainsi : « *M. Fleury prestre et qui se mesle de la conduite des eaux.* » — Il avait calculé que les deux sources de Bregille (la Doin et le Moine) remplissent un tube de 2 pouces trois quarts, tandis que Fontaine-Argent n'en fournissait que 2 pouces.

malgré l'infériorité du rendement effectif. Les chiffres étaient peut-être concluants; mais évidemment ils devaient manquer d'autorité devant les essais et les résultats du passé (1).

L'appât d'une économie et les flatteuses promesses de l'abbé Fleury, font ajourner l'entreprise. Son plan à lui renfermait un projet de réservoir à la porte de Battant d'où la distribution devait s'effectuer dans les quartiers où les eaux de Bregille ne s'élevaient qu'avec peine et sans certitude de continuité. Jusqu'au 4 mars 1730, il n'est question ni des sources ni du réservoir. On sait qu'alors, à l'occasion de la fontaine des Jésuites, l'Intendant proposait de nouveau la source de Fontaine-Argent, et, à son exclusion, un réservoir sur la place Saint-Jean, avec un système de robinets pour les fontaines dont l'écoulement devait être suspendu pendant la nuit.

La dernière proposition se fait jour au milieu des études, rapports et discussions qui animent le conseil du Magistrat et l'assemblée des notables, de 1767 à 1771.

Tandis que s'accomplissent ces événements, quelques améliorations de détail font mettre en oubli les améliorations plus importantes. On substitue aux tubes de bois des tubes de fonte, ainsi que je l'ai exposé, on reconstruit [1744] l'aqueduc dans le fossé de l'avant-pont de Bregille, tel qu'il est encore aujourd'hui (près de la

(1) M. de Sauvagney, V. M.

porte en regard de la promenade Micaud), et l'on garnit de plomb les bassins des fontaines pour les préserver des mutilations, de la gelée ou d'autres avaries. Le premier bassin qui reçoit ce genre de préservatif ou de doublure est celui de Neptune [11 novembre 1754]. Le bassin de l'Hôtel-de-Ville avait été traité de la même manière; mais le plomb ayant été volé [juin 1760], le fontainier propose de remplacer le plomb par la tôle. Cette proposition n'étant point accueillie, on applique une autre garniture de plomb qui tente de nouveau les voleurs, et disparaît en février 1761. Il était difficile de comprendre un vol de ce genre, consommé sous les yeux de la sentinelle de Saint-Pierre, peut-être même en présence de tout le poste, demeuré tranquille et indifférent spectateur du délit. Le 21, le Magistrat porte plainte à l'Etat-Major qui doit retenir sur la paie des soldats de garde le prix du rétablissement des plombs, rétablissement qui s'opère le jour même. Or, le croira-t-on? la nuit suivante la garniture nouvelle était encore volée, et une autre plainte du Magistrat était adressée à l'Etat-Major (1), afin d'avoir raison de l'incurie ou de la connivence du poste.

Les événements qui se passent de 1765 à 1773 ne font que constater un mal sans y porter remède; car, eût-on réalisé les fontaines projetées, la distribution nouvelle n'aurait pas encore été en rapport avec le chiffre de la

(1) M. Dunod, V. M.

population (1). Si l'indication de ce chiffre, puisée dans les témoignages du temps, est exacte, elle démontre péremptoirement l'insuffisance des combinaisons proposées. Quant à l'évidence du besoin, elle a une vérification bien sensible : sous la république, malgré les embarras financiers, les guerres et les troubles intérieurs, deux fontaines publiques sont édifiées; d'ailleurs les concessions sont abolies, et la population diminuée (2) permet pour chacun une plus copieuse distribution, et pourtant les plaintes n'ont cessé de s'élever vers l'administration ou contre elle. Quant au quartier de Battant, qui avait si vivement préoccupé l'attention publique, son sort n'est pas changé : il est tel que dans les vingt dernières années du dix-huitième siècle. S'il a trouvé, dans une tolérance du génie militaire qui permet l'ouverture de la Pelotte, le moyen de s'abreuver à la source de la Moulière, lors des années de sécheresse, c'est une courtoisie à remarquer; car, dans l'histoire que je viens de retracer, plus d'une fois l'administration

---

(1) L'almanach de Franche-Comté, pour 1776, attribue à Besançon 40,000 habitants; celui de 1786, 50,000. Ces évaluations ne semblent pas fondées sur des documents authentiques ; néanmoins on croit qu'elles approchent de la vérité.

(2) Cette diminution rapide du chiffre de la population provient, comme ailleurs, de l'émigration et des guerres de la république et de l'empire. Sous ce dernier rapport, le département du Doubs a fourni, de 1791 à l'an VII, onze bataillons de volontaires et huit bataillons de la réquisition de 18 à 25, sans compter les enrôlements particuliers et, depuis l'an VII, les contingents de la conscription. En 1810, Besançon avait à peine 28,000 habitants.

des fontaines avait eu maille à partir avec le corps du Génie. La lettre suivante, adressée de Versailles au Magistrat, le 12 mars 1732, par M. d'Angervillier, donne la mesure et la cause de ces conflits.

« J'ai reçu la lettre que vous m'avez écrite, le 7 de ce mois, avec la copie du procès-verbal qui a été dressé des mauvais traitements faits aux fontainiers de Besançon par le sieur de Margimont, major de place. Je luy en escris de manière que j'espère qu'il sera moins vif dorénavant ; mais il convient aussi que, de votre côté, vous ayez attention, lorsqu'il s'agira de faire raccommoder vos tuyaux qui passent sous le glacis et dans les fossés, d'en avertir les officiers de l'Etat-Major et l'ingénieur, pour les mettre en estat de s'y trouver, s'ils le jugent à propos, ou de prendre les mesures qu'ils croiront convenables en pareille occasion. » La plainte du Magistrat était d'autant plus fondée, qu'elle pouvait opposer l'autorité militaire à elle-même. J'ai fait mention du règlement de M. d'Asfeld (p. 367), en date du 27 septembre 1717. Ce document dressé, à la suite de l'inspection de la place par ce lieutenant général, les 5 et 6 août, ne traite pas seulement de Chamars et de la part que l'Etat-Major y laisse aux bourgeois, il définit encore les droits et servitudes dérivant des fortifications. Or un article spécial exprime que le Magistrat pourra pénétrer dans le clos, derrière la porte avancée de Brégille, pour réparer les tuyaux des fontaines. D'après cela, rien, pas même la lettre du ministre d'Angervillier, ne saurait excuser les brutalités des agents du Génie. On en peut soupçonner la violence, quand nous voyons, dans tant d'autres occasions, la docilité du Magistrat aux exigences de l'autorité militaire.

En regard de ces démêlés, je vais rappeler un fait qui réclame ici spontanément une place. Voici le narré textuel de cet événement, d'après une note que je dois à la bienveillante obligeance d'un homme qui, possesseur de nombreux documents historiques, a le rare mérite d'être aussi libéral que riche (1).

« En 1814, la place de Besançon est étroitement bloquée, à partir du 10 janvier, par les Autrichiens.

» Le 22 février, M. Ragmey, chef d'escadron commandant le dépôt du 5e d'artillerie à cheval, et chargé, par le gouverneur Marulaz, du commandement de l'artillerie de la place et de la citadelle, écrit à l'administration municipale en la menaçant de la réquisition, par l'autorité militaire, des tuyaux en plomb des fontaines publiques pour en faire des balles, attendu, dit-il, la mauvaise volonté de la municipalité dans les réquisitions de plomb opérées chez les marchands.

» Le 24 février, le conseil municipal, qui a obtenu du gouverneur l'autorisation de s'assembler, délibère qu'une députation composée du Maire, de MM. Seguin,

---

(1) M. L. Ordinaire, capitaine d'artillerie, qui, après d'intelligentes et laborieuses recherches, a écrit l'histoire des siéges de Besançon [1674 et 1814], ouvrage manuscrit dont la publication est vivement désirée.

Millot, chanoine Millot, Barbaud, Billot, Wey, Spicrenaël, portera au gouverneur les observations écrites insérées au registre des délibérations parmi lesquelles on remarque le passage suivant :

« ......Des officiers s'arrogent pourtant le droit de se
» plaindre ; ils nous inculpent, ils nous accusent, et
» quand votre correspondance atteste la satisfaction
» dont vous honorez notre zèle, l'aigreur et la menace
» forment leur ton. Dans une lettre du 22 février, le
» lieutenant-colonel commandant l'artillerie nous an-
» nonce que, mécontent de la lenteur, de la malveillance
» avec laquelle on met à sa disposition les plombs requis,
» il vous presse de faire enlever les tuyaux qui alimentent
» nos fontaines ; en sorte qu'un officier de la garnison
» cherche à nous frapper d'un mal que nous épargne
» l'ennemi. Ces reproches, nous les dédaignons : sa
» menace, nous l'envisageons avec calme. Un projet
» aussi frivole pour l'avantage du service, aussi funeste
» pour la commune, ne trouvera point accès auprès de
» vous, etc.... (1) »

Après le siége, malgré les événements politiques, on n'oublie pas la question des eaux : l'effet était toujours en présence de la cause. A cet égard, divers

(1) L'exécution d'une pareille mesure pouvait être du goût de l'ennemi parce qu'elle eût rendu odieux aux habitants les défenseurs de la ville ; mais le gouverneur n'en reconnut pas la nécessité. Les assiégeants, maîtres de Bregille et de Beauregard, s'étaient bien gardés de couper la conduite des eaux. Leur politique les conseillait autrement.

actes tiennent en haleine l'opinion publique et entretiennent une pensée qui grandissait en quelque sorte dans l'ombre (1). Jusqu'au 14 février 1834 (2), époque à laquelle s'ouvre la voie des moyens, on s'était borné à constater et à proclamer l'insuffisance des eaux de Bregille. Plusieurs expertises avaient ajouté l'autorité des chiffres à l'évidence des faits, car elles ne faisaient que préciser ce que personne n'ignorait, lorsque trois expériences successives viennent afficher en quelque sorte ce déficit séculaire.

Le tableau suivant présente la perspective synoptique de ces résultats :

(1) Ces actes renfermaient : Affaire du canal d'Arcier [1819-1820]. — Revendication de la fontaine d'Arènes, sur les bords du Doubs [1822]. — Reconstruction de la fontaine Saint-Pierre [1823]. — Réparation de la fontaine du Collége, ajournement de réparation à celle de la place Dauphine, édification d'une nouvelle fontaine à la place Saint-Jacques [1824]. — Changement de cuve à celle des Carmes, tentative du conseil pour donner satisfaction aux habitants de Saint-Ferjeux qui demandent de l'eau [1825]. — Proposition de relever l'ancien canal d'Arcier, plan de promenade au-dessous du village de Bregille pour y utiliser les sources basses du vallon, réparation des pompes après l'abaissement des écluses [1829 à 1831], etc.

(2) Cette date est celle de la lecture en conseil d'une lettre de M. Cordier qui annonce son arrivée à Besançon. D'ailleurs la première réunion de la commission des eaux n'a eu lieu que le 17 août 1735.

	1826.	1827.	1832.
	lit.	lit.	lit.
Fontaine de la place Saint-Pierre.	0,117	0,1391	0,07758
— des Carmes (Gr.-Rue).	0,108	0,1134	0,11136
— Saint-Quentin......	0,110	0,1863(1)	non jaugée
— Dauphine........	0,136	0,0246	0,12448
— Baron.........	0,136	0,0820	0,08707
— de la place Labourey..	0,252	0,1818	0,15157
— du Collége........	0,112	0,1066	0,16208
— des Clarisses.......	0,128	0,1000	0,08616
— Ronchaux........	0,102	0,0776	0,19372
— de la Rue-Neuve....	0,106	0,0909	0,09802
— Saint-Paul........	0,126	0,0941	0,10527
— de la Madeleine.....	0,129	0,1391	0,13991
— Saint-Jacques......	0,112	0,0958	0,08331
— de Battant........	0,141	0,1882	non jaugée
— de la prison civile....	0,196	0,2077	0,09249
— — militaire..	0,084	0,0941	0,10986
— de l'hôpital.......	0,181	0,1168	0,19521 (2)
— de la préfecture.....	0,146	0,0667	0,08616
	lit. 2,442	lit. 2,1048	lit. 1,90425

(1) Ce chiffre comprend 1° 0 lit. 0,408 pour la fontaine ; 2o 0 lit. 1,455 pour la borne située sur la place.

(2) Ce chiffre comprend 1° 0 lit. 18,188 pour le jet; 2° 0 lit. 01,333 pour perte de deux robinets.

Nota. Je n'ai pas à discuter les résultats de ce tableau; ils sont reproduits tels qu'ils ont été publiés. La 2ᵉ expérience est due à M. Marnotte, architecte (27 juillet 1827), et la 3ᵉ (20 août 1832), à M. Jeanneney, sous-voyer de la ville.

Chacun des nombres de ce tableau correspond à l'une de nos fontaines, et exprime, en fractions de litre, ce qu'elle fournit d'eau en une seconde; par conséquent les totaux marquent le rendement de l'ensemble des fontaines en une seconde. Or la source haute de Bregille fournit, d'après l'expérience, 1 lit. 29,605
et la source basse, dans le même temps, 1 lit. 80,952

Le produit, par seconde, des deux sources est donc de 3 lit. 10,557

Avec ces chiffres on peut désormais se rendre compte de la différence qui existe entre le débit de la source et celui des fontaines. Quant aux variations que présentent entre elles les sommes du tableau, elles ne sont pas aussi considérables qu'on le croirait à première vue, si l'on remarque que le jaugeage de 1832 offre des omissions qui ont atténué son total.

En prenant le produit des fontaines en 1826 pour le comparer à celui des sources en 1832 (le seul connu), on trouve une déperdition de 0 lit. 65,357 par seconde, ou en vingt-quatre heures, 56,468^{litres},45, dont la distribution à 40,000 habitants donnerait 1^{litre},41 par individu.

Maintenant, dans l'hypothèse d'une exacte collection des eaux de Bregille, c'est-à-dire en admettant l'identité du débit aux sources et aux fontaines, la ville n'aurait été guère mieux partagée ni plus satisfaite.

En bénéficiant de 1^{litre},41, elle n'aurait apporté qu'un tempérament insensible aux souffrances dont j'ai retracé historiquement les péripéties. Le mal n'a dû que persister et empirer. Sous ce rapport, la dissertation présente ne pouvait être mieux close que par le trait suivant; il en sera l'éloquente et naturelle péroraison :

En l'an X, on vendait l'eau à Besançon, et, faut-il le dire? elle paya un droit d'octroi... Quelque minime que fût l'impôt, la modération de son chiffre n'en diminuait pas l'odieux; car ici ce qui blesse le plus, ce n'est pas le tarif, mais le principe. La scandaleuse perception ne résista pas à la réprobation générale : elle fut abolie, et, en réparation de cette maladresse fiscale, le 1er ventôse on restituait à différents voituriers la somme de 40 fr. 30 c. perçue à la barrière de Battant.

ANCIEN CANAL D'ARCIER.

J'ai rappelé, au commencement de cet ouvrage, les travaux exécutés par les Romains pour se procurer des eaux de source. D'abord, phénomènes historiques, ces travaux, pendant plusieurs siècles, parurent le privilége du peuple qui en avait eu l'initiative; mais bientôt les papes réparent les aqueducs, Louis XIV tente une gigantesque dérivation (78 kilomètres), Paris et Marseille réalisent ce genre de merveille, et les Romains sont surpassés par l'étendue et les résultats de ces entreprises. Ici toutefois il ne s'agissait pas d'eaux de source : depuis lors, Paris, doublement devancé, va reprendre l'avantage sur Rome et sur Marseille.

Aujourd'hui cette ville, malgré la copieuse dotation de ses fontaines, songe à s'enrichir d'une distribution qui n'aura point de rivale. L'ingénieur chargé des recherches hydrographiques préalables et de l'avant-projet, jette ses vues sur le ruisseau de Somme-Soude, affluent de la Marne. La source est à 106 mèt. au-dessus du niveau de la mer; par suite, ses eaux, qui fournissent de 1,000 à 1,200 litres par seconde, peuvent s'élever, à Paris, à la hauteur de 80 mètres, et fournir 100 litres par individu. Ce chiffre est susceptible d'être augmenté par l'accaparement de sources voisines, circonstance prévue dans le projet. La distance à parcourir jusqu'à la butte Chaumont est de 214 kilom., savoir : 42 en aqueducs de prise d'eau, 160 en conduite libre et 12 en siphons (1). La dépense est évaluée à 25 millions de francs.

A la faveur de l'opinion locale, une société par actions s'organise pour procurer des eaux de source aux villes de Calais et de Saint-Pierre-les-Calais.

La cité de Besançon n'a pas attendu un pareil exemple : elle a souvent porté ses regards vers la source lointaine d'Arcier, dans le but de pourvoir à une distribution large et incessante. Pour donner une idée de ces projets, je vais suivre par ordre de date les plans ou essais connus, en les développant suivant leur importance.

Par suite de la désorganisation des fontaines, après le siége de 1674, le Magistrat faisait appel aux hommes capables de lui rendre ses eaux alimentaires et, au besoin, de lui en procurer de nouvelles. Un ouvrier se présente à cet effet, vers la fin de juin 1681 ; M. de Falletans, assesseur au Magistrat, est chargé de s'entendre avec lui

---

(1) Pour se rendre compte de cette distance par rapport à la longueur des aqueducs romains, il suffit de rappeler le parcours des principaux : *Aqua Julia,* 15,426 pas (env. 23 kilom.) ; *Aqua Augusta,* 22,172 pas (env. 31 kilom.) ; *Anio Novus,* 58,700 pas (env. 87 kilom.) ; *Aqua Marcia,* 61,710 pas (env. 91 kilom.). — Le pas romain égale $1^m,47,926$.

sur le système à choisir et les moyens à employer. Un mois se passe en pourparlers et en recherches; c'est dans cet intervalle que M. de Falletans visite l'ancien canal d'Arcier, et qu'après de sérieuses méditations il conçoit la première pensée de réfection de l'œuvre romaine. Ayant reconnu la possibilité de ce travail, il calcule le chiffre de la dépense qui ne doit pas être au-dessous de 12,000 pistoles. Prévoyant toutefois les difficultés qu'une telle proposition peut rencontrer au sein même du Magistrat, il oppose à ce projet celui de faire revenir les eaux de Bregille, en modifiant l'ancien itinéraire, ce qui consistait à faire passer la conduite par une porte pratiquée au nouveau bastion de la Pelotte. Il a mesuré l'espace, calculé le nombre des tubes et évalué chacun d'eux à un *demy escut*, ce qui, suivant ses estimations, reviendrait à *mils escuts blancs*.

Ces résultats étaient présentés au Magistrat le 27 juillet; c'est dans cette circonstance et relativement à la réfection du canal d'Arcier que le conseil enregistre cette résolution : « Sur quoy à raison que l'argent manque on n'a rien voulu délibérer pour le présent. »

La publicité de ce projet occupait encore l'attention publique lorsque, le 6 août, un *certain originel de Languedoc*, garde-magasin à Dole, reprenant sous œuvre les études de M. de Falletans, s'offre à faire venir les eaux de Bregille avec des canaux de brique, à 45 sols tournois la toise, ou bien celles d'Arcier dans des tubes de 6 pouces de diamètre, et coûtant une demi-pistole. Ce projet, sérieusement examiné, succomba devant cette spécieuse objection, qu'il faudrait un long temps pour chercher de la terre convenable et faire venir des ouvriers étrangers, quand d'ailleurs on avait hâte de ranimer sans délai les fontaines publiques. De là cette décision : « Il a été résolu que l'on fera des canaux de bois pour celles de Bregille *auxquelles on s'attachera.* »

Telle est la restauration, qu'on me passe le terme, des eaux de Bregille ; car elles avaient failli céder leur privilége à celles d'Arcier. Quant à l'urgence, rien ne la démontre mieux que l'entreprise nouvelle : les habitants de Bregille se portent en masse sur la ligne de conduite, et exécutent en corvée la tranchée propre à relier les sources aux fontaines par les fortifications de Battant. La corvée était-elle obligatoire, ou était-ce un acte de bon vouloir? Ce dernier cas paraît probable, lorsqu'on lit au journal du Magistrat la disposition suivante : « On aura égard à leur travail pour leur donner quelque reconnaissance » [20 août 1681].

Prématurée peut-être, eu égard à l'état de l'industrie à Besançon, la proposition de M. de Falletans était une de ces hardiesses fécondes d'où jaillit tôt ou tard une révolution. L'idée jetée à l'avenir, sa réalisation, avant d'arriver à terme, devait subir ces phases de luttes et de contradictions qu'éprouvent les meilleures choses du monde, et qui, enfants du progrès, finissent par se poser en nécessité quand leur heure est venue.

Le projet le plus considérable, celui qui a été le plus

près de son exécution, est de 1778. Le 5 janvier, à la séance du conseil, M. de Saint-Germain lisait un mémoire exposant les moyens d'accomplir ce travail. Ce mémoire, sous le titre de *Prospectus,* était l'œuvre d'un ingénieur, le sieur de Fortaigne, qui en demandait la publication, afin d'entraîner l'opinion publique, après avoir obtenu l'agrément du Magistrat. On en réfère d'abord à l'Intendant; mais, dès ce jour, M. de Lacorée prend l'entreprise sous son patronage et en presse l'étude avec le zèle qu'il apporte dans tout ce qui intéresse la capitale de la Franche-Comté. M. de Lacorée, à qui Besançon est redevable de tant d'établissements utiles, ne pouvait rester indifférent aux souffrances d'une population qu'il affectionnait. Frappé du petit nombre des fontaines et de la parcimonie de leur dotation, sachant d'ailleurs les recherches persévérantes ou les essais de l'ancien Magistrat, il accueille et approuve le projet qu'il poursuit dès-lors comme s'il était sa propre inspiration. Le conseil, qui avait reçu ordre d'en discuter les conditions et de lui donner la publicité que demandait son auteur, s'assemble le 29 mars : les commissaires aux fontaines, chargés de l'examen préalable, fournissaient leur compte-rendu à la séance de ce jour. D'après ce rapport, le système devait comprendre une triple conduite, depuis Arcier à l'angle de la place Saint-Jean (n° 2), et, suivant les terrains traversés, ce triple tubage était de fonte ou de terre cuite. Un réservoir placé plus haut que Porte-Noire devait pourvoir à la distribution générale, au moyen de trois grands rameaux descendant respectivement la Grande-Rue, la rue des Granges et celle de Saint-Vincent pour alimenter, par des branchements particuliers, les fontaines publiques, les hôtels, etc (1).

« Ce plan, disent-ils, saisit au premier coup d'œil par la possibilité dans son exécution et l'avantage réel qui résulterait pour la ville d'avoir en tout temps les plus belles eaux en abondance; » mais, selon leurs prévisions et leurs calculs, la ville n'est pas en état de tenter une entreprise aussi considérable, attendu la dépense. Cette dernière considération, tant de fois invoquée en pareille circonstance, arrête le Magistrat. Sa délibération énonce que M. de Lacorée, à son retour d'Oirières, sera prié d'engager M. de Fortaigne à discontinuer son travail; au surplus on alloue 25 louis, comme reconnaissance, à l'ingénieur. Le 12 avril suivant, les commissaires envoyés à l'Intendant pour lui présenter la délibération du 29 mars, rapportent que M. de Lacorée ne s'est point laissé toucher par les motifs du Magistrat, et qu'il persévère dans l'intention de donner suite au projet. La réponse de l'Intendant, écrite en marge de l'extrait de la délibération, est rédigée dans ce sens; elle se termine par l'ordre de remettre à M. de Fortaigne copie de cette décision. Ce qui prouve que le conseil subit la pression de cette haute influence, c'est que le 6 août une nou-

---

(1) Le point choisi, au-dessus de Porte-Noire, touche la maison n° 1 de la rue du Chapitre, au pied de la rampe de la citadelle.

velle allocation était accordée à l'ingénieur pour les nivellements faits et à faire, comme complément d'études de son projet.

Après ces pourparlers et ces dispositions, le 22 décembre on lisait au conseil un mémoire renfermant le *prospectus* de l'entreprise conçue par l'ingénieur de Fortaigne. Ce mémoire, émané de l'Intendant, n'est autre chose que le document ci-après dont je vais donner le texte, car l'analyse ne suffirait pas à son importance. Je l'ai trouvé sans signature et sans date ; mais la délibération de ce jour précise, à n'en pas douter, son origine et son temps.

« Depuis longtemps on a observé que la capitale de la Franche-Comté n'avait pas de fontaines assez multipliées ni assez abondantes, relativement à la population qui augmente tous les jours. L'Etat-Major s'en est plaint fréquemment et ne cesse de demander de l'eau pour ses casernes, ses hôpitaux, ses prisons. Le clergé, la noblesse, les Magistrats ont souvent porté au corps de ville leurs désirs et leurs regrets sur cette disette d'eau. Les particuliers mêmes souffrent journellement de ce que leurs domestiques sont obligés d'aller trop loin chercher l'eau aux fontaines publiques.

» Ces réclamations ont mérité l'attention de M. l'Intendant de la province de Franche-Comté ainsi que de MM. les Officiers municipaux auxquels il a fait part de ses vues. Ceux-ci, après s'être fait rendre compte des travaux de leurs prédécesseurs, ont chargé le sieur de

Fortaigne, ingénieur-architecte, de dresser des plans et devis estimatifs de la dépense à faire, après s'être assurés par des nivellements exacts de la possibilité d'amener de nouvelles eaux dans la ville pour y multiplier les fontaines. Ils ont reconnu :

» 1° Que pour procurer de nouvelles eaux à la ville de Besançon, il fallait renoncer absolument au projet, tant de fois agité, d'amener les sources basses de Bregille et celles de Fontaine-Argent, les premières n'étant point assez élevées et les secondes étant peu abondantes.

» 2° Qu'au contraire la source d'Arcier, dont les eaux sont aussi pures que saines, était assez forte pour fournir une grande quantité d'eau, sans nuire aux usines qu'elles font mouvoir; que ces sources ayant aussi l'élévation suffisante pour parvenir aux endroits les plus hauts de la ville, tels que le Chapitre métropolitain et Charmont, il fallait s'occuper sérieusement des moyens d'en conduire les eaux dans la ville de Besançon.

» Ce projet n'est pas nouveau : vers la fin du deuxième siècle, l'empereur Mar-Aurèle l'exécuta ; il voyait que Besançon n'avait dans son enceinte qu'un très-petit nombre de fontaines (1), que l'eau n'en était point abondante, que celle du Doubs, dont la ville est presque entourée, n'était d'aucun usage pour la boisson des habitants, il y fit venir les eaux d'Arcier. Ce canal, dont on aperçoit encore les vestiges au pied des montagnes

(1) Opinion hasardée.

qui bordent le Doubs, depuis Besançon jusqu'à ce village, ce canal, qu'on attribue mal à propos à Jules-César, fut l'ouvrage des soins vigilants de Marc-Aurèle, le modèle de tous les souverains : il en trouva le prix dans les marques de reconnaissance que lui offrit la ville de Besançon. Elle lui érigea l'arc de triomphe à qui l'on a donné le nom de Porte-Noire, et qui fut placé auprès du premier réservoir, où les eaux d'Arcier venaient se rendre. De là elles se distribuaient dans le reste de la ville, et suffisaient aux besoins des habitants, quoique les bains domestiques, trop négligés peut-être aujourd'hui, en exigeassent une plus grande consommation.

» Les ravages du temps, ceux d'Attila, les courses des Sarrasins, ou plutôt les incursions que firent les Hongrois dans la Séquanie vers l'an 937, ont presque entièrement détruit ce canal précieux (1).

» Besançon fut obligé, pour se ménager des eaux, d'avoir recours aux sources de la Doin et du Moine, connues aujourd'hui sous le nom de sources hautes de Bregille.

» Elles n'y coulaient, il y a environ cent ans, que par six fontaines publiques : l'une, entre le grand et le petit Battant, sur la place à qui l'on a donné le nom de Bacchus; l'autre, près de l'église dédiée à sainte Marie-Madeleine, sur la place du Pilory; la troisième,

---

(1) Voilà qui prouve que toutes les traditions sont d'accord pour rapporter la destruction de notre canal aux invasions des Barbares.

auprès des boucheries ; la quatrième, sur la place Saint-Pierre ; la cinquième, adossée au couvent des Grands-Carmes ; la sixième, à la place Saint-Quentin.

» Outre ces six fontaines, il en existait quatre particulières abreuvées par les mêmes sources : la première, chez les Ursulines ; la deuxième, chez les Grands-Carmes ; la troisième, chez le seigneur de Septfontaines ; le docteur en médecine, Chassignet, payait à la ville une pistole par année pour jouir de la quatrième. Il s'était soumis de plus à la tenir fermée quand elle pourrait nuire aux fontaines publiques (1).

» Celles-ci se multiplièrent avec le temps : il en existe aujourd'hui quatorze ; on en compte de plus neuf particulières, y compris le jet d'eau du jardin de l'ancienne Intendance. Malgré cette augmentation, le nombre en est bien faible, vu la population considérable de Besançon.

(1) Je n'ai rien trouvé pour justifier la préférence accordée ici à ces deux citoyens. A la rigueur, on peut supposer que la considération dont jouissait M. Chassignet avait sa source dans des services rendus, et peut-être comparables à ceux de Jean Chifflet quand, sur la fin du seizième siècle [1597], il refusait les 40 écus de la cité, *s'offrant à faire tout le service de la charge à lui commise* (superintendance de la police de santé à l'époque de la peste), *non pour le gain, mais pour l'affection vouée à la cité et la santé de tous les citoyens.*

Quant à ce qui concerne M. de Septfontaines, il ne faut pas regarder comme marque de reconnaissance publique l'exemption de logement des gens de guerre dont il était pourvu, à l'époque même à laquelle d'Auxiron semble faire remonter la concession de ce seigneur. Ce droit lui venait de l'enregistrement de ses lettres de noblesse [18 avril 1685].

33

» D'ailleurs les fontaines n'ayant toutes qu'une seule et même source, si elle venait à se corrompre, à tarir ou simplement à diminuer, Besançon se trouverait sans eaux, et les habitants exposés aux maladies et aux plus fâcheux inconvénients. On fut à la veille de les éprouver en 1702, en septembre 1761, et même en 1766. La sécheresse avait été longue, les fontaines publiques ne coulaient presque plus, il fallait fermer toutes les fontaines particulières. Rien de semblable ne serait à craindre, si, aux sources hautes de Bregille, desquelles on jouit déjà, on réunissait les sources d'Arcier.

» Le projet serait donc :

» 1° De construire, pour distribuer les eaux qu'on amènerait de ces sources, huit nouvelles fontaines publiques, savoir : deux, de un ou deux jets, sur la place des Casernes ; une autre dans la rue des Granges, auprès du monastère des Dames Bernardines ; la quatrième, sur la place des Maréchaux, près des Jacobins ; la cinquième, dans la Grande-Rue, auprès du puits qu'on appelle du Marché ; la sixième, au milieu de Charmont ; deux enfin dans la rue Neuve.

» 2° De ménager un filet de cette eau pour faire un jet dans le rond du nouveau Chamars, lequel sera transformé en bassin.

» 3° Fournir à toutes les maisons publiques ou particulières qui le désireraient, des fontaines pour leur usage domestique ou des jets d'eau pour leurs jardins.

» Les avantages que produirait l'exécution de ce plan

sont bien sensibles. Les rues, les places de la ville ou celle de ses promenades qui paraît la plus chère à ses citoyens, en recevront de l'embellissement. Les maisons auraient de l'eau en quantité plus que suffisante, et de là résulteront la faculté d'y maintenir cette propreté à laquelle la bonne santé tient de plus près qu'on ne pense, une diminution de peine pour tous les domestiques et même une économie dans leur nombre, puisque la plupart des ménages en ont un dont l'occupation principale est d'aller chercher l'eau à la fontaine publique, une commodité très-grande pour l'arrosement des jardins et des vases à fleurs. En tout, un secours toujours présent pour les cas malheureusement trop fréquents d'embrasement de cheminée ou d'incendie de maison, etc., etc.

» Le corps municipal regrette que ses revenus et ses ressources ne lui permettent pas de faire la dépense d'une entreprise aussi intéressante et aussi utile; mais il espère du zèle patriotique qu'ont fait tant de fois éclater ses citoyens, qu'ils concourront avec plaisir à son exécution, et il leur propose, à cet effet, un projet de souscription dont les conditions ne leur seraient point onéreuses en considérant les avantages inestimables qui en résulteront.

» On propose :

» 1° A chaque maison publique et aux propriétaires des maisons particulières qui le désireront, de leur faire arriver, vis-à-vis leurs portes, un filet d'eau qui leur en fournira un muid tous les vingt-quatre heures, et qu'ils pourront conduire de là dans tel lieu de leur maison qu'ils jugeront à propos de placer un réservoir de la contenance d'un muid.

» 2° Le prix de la soumission pour chaque muid d'eau sera de la somme de 500 livres payables en un ou plusieurs termes, d'année en année, moyennant l'intérêt du retard à 5 pour cent; mais ladite somme ne sera exigible de chaque soumissionnaire que lorsque l'eau arrivera devant la maison en volume suffisant pour lui fournir la quantité pour laquelle il aura fait sa soumission.

» 3° L'administration municipale se charge de faire toutes les avances, tant pour la conduite générale des eaux, depuis les sources d'Arcier, les regards, les réservoirs jusqu'à l'entrée de la ville, soit pour les conduites principales dans les différentes rues, la construction et la décoration de huit nouvelles fontaines publiques, ainsi que les conduites particulières pour fournir à chaque propriétaire la quantité d'eau pour laquelle il aura souscrit.

» La soumission d'une somme de 500 livres, payée pour chaque muid d'eau, paraîtra sans doute bien modique, si on la compare aux travaux immenses que suppose l'exécution d'une entreprise aussi utile et faite pour immortaliser également l'administration municipale et les citoyens qui y auront concouru. Elle ne paraîtra pas moins faible, si l'on considère l'utilité, l'agrément et même l'économie considérable que chaque souscripteur en éprouvera par la suite. C'est ce double motif qui inspire à MM. les Officiers municipaux la confiance qu'il se présentera un nombre de souscripteurs assez considérable pour les déterminer à faire les avances nécessaires pour exécuter et conduire à sa perfection une entreprise de cette importance, sans qu'on puisse les accuser d'imprudence dans les engagements qu'ils seraient obligés de contracter à cet effet. »

Enfin pour complément de moyens, et afin que l'intérêt ne fût pas seul représenté dans cette affaire, une place était laissée au patriotisme qui pouvait se faire jour dans les colonnes d'une souscription volontaire. Ce dernier avertissement rappelait que les listes en seraient publiées chaque année, comme cela avait eu lieu pour Chamars.

A ces données générales, j'ajoute ci-après, dans leur forme textuelle, les éléments du projet en question.

Devis du projet Fortaigne.

Depuis les sources d'Arcier jusqu'à la porte Rivotte, on compte   4,791 toises.
Depuis la porte jusqu'à la maison d'Ormenans (place Saint-Jean, n° 2),   150
                                           4,941 toises.

Une triple conduite, partie en fonte, partie en briques, à développer de la manière suivante :
Depuis les sources jusqu'au canal (tête du fragment

de la Cana),	20 toises.	
Traversée de Chalèze où le canal est détruit sur une étendue de	238	
Depuis la rupture du canal à la Malâtre,	30	
Depuis Rivotte à la maison d'Ormenans,	150	
Ces quatre segments en fonte,	438 toises.	
Le surplus en terre cuite ou	4,503	
Total comme plus haut.	4,941 toises.	
La partie en fonte est évaluée à 18 livres la toise; son étendue triplée donne en somme	31,536 liv.	
La partie en terre cuite à 7 liv. 10 s. et triplée en étendue donne en somme	101,317 liv.	10 s.
Regards aux sources,	1,200	
Cent vingt regards intermédiaires,	2,400	
Récipient et pompe foulante et aspirante près de la maison d'Ormenans,	12,000	
Conduite double en fonte depuis ce récipient jusqu'à la maison de Rans (rue du Chapitre, n° 1), laquelle conduite n'est ni toisée ni évaluée,	»	»
Conduite en fonte depuis la maison de Rans dans les différents quartiers de la ville et à Chamars,	60,000	
Huit fontaines publiques,	15,000	
A reporter	191,917	10

Report	191,917 liv. 10 s.
Cinq cents robinets pour les fontaines particulières d'un égal nombre de souscripteurs,	3,000
Douze gros robinets,	600
Fouilles, excavations, tranchées, etc.	30,000
Pavé,	6,000
Bois,	6,000
Frais imprévus,	10,000
Total.	279,053 liv. 10 s.

Malgré le zèle de l'Intendant, le patronage du Magistrat et le dévouement de quelques citoyens, la souscription ne put atteindre le chiffre demandé, qui, d'ailleurs, ne comprenait ni les sources, ni le terrain. Dans cette affaire, il y eut probablement plus de timidité que de tiédeur. De l'état d'alors à l'innovation projetée, il y avait à franchir une distance avec laquelle l'esprit public n'était pas encore familiarisé ; mais c'était là une de ces conditions nécessaires qui le façonnent et le mènent à la conquête du succès.

Ce qui prouve que l'idée n'était pas stérile, et que, jetée dans l'opinion, elle s'y développait comme par une maturation lente et irrésistible, c'est que l'académie de Besançon mettait au concours cette question pour l'année 1787 : *Quel est le meilleur moyen de multiplier les fontaines à Besançon ?*

« L'académie désire qu'on discute de nouveau les

projets imprimés en 1777 sur la conduite des eaux d'Arcier, de Fontaine-Argent ou autres, ou qu'on élève les eaux du Doubs ou de la Moulière pour les distribuer dans les différents quartiers qui peuvent en manquer.

» Les personnes qui travailleront sur ces objets, sont invitées de combiner la possibilité et la dépense, et de donner des devis sur lesquels on puisse juger si l'entreprise serait proportionnée aux fonds publics et aux souscriptions particulières. » (*Alman. de la Franche-Comté.*)

On lit, à cette occasion, dans le même almanach : « Depuis plus d'un siècle on s'occupe de la manière d'augmenter la distribution des eaux dans notre ville.... Il paraît convenable de s'occuper de cet objet essentiel, soit en discutant sur la conduite des eaux d'Arcier, de Fontaine-Argent et autres, soit à rechercher la profondeur et la direction des eaux qu'on soupçonne dans la pente de Charmont, soit en élevant les eaux du Doubs et de la Moulière. »

En citant l'almanach de l'époque, dans ses points de vue même les moins acceptables, j'avais pour but de montrer la constante unanimité de l'opinion relativement à ces projets, et l'habitude déjà répandue d'associer celui des eaux d'Arcier à toute question concernant les fontaines.

Quoique la plus grande latitude fut laissée aux concurrents sur le choix des moyens, la spécialité de la question en rendit l'étude peut-être aussi difficile à juger qu'à traiter ; le prix fut réservé.

La pensée de l'académie de Besançon avait ce côté utile que, en éveillant l'attention publique, elle ramenait les méditations sur un sujet que certains esprits s'habituaient à regarder comme une utopie, tandis que, pour le plus grand nombre, le canal lui-même n'était plus qu'un objet d'archéologie, échantillon de maçonnerie romaine, disparaissant tous les jours sous le hoyau du vigneron ou le niveau de l'ingénieur.

Précédemment, l'académie avait proposé pour sujet une question relative aux embellissements de la ville de Besançon. « On a donné, dit d'Auxiron, en 1769, des ouvrages à l'académie des sciences, belles-lettres et arts de cette ville, sur les embellissements de la cité, et à cette occasion *sur le choix des emplacements et ornements des fontaines faites et à faire.* » Dans la variété des éléments propres à cette composition, les fontaines tenaient naturellement une large place. Plusieurs de ces mémoires, quoique appuyés de plans et de dessins, renferment peu de données pratiques qui en permettent la matérialisation. Les réalités techniques et les calculs sont laissés au *positivisme,* les vulgarités du devis s'accommodant mal aux formes oratoires. Aussi, abandonnant la résolution du problème, problème entièrement scientifique et industriel, les auteurs ont fait ressource d'imagination. Il fallait se borner à plaire, puisqu'on ne pouvait être utile. Les concurrents dressent des fontaines, et il ne manque rien à leur décoration, rien, si ce n'est de l'eau. Dans ces projets imaginaires, il n'en est point qui ne paie un tribut de regret au canal d'Arcier, seul moyen de produire ces embellissements résultant des eaux jaillissantes. Et en effet, ôtez les fontaines de certaines places, la splendeur de ces places disparait, et l'agrément fait place à la monotonie.

« Il est malheureux pour cette ville, dit l'un des concurrents, que l'aqueduc qui nous venait d'Arcier, et qui était si artistement construit par les Romains, se trouve aujourd'hui détruit, et ne puisse plus servir à nos besoins. Il fournissait les meilleures eaux, et en si grande profusion, qu'étant disposées dans un ample réservoir contre la Porte-Noire, où on en voit encore quelques fragments, elles étaient de là distribuées dans toute la ville. » (1). . . . .

. . . .

. . . « Nous sommes donc forcés aujourd'hui de nous servir de la source du mont de Bregille qui, dans les sécheresses, est insuffisante pour nos fontaines, et qui manque de vitesse pour parvenir à celle de Bacchus. Il est vrai que, si le réservoir de la source était placé plus

---

(1) J'ai rappelé ci-devant l'invariabilité de la tradition relativement à l'époque et à la cause de la ruine du canal d'Arcier. Il y a une circonstance non moins remarquable à signaler, c'est qu'il n'existe pas un seul document sur les eaux d'Arcier qui ne les représente comme *les meilleures* ou les *plus pures*. On peut, à bon droit, s'étonner de la persistance de cette double unanimité ; mais parce qu'on est divisé aujourd'hui sur la seconde de ces opinions, on torture la première, aux dépens de toute vraisemblance, pour la mettre en harmonie avec les préoccupations présentes.

haut, les eaux se porteraient plus facilement à cette fontaine, à laquelle on a substitué celle qui est au coin de l'église des religieux des Carmes déchaussés. »

Le mémoire auquel j'emprunte les deux passages ci-dessus, et dont chacun pourra relever les erreurs, renferme la double pensée de multiplication et d'embellissement des fontaines. La première de ces conditions ne repose sur aucun moyen démontré. Quant à la seconde, si l'intention plaît, le goût est loin d'honorer l'auteur. Comme application symbolique, il aimerait à voir pour fontaine sur la place d'Artillerie, par exemple, un Saint-Jacques vidant sa gourde de pèlerin. Ailleurs ce serait le Rédempteur versant l'eau par la blessure de son côté. Ces décorations, qu'il dit avoir vues, manqueraient de décence autant que de grâce monumentale. Rien ne se déplace impunément : avec la moindre déviation dans leur aspect ou leur esprit, les choses les plus respectables tombent dans le grotesque.

Pour certaines époques, on conçoit les projets grandioses ; mais quand des tentatives ou seulement des vœux se manifestent dans les jours les plus difficiles, c'est que rien n'a ralenti les tendances de l'esprit public. Voici ce qu'on lit au registre de la commune de Besançon, séance du 9 fructidor an II : « Les commissaires des guerres ayant renouvelé la demande de l'augmentation du filet de l'eau de la fontaine de l'Egalité (1), la municipalité

---

(1) Fontaine à l'angle de la rue Baron.

a nommé les citoyens Molle et Tournier pour les assurer de l'impossibilité d'accéder à leur demande, et leur faire sentir en même temps qu'ils ajoutent leurs vœux à ceux de la municipalité pour obtenir *la reconstruction du canal d'Arcier,* dont les eaux pourraient suffire à tous les besoins des établissements de la commune. »

En 1819, M. de Villiers du Terrage, préfet du Doubs, visitait les sources d'Arcier : étranger, ce spectacle pouvait le frapper; mais homme instruit et administrateur éclairé, il comprend aussitôt ce que la ville de Besançon, l'histoire et les arts ont à gagner à la restauration du canal, et, dès ce jour, il a résolu de l'entreprendre. En peu de temps, des fouilles, un plan et un mémoire démontrent la possibilité et la facilité d'une complète réfection; il ne reste plus qu'à en établir les moyens. Sous ce rapport, M. de Villiers du Terrage, parce qu'on sortait de moments difficiles (l'invasion et la disette), divisait ses ressources pour les rendre moins onéreuses et plus certaines. D'abord il comptait employer à ce travail plusieurs exercices (cinq à six ans); pour en couvrir la dépense, il mettait en ligne de compte 50,000 fr. disponibles au département, et, par prévision, les ressources que lui procureraient à coup sûr les subventions de l'Etat, les votes du conseil général, ceux du conseil de la ville, les concessions d'eau, et, au besoin, des centimes additionnels. Toutes ces indications n'étaient là qu'à titre de mémoire et pour balancer un chiffre d'évaluation totale, donné par M. de Clairville, ingénieur en chef. Ce chiffre n'étant qu'approximatif pouvait néanmoins, sous l'autorité de son auteur, rassurer les esprits les plus prudents et les plus positifs.

Les premières données, quoique vagues dans leurs limites, offrent une certitude telle qu'elles servent de base à un rapport qui était expédié aux deux Ministres des finances et de l'intérieur, le 3 avril 1819. Ce rapport obtenait une première sanction ministérielle par l'octroi des 50,000 fr. disponibles, qui devaient être affectés aux préliminaires de l'entreprise. Toutefois, comme il s'agissait d'un fait pratique et qui ne pouvait demeurer dans le domaine des appréciations fictives, la raison voulait qu'on eût recours aux règles élémentaires d'un devis et aux rigueurs de calcul. C'est ce qu'exigea du reste le gouvernement, tout en donnant pleine approbation au projet proposé.

Les choses en étaient là, lorsque M. de Villiers est appelé à la préfecture du Gard [30 janvier 1820], et remplacé à Besançon par M. Chopin d'Arnouville. La tâche de celui-ci était toute tracée ; mais il avait à traiter la question la plus délicate, celle devant laquelle les plus grandes choses trouvent des obstacles ou un écueil. Il s'agissait en effet d'acquisition, d'expropriations et de toutes ces luttes que soulèvent les oppositions ou les moyens dilatoires. Or, le 13 février vient passer là-dessus, les préoccupations politiques du moment absorbant toute l'activité gouvernementale, ce beau travail dut être mis de côté, d'abord, et cette remise en amena l'oubli (1).

Le 9 août 1819, le mémoire adressé par le Préfet au Ministre de l'intérieur, relativement à la restauration du canal d'Arcier, était lu au conseil général. Le rapport de ce jour contient l'opinion suivante : « Le conseil paraît convaincu de l'avantage qui en résulterait pour la ville de Besançon à laquelle ce canal fournirait des eaux *aussi abondantes que salubres*, avantage qui ne serait plus troublé par les accidents qui interceptent ou ont intercepté jusqu'alors la distribution dans la ville. Mais il lui paraît convenable d'attendre que des mesures efficaces aient été prises par la ville elle-même qui doit en recueillir tout le fruit. » Cette réserve était peu concevable alors ; car, on le savait déjà, le gouvernement s'était intéressé à l'affaire, et des engagements avaient été pris par lui. 50,000 fr., prélevés sur des restes de fonds arriérés et appartenant au trésor, étaient mis à la disposition du préfet qui pouvait ainsi pourvoir aux premiers travaux. Ce qu'on demandait donc au conseil général, c'est qu'il votât, chaque année, des fonds auxiliaires pour contribuer à l'œuvre ; l'allocation fut refusée. L'échec ne se borne pas là ; le conseil, tout en

---

(1) Pourtant, après la filière administrative, où il avait trouvé un facile accès, il rencontrait l'appui moral de l'académie des Inscriptions dont la voix officieuse, véritable écho de l'académie de Besançon, renouvelait, sous une forme générale, l'intelligente question de 1787.

remerciant le ministre de sa munificence, propose d'employer les 50,000 fr. à la découverte et à la restauration du cirque romain de Mandeure ou au passage du canal par Besançon.

Cette conclusion était le résultat de la séance du 10 août dans laquelle avait été annoncée la découverte récente. On avait considéré d'ailleurs que les ressources financières du département étaient trop bornées pour que l'allocation de 50,000 fr. autorisât l'entreprise projetée, avec l'espoir d'en voir l'achèvement avant de longues années. De là cette prière d'affecter la somme ci-dessus *à la recherche et restauration des antiquités du département et spécialement aux travaux que réclame la découverte du cirque de Mandeure* (1). Cette diversion compléta la déroute, et les économistes satisfaits passèrent à l'ordre du jour.

Si l'on jette un coup d'œil sur les plans de ce projet, des coupes en travers, avec la légende relative au genre de construction, donnent la physionomie exacte de l'œuvre romaine. Le massif qui renferme le canal des eaux, se présente sous la forme d'un parallélipipède rectangle ayant $3^m,2$ de hauteur sur $2^m,40$ de large. La hauteur se répartit en cinq segments : le premier, formant la base, est un lit de béton ordinaire, dont l'épais-

---

(1) En effet, des recherches allaient s'ouvrir à Mandeure sous les auspices du sous-préfet et du juge de paix de Montbéliard. Un fonds annuel de 1,000 fr., accordé par le ministre, était affecté à cette entreprise.

seur est variable; le deuxième, sur lequel repose la voie des eaux, est enduit, au fond et sur les parois, de béton de ciment ayant 22 centimètres d'épaisseur; le troisième se compose d'assises de douettes épincées jusqu'à la naissance du cintre; le quatrième, qui comprend la voûte, est de douettes brutes, mais choisies et assemblées avec du mortier ordinaire; le cinquième est une chape en maçonnerie commune servant de recouvrement à la construction entière.

Ce même canal offre çà et là d'autres dispositions; elles constituent un second système dont voici les différences : le premier segment est plus profond, le deuxième a ses murailles latérales de douettes revêtues d'une couche de ciment de 2 à 5 centimètres d'épaisseur, laquelle se développe également sur le fond ou voie des eaux.

Dans ces deux systèmes, la partie évidée de ce massif, c'est-à-dire celle qui constitue le canal des eaux, a $1^m,60$ de hauteur sur $0^m,74$ de largeur.

Le profil en long, qui se déroule depuis la source jusqu'à la porte de la ville sur une longueur de 9,984 mèt., fournit, quant à l'état de l'ancien canal, les renseignements ci-dessous :

Les parties entièrement conservées forment, en segments non consécutifs, une longueur de . . . . 1,575 mèt.
Les segments dont le fond et les parois, sur une hauteur plus ou moins grande,

A reporter. . . . . 1,575 mèt.

Report.	1,575 mèt.
sont encore susceptibles de réparations, donnent ensemble	5,924
Ceux dont le massif seul de fondation peut servir à asseoir une construction nouvelle	85
Ceux entièrement détruits	2,400
Total.	9,984 mèt.

Le plan qui représente la vallée du Doubs, depuis la source jusqu'à la porte de la ville (1), est construit à l'échelle de 1 centimètre pour 100 mètres.

Le mémoire qui en est la dépendance explicative, montre, par le résultat des fouilles exécutées sur ce vaste itinéraire, que le quart environ de ce monument est absolument détruit. Quelles qu'aient été les causes des premières brèches, il est certain que ces brèches ont été agrandies par le glissement de leur masse qui est venue, faute de réparations ou d'appuis, se perdre sous les atterrissements du flanc de la montagne. La construction des chemins, le défrichement et les siècles ont fait le reste. Les parties basses, comme à la Cana, qui n'ont entravé ni les passages ni les cultures, et celles qui sont profondément enfouies, ont seules résisté à la ruine générale.

Les projets précédents étaient la transition naturelle

---

(1) Ce travail, dont je possède les dessins, a été exécuté par M. Maguin sous l'administration de M. de Clairville. Cet ingénieur estimait la dépense de réfection à 300,000 francs.

et nécessaire à celui que termine en ce moment la ville de Besançon. Intermédiairement, l'opinion publique ne demeura pas muette : en 1829, M. Marnotte, architecte de la ville, faisait, pour la restauration du canal, une proposition qui, bien que sérieuse, n'eut pourtant d'autre résultat que d'ouvrir la carrière aux plans et mémoires de cette époque. C'était la dernière phase d'attente et le prélude non équivoque d'une prochaine réalisation. Ces écrits, quelles qu'en aient été la forme et l'intention, laissaient d'utiles enseignements; toutefois ils produisent bientôt ce qu'engendre l'abus de toute liberté : plusieurs de ces projets, quoique évidemment impossibles ou seulement incertains, prêtent à l'opposition un point d'appui auquel se heurtera la future entreprise.

Le plan de M. Marnotte consistait à restaurer le canal d'Arcier, tout en conservant le système des fontaines actuelles. Sans doute, il les eût approvisionnées d'une manière plus large et multipliées surtout, autant pour l'embellissement de la ville que pour l'utilité des citoyens. Le volume d'eau acquis aurait permis l'érection de fontaines à grands effets et une vaste dotation de fontaines à domicile.

Pour approprier cette restauration à *l'altitude* des fontaines actuelles, M. Marnotte établit un nivellement ayant pour repère le fond du canal, pris au faubourg de Rivotte ; il obtint les résultats ci-après, que je publie tels qu'ils m'ont été communiqués :

Le lit de l'aqueduc est de
6ᵐ 78 au-dessus du jet de la fontaine de la place Labourey.

6ᵐ 48	—	de la rue Neuve.
6ᵐ 13	—	la place des Casernes.
5ᵐ 19	—	la rue Ronchaux.
5ᵐ 13	—	des Clarisses.
3ᵐ 82	—	du Pilory.
3ᵐ 53	—	place Saint-Pierre.
3ᵐ 15	—	place de l'Artillerie.
3ᵐ 05	—	du Collége.
2ᵐ 44	—	des Carmes.
2ᵐ 33	—	la rue Baron.
1ᵐ 98	—	la rue de Battant.
1ᵐ 60	—	la place Dauphine.
2ᵐ 26 au-dessous	—	la place Saint-Quentin.

La réparation de l'aqueduc, exécutée de manière à mettre en communication les fontaines de la ville et la source d'Arcier, était estimée 600,000 fr., et, pour ne pas rendre illusoire un projet que le chiffre ci-dessus ferait peut-être condamner sans examen, le même architecte réduisait de moitié la dépense, en substituant au canal une conduite en fonte. Il était bien entendu, toutefois, que les frais de distribution, dans l'intérieur de la ville, n'étaient point compris dans ces évaluations.

Parmi les projets dont le conseil municipal provoqua ou favorisa l'éclosion, il y en eut pourtant de consciencieusement étudiés et dont le nombre comme le mérite donnait un champ libre aux choix les plus rationnels. J'en citerai trois principaux, attendu qu'ils se rapportent au titre spécial de l'article que je traite.

Le premier consistait à amener les eaux de la source haute d'Arcier jusqu'à la gorge de la Malâtre. Là elles étaient élevées au moyen d'une machine hydraulique, mue par le barrage; puis elles s'écoulaient, dans des tubes en fonte, jusqu'au point de distribution.

L'ancien canal (1), qui devait servir à cette conduite, avait été étudié autrement qu'en 1819. Sur 9,723 m., il présentait 220 mèt. de parties découvertes (à la Cana),

(1) La pente du radier du canal romain est à peu près la même que celle du canal que l'on vient de construire, environ 30 centimèt. par kilomètre; elle est supérieure de moitié à celle qui est nécessaire pour prévenir les dépôts dans les eaux courantes.

Pour la précision du nivellement, elle surpasse ce que nos ingénieurs auraient pu faire il y a vingt ans; elle égale ce que l'on peut faire aujourd'hui avec les instruments les plus perfectionnés et la pratique la mieux entendue.

Quant à la source à laquelle s'abouchait l'aqueduc, voici son état et sa situation d'après M. Boudsot (voyez son Mémoire, 1836):

« Dans une partie de la première chute, qui est de 8^m 40, l'eau est employée à faire marcher une scierie à pierre, qui, à cause de sa mauvaise position, est de très-peu d'importance.

» Quittant la roue de cette scierie, l'eau se dirige, par un canal en pierre, sur la roue de l'ancienne papeterie Vaissier, et, dans une chute de 3^m 60, elle met en mouvement deux cylindres. C'est à partir du bas de cette roue que commence ce canal des Romains qui conduit encore les eaux jusqu'au moulin de la Cana, situé à environ un quart de lieue de la source. Arrivées là, dans une chute de 7^m 50, elles mettent en mouvement plusieurs tournants, une scierie et une ribbe: c'est de cette dernière chute que les eaux de la source haute d'Arcier vont se perdre dans le Doubs, après avoir parcouru un canal de fuite de 2 à 300 mètres de long. »

— 533 —

1,069ᵐ à curer et rejointoyer, 5,704ᵐ de fondations et parements en partie conservés, 1,355ᵐ dans un état de conservation qui permettait de les réparer, 85ᵐ dont les fondations seules existaient, puis enfin 1,300ᵐ d'aqueduc neuf à construire.

Le second avait pour objet un canal neuf amenant les eaux d'Arcier à 300ᵐ de la Porte-Taillée. Là, un réservoir dépassant de 24ᵐ le niveau du sas Saint-Paul aurait pourvu à la distribution.

Le troisième, appuyé de calculs comme les précédents, consistait dans une conduite en fonte.

Ces plans, qui dédaignent de prendre place, dans la publicité d'alors, à côté d'une foule d'élucubrations, remarquables seulement par l'exagération des résultats et la hardiesse des moyens économiques, s'effacent devant le projet de M. Mary. J'ai fourni, d'après cet ingénieur, les données sommaires de ce travail avec son chiffre d'évaluation, page 114 (1). Pour compléter ces

(1) A Dijon, suivant *un aperçu général*, dressé le 31 décembre 1844, par le Maire de cette ville, la dépense analogue s'élevait à 1,027,619 fr. 31 c. L'expérience corrigera les exagérations répandues relativement au volume et à l'excellence de l'eau du Rosoir. Sous ce dernier rapport, j'ai compris par moi-même les plaintes des Dijonnais, quand ils trouvaient leur eau fade et quelquefois douceâtre. Cette propriété qui provient à coup sûr de l'aqueduc, où l'eau chemine sur une étendue de plus de 12000 m., persistera tant que la dérivation n'aura pas modifié son lit artificiel, quelles que soient d'ailleurs la nature de ses matériaux et l'excellence de sa construction. Qui sait si les eaux d'Arcier n'offriront pas cet inconvénient? La similitude des circonstances, les travaux exécutés à la source et les éboulements qui

indications, j'ajouterai ci-après la statistique du canal moderne. Résumée dans un cadre synoptique, elle en

menacent de la bouleverser, autorisent ces conjectures. Quant au volume d'eau, Arcier l'emporte sur le Rosoir, ceci soit dit sans soulever aucune question de rivalité, les deux villes de Dijon et de Besançon étant respectivement approvisionnées au-delà de leurs besoins actuels. Dès aujourd'hui, 14 bornes-à-repoussoir ajoutent leur débit à la distribution primitive, quand d'ailleurs les concessions en élargissent la base. 13 autres bornes, dites *bornillons*, constituent un premier appareil de lavage des rues. Enfin une série de bouches d'eau (69 sont en projet), disposées pour le service des incendies, doivent compléter, quant à présent, le système de nos eaux publiques. Quatre fontaines de récente construction remplacent pareil nombre d'anciennes : deux d'entre elles, monumentales à la fois par l'art et l'ampleur de leurs dimensions, sont en parfaite harmonie avec le canal qui les alimente. Leurs socles, leurs consoles, mais surtout leurs vasques sont des géants de pierre dont le galbe colossal se drape de sculptures sous lesquelles notre calcaire de Besançon affecte les allures et l'orgueil du marbre.

La première délibération relative aux fontaines monumentales et à leur emplacement date du 11 juin 1852. Fixées d'abord à trois, elles devaient être établies à Chamars, à la place Saint-Pierre et à la place Bacchus. Ces dispositions se modifient le 17. On crée une fontaine de plus (place d'artillerie), et à celle de Chamars on substitue un jet d'eau. Plus tard enfin, d'après l'avis de M. Mary, la fontaine de la place Labourey étant dévolue à Battant, l'architecte de la ville, M. Delacroix, était prié de fournir un nouveau dessin, afin de la remplacer par une autre de dimensions grandioses. Celle-ci apparaît dès lors comme la consécration, le titre dédicatoire de l'avènement des eaux d'Arcier. C'est pourquoi il lui sied de symboliser, par la grandeur de la conception, l'étendue de l'entreprise et son importance historique. Nous n'avons pas les granits de Bavéno, dont les blocs défient le compas de l'artiste, pourtant rien n'égale cette vasque, irréprochable malgré sa masse, à laquelle une élévation de 10 m. au-dessus du sol donne un air de légèreté qui, au premier coup d'œil, dissimule un poids de 20 à 30,000 kilogrammes.

retrace les divisions, leur nature et leur étendue respectives :

	LONGUEUR EN SOUTERRAINS.		TRANCHÉES.	TOTAUX.
	PETITES SECTIONS.	GRANDES SECTIONS.		
1re Section, De la source à la Combe-Bardot.	158,10	516,20	1658,60	2232,90
2e Section, De la Combe-Bardot à Chalèze.	625,60	83,50	12,20	721,30
3e Section, De Chalèze à la Malâtre.	844,80	709,35	2522,25	4076,40
4e Section, Siphon de Morre (1). . .	»	»	175,50	175,50
5e Section, Du siphon de Morre à la place du Palais.	1774,40	760,10	427,00	2961,50
Totaux. . . .	3402,90	2069,15	4795,55	10267,60

Nota. Les parties en tranchées sont toutes voûtées et maçonnées. Les petites sections en souterrains sont maçonnées jusqu'à la hauteur où l'eau peut atteindre (0^m,90); la hauteur totale sur le radier est de 1 mèt.; les grandes sections sont voûtées et maçonnées; la hauteur sous-clé est de 1 mèt. — La largeur est de 0^m,75.

(1) Ce siphon est une galerie-égout pour le passage de deux tuyaux en fonte. — A l'aval et à l'amont du siphon se trouvent deux petits pavillons en maçonnerie avec vannes, pour les prises d'eau et le trop plein.

Ce tableau est l'appendice nécessaire, le point terminal de l'esquisse qui avait pour but de rappeler les tentatives de réfection de l'œuvre romaine, condamnée désormais non à l'oubli, mais à la perpétuité de sa ruine.

CONCLUSION.

A l'origine de nos fontaines, la distribution des eaux d'abord mal divisée fut plus tard insuffisante. On reconnut donc la nécessité de sources plus copieuses : de là ces projets qui agitent la cité de Besançon. Depuis 1681, tout ce qui, durant un siècle, a été conçu ou essayé présente invariablement les mêmes combinaisons. Enfin, la délibération du 9 avril 1836 (1), qui rend définitif le choix des eaux, l'adoption du projet de M. Mary (9 juin 1847) (2) et les travaux adjugés en 1850 (3), font éclore l'œuvre que 5 années de labeurs séparent de l'inauguration officielle. Les faits qui en amènent la réalisation, justifient bien la pensée suivante, véritable épigraphe de ce livre : « LE BON ENTRETIEN DES FONTAINES ET L'ÉTABLISSEMENT DE NOUVELLES ONT OCCUPÉ SINGULIÈREMENT LE MAGISTRAT DANS TOUS LES TEMPS. » (D'Auxiron).

(1) M. Micaud, maire. Adjoints : MM. Poulet, Grillet, Vuilleret.
(2) M. Bretillot, m. Adj. : MM. de Sainte-Agathe, Ponçot, Papillon.
(3) M. C. Couvers, m. Adj. : MM. Déprez, Favre, Flagey-Billet.

FIN.

TABLE DES MATIÈRES.

Les chiffres qui suivent les titres tabulaires marquent les pages, les parenthèses indiquent les notes principales.

INTRODUCTION.

Visite aux travaux du canal d'Arcier, page 1. — Des anciens aqueducs, 3. — Progrès dans la distribution des eaux, 7. — Réparation des monuments hydrauliques de l'antiquité, 13. — Aqueducs et dérivations modernes, 14.

ARCIER.

Etymologie, 23. — Canal d'Arcier, 28. — Sa description et son itinéraire, 33. — Réservoir, 35. — Naumachie, 49. — Tour Saint-Quentin, 52. — Situation et débris du réservoir, 61. — Ruine du canal d'Arcier. Son temps et sa cause, 63. — Hameau d'Arcier et La Cana, 71. — Expropriation de la source haute, 94. — Délaissement de l'ancien canal, 119. — Eau des sources d'Arcier. Marais de Saône, 124. — Destination des eaux d'Arcier sous les Romains, 135. — Impuissance de la cité à rétablir l'ancien canal, 137.

PREMIÈRES FONTAINES.

Opinion admise jusqu'ici à cet égard, 147. — (Le magistrat, 148.) — Délibération du 14 février 1457, 149. — Motif du choix du magistrat, 150. — Organisation des fontaines au-delà du pont, 152. — Même établissement en-deçà du pont, 154. — Entretien des fontaines, 156. — Cuves de pierre, 159. — Police, 160.

MOULIÈRE.

Projet de Jehan Dahy, 164. — (Projet du 8 octobre 1610, 341.) — Réserve du Magistrat dans l'emploi des machines, 168. — Observations à ce sujet, 172. — Etymologies, 178. — Les Dames de Battant, 181. — Terrain de la Moulière et usines à la source. Pierre Prost. Joseph Greiner, 192.

BREGILLE.

Notions historiques, 199. — Etat actuel du hameau de Bregille. Etymologies, 210. — Expropriation des sources, 212. — Premières eaux abandonnées, 221. — Différentes sources au vallon de Bregille, 223.

DÉCORATION DES FONTAINES.

Fontaines de la Poissonnerie, de César, des Carmes, 234. — Fontaine de Saint-Quentin, 235. — Fontaine du Pilori, 236. — (Pour les autres fontaines, voir de 264 à 302.)

ASPECT DES FONTAINES AU XVIIme SIÈCLE.

Michel Leroy, 240. — Etat des fontaines après le siége de 1674, 242. — Le pont de Bregille, 249. — Pierre Bailly, 253. — M. de Boulot. Le Marc-d'Argent et le Marc-d'Or, 257.

MULTIPLICATION DES FONTAINES.

Fontaines du Bourg et de Sainte-Claire, 263. — Fontaine du Collége, 264. — Fontaine Dauphine, 267. — Fontaine Ronchaux, 272. — Fontaine Saint-Jacques, 279. — Fontaine de la rue Neuve, 280 (rue de Traverse et rue Neuve, 281). — Fontaine des casernes Saint-Paul, 285. — Fontaine Baron, 286. — Fontaine des Bénédictines. Déplacement des fontaines, 288. — (Hôtel Marival. Fête du Dauphin, 1781, 289.) — (Eglise de Sainte-Madeleine, 293.) — Fontaine des Clarisses, 296. — (Fontaine de Bacchus, 469.) — Caractère emblématique de l'ornement des fontaines, 300. — Neptune et le duc d'Albe, 302.

CONCESSIONS.

Considérations générales, 307. — Tarif, 314. — Exemples de distributions, 317. — Produit des anciens aqueducs, 322. — Concession à M. de Granvelle, 323. — Concession aux Ursulines et aux Car-

mes, 325. — Concession à MM. Chassignet et de Septfontaine, 326.
— Demande du Chapitre — M. de Rostaing, 328. — Fontaine refusée à la Visitation. Réclamation de l'Hôpital et des Carmes, 329.
—Concession du sieur Rigoine à Bregille, 330.—Concession à l'hôtel Montmartin et au palais Granvelle, 337.—Concession à l'Intendance et à l'Archevêché, 338. — (Intendance, 338. — Pont de Chamars, 339.)—Concession à l'hôpital Saint-Louis, à celui de la Visitation et à la Prison militaire, 340.—Concession à l'Académie d'équitation. Promesse de concession au comte Saint-Amour. Eaux perdues ou trop-plein des fontaines, 342.—Concession à Pierre d'Anvers et au cardinal de Granvelle. (Fontaine du Collége), 343.— Le Marc-d'Argent, 347. — Hôtel du Sauvage, 348. — Demande du conseiller Belin, 349. — Renouvellement de concession à l'hôtel du Sauvage, 350. — Concession à M. de Marivat, 350. — Concession à l'hôtel Montmartin et au Collége, 351. — Concession à M. Belin, à la blanchisserie des Chaprais et aux Bénédictins, 353. — Nouvelle concession à l'Intendance, 353. — Renouvellement de concession à M. de Vercel. (Hôtel du gouvernement), 354. — Concession à M. de Grosbois, 354. — Concession à M. de Chifflet, 355. — Concession à MM. Blanchard et Badoulier, 356.

SOURCES.

Saint-Léonard, 358. — La Crapauldine (Sources à Chailluz). Richebourg, 361. — Montboucon, 362. — Palante, 363. — Chamars, 365. — (Propriété de Chamars, 367.) — Saint-Martin, 367. — Fontaine-Argent, 370. — Chamuse et Les Valières, 372. — Port-la-Fontaine, 374. (Puits de Saint-Ferjeux). — Fontaine des Vieillards, 375. — Fontaine de Bregille, 378. — Billecul (Drainage et sources artificielles), 379. — Fontaine du Cerisier, 382.

PUITS.

(Projets de fontaines pour les casernes, 385.) — Inconvénients des puits. Le Chapitre et la Ville. Entretien. Servitude, 386. — Pompes, 395. — Statistique des puits, 396.

ÉGOUTS.

Leur nécessité, 402. — Premiers égouts, 407. — Remède à leur insuffisance, 408. — Mesures auxquelles donne lieu l'écoulement des eaux. (Le Temple. Maison Chifflet à Chamars, 415. — Boucheries de Saint-Quentin, 416.) — Actes du magistrat, 417. — (Port-Naime. — Les Halles, 419 et 420.).

DERNIER ASPECT DES FONTAINES.

Sources et réservoirs à Bregille, 422. — Itinéraire de la conduite, 427. — Tuyaux de fonte, 431. — Ruisseau de Bregille, 435. — Commissaires aux fontaines, 437. — Fontainiers, 443. — Octroi des fontaines, 447. — Pont de Bregille. Grandes eaux. Sécheresses, 450. — (Projet de pont en 1789, 454.) — Ecluses (Inondation de 1770), 455. — Abreuvoirs, 461. — (Académie d'équitation, 464.) — (Transmarchement, 467.) — Fontaine des points culminants, 468. — Pétition des habitants de Battant, 471. — (Incendies, 471.) — Autre pétition, 477. — (D'Auxiron, 488.) — (Bellevaux et la Prison civile, 489.) — Projets de reservoirs, 490. — Le Génie militaire, 495. — Jaugeage des fontaines, 501.

ANCIEN CANAL D'ARCIER.

Recherches d'eaux de source, 504. — Projet de Falletans, 505. — Projet de Fortaigne, 507. — Devis, 517. — Question mise au concours par l'Académie de Besançon, 519. — Vœu du 9 fructidor an II, 523. — Projet de Villier du Terrage, 524. — Diverses propositions et études concernant le canal et les eaux d'Arcier, 530. — Statistique du canal moderne, 535.

FIN.

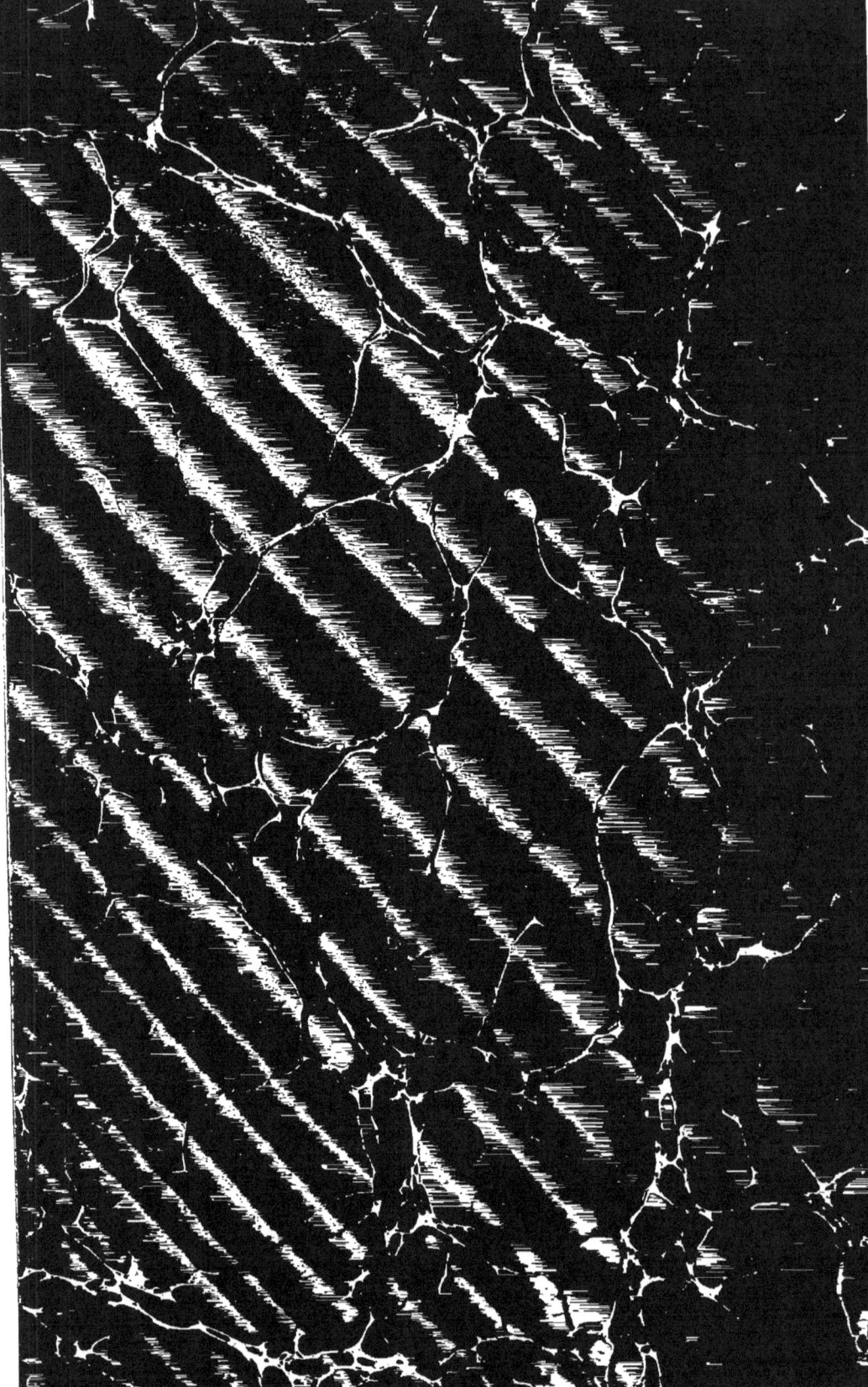

www.ingramcontent.com/pod-product-compliance
Lightning Source LLC
Chambersburg PA
CBHW060801230426
43667CB00010B/1656